Z 35793

Paris
1860

Goethe, Johann Wolfgang von

Ouevres complètes

Tome 2

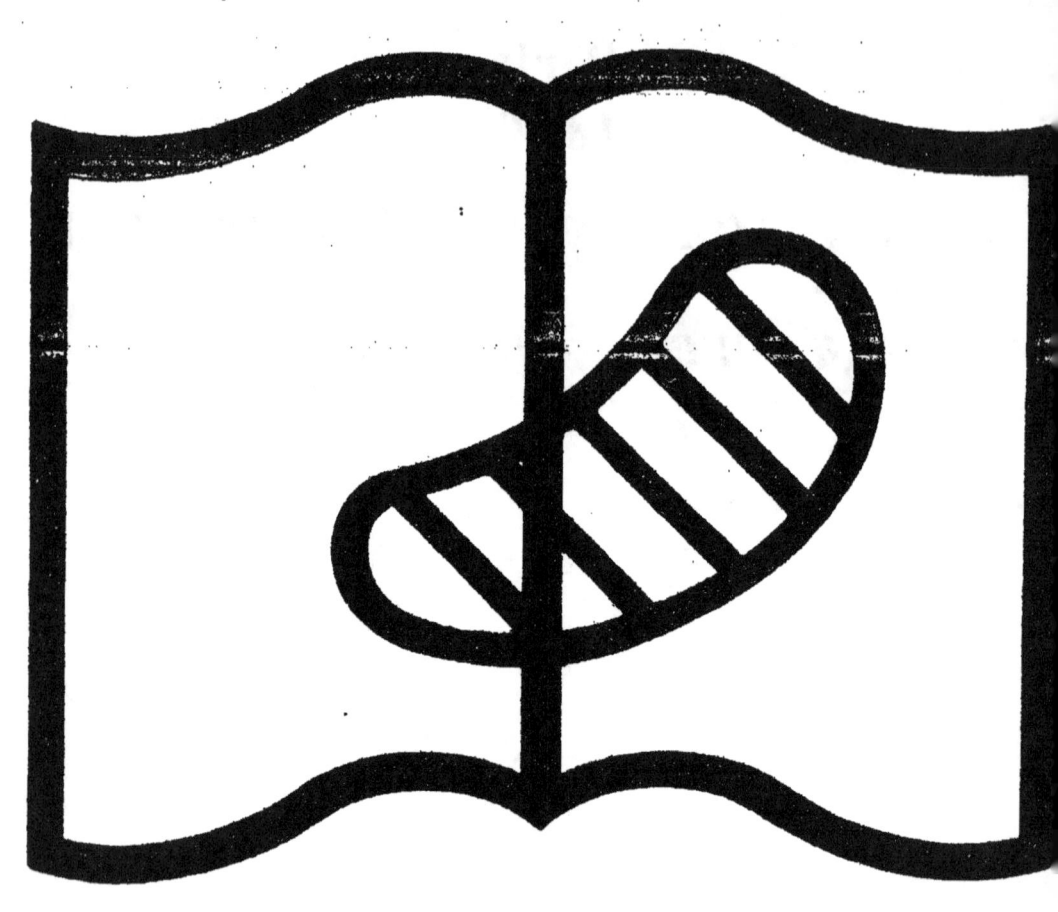

Symbole applicable
pour tout, ou partie
des documents microfilmés

Original illisible

NF Z 43-120-10

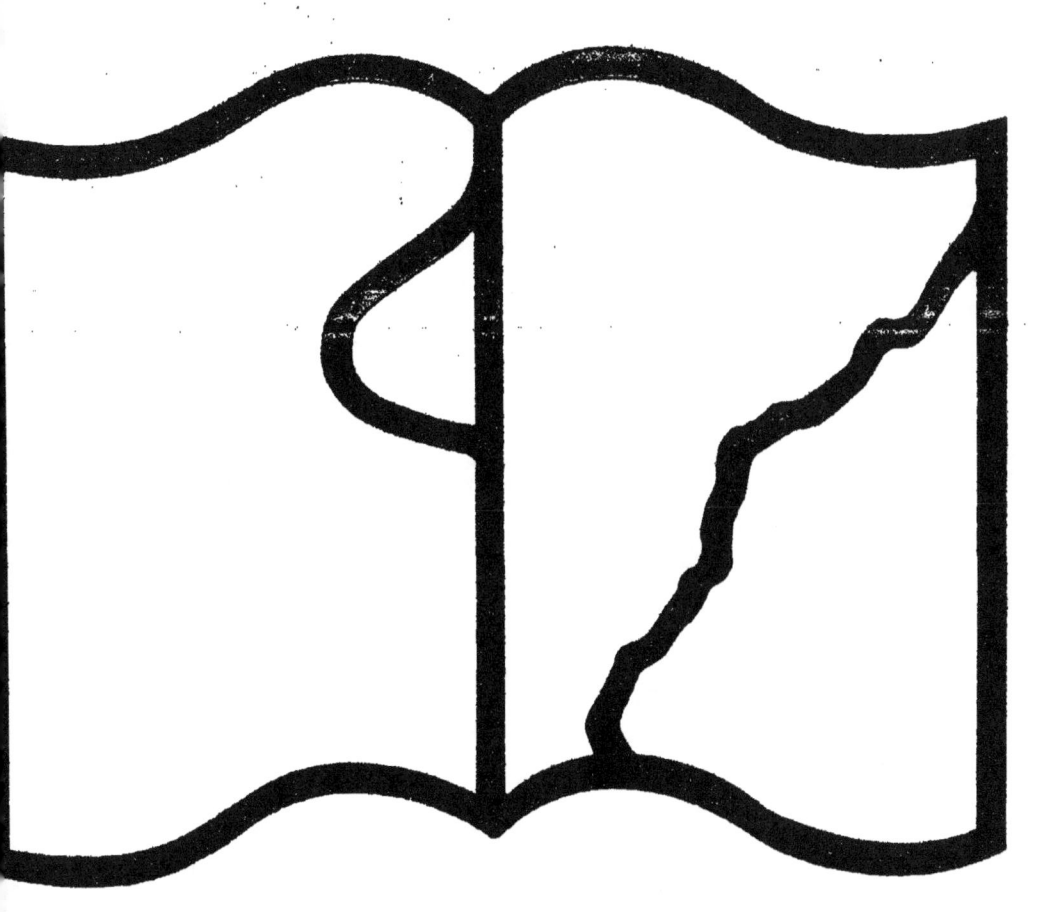

Symbole applicable
pour tout, ou partie
des documents microfilmés

Texte détérioré — reliure défectueuse

NF Z 43-120-11

ŒUVRES

DE GOETHE

II

PARIS. — IMPRIMERIE DE CH. LAHURE ET Cⁱᵉ
Rues de Fleurus, 9, et de l'Ouest, 21

THÉATRE
DE GOETHE

TRADUCTION NOUVELLE

PAR JACQUES PORCHAT

TOME PREMIER

PARIS
LIBRAIRIE DE L. HACHETTE ET Cⁱᵉ
RUE PIERRE-SARRAZIN, Nº 14

1860

LE CAPRICE

DE L'AMANT

PASTORALE EN UN ACTE

PERSONNAGES.

ÉGLÉ.
AMINE.
ÉRIDON.
LAMON.

LE CAPRICE
DE L'AMANT.

PASTORALE EN UN ACTE[1].

SCÈNE I.

AMINE, ÉGLÉ, LAMON.

(*Amine et Églé sont assises à l'un des côtés du théâtre et tressent des couronnes. Lamon survient et apporte une corbeille de fleurs.*)

LAMON, *posant la corbeille.*

Voici encore des fleurs.

ÉGLÉ.

Bon.

LAMON.

Voyez donc comme elles sont belles! L'œillet, je l'ai cueilli pour toi.

ÉGLÉ.

La rose!...

LAMON.

Non, mon enfant! C'est Amine à qui j'apporte aujourd'hui la

---

1. Gœthe a écrit cette pièce, ainsi que la suivante, en vers alexandrins rimés.

merveille de l'année. J'aime à voir la rose dans les cheveux noirs.

ÉGLÉ.

Et voilà ce qu'il faut que j'appelle obligeant et gracieux ?

LAMON.

M'aimes-tu depuis si longtemps sans me connaître? Je le sais parfaitement : tu n'aimes que moi seul; et ce cœur joyeux t'appartient aussi pour jamais. Tu le sais. Mais veux-tu m'enchaîner encore davantage? Est-ce digne de blâme d'en trouver aussi d'autres jolies? Je ne te défends pas de dire : « Celui-là est beau, celui-ci est charmant, cet autre est enjoué. » Je promets de ne pas en être fâché.

ÉGLÉ.

Ne le sois pas, et je ne me fâcherai pas non plus. Nous péchons tous deux également. J'écoute plus d'un berger avec un air affable, et tu contes des douceurs à plus d'une bergère, quand je ne suis pas auprès de toi. Il est facile de gouverner son cœur, mais non son humeur badine. Il faut que la légèreté nous préserve de l'inconstance. La jalousie me sied moins encore qu'à toi. (*A Amine.*) Nous te faisons sourire! Que penses-tu, ma chère? Parle!

AMINE.

Peu de chose.

ÉGLÉ.

Assez pour sentir mon bonheur et ton tourment.

AMINE.

Comment donc ?

ÉGLÉ.

Comment donc ? Tandis que nous jouons ensemble, que la langueur de l'amour s'enfuit devant nos rires, ton tourment commence dès que ton amant te voit. Jamais il n'y eut d'homme plus capricieux. Tu crois qu'il t'aime; oh! non, je le connais mieux. Il voit que tu obéis : voilà pourquoi il t'aime, le tyran, afin d'avoir quelqu'un à qui il puisse commander.

AMINE.

Ah! il m'obéit souvent.

ÉGLÉ.

Pour commander encore. Ne faut-il pas que tu dérobes à sa

vue chacun de tes regards? La puissance que la nature a mise dans nos yeux pour enchanter l'homme ou pour l'abattre, tu l'as sacrifiée à ton amant, et tu dois t'estimer heureuse, si seulement il te regarde d'un air gracieux. Le front ridé, les sourcils froncés, le regard sombre, farouche, les lèvres serrées : quel aimable visage il montre chaque jour, jusqu'à ce que les prières, les baisers et la plainte aient chassé de son front cette fâcheuse bourrasque!

AMINE.

Tu ne le connais pas assez; tu ne l'as pas aimé. Ce n'est pas le caprice qui obscurcit son front; un bizarre chagrin est le tourment de son cœur, et trouble pour lui et pour moi les plus beaux jours d'été; et pourtant je me console, parce que, s'il me voit seulement, s'il entend ma voix caressante, bientôt son caprice s'enfuit.

ÉGLÉ.

En vérité, c'est là un grand bonheur dont on pourrait se passer. Cependant nomme-moi le plaisir qu'il t'ait jamais permis. Comme le cœur te battait quand on parlait de danse! Ton amant fuit la danse, et il t'entraîne après lui, pauvre bergère. Ce n'est pas étonnant qu'il ne te souffre dans aucune fête, puisqu'il envie à l'herbe des prés la trace de tes pas; qu'il déteste, comme un rival, l'oiseau que tu aimes. Comment pourrait-il être tranquille, quand un autre te prend dans ses bras, et même, en tournant avec toi dans la file, te presse tendrement contre lui, et te dit tout bas des mots d'amour.

AMINE.

Ne sois pas non plus injuste, puisqu'il me laisse aller avec vous à cette fête, parce que je l'en ai prié.

ÉGLÉ.

Tu le sentiras.

AMINE.

Comment?

ÉGLÉ.

Pourquoi reste-t-il en arrière?

AMINE.

Il aime peu la danse.

ÉGLÉ.

Non, c'est une quinte. Si tu reviens contente, il commencera d'un ton demi-moqueur : « Vous avez eu beaucoup de plaisir? — Beaucoup. — C'est fort bien. Vous avez joué? — Au gage touché. — Bon! Damétas en était?... Et vous avez dansé? — Autour de l'arbre. — J'aurais voulu vous voir. Il a sans doute fort bien dansé?... Que lui as-tu donné en récompense?

AMINE, *souriant*.

Oui!

ÉGLÉ.

Tu ris!

AMINE.

Ma chère, c'est tout à fait son langage!... Encore des fleurs!

LAMON.

En voici. Ce sont les plus belles.

AMINE.

Cependant je suis heureuse de le voir envier mes regards à tout le monde. Je vois, à cette jalousie, combien mon amant m'estime, et mon petit orgueil est dédommagé de tous mes tourments.

ÉGLÉ.

Mon enfant, je te plains; on ne peut plus te sauver, puisque tu aimes ta souffrance; tu fais du bruit avec tes chaînes, et te persuades que c'est de la musique.

AMINE.

Il me manque un ruban pour le nœud.

ÉGLÉ, *à Lamon*.

Tu m'en as dérobé un qui m'était venu de la couronne de mai [1], à la fête du printemps.

LAMON.

Je vais le chercher.

ÉGLÉ.

Mais tu reviendras bientôt!

---

1. Allusion à un usage champêtre, qui consiste à suspendre une vaste couronne, ornée de rubans, dans la salle de bal ou près de la pelouse où l'on danse. Ces rubans sont ensuite distribués aux jeunes filles.

SCÈNE II.

ÉGLÉ, AMINE.

AMINE.

Il n'estime guère ce que son amie lui donne.

ÉGLÉ.

Je ne suis pas moi-même satisfaite des façons de mon amant. Il est trop peu sensible aux badinages de l'amour, qui, si frivoles qu'ils soient, charment un cœur délicat. Mais, mon amie, crois-moi, c'est une moindre peine d'être aimée trop peu que de l'être à l'excès. J'approuve la fidélité, mais il faut qu'elle donne à notre vie, avec une pleine sûreté, un plein repos.

AMINE.

Ah! mon amie, un cœur tendre comme celui de mon amant est précieux. A la vérité, il m'afflige souvent, mais il est aussi touché de ma douleur. Me fait-il quelque reproche, commence-t-il à me tourmenter, je n'ai qu'à dire un mot, un mot d'amitié, aussitôt il est transformé; l'humeur farouche et querelleuse s'enfuit; il pleure même avec moi, s'il me voit pleurer; il tombe à mes pieds avec tendresse et me supplie de lui pardonner.

ÉGLÉ.

Et tu lui pardonnes?

AMINE.

Toujours.

ÉGLÉ.

N'est-ce pas vivre misérable? Pardonner toujours à l'amant qui toujours nous offense! avoir les peines de l'amour, et n'être jamais récompensée!

AMINE.

Ce qu'on ne peut changer....

ÉGLÉ.

Ce qu'on ne peut changer?... Le corriger n'est point difficile.

AMINE.

Comment cela?

ÉGLÉ.

Je veux te l'apprendre. Ta peine, le mécontentement d'Éridon viennent....

AMINE.

De quoi ?

ÉGLÉ.

De ta tendresse.

AMINE.

Qui devrait seulement, me semble-t-il, allumer amour pour amour.

ÉGLÉ.

Tu te trompes : sois dure et sévère, tu le trouveras tendre. Essaye une fois seulement ; ménage-lui une petite peine : l'homme veut conquérir ; il ne veut pas être tranquille. Éridon vient-il passer une petite heure avec toi, il ne sait que trop bien qu'il réussira toujours. Le nombre de ses rivaux ne l'effraye point ; il sait que tu l'aimes beaucoup plus qu'il ne t'aime. Son bonheur est trop grand pour lui, et il prête à rire : comme il n'a point de malheur, il veut se rendre malheureux. Il voit que tu n'aimes plus rien que lui sur la terre, et s'inquiète uniquement parce que tu ne lui donnes aucun sujet d'inquiétude. Qu'il lui arrive de croire que tu pourrais te passer de lui, il sera furieux sans doute, mais cela ne durera pas longtemps : alors un regard le rendra plus heureux que maintenant un baiser. Fais qu'il ait lieu de craindre, et il sera heureux.

AMINE.

Oui, tout cela est bien ; mais je ne puis le mettre à exécution.

ÉGLÉ.

Qui donc aussi perdrait sitôt courage ? Va, tu es par trop faible.... Regarde là-bas !

AMINE.

Mon Éridon !

ÉGLÉ.

Je m'y attendais. Pauvre enfant ! Il vient, déjà tu trembles de joie. Cela ne vaut rien. Si tu veux jamais le corriger, il te faut le voir approcher sans être émue, l'entendre sans être émue ; que ton sein cesse de palpiter, ton visage de rougir. Alors....

AMINE.

Oh ! laisse-moi ! Ce n'est pas ainsi que j'aime.

SCÈNE III.

ÉRIDON, AMINE, ÉGLÉ.

(*Éridon s'avance à pas lents, les bras croisés; Amine se lève et court au-devant de lui; Églé reste assise et continue son travail.*)

AMINE, *le prenant par la main.*

Mon bien-aimé!

ÉRIDON, *lui baisant la main.*

Mon amie!

ÉGLÉ, *à part.*

Quelle douceur!

AMINE.

Les belles fleurs! Dis-moi, mon ami, qui te les a données?

ÉRIDON.

Qui? Celle que j'aime.

AMINE.

Comment?... Ah! ce sont les miennes! si fraîches encore, de la veille!

ÉRIDON.

Quand j'obtiens quelque chose de toi, je sais l'apprécier. Mais celles que je t'ai données?

AMINE.

J'en fais ces couronnes pour la fête.

ÉRIDON.

Pour la fête! Comme tu vas briller! éveiller l'amour dans le cœur du jeune homme et la jalousie chez la jeune fille!

ÉGLÉ.

Réjouis-toi de posséder la tendresse d'une bergère à laquelle tant de rivaux prétendent.

ÉRIDON.

Je ne puis être heureux lorsque tant de gens m'envient.

ÉGLÉ.

Et cependant tu le pourrais, car qui est plus tranquille que toi?

ÉRIDON, *à Amine.*

Parle-moi donc de la fête : Damétas y paraîtra sans doute?

ÉGLÉ, *vivement.*

Il m'a dit qu'il n'y manquerait pas aujourd'hui.

ÉRIDON, *à Amine.*

Ma belle, qui choisiras-tu pour ton danseur? (*Amine garde le silence; Éridon se tourne vers Églé.*) Oh! veuille y penser; donne-lui le berger qu'elle aimera le mieux.

AMINE.

C'est impossible, mon ami, puisque tu n'y seras pas.

ÉGLÉ.

Non, écoute, Éridon, je ne puis plus souffrir cela. Quel plaisir prends-tu à tourmenter ainsi Amine? Quitte-la, si tu crois qu'elle te soit infidèle; si tu crois qu'elle t'aime, ne la tourmente plus.

ÉRIDON.

Je ne la tourmente point.

ÉGLÉ.

Comment? Est-ce la rendre heureuse? Répandre, par jalousie, le chagrin sur son plaisir; toujours soupçonner, quand elle n'y donne jamais sujet; qu'elle....

ÉRIDON.

Peux-tu donc me répondre qu'elle m'aime en effet?

AMINE.

Moi, ne pas t'aimer! Moi!

ÉRIDON.

Quand m'apprendras-tu à le croire? Qui s'est laissé dérober un bouquet par l'audacieux Damon? Qui a accepté ce beau ruban du jeune Thyrsis?

AMINE.

Mon ami!...

ÉRIDON.

N'est-ce pas, tu n'as pas fait cela? Les as-tu donc récompensés? Oh! oui, tu sais donner un baiser.

AMINE.

Mon bien-aimé, ne le sais-tu pas?

ÉGLÉ.

Oh! tais-toi: il ne veut rien savoir! Ce que tu peux lui dire, tu l'as dit depuis longtemps. Il l'a entendu, et pourtant il se plaint de nouveau. Que gagneras-tu? si tu le lui dis encore aujourd'hui, il s'en ira tranquille, et demain ce seront plaintes nouvelles.

ÉRIDON.

Et peut-être avec raison!

AMINE.

Avec raison? Moi, infidèle? Amine te serait.... Mon ami, peux-tu le croire?

ÉRIDON.

Non! Je ne puis, je ne veux pas.

AMINE.

T'en ai-je, de ma vie, donné l'occasion?

ÉRIDON.

Oui, tu me l'as souvent donnée.

AMINE.

Quand est-ce que je fus infidèle?

ÉRIDON.

Jamais! C'est là ce qui me tourmente : tu n'as jamais failli à dessein, mais toujours par légèreté. Ce qui me semble important, tu le tiens pour bagatelles; ce qui me chagrine est pour toi insignifiant.

ÉGLÉ.

Bon! si Amine le prend légèrement, dis-moi, quel tort cela peut-il te faire?

ÉRIDON.

Elle me l'a souvent demandé; oui, certes, cela me fait tort!

ÉGLÉ.

En quoi donc? Amine ne permettra jamais beaucoup aux autres.

ÉRIDON.

Trop peu pour la soupçonner, trop pour la croire fidèle.

ÉGLÉ.

Elle t'aime plus que jamais un cœur de femme n'aima.

ÉRIDON.

Et elle aime la danse, le plaisir, les jeux, autant qu'elle m'aime.

ÉGLÉ.

Celui qui ne peut le souffrir doit aimer nos mères.

AMINE.

Tais-toi, Églé! Éridon, cesse de m'affliger! demande seulement à nos amis comme j'ai pensé à toi, même quand nous avons ri et folâtré loin de toi. Combien de fois, avec un chagrin qui empoisonnait mon plaisir, parce que tu n'étais pas auprès de moi, j'ai dit : « Que peut-il faire ? » Oh! si tu ne le crois pas, viens aujourd'hui avec moi, et puis dis encore que je te suis infidèle! Je ne danserai qu'avec toi; je ne veux pas te quitter. Ce bras, cette main, ne presseront que toi. Si ma conduite te donne le plus léger soupçon....

ÉRIDON.

De pouvoir se contraindre ne prouve pas que l'on aime.

ÉGLÉ.

Vois ses larmes : elles coulent en ton honneur. Je n'aurais jamais cru que ton cœur fût au fond si méchant. Un mécontentement qui ne connaît point de bornes, et qui demande toujours plus, à mesure qu'on lui accorde davantage; l'orgueil de ne pas souffrir à côté de toi, dans son sein, les petites joies de la jeunesse, qui sont tout à fait innocentes, dominent tour à tour ton cœur digne de haine; ni son amour ni sa douleur ne te peuvent toucher. Elle m'est chère : tu ne l'affligeras plus à l'avenir. Il sera pénible de te fuir, mais il est plus pénible de t'aimer.

AMINE, *à part*.

Ah! pourquoi faut-il que mon cœur soit si plein d'amour!

ÉRIDON.

Il reste un moment immobile, puis il s'approche d'Amine timidement, et la prend par la main.

Amine, chère enfant, peux-tu me pardonner encore?

AMINE.

Ah! ne te l'ai-je pas déjà prouvé trop souvent?

ÉRIDON.

Cœur généreux, excellent, laisse-moi à tes pieds....

AMINE.

Lève-toi, mon ami!

ÉGLÉ.

Pas tant de remercîments à cette heure! Ce qu'on sent avec trop de vivacité, on ne le sent pas longtemps.

ÉRIDON.

Et cette vivacité avec laquelle je l'honore....

ÉGLÉ.

Serait un bien plus grand bonheur, si elle était moins grande. Vous seriez plus tranquilles, et ta peine et la sienne....

ÉRIDON.

Pardonne-moi cette fois encore: je serai plus sage.

AMINE.

Va, mon ami, me cueillir un bouquet! S'il est de ta main, comme il va bien me parer!

ÉRIDON.

Tu as déjà la rose!

AMINE.

Son cher Lamon me l'a donnée. Elle me sied bien.

ÉRIDON, *avec dépit.*

Fort bien!

AMINE.

Cependant, mon ami, je te la donne, afin que tu ne sois pas fâché.

ÉRIDON, *acceptant la rose, et baisant la main d'Amine.*

Je vais apporter des fleurs. (*Il s'éloigne.*)

SCÈNE IV.

AMINE, ÉGLÉ, *puis* LAMON.

ÉGLÉ.

Bon cœur! Pauvre enfant! Tu ne réussiras pas comme cela! Ses fières exigences s'accroissent à mesure que tu lui donnes davantage. Prends garde, il finira par te prendre tout ce que tu aimes.

AMINE.

Qu'il me reste seulement! C'est la seule chose qui m'inquiète.

ÉGLÉ.

Que c'est beau! On voit bien que tu n'aimes pas depuis fort longtemps. Au commencement les choses vont ainsi: a-t-on donné son cœur, on ne pense à rien, si l'on ne pense pas à son amant. A-t-on lu, dans ce temps-là, un roman langoureux; comme celui-ci aimait tendrement; comme celui-là était fidèle; comme ce héros était sensible; comme il était grand dans le péril; comme l'amour doublait ses forces dans le combat.... tout cela nous tourne entièrement la tête; nous croyons nous retrouver; nous voulons être malheureuses, nous voulons triompher. Un jeune cœur reçoit bientôt l'impression du roman; mais un cœur qui aime la reçoit plus aisément encore. Nous aimons longtemps ainsi, jusqu'à ce que nous apprenions enfin qu'au lieu d'être fidèles, nous étions de vraies folles.

AMINE.

Ce n'est pourtant pas mon cas.

ÉGLÉ.

Oui, dans ses transports, un malade dit souvent au médecin: « Je n'ai pas la fièvre. » Le croit-on sur sa parole? Jamais. Malgré toute sa résistance, on lui donne la potion. C'est ainsi qu'il faut te la donner.

AMINE.

C'est des enfants qu'on parle de la sorte; à mon sujet, c'est ridicule. Suis-je une enfant?

ÉGLÉ.

Tu aimes.

AMINE.

Toi aussi.

ÉGLÉ.

Oui, aime comme moi! Apaise l'orage qui t'a battue jusqu'aujourd'hui! On peut être fort paisible et néanmoins aimer fort tendrement.

LAMON.

Voici le ruban!

AMINE.

Très-beau!

ÉGLÉ.

Que tu as tardé longtemps!

LAMON.

J'étais allé vers la colline; là, Chloris m'a appelé. J'ai dû parer son chapeau de fleurs.

ÉGLÉ.

Que t'a-t-elle donné pour cela?

LAMON.

Quoi? Rien. Elle s'est laissé embrasser. Quoi qu'on fasse, on n'obtient pas d'une jeune fille d'autre récompense qu'un baiser.

AMINE, *montrant à Églé la couronne avec le nœud.*

Est-ce bien ainsi?

ÉGLÉ.

Oui, donne!... (*Elle attache la couronne à Amine, de sorte que le nœud tombe sur l'épaule droite. Pendant ce temps, elle parle avec Lamon.*) Écoute, sois bien gai aujourd'hui.

LAMON.

Aujourd'hui nous allons faire un beau bruit! On ne sent la joie qu'à demi, lorsqu'on la sent avec réserve, et qu'on est longtemps à réfléchir si notre amant permet ceci et la bienséance cela.

ÉGLÉ.

Tu as bien raison

LAMON.

Oui, certes!

ÉGLÉ.

Amine, assieds-toi. (*Amine s'assied; Églé lui fixe les fleurs dans les cheveux, en continuant la conversation.*) Viens, rends-moi donc le baiser de ta Chloris.

LAMON.

De bon cœur! Le voici. (*Il l'embrasse.*)

AMINE.

N'êtes-vous pas singuliers!

ÉGLÉ.

Si Éridon l'eût fait ainsi, ce serait un bonheur pour toi.

AMINE.

Certes, il ne se permettrait pas d'embrasser une autre que moi.

LAMON.

Où est la rose?

ÉGLÉ.

Elle a dû la lui donner pour l'apaiser.

AMINE.

Je dois être obligeante.

LAMON.

Fort bien! Pardonne-lui et il te pardonnera. Oui, oui, je vois bien que vous vous tourmentez à l'envi.

ÉGLÉ, *achevant d'ajuster Amine.*

Voilà qui est fait.

LAMON.

Charmant!

AMINE.

Ah! si j'avais tout de suite les fleurs qu'Éridon doit m'apporter!

ÉGLÉ.

Attends-le toujours ici. Je vais m'occuper de ma parure. Viens, Lamon, viens avec moi! Nous te laissons seule et nous reviendrons bientôt.

SCÈNE V.

AMINE, *puis* ÉRIDON.

AMINE.

Oh! quelle tendresse, quel bonheur digne d'envie! que je voudrais, si cela dépendait de moi, voir Éridon content et moi satisfaite!... Si je ne lui avais pas donné tant de pouvoir sur moi, il vivrait plus heureux et moi plus contente. Si j'essayais de lui retirer ce pouvoir par ma réserve! Mais comme ma froideur enflammera sa colère! Je connais son courroux : comme je tremble de le sentir! Mon cœur, que tu joueras mal ce rôle pénible! Mais, si tu le portes aussi loin que ton amie, comme il t'a fait la loi jusqu'à présent, tu la lui feras à l'avenir.... L'occasion se présente aujourd'hui : pour ne pas la laisser échapper, je veux sur-le-champ.... Il vient! mon cœur, de la fermeté!...

ÉRIDON, *lui présentant les fleurs.*

Elles ne sont pas trop belles, mon amie. Pardonne-moi, je les ai cueillies à la hâte.

AMINE.

Il suffit qu'elles viennent de toi.

SCÈNE V.

ÉRIDON.

Elles ne sont pas aussi vermeilles qu'étaient ces roses que Damon t'a dérobées.

AMINE, *les plaçant à son corsage.*

Je les garderai bien; là où tu demeures doit être aussi la demeure de ces fleurs.

ÉRIDON.

Leur sûreté à cette place est-elle...?

AMINE.

Crois-tu peut-être?...

ÉRIDON.

Non! Je ne crois rien, ma belle; c'est seulement de la crainte que je sens. Parmi les jeux folâtres, quand le plaisir de la danse, le bruit de la fête le distraient, le cœur le plus fidèle oublie ce que la sagesse lui conseille et ce que le devoir lui commande. Tu peux bien penser souvent à moi, même dans le plaisir; mais tu n'es plus assez sévère pour contenir la liberté que la jeune troupe se croit bientôt permise, quand une jeune fille lui souffre quelque chose par simple badinage; leur vain orgueil prend très-vite un jeu frivole pour de la tendresse.

AMINE.

Il suffit qu'ils se trompent. Un peuple de soupirants peut bien tourner autour de moi, mais toi seul possèdes mon cœur, et, dis-moi, que veux-tu de plus? Tu peux bien permettre à ces pauvres gens de me regarder. Ils croient des merveilles....

ÉRIDON.

Non! il ne faut pas qu'ils croient rien. C'est là ce qui m'afflige. Je sais, il est vrai, que tu m'appartiens; mais quelqu'un d'eux se croit peut-être favorisé comme moi. Ses yeux rencontrent les tiens, et déjà il rêve tes baisers, et triomphe même de t'avoir enlevée à ton amant.

AMINE.

Eh bien, trouble son triomphe! Mon bien-aimé, viens avec moi; fais-leur voir l'avantage que tu....

ÉRIDON.

Je te remercie. Il serait cruel d'accepter le sacrifice. Ma belle, tu rougirais de ton mauvais danseur. Je sais à qui, dans le bal, votre orgueil donne la préférence ; c'est à celui qui danse avec grâce, et non à celui que vous aimez.

AMINE.

C'est la vérité.

ÉRIDON, *avec une raillerie contenue.*

Oui. Hélas ! pourquoi n'ai-je pas le don de ce léger Damarès, que l'on vante si fort ! Avec quel charme ne danse-t-il pas !

AMINE.

Si bien, que nul ne l'égale.

ÉRIDON.

Et chaque beauté....

AMINE.

L'estime....

ÉRIDON.

L'aime pour cela !

AMINE.

Peut-être.

ÉRIDON.

Peut-être ? Malédiction !... Certainement !

AMINE.

Pourquoi te démener ainsi ?

ÉRIDON.

Tu le demandes ? Ne me tourmentes-tu pas à me rendre furieux ?

AMINE.

Moi ? Parle, n'es-tu pas l'auteur de ta souffrance et de la mienne, cruel Éridon ? Comment peux-tu donc être ainsi ?

ÉRIDON.

Je le dois : je t'aime. L'amour m'apprend la plainte. Si je t'aimais moins vivement, je ne t'obséderais pas. Je sens mon tendre cœur ravi de joie, quand ton œil me sourit, quand ta main me presse. Je rends grâces aux dieux, qui m'ont donné ce bonheur ; mais je le veux pour moi seul, nul autre ne doit en jouir.

AMINE.

Eh bien, de quoi donc te plaindre ? Nul autre n'en jouit jamais.

ÉRIDON.

Et pourtant tu les souffres ; non, tu dois les haïr.

SCENE V.

AMINE.

Les haïr! Et pourquoi?

ÉRIDON.

Parce qu'ils t'aiment.

AMINE.

La belle raison!

ÉRIDON.

Je le vois, tu ne veux pas les affliger; il faut que tu les ménages; ton plaisir sera moins vif, si tu ne....

AMINE.

Éridon, tu es bien injuste. L'amour nous ordonne-t-il de renoncer à l'humanité? Un cœur qui en aime un autre ne peut haïr personne. Ce tendre sentiment n'en souffre aucun si affreux, et moins encore chez moi.

ÉRIDON.

Comme tu défends bien l'orgueilleux plaisir qu'une tendre beauté trouve à tromper tous ensemble vingt fous à genoux devant elle! Aujourd'hui est un grand jour, qui nourrit ton orgueil; aujourd'hui tu verras plus d'un homme qui t'honore comme une déesse; plus d'un jeune cœur s'enflammera encore pour toi; à peine trouveras-tu assez de regards pour tous tes serviteurs. Pense à moi, quand la troupe de ces insensés te charmera : je suis le plus grand de tous! Va!

AMINE, *à part.*

Fuis, faible cœur! il triomphe! O dieux! Est-il donc au monde pour troubler tous mes plaisirs? Ma misère persistera-t-elle donc pour ne jamais cesser? (*A Éridon.*) Tu fais du léger lien de l'amour un joug pesant; tu me tourmentes comme un tyran, et moi, je t'aime encore! Je réponds avec toute ma tendresse à tes fureurs; je te cède en tout, et cependant tu n'es pas satisfait. Que n'ai-je pas sacrifié? Ah! cela ne te suffit jamais. Tu veux le plaisir d'aujourd'hui? Eh bien, tu l'auras! (*Elle enlève la couronne de sa tête, elle la jette, et poursuit avec un calme forcé.*) N'est-il pas vrai, mon bien-aimé? tu me vois avec bien plus de plaisir comme cela que parée pour la fête? Ta colère n'est-elle pas apaisée? Tu ne me regardes pas? Es-tu fâché contre moi?

ÉRIDON.

(*Il tombe à ses pieds.*) Amine!... honte et repentir! pardonne; je t'aime! Va à la fête!

AMINE.

Mon ami, je resterai avec toi. De tendres chansons nous feront passer le temps.

ÉRIDON.

Ma bien-aimée, va!

AMINE.

Va, va chercher ta flûte.

ÉRIDON.

Tu le veux! (*Il s'éloigne.*)

SCÈNE VI.

AMINE, seule.

Il semble affligé, et en secret il est transporté de joie. Avec lui tu emploieras vainement la tendresse. Est-il ému de ce sacrifice? Il semble à peine en être touché. Il le tient pour un devoir. Que veux-tu, pauvre cœur? Tu murmures, tu oppresses mon sein. Ai-je mérité cette douleur? Oui, tu la mérites. Tu le vois, il ne cesse pas de t'affliger, et pourtant tu ne cesses pas d'aimer. Je ne le souffrirai pas plus longtemps. Silence. Ah! déjà j'entends là-bas la musique. Le cœur me bat; mon pied veut courir. Je veux? Qu'est-ce qui oppresse de la sorte mon sein agité? Quelle angoisse je sens! Des flammes brûlantes dévorent mon cœur. Courons à la fête! Ah! il me retient. Fille infortunée! Voilà donc le bonheur de l'amour! (*Elle se jette sur le gazon et pleure. A l'entrée de Lamon et d'Églé, elle se lève et s'essuie les yeux.*) Malheur! Ils viennent! Comme ils vont se railler de moi!

SCÈNE VII.

AMINE, ÉGLÉ, LAMON.

ÉGLÉ.

Vite! La troupe s'en va! Amine!... Comment?... Des larmes?...

LAMON. (*Il ramasse la couronne.*)

La couronne?

SCÈNE VII.

ÉGLÉ.

Qu'est cela? Qui l'a enlevée de ta tête?

AMINE.

Moi!

ÉGLÉ.

Ne veux-tu donc pas nous suivre?

AMINE.

Volontiers, si cela m'était permis.

ÉGLÉ.

Qui donc aurait quelque chose à te permettre? Allons, parle avec moins de mystère! Sois sans crainte avec nous! Éridon a-t-il?...

AMINE.

Oui, c'est lui.

ÉGLÉ.

Je l'avais bien pensé. Insensée, quoi, la souffrance ne te rend pas plus sage! Lui as-tu promis peut-être de rester avec lui pour passer ce beau jour dans les soupirs? Je n'en doute pas, mon enfant; tu as pour lui cette complaisance. (*Après un moment de silence, faisant un signe à Lamon.*) Mais tu en seras plus jolie, si tu gardes la couronne. Viens la mettre! Et, vois-tu, qu'elle descende ici sur l'épaule! Maintenant, te voilà belle! (*Amine se tient debout les yeux baissés, et laisse faire Églé. Églé fait un signe à Lamon.*) Mais le temps passe. Il me faut joindre le cortége.

LAMON.

Fort bien! Je suis à ton service, aimable enfant.

AMINE, *avec saisissement.*

Adieu!

ÉGLÉ, *en s'éloignant.*

Amine! Eh bien, ne viens-tu pas avec nous? Vite! (*Amine les observe avec tristesse et garde le silence.*)

LAMON. (*Il prend Églé par la main pour l'entraîner.*)

Ah! laisse-la donc. Je pourrais en mourir de dépit. Il faut qu'elle me gâte la belle danse; la danse à droite et à gauche! Elle seule la connaît comme il faut. Je comptais sur elle: à présent il lui prend fantaisie de rester à la maison. Viens, je ne veux plus rien lui dire.

ÉGLÉ.

Tu manques la danse! Oui, tu es bien à plaindre. Il fait si beau danser! Adieu! (*Églé veut embrasser Amine; Amine se jette à son cou et pleure.*)

AMINE.

Je ne puis plus l'endurer!

ÉGLÉ.

Tu pleures?

AMINE.

Oui, mon cœur pleure et m'oppresse. Je voudrais.... (*avec transport.*) Éridon!... Je crois que je te hais.

ÉGLÉ.

Il l'aurait mérité. Mais non! Qui peut haïr son amant? Tu dois l'aimer, et pourtant ne pas te laisser dominer. Je l'ai dit depuis longtemps. Viens avec nous!

LAMON.

A la danse, à la fête!

AMINE.

Mais Éridon?

ÉGLÉ.

Va toujours! Je reste. Écoute; il se laissera prendre, et viendra aussi. Dis-moi, cela te ferait-il plaisir?

AMINE.

Infiniment.

LAMON.

Alors viens! Entends-tu là-bas les chalumeaux?... Cet air charmant! (*Il prend Amine par la main, chante et danse.*)

ÉGLÉ, *chantant*.

« Et lorsque votre amoureux vous tourmente par jalousie, se plaint pour un clin d'œil, un sourire, vous taquine injustement, parle d'inconstance : alors chantez et dansez, et vous ne l'entendrez pas. » (*Lamon entraîne Amine avec lui en dansant.*)

AMINE, *en s'éloignant*.

Oh! amène-le avec toi!

SCÈNE VIII.

ÉGLÉ, *puis* ÉRIDON, *portant une flûte et de la musique.*

ÉGLÉ, *à part.*

Fort bien! Nous allons voir! Dès longtemps je désirais avoir l'occasion et le plaisir de corriger ce pasteur. Aujourd'hui mon vœu est rempli. Attends, je veux t'instruire, t'apprendre à te connaître, et, si, après cela, tu la désoles.... Il vient!... Holà! Éridon!

ÉRIDON.

Où est-elle?

ÉGLÉ.

Comment, tu le demandes! Elle est, avec mon cher Lamon, où les chalumeaux résonnent.

ÉRIDON. (*Il jette la flûte par terre et déchire la musique.*)

Maudite trahison!

ÉGLÉ.

Es-tu furieux?

ÉRIDON.

Pourrais-je ne pas l'être? Ici la trompeuse, avec un visage souriant, arrache la couronne de sa tête, et me dit : « Je ne danserai pas! » Le demandais-je? Et!... Ah! (*Il frappe du pied, et jette par terre la musique déchirée.*)

ÉGLÉ, *d'un ton posé.*

Permets-moi de demander quel est ton droit pour lui défendre la danse. Veux-tu donc qu'un cœur plein de ton amour ne sente aucun bonheur qu'auprès de toi? Crois-tu que le goût de tout plaisir nous passe, dès que la tendresse remplit le cœur d'une jeune fille? Il suffit qu'elle te donne les plus belles heures; qu'elle se trouve mieux avec toi qu'avec tout autre; qu'absente elle pense à toi. Aussi c'est une folie, mon ami, de l'affliger sans cesse; elle peut aimer les jeux et la danse, et néanmoins t'aimer toujours.

ÉRIDON. (*Il croise les bras et lève les yeux au ciel.*)

Ah!

ÉGLÉ.

Dis-moi, crois-tu donc que ce soit de l'amour, quand tu le

retiens auprès de toi? Non, c'est de l'esclavage. Tu viens : il faut qu'elle te voie, qu'elle te voie toi seul à la fête. Tu t'en vas : il faut qu'elle s'en aille aussitôt avec toi. Elle hésite : soudain ton regard devient sombre. Alors elle te suit, mais son cœur demeure en arrière bien souvent.

ÉRIDON.

Ou plutôt toujours!

ÉGLÉ.

On entend bien quand c'est le dépit qui parle. Où manque la liberté, tout plaisir est mort. Nous sommes ainsi. Un enfant a du goût pour le chant; on lui dit : « chante-moi quelque chose : » il se trouble et se tait. Si tu laisses la liberté à ton amie, elle ne te laissera pas; mais, si tu es trop dur avec elle, prends garde qu'elle ne te haïsse.

ÉRIDON.

Me haïr!

ÉGLÉ.

Comme tu l'auras mérité. Saisis ce moment et assure-toi le bonheur de la véritable tendresse. Car un cœur tendre, poussé par sa propre ardeur, peut seul être fidèle, seul aimer véritablement. Dis-moi, sais-tu donc s'il t'est fidèle, l'oiseau que tu tiens en cage?

ÉRIDON.

Non!

ÉGLÉ.

Mais, s'il vole en liberté dans le jardin et la campagne, et cependant revient?...

ÉRIDON.

Oui! bien! Je le sais alors!

ÉGLÉ.

Ta joie n'est-elle pas plus grande, quand tu vois la petite bête, qui t'aime si tendrement, qui connaît la liberté et te donne pourtant la préférence? Et, si une fois ton amie revient d'une fête, encore émue de la danse, et te cherche; si ses regards laissent voir que son plaisir n'est jamais complet, lorsque tu es absent, toi, son bien-aimé, son unique; si elle te jure qu'un baiser de toi a plus de prix pour elle que les plaisirs de mille fêtes : n'es-tu pas alors digne d'envie?

SCÈNE VIII.

ÉRIDON, *ému.*

Églé!

ÉGLÉ.

Crains que la colère des dieux ne s'allume, en voyant que l'homme le plus heureux connaît si peu son bonheur. Viens! Sois content, mon ami! sans cela ils vengeront les pleurs de la jeune fille qui t'aime.

ÉRIDON.

Si je pouvais seulement m'accoutumer à voir maint berger lui presser les mains en dansant, l'un la regarder, elle regarder l'autre! D'y penser seulement, mon cœur pourrait crever de dépit!

ÉGLÉ.

Eh! laisse donc : cela n'a aucune importance. Un baiser même n'est rien.

ÉRIDON.

Que dis-tu? Rien, un baiser?...

ÉGLÉ.

Je crois que l'on peut être fort ému dans son cœur, quand ce baiser doit dire quelque chose.... Mais veuille lui pardonner! car, si tu te montres fâché, rien ne peut la réjouir.

ÉRIDON.

Ah! mon amie!

ÉGLÉ, *d'une voix caressante.*

Ne sois pas fâché, mon ami; tu es bon aussi. Adieu! (*Elle lui prend la main.*) Tu es brûlant!

ÉRIDON.

Mon sang bouillonne....

ÉGLÉ.

De colère encore? Il suffit. Tu lui as pardonné. Je cours auprès d'elle. Elle demande après toi en tremblant; je lui dis : «Il est bon;» elle se calmera; son cœur battra avec plus de tendresse, et elle t'aimera plus ardemment. (*Elle le regarde avec sentiment.*) Écoute, elle te cherchera aussitôt que la fête sera finie, et par cette recherche même tu lui deviens toujours plus cher. (*Églé semble toujours plus tendre; elle s'appuie sur l'épaule du berger. Il lui prend la main et la baise.*) Enfin elle te voit! Oh! quel moment! Presse-la contre ton sein et sens tout ton bonheur! Par la danse une jeune fille est embellie; des joues vermeilles, une bouche qui exhale le sourire, des boucles flottantes autour de son sein agité; un doux charme environne son corps de mille attraits, lorsque la danse l'entraîne; ses veines enflées s'embrasent, et, quand son corps se balance, chaque fibre semble s'animer d'une vie nouvelle. (*Elle affecte un tendre ravissement et se penche sur la poitrine d'Éridon; il l'entoure de ses bras.*) La volupté d'un pareil spectacle, qu'est-ce qui peut la surpasser? Tu ne viens pas avec nous à la fête, et tu ne sentiras jamais ces transports!

ÉRIDON.

Ah! mon amie, je les sens trop vivement sur ton sein. (*Il prend Églé dans ses bras et lui donne un baiser. Elle le laisse faire, puis elle recule de quelques pas et lui dit d'un ton léger.*)

ÉGLÉ.

Aimes-tu Amine?

ÉRIDON.

Elle? Comme moi-même!

ÉGLÉ.

Et tu peux m'embrasser? Attends, attends, tu me payeras cette fausseté! Homme infidèle!

ÉRIDON.

Comment? Crois-tu donc que je....

ÉGLÉ.

Je crois ce que je puis. Mon ami, tu m'as embrassée fort tendrement, c'est vrai. J'en suis satisfaite. Trouves-tu du goût à mon baiser? Je le crois; tes lèvres ardentes en brûlaient davantage. Pauvre enfant! Amine, si tu étais ici!

ÉRIDON.

Plût au ciel qu'elle y fût!

ÉGLÉ.

Fais encore le brave! Comme cela irait mal pour toi!

ÉRIDON.

Oui, elle gronderait. Ne va pas me trahir. Je t'ai donné un baiser, mais quel tort cela lui peut-il faire? et, si ravissant que puisse être pour moi un baiser d'Amine, n'osé-je sentir que ton baiser aussi est ravissant?

ÉGLÉ.

Demande-le à elle-même.

SCÈNE IX.

AMINE, ÉGLÉ, ÉRIDON.

ÉRIDON.

Malheur à moi!

AMINE.

Je veux, je veux le voir! Éridon bien-aimé! Églé m'a fait aller au bal; je t'ai manqué de parole, j'en ai du repentir. Mon ami, je n'irai pas!

ÉRIDON, à part.

Trompeur que je suis!

AMINE.

Es-tu encore fâché? Tu détournes le visage?

ÉRIDON, à part.

Que lui dirai-je?

AMINE.

Ah! une si petite faute mérite-t-elle cette vengeance? Tu as le droit de ton côté, cependant laisse....

ÉGLÉ.

Oh! laisse-le aller! Il vient de me donner un baiser. Il en a la saveur encore....

AMINE.

Un baiser!

ÉGLÉ.

Très-tendre!

AMINE.

Ah! c'en est trop pour mon cœur! Peux-tu sitôt me haïr? Malheureuse que je suis! Mon ami m'a délaissée! Celui qui embrasse d'autres belles commence à fuir la sienne. Ah! depuis que je t'aime, ai-je fait chose pareille? Aucun jeune homme n'a plus osé prétendre à mes lèvres. A peine ai-je donné un baiser au gage touché. La jalousie me ronge le cœur aussi bien qu'à toi. Et cependant je te pardonne : seulement tourne-toi de mon côté. Mais, pauvre cœur, c'est en vain que tu es si bien défendu : il ne sent plus d'amour depuis que tu l'as offensé. Désormais celle qui plaidait pour toi avec tant d'éloquence, parlera vainement en ta faveur.

ÉRIDON.
Oh! quelle tendresse! Comme elle me confond!
AMINE.
O mon amie, pouvais-tu séduire mon ami!
ÉGLÉ.
Prends courage, ma chère enfant, tu ne le perdras point. Je connais Éridon, et je sais comme il est fidèle.
AMINE.
Et il a....
ÉGLÉ.
Oui, c'est vrai, il m'a donné un baiser. Je sais comme cela est arrivé : tu peux bien lui pardonner. Vois son repentir!
ÉRIDON. (*Il tombe aux genoux d'Amine.*)
Amine! O ma vie la plus chère! Oh! fâche-toi contre elle! Elle s'est montrée si jolie; j'étais si près de sa bouche.... que je n'ai pu résister. Mais tu connais ma tendresse : tu peux me passer cela. Ce petit plaisir ne te ravira point mon cœur.
ÉGLÉ.
Amine, donne-lui un baiser, puisqu'il parle si sagement. (*A Éridon.*) Ton plaisir ne lui ravit pas ton cœur; son plaisir ne te ravit pas le sien. Eh bien, mon ami, tu devrais prononcer toi-même ton arrêt. Tu le vois, si elle aime la danse, ce n'est pas un crime. (*Imitant Éridon.*) Et si, à la danse, un jeune homme lui presse les mains; si l'un la regarde, si elle regarde l'autre, cela ne veut pas non plus, tu le sais, dire grand'chose. J'espère que désormais tu ne tourmenteras plus Amine, et tu viens, je pense, avec nous.
AMINE.
Viens avec nous à la fête!
ÉRIDON.
Je le dois. Un baiser m'a instruit.
ÉGLÉ, à Amine.
Pardonne-nous ce baiser. Et, si la jalousie se réveille dans son sein, parle-lui de ce baiser, c'est le moyen de le confondre.... Amants jaloux, qui désolez une jeune fille, rappelez-vous vos folies, et puis osez vous plaindre!

LES
COMPLICES

COMÉDIE EN TROIS ACTES

PERSONNAGES.

L'HÔTE.
SOPHIE, sa fille.
SŒLLER, mari de SOPHIE.
ALCESTE.
UN GARÇON D'AUBERGE.

La scène est dans une auberge.

LES COMPLICES.

COMÉDIE EN TROIS ACTES.

ACTE PREMIER.

Une salle d'auberge.

SCÈNE I.

SOELLER, L'HÔTE, SOPHIE.

On voit au fond une table avec ce qu'il faut pour écrire; à côté est un grand fauteuil. Sœller, en domino, est assis à une petite table, une bouteille de vin devant lui; Sophie est vis-à-vis, attachant à son chapeau une plume blanche.

L'HÔTE. (*Il entre.*)

Encore au bal! Sérieusement, monsieur mon gendre, je suis rassasié de vos folies, et je serais d'avis que cela prît fin. En vérité, je ne vous ai pas donné ma fille pour vivre ainsi, au jour le jour, de mon argent. Je suis vieux, je soupirais après le repos, il me manquait un aide : ne vous ai-je pas pris pour cela? Un bel aide vraiment, pour manger mon petit avoir! (*Sœller fredonne une chanson.*) Oui, chantez, chantez donc: je vous chanterai aussi quelque chose! Vous êtes un vaurien, livré à tous les égarements; vous jouez, vous buvez, vous fumez, vous faites folies sur folies; vous passez toute la nuit dans la débauche; vous dormez la moitié du jour. Il n'est pas un prince de l'Empire qui mène meilleure vie. Le voilà assis avec ses larges manches, l'extravagant! le maître fou!

SOELLER, *buvant.*

A votre santé, papa!

L'HÔTE.

Une belle santé! J'en prendrais la fièvre!

SOPHIE.

Mon père, soyez bon!

SOELLER, *buvant*

Ma petite Sophie, à ton plaisir!

SOPHIE.

Mon plaisir! Si je pouvais seulement vous voir une fois d'accord!

L'HÔTE.

S'il ne change pas, cela ne se verra jamais. En vérité, je suis dès longtemps fatigué de ces éternelles disputes; mais, avec la vie qu'il mène chaque jour, au diable la paix qui puisse tenir! C'est un méchant homme, un cœur froid, ingrat; il ne voit pas ce qu'il est; il ne songe pas à ce qu'il était, à l'indigence d'où je l'ai tiré, à ses dettes, qu'il m'a pourtant fallu payer. On voit que ni la misère, ni le temps, ni le repentir ne le corrigent. Une fois vaurien, il restera tel pour l'éternité.

SOPHIE.

Il changera sans doute.

L'HÔTE.

Devrait-il tarder si longtemps?

SOPHIE.

Ce sont péchés de jeunesse.

SOELLER, *buvant.*

Oui, ma petite!... A nos amours!

L'HÔTE.

Cela entre par une oreille et sort par l'autre! Il ne m'écoute pas même. Que suis-je donc au logis? Voici vingt ans que je me suis conduit avec honneur. Croyez-vous, mon ami, pouvoir maintenant disposer de ce que j'ai gagné, et le dissiper de jour en jour? Non pas, il faudra vous en passer. On n'est pas si bête. Ma réputation est faite depuis longtemps, et durera plus longtemps encore. Le monde entier connaît l'hôte de *l'Ours noir*. Ce n'est pas un ours si bête : il sait garder sa peau. Maintenant mon auberge est peinte, et je vais l'appeler un hôtel. Les cavaliers pleuvront, et l'argent viendra par monceaux. Mais il s'agit d'être diligent, et de ne pas se soûler comme une brute. Au lit après minuit, et levé de grand matin, voilà ce qu'il faut!

SOELLER.

Jusque-là nous avons encore assez de chemin. Si seulement les choses allaient leur train et n'empiraient pas de jour en jour! Vient-il donc tant de monde chez nous? Là-haut les chambres sont vides.

L'HÔTE.

Mais qui voyage donc maintenant? Enfin, c'est comme cela; et M. Alceste n'occupe-t-il pas deux chambres et le salon?

SOELLER.

Oui, oui, c'est déjà quelque chose. C'est une bonne pratique; mais il faut soixante minutes pour faire une heure, et puis M. Alceste sait pourquoi il est ici.

L'HÔTE.

Comment?

SOELLER.

A propos, papa, on m'a dit ce matin qu'il y a en Allemagne un corps de braves jeunes gens qui préparent pour l'Amérique des secours et de l'argent; on dit qu'ils sont nombreux, qu'ils ont assez de courage, et que, le printemps venu, toute la troupe partira.

L'HÔTE.

Oui, oui, auprès de la bouteille, j'en ai entendu plus d'un faire le fanfaron, se vanter qu'il donnerait sa peau et son poil pour mes États-Unis : là triomphait la liberté; chacun était brave et hardi; et, quand le lendemain était venu, personne ne partait.

SOELLER.

Ah! il en est assez de ces drôles, dont la tête fermente sans cesse, et, si une fois l'amour houspille comme il faut un de ces gaillards, alors il faudra bien être romanesque, même exalté, pour courir, la tête baissée, au bout du monde.

L'HÔTE.

Si seulement l'envie en prenait à une de nos pratiques, qui fût en même temps assez aimable pour nous écrire quelquefois, ce serait gentil vraiment!

SOELLER.

C'est diablement loin!

L'HÔTE.

Eh bien, qu'importe? La lettre voyage quelque temps. Je veux tout de suite monter à la petite antichambre, pour voir sur ma carte quelle est à peu près la distance. (*Il sort.*)

SCÈNE II.

SOPHIE, SOELLER.

SOELLER.

Rien ne va si mal dans la maison, que la gazette ne le raccommode.

SOPHIE.

Oui, cède-lui toujours.

SOELLER.

Je n'ai pas le sang bouillant, c'est un bonheur pour lui! Car d'ailleurs me cogner de la sorte!...

SOPHIE.

Je t'en prie!

SOELLER.

Non, il y a de quoi perdre patience! Je le sais fort bien qu'il y a une année, j'étais un assez mauvais sujet et chargé de dettes....

SOPHIE.

Mon bon, ne te fâche pas!

SOELLER.

Il fait de moi une si affreuse peinture!... Et pourtant Sophie ne me trouva pas tout à fait horrible!

SOPHIE.

Tes éternels reproches ne me laissent pas une heure de gaieté.

SOELLER.

Je ne te reproche rien; je le dis seulement comme cela. Ah! une belle femme nous charme infiniment. Arrive ce qu'il pourra! Vois-tu, on est reconnaissant. Sophie, que tu es belle!... Et je ne suis pas de marbre; j'apprécie trop bien le bonheur d'être ton mari. Je t'aime....

SOPHIE.

Et peux-tu donc me tourmenter sans cesse?

SOELLER.

Oh! va, qu'importe? Je puis bien dire qu'Alceste t'a aimée, qu'il a brûlé pour toi, que tu l'as aussi aimé, que tu l'as connu longtemps.

SOPHIE.

Ah!

SOELLER.

Non, je ne sache pas quel mal je pourrais voir à cela! Un jeune arbre, que l'on plante, s'élève à sa hauteur, et, s'il rapporte des fruits, eh bien, celui qui se trouve là en jouit; l'année suivante, il en vient d'autres. Oui, Sophie, je te connais trop bien pour y mettre de l'importance. Seulement, je trouve cela risible.

SOPHIE.

Je n'y vois pas de quoi rire. Qu'Alceste m'ait aimée, qu'il ait brûlé pour moi, que je l'aie aussi aimé, que je l'aie connu longtemps, qu'y a-t-il davantage?

SOELLER.

Rien! Je ne veux pas dire non plus qu'il y ait davantage. Car, dans les premiers temps, quand la jeune fille germe encore, elle aime par amusement, elle sent dans son cœur certains mouvements secrets, et elle n'y comprend rien. On l'embrasse au gage touché, insensiblement elle devient plus grande, le baiser devient plus sérieux, et l'on y trouve toujours plus de goût; elle ne comprend pas pourquoi la mère gronde; pleine de vertu quand elle aime, c'est innocence quand elle faillit; et, quand l'expérience se joint à ses autres qualités, que son mari se félicite d'avoir une femme prudente!

SOPHIE.

Tu ne me connais pas assez.

SOELLER.

Oh! crois-moi, un baiser est pour une jeune fille comme pour nous un verre de vin : un verre et puis encore un et encore un, jusqu'à ce que l'on tombe. Si l'on ne veut pas s'enivrer, il ne faut pas boire du tout. Il suffit! Tu es à moi maintenant!... N'y a-t-il pas trois ans et demi que M. Alceste était ton ami et demeurait dans la maison? Combien y a-t-il qu'il était parti ?

SOPHIE.

Trois ans, je pense.

SOELLER.

Davantage. A présent, il est revenu depuis quinze jours.

SOPHIE.

Mon ami, à quoi bon ce discours?

SOELLER.

Mais, pour dire quelque chose; car, entre mari et femme, on ne se parle déjà pas trop. Pourquoi, je te prie, est-il ici?

SOPHIE.

Eh! pour son plaisir.

SOELLER.

Je croirais que tu lui tiens fort au cœur. S'il t'aimait, dis-moi, lui prêterais-tu bien l'oreille?

SOPHIE.

L'amour peut beaucoup sans doute, mais le devoir encore plus. Tu le crois ?...

SOELLER.

Je ne crois rien, et je puis bien le comprendre : un mari est toujours plus que ces petits messieurs, qui ne font que siffler. Le ton le plus doux que puisse avoir le berger n'est qu'un ton, après tout, et un ton, l'on s'en rassasie.

SOPHIE.

Oui, un ton, fort bien! Ils ont leur ton; mais le tien vaut-il mieux? Chez toi, le mécontentement devient plus grand de jour en jour ; tu ne cesses pas de taquiner. Qu'on soit d'abord aimable, si l'on veut être aimé. Étais-tu bien l'homme fait pour rendre une jeune fille heureuse?... As-tu acquis le droit de me reprocher éternellement ce qui dans le fond n'est rien? Toute la maison chancelle; tu ne fais œuvre de tes mains, et tu dépenses beaucoup. Tu vis au jour le jour; si l'argent te manque, tu fais des dettes, et, quand ta femme a besoin de quelque chose, elle n'a pas un florin; et tu ne t'informes point où elle en pourra trouver. Veux-tu une brave femme, sois un honnête homme!... Procure-lui le nécessaire, aide-lui à passer le temps, et, pour le surplus, tu peux rester tranquille.

SOELLER.

Eh! adresse-toi au père!

SOPHIE.

J'en serais bien reçue! Nous sommes assez dépourvus, et tout va fort mal! Hier, pour la première fois, il me fallut absolument lui demander quelque chose : « Ah! s'écria-t-il, tu n'as point d'argent, et Sœller se promène en traîneau! » Il ne me donna rien, et me remplit les oreilles de criries. Maintenant, dis-moi donc où je dois en prendre. Car tu n'es pas homme à pourvoir aux besoins de ta femme.

SOELLER.

Patience, chère enfant, demain peut-être je recevrai d'un bon ami....

SOPHIE.

Si c'est un sot, fort bien! S'agit-il de recevoir, les bons amis se montrent souvent; mais, un ami qui apporte quelque chose, je suis encore à l'attendre.... Non, Sœller, tu le vois bien : cela ne peut aller plus longtemps!

SOELLER.

Tu as pourtant le nécessaire.

SOPHIE.

Bien, c'est déjà quelque chose : mais celui qui ne fut jamais nécessiteux veut plus que cela. Le bonheur nous gâte bien aisément par ses dons; on a le nécessaire et l'on croit ne rien avoir encore. Le plaisir que goûte chaque femme, chaque jeune fille, je n'en suis pas affamée, mais je n'en suis pas rassasiée non plus : la toilette, le bal!... suffit, je suis femme.

SOELLER.

Eh! viens donc avec moi : ne te le dis-je pas toujours?

SOPHIE.

Afin que notre ménage soit aussi comme le carnaval, qui s'en donne quelque temps et puis finit tout d'un coup! J'aime bien mieux rester seule ici sur ma chaise des années entières. Si tu ne veux pas épargner, il faut bien que la femme épargne. Mon père est déjà assez fâché contre toi : j'apaise sa colère et suis toute sa consolation. Non, monsieur, je ne vous aiderai point à dissiper mon argent. Épargnez d'abord sur vous-même, afin de l'employer pour moi.

SOELLER.

Mon enfant, pour cette fois seulement, laisse-moi encore être gai, et, quand la foire viendra, nous nous arrangerons.

UN GARÇON D'AUBERGE, *entrant.*

Monsieur Soeller!

SOELLER.

Hé? Qu'y a-t-il?

LE GARÇON.

M. de Tirinette.

SOPHIE.

Le joueur?

SOELLER.

Renvoie-le. Que le diable l'emporte!

LE GARÇON.

Il faut qu'il vous voie, à ce qu'il dit.

SOPHIE.

Que te veut-il donc?

SOELLER.

Ah! il part.... (*Au garçon.*) J'y vais. (*A Sophie.*) Eh! il veut prendre congé de moi. (*Il sort.*)

SCÈNE III.

SOPHIE, *seule.*

Cet homme lui réclame sans doute de l'argent! Il fait des dettes au jeu.... Il mangera tout, et moi je dois le souffrir! Voilà donc toute ma joie et le bonheur que j'avais rêvé! Être la femme d'un tel homme! Être tombée si bas! Qu'est devenu le temps où les aimables jeunes cavaliers étaient en foule à tes pieds? où chacun voyait son sort dans tes yeux? J'étais là dans l'abondance, comme une déesse, et mes serviteurs, autour de moi, attentifs à mes caprices! C'en était assez pour remplir mon cœur de vanité. Hélas! une jeune fille est vraiment bien à plaindre! Est-on un peu jolie, aussitôt on plaît à chacun; tout le jour autour de nos oreilles bourdonnent les louanges. Et quelle jeune fille résiste à cette épreuve du feu? Vous savez agir si honorablement, vous autres hommes! On vous croit volontiers sur parole!... Et tout à coup le diable vous emporte.... S'il se trouve à croquer quelque morceau délicat, vite ils sont tous du festin! Mais une jeune fille le prend-elle au sérieux, tout le monde vide la maison. Ainsi vont les choses avec nos messieurs dans ce temps mauvais. Il s'en présente vingt, jusqu'à ce qu'un pauvre chétif vous recherche. A la vérité, je ne me suis pas trouvée à la fin absolument abandonnée; à vingt-quatre ans, il n'y a plus beaucoup de temps à perdre. Sœller se présenta.... et, ma foi, je l'acceptai! C'est un triste personnage, mais c'est un homme. Je suis casée maintenant, et ne suis pas mieux qu'enterrée. Je pourrais bien encore avoir des adorateurs en foule; mais à quoi bon? S'ils sont bêtes, on ne fait que se mourir d'ennui avec eux, et il est dangereux d'aimer un homme habile; il emploiera bientôt son habileté pour votre perte. Même sans amour, tout hommage m'était odieux. Et maintenant.... mon pauvre cœur, étais-tu préparé à la chose? Alceste est revenu. Ah! quel nouveau tourment! Oui, autrefois, quand il était là, comme c'étaient d'autres jours! Comme je l'aimais!... Et encore.... Je ne sais ce que je veux. Je l'évite avec crainte; il est rêveur, silencieux; j'ai peur de lui: ma peur est bien fondée. Ah! s'il savait ce que j'éprouve encore pour lui! Il vient! Déjà je tremble. Mon cœur est si plein! Je ne sais ce que je veux, et bien moins ce que je dois....

SCÈNE IV.

SOPHIE, ALCESTE.

(*Alceste est en habit habillé, sans chapeau et sans épée.*)

ALCESTE.

Pardonnez-moi, madame, si je suis importun.

SOPHIE.

Vous plaisantez, monsieur Alceste : cette salle est pour tout le monde.

ALCESTE.

Je sens que je suis maintenant pour vous.... comme tout le monde.

SOPHIE.

Je ne vois pas comment Alceste pourrait s'en plaindre.

ALCESTE.

Tu ne le vois pas, cruelle? Je devais essuyer ce traitement!

SOPHIE.

Excusez-moi, monsieur! Il faut que je me retire.

ALCESTE.

Où donc, Sophie? Où donc?... Tu détournes le visage? Tu me refuses ta main? Sophie, est-ce que tu ne me connais pas? Regarde, c'est Alceste qui te supplie de l'entendre.

SOPHIE.

Malheur à moi! Comme mon cœur, mon pauvre cœur est troublé!

ALCESTE.

Si tu es Sophie, demeure!

SOPHIE.

Je vous en prie, épargnez-moi! Il faut, il faut que je m'éloigne.

ALCESTE.

Cruelle Sophie! Eh bien, abandonnez-moi!... Dans ce moment, me disais-je, elle est seule; tu touches à ton bonheur. Maintenant, espérais-je, elle te dira quelques mots d'amitié. Oh! fuyez, fuyez!... C'est dans cette chambre que Sophie me laissa voir, pour la première fois, les plus belles flammes; que l'amour nous enchaîna pour la première fois. A cette même place.... t'en souvient-il encore ? tu me juras une éternelle fidélité !

SOPHIE.

Oh ! épargnez-moi donc !

ALCESTE.

C'était une belle soirée.... Je ne l'oublierai jamais! Ton œil parla, et moi je fus téméraire. Tu m'offris en tremblant tes douces lèvres. Mon cœur sent trop vivement encore combien je fus heureux. Alors ton bonheur était de me voir, ton bonheur de penser à moi! Et maintenant ne veux-tu pas m'accorder une heure? Tu le vois, je te cherche ; tu le vois, je suis affligé!... Va, va, cœur perfide, tu ne m'as jamais aimé !

SOPHIE.

Je suis assez tourmentée : veux-tu me tourmenter encore ? Sophie ne t'a pas aimé? Alceste, l'oses-tu dire? Tu étais mon unique désir, tu étais mon suprême bien ; ce cœur battait pour toi, pour toi bouillonnait mon sang, et ce bon cœur, qu'un jour tu possédas tout entier, ne peut être insensible, il ne peut t'oublier. Ah! ce souvenir m'a souvent troublée. Alceste.... je t'aime encore.... comme je t'aimais.

ALCESTE.

Mon ange ! cœur excellent ! (*Il veut l'embrasser.*)

SOPHIE.

J'entends venir quelqu'un.

ALCESTE.

Et pas un seul mot! C'est insupportable! Ainsi se passe tout le jour! Combien n'est-on pas tourmenté ! Déjà quinze jours que je suis ici, et je ne t'ai pas dit un mot! Je sais que tu m'aimes encore ; mais cela doit me désoler : nous ne sommes jamais seuls et n'épanchons jamais nos cœurs. On n'a pas un moment de repos dans cette chambre : tantôt le père est là, tantôt survient encore le mari. Je ne resterai pas longtemps ici ; cela m'est insupportable. Mais, Sophie, à qui le veut tout n'est-il pas possible? Autrefois rien n'était trop difficile pour toi ; tu nous trouvais d'abord des ressources ; la jalousie aux cent yeux était aveugle. Et, si tu voulais....

SOPHIE.

Quoi?

ALCESTE.

Si tu voulais seulement réfléchir, que tu ne devrais pas abandonner Alceste au désespoir. Ma bien-aimée, cherche-nous donc seulement l'occasion d'un entretien, que ce lieu nous défend. Écoute, cette nuit, ton mari sort de la maison; on croit que je vais moi-même à un festin de carnaval; mais la porte de derrière est près de mon escalier.... Sans que personne le remarque dans la maison, je rentrerai; j'ai ici la clef, et, si tu veux me permettre....

SOPHIE.

Alceste, je m'étonne....

ALCESTE.

Et tu veux me faire croire que tu n'es pas un cœur dur, une femme trompeuse? Tu refuses le moyen qui nous reste encore? Sophie, ne connais-tu pas Alceste? et peux-tu hésiter à causer avec lui une petite heure pendant la nuit tranquille? Il suffit! n'est-ce pas, Sophie, cette nuit je viendrai te voir? Ou, si cela te paraît plus sûr, viens toi-même chez moi!

SOPHIE.

C'en est trop!

ALCESTE.

C'en est trop? Oh! bien parlé! Malédiction! C'en est trop! Je passe donc ici vainement semaines sur semaines!... Damnation! Pourquoi ce lieu me retient-il, si Sophie ne me retient pas? Je pars demain.

SOPHIE.

Mon bien-aimé! Mon cher Alceste!

ALCESTE.

Non, tu connais, tu vois ma souffrance, et tu restes inébranlable! Je veux te fuir pour jamais!

SCÈNE V.

LES PRÉCÉDENTS, L'HÔTE.

L'HÔTE.

Voici une lettre; elle doit être d'un haut personnage : le ca-

ACTE I, SCÈNE V.

chet est très-grand et le papier est fin. (*Alceste prend la lettre; l'hôte poursuit à part.*) Je voudrais bien savoir le contenu de cette lettre!

ALCESTE, *après avoir parcouru la lettre.*

Il faut que je parte demain matin. Mon compte!

L'HÔTE.

Hé! partir si vite, par ce mauvais temps!... Cette lettre est d'importance apparemment? Oserai-je demander à Votre Seigneurie?...

ALCESTE.

Non!

L'HÔTE, *à Sophie.*

Questionne-le donc un peu : sans doute, il te le dira. (*Il va à la table dans le fond, où il tire ses livres d'un tiroir ; il s'assied et écrit le compte.*)

SOPHIE.

Alceste, est-ce bien sûr?

ALCESTE.

Visage flatteur!

SOPHIE.

Alceste, je t'en conjure, n'abandonne pas Sophie!

ALCESTE.

Alors décide-toi à me voir cette nuit.

SOPHIE, *à part.*

Que dois-je, que puis-je faire? Il ne faut pas, il ne faut pas qu'il parte. Il est mon unique consolation. (*Haut.*) Tu vois que je ne puis.... Songe que je suis mariée....

ALCESTE.

Le diable emporte le mari, et tu seras veuve! Non, profite de ces heures. Elles se rencontrent peut-être pour la première et la dernière fois! Un mot : à minuit, ma bien-aimée, je suis là!

SOPHIE.

Mon père est trop près de ma chambre.

ALCESTE.

Eh bien, viens chez moi! Pourquoi tant balancer? Dans ces hésitations le moment nous échappe. Tiens, prends ma clef.

SOPHIE.

La mienne peut ouvrir.

ALCESTE.

Viens donc, chère enfant! qui t'arrête? Eh bien, veux-tu?

SOPHIE.

Si je veux?

ALCESTE.

Parle!

SOPHIE.

J'irai vers toi.

ALCESTE.

Monsieur l'hôte, je ne partirai pas.

L'HÔTE, *s'avançant.*

Bien! (*A Sophie.*) As-tu appris quelque chose?

SOPHIE.

Il ne veut rien dire.

L'HÔTE.

Rien?

SCÈNE VI.

LES PRÉCÉDENTS, SOELLER.

ALCESTE.

Mon chapeau!

SOPHIE.

Le voilà! Ici!

ALCESTE.

Adieu! Il faut que je sorte.

SOELLER.

Je vous souhaite beaucoup de plaisir!

ALCESTE.

Adieu, charmante femme!

SOPHIE.

Adieu, Alceste!

SOELLER.

Votre serviteur!

ALCESTE.

Il faut que je monte encore.

SOELLER, *à part.*

Le drôle devient chaque jour plus hardi.

ACTE I, SCÈNE VI.

L'HÔTE, *prenant une lumière.*

Permettez, monsieur....

ALCESTE, *prenant la lumière de ses mains avec civilité.*

Monsieur l'hôte, pas plus loin. (*Il sort.*)

SOPHIE.

Eh bien, Sœller, tu vas donc! Qu'en dis-tu, si tu me prenais avec toi?...

SOELLER.

Ah! ah! tu prends fantaisie à présent!...

SOPHIE.

Non! va, je plaisantais.

SOELLER.

Non, non, je le sais bien; le cœur t'en dit. Quand on voit, comme cela, quelqu'un s'arranger pour le bal, et qu'on doit aller dormir, on sent là quelque chose qui pèse.... Une autre fois.

SOPHIE.

Oh! oui, je puis bien attendre. Une seule chose, Sœller: sois prudent, et garde-toi des cartes. (*A son père, qui est resté, pendant ce temps, plongé dans une profonde rêverie.*) A présent, bonsoir, papa: je vais me mettre au lit.

L'HÔTE.

Bonsoir, Sophie!

SOELLER.

Dors bien. (*La suivant des yeux.*) Non, elle est vraiment belle! (*Il court après elle, et l'embrasse encore près de la porte.*) Dors bien, mon petit mouton. (*A l'hôte.*) Eh bien, n'allez-vous pas aussi vous coucher?

L'HÔTE, *à part.*

C'est une lettre du diable! Si j'avais seulement cette lettre!... (*A Sœller.*) Allons, nuit de carnaval! bonne nuit!

SOELLER.

Merci! bon repos!

L'HÔTE.

Monsieur Sœller, en sortant fermez bien la porte! (*Il sort.*)

SOELLER.

Oui, soyez tranquille.

SCÈNE VII.

SOELLER, seul.

Que faire à présent? Oh! maudit jeu! Oh! que le drôle fût-il pendu! La taille n'était pas juste : mais il faut me taire. Il est aussi fort à l'épée qu'au pistolet! Je ne sais que devenir.... Mais quoi?...: Alceste a de l'argent.... et ces crochets jouent fort bien. Il a aussi grande envie de se régaler chez moi! Il tourne autour de ma femme; cela me vexe depuis longtemps. Allons, je m'invite une fois à sa table. Mais, si cela se découvrait, ce serait pour toi une fâcheuse affaire.... Je suis dans la détresse : quel autre parti puis-je prendre?... Le joueur veut son argent; sans cela il m'assomme. Courage, Soeller! en avant! Toute la maison est endormie. Et, si la chose se découvre, j'ai un bon oreiller, car une belle femme a sauvé plus d'un voleur. (*Il sort.*)

ACTE DEUXIÈME.

La chambre d'Alceste. — Le théâtre est partagé, de l'avant-scène au fond, en une chambre et une alcôve. D'un côté de la chambre est une table, sur laquelle sont des papiers et une cassette. Au fond, une grande porte, et, de côté, une petite, vis-à-vis de l'alcôve.

SCÈNE I.

SŒLLER, seul.

(*Il paraît à la petite porte. Il est en domino, le masque sur le visage, sans souliers, et il tient à la main une lanterne sourde. Il éclaire timidement le tour de la salle, puis il s'avance plus hardiment, ôte son masque et s'essuie la sueur du visage.*)

Il n'est pas absolument nécessaire que l'on soit brave : on parvient aussi dans le monde avec l'adresse et la ruse. L'un vient à vous, armé de pistolets, pour attraper un sac plein d'argent et peut-être la mort, et dit : « La bourse ! Ici, sans tant regimber, » avec autant de sang-froid que s'il disait : « Messieurs, Dieu vous bénisse. » L'autre fait sa ronde, avec des mains magiques et des manœuvres promptes comme l'éclair, pour dérober les montres, et, si cela vous plaît, il vous dit en face : « Je vole ! prenez garde. » Il vole, vous ne le voyez pas. La nature, je l'avoue, m'a fait beaucoup plus chétif. Mon cœur est beaucoup trop faible ; mes doigts sont trop pesants ; et cependant il est difficile, par le temps qui court, de n'être pas un fripon. L'argent est plus rare chaque jour, et chaque jour il en faut davantage. Te voilà lancé maintenant ; tire-toi de ce piége. Ah ! toute la maison suppose que je passe la nuit au bal.... Le seigneur Alceste.... se divertit.... ma petite femme dort toute seule.... Les étoiles pourraient-elles être plus favorables? (*Il s'approche de la table.*) Oh! viens, sanctuaire! divinité cachée dans le coffre! Un monarque sans toi est un grand zéro. Et vous, rossignols, merci! Vous êtes la consolation du monde! Par vous je l'obtiens le grand rossignol, l'argent! (*Il tâche d'ouvrir le coffre.*) En qualité de surnuméraire, je fis un jour la chasse aux emplois, mais là aussi mon zèle n'a pas duré longtemps; l'écriture n'allait pas; c'était trop uniforme pour moi. Du pain, en perspective seulement, et chaque jour des tracas : cela ne m'allait pas du tout.... Un voleur fut pris; les clefs se trouvèrent, et lui, il fut pendu. Or, on sait que la justice pense tout d'abord à elle : je n'étais que subalterne, et j'eus le fer en partage. Je m'en emparai. Une chose semble ne pouvoir guère nous servir : il vient un moment où l'on se félicite de la posséder. Et maintenant.... (*La serrure s'ouvre.*) Oh! les belles espèces! C'est un vrai plaisir! (*Il remplit ses poches.*) Ma poche déborde d'argent et mon cœur de joie!... si ce n'est de peur!... Écoutons! Malédiction! ô membres poltrons! Que tremblez-vous?... Assez.... (*Il regarde de nouveau dans la cassette, et y puise encore.*) Encore une fois!... C'est bien maintenant! (*Il ferme la cassette et tressaille.*) Encore? Quelqu'un marche dans le corridor! Cependant pour l'ordinaire il ne revient pas des esprits.... Le diable fait peut-être de ses tours?... Le tour serait stupide! Est-ce un chat? Non! Ce serait un chat bien lourd. Vite! On tourne la serrure.... (*Il se jette dans l'alcôve.*)

SCÈNE II.

SOELLER, L'HÔTE.

(*L'hôte tient à la main un rat de cave, et s'avance par la porte latérale.*)

SOELLER, *à part.*

O ciel! mon beau-père!

L'HÔTE.

C'est une sotte chose qu'un sang facile à émouvoir. Le cœur bat, quand même on ne fait mal qu'à demi. Je n'ai de mes jours été curieux. Si je ne croyais lire dans la lettre quelque chose d'important.... Et, avec la gazette, ce sont des retards éternels. Ce qu'on apprend de plus neuf a toujours un mois de date. Et c'est aussi une chose insupportable d'entendre chacun vous dire : « Oh! oui, je l'ai déjà lu. » Si j'étais gentilhomme, je voudrais être ministre, et tous les courriers partiraient de chez moi et y viendraient. Je ne la trouve pas, cette lettre! L'a-t-il emportée? C'est vraiment une malédiction! Faut-il n'aboutir à rien!

SOELLER, *à part.*

Bon vieux fou! Je vois bien que le dieu des voleurs et des gazettes ne t'aime pas de moitié autant que moi.

L'HÔTE.

Je ne la trouve pas!... Oh! peste!... Entends-je bien aussi?... A côté, dans la salle....

SOELLER.

Me flaire-t-il peut-être?

L'HÔTE.

Cela craque justement comme un soulier de femme.

SOELLER.

Un soulier? Non, ce n'est pas moi.

L'HÔTE.

(*Il souffle son rat, et le laisse tomber, en faisant de vains efforts pour ouvrir la serrure de la petite porte.*) Et la serrure qui m'arrête à présent! (*Il pousse la porte et s'en va.*)

SCÈNE III.

SOPHIE, SOELLER.

(*Sophie entre par la porte du fond, une lumière à la main.*)

SOELLER, *dans l'alcôve, à part.*

Une figure de femme! enfer! diable! Ma femme! que signifie cela?

SOPHIE.

Je tremble en faisant un pas si hardi.

SOELLER.

C'est elle, aussi vrai que j'existe. Serait-ce un rendez-vous?...

Mais, supposé que je me montrasse!... Oui-da!... le cou me démange!

SOPHIE.

Suivez donc l'amour! Il vous attire d'abord avec une mine caressante....

SOELLER.

J'en deviendrais fou! Et je n'ose....

SOPHIE.

Mais, quand une fois vous perdez la route, il n'est pas de feu follet qui vous guide aussi mal que lui.

SOELLER.

Oui, certes, un marais serait plus sain pour toi que cette chambre.

SOPHIE.

Jusqu'ici assurément les choses allaient mal, mais cela empire chaque jour. Mon mari fera bientôt trop de folies. Il y avait déjà de quoi s'affliger : maintenant il se conduit si mal, que je dois le haïr.

SOELLER.

Sorcière!

SOPHIE.

Il a ma main.... Alceste néanmoins possède mon cœur comme autrefois.

SOELLER.

Faire de la magie, mêler des poisons, est moins détestable!

SOPHIE.

Ce cœur, qui fut pour lui tout de flamme, qui apprit de lui ce que c'est que l'amour....

SOELLER.

Damnation!

SOPHIE.

Était indifférent et froid, avant qu'Alceste l'attendrît.

SOELLER.

O maris, si seulement vous étiez tous ainsi une fois à confesse!

SOPHIE.

Comme Alceste m'aimait!

SOELLER.

Ah! c'est passé maintenant.

ACTE II, SCÈNE III.

SOPHIE.

Comme je l'aimais tendrement!

SOELLER.

Bah! c'était un enfantillage!

SOPHIE.

O destin, tu nous séparas, hélas! et, pour mes péchés, je fus obligée.... quelle obligation!... de m'unir avec un animal.

SOELLER.

Moi, un animal?... Fort bien, un animal! un animal cornu!

SOPHIE.

Que vois-je?

SOELLER.

Quoi, madame?

SOPHIE.

Le rat de mon père? Comment est-il venu ici? Mais non! il faudra que je fuie. Il nous guette peut-être!...

SOELLER.

Agis sur elle, ô conscience!

SOPHIE.

Je ne puis comprendre comment il l'a perdu ici.

SOELLER.

Si son père ne l'effraye pas, montre-lui le diable!

SOPHIE.

Oh! non, toute la maison est plongée dans le plus profond sommeil.

SOELLER.

Le plaisir a plus de force que toute crainte de châtiment.

SOPHIE.

Mon père est au lit.... qui sait comment cela est arrivé? Qu'il en soit ce qu'il pourra!

SOELLER.

O malheur!

SOPHIE.

Alceste n'est pas encore ici?

SOELLER.

Oh! si j'osais!

SOPHIE.

Mon cœur nage encore dans un doute inquiet. Je l'aime et pourtant je le crains.

SOELLER.

Je le crains comme le démon et plus encore. S'il venait seulement, le prince des enfers, je lui dirais : « Emporte-moi la drôlesse, et tu auras tout mon argent! »

SOPHIE.

Tu es trop honnête, mon cœur! Quel est donc ton crime? As-tu promis, pouvais-tu promettre d'être fidèle à un homme qui n'a pas un cheveu de bon, qui est déraisonnable, grossier, menteur?...

SOELLER.

Je suis tout cela?

SOPHIE.

En vérité, si un tel monstre ne justifie pas assez l'horreur qu'il inspire, j'approuve le pays où l'on adore le diable; car il est un diable.

SOELLER.

Quoi? un diable! un monstre!... Moi? Je n'y tiens plus!

(Il va s'élancer de l'alcôve.)

SCÈNE IV.

LES PRÉCÉDENTS, ALCESTE.

(*Alceste est en habit habillé, avec le chapeau et l'épée; il porte un manteau, qu'il ôte en entrant.*)

ALCESTE.

Déjà tu m'attendais!

SOPHIE.

Sophie t'a devancé.

ALCESTE.

Tu trembles?

SOPHIE.

Les dangers....

ALCESTE.

Non, ma petite femme! Non!

SOELLER.

Tu! toi! Ce sont les préliminaires.

ACTE II, SCÈNE IV.

SOPHIE.

Tu sentais ce que mon cœur souffrait pour l'amour de toi; tu connais ce cœur tout entier : pardonne-lui cette démarche!

ALCESTE.

Sophie!

SOPHIE.

Si tu lui pardonnes, je ne sens aucun repentir.

SOELLER.

Oui, demande-moi seulement si je te pardonne!

SOPHIE.

Qui m'amène ici? En vérité, je le sais à peine.

SOELLER.

Je ne le sais que trop bien!

SOPHIE.

C'est pour moi comme un rêve.

SOELLER.

Je voudrais bien rêver, moi!

SOPHIE.

Tu vois, je t'apporte un cœur plein de chagrin.

ALCESTE.

La douleur se soulage par la plainte.

SOPHIE.

Je ne trouvai jamais un cœur sympathique comme le tien.

SOELLER.

Quand vous bâillez ensemble, vous appelez cela sympathie! Excellent!

SOPHIE.

Fallait-il donc te trouver si parfait, pour m'unir avec un homme qui est tout l'opposé de toi? J'ai un cœur qui n'est pas mort pour la vertu.

ALCESTE.

Je le connais.

SOELLER.

Oui, oui, moi aussi!

SOPHIE.

Si aimable que tu sois, tu n'aurais jamais entendu un seul mot de ma bouche, si ce pauvre cœur n'était pas oppressé, sans espérance. Je vois de jour en jour notre ménage aller à sa ruine. Et la vie de mon mari!... Comment pourrons-nous subsister? Je sais qu'il ne m'aime pas, qu'il n'est pas touché de mes larmes! et, quand mon père tempête, il faut encore que je le réconcilie! Chaque jour commence un nouveau tourment.

SOELLER, *ému à sa manière.*

Non, la pauvre femme est vraiment à plaindre!

SOPHIE.

Mon mari n'a aucune idée d'une vie tant soit peu humaine. Que n'ai-je pas dit? que n'ai-je pas cédé? Il boit tout le jour, il fait des dettes de tous côtés, il joue, il querelle, il brave, il rampe : cela ne finit pas. Tout son esprit n'enfante que des fadaises et des bouffonneries; ce qu'il prend pour habileté ne sont que des ruses grossières. Il ment, il calomnie, il trompe....

SOELLER.

Je vois qu'elle rassemble déjà des traits pour mon oraison funèbre.

SOPHIE.

Oh! crois-moi, je serais depuis longtemps morte de chagrin, si je ne savais pas....

SOELLER.

Achève donc!

SOPHIE.

Qu'Alceste m'aime encore.

ALCESTE.

Il t'aime, il gémit comme toi.

SOPHIE.

Cela soulage ma peine d'entendre du moins quelqu'un, d'entendre Alceste me plaindre. Alceste, par cette main, par cette main chérie, je t'en conjure, conserve-moi toujours ton cœur!

SOELLER.

Entendez-vous comme elle est caressante?

SOPHIE.

Ce cœur, qui n'a brûlé que pour toi, ne peut recevoir de consolations que de ta main.

ALCESTE.

Je ne sais pour ton cœur aucun remède.... *(Il l'embrasse.)*

SOELLER.

Malheureux que je suis! aucun hasard n'aura-t-il donc pitié de moi! Le cœur!... cela m'inquiète.

SOPHIE.

Mon ami!

SOELLER.

Non, cela devient fade; j'ai de l'amitié par-dessus les yeux, et je voudrais, puisqu'ils ne savent que se dire, qu'elle passât son chemin, et qu'elle en finit avec ses baisers!

ALCESTE.

Ma bien-aimée!

SOPHIE.

Mon ami, encore ce dernier baiser, et puis adieu!

ALCESTE.

Tu t'en vas!

SOPHIE.

Je m'en vais.... il le faut.

ALCESTE.

Tu m'aimes et tu t'en vas!

SOPHIE.

Je m'en vais.... parce que je t'aime. Je perdrais un ami, si je restais. C'est dans la nuit qu'on donne plus volontiers cours à ses plaintes, dans un lieu sûr, où rien ne nous fait trembler. On devient plus familier, à mesure qu'on se plaint avec plus de tranquillité. Mais, pour une femme, c'est trop risquer. Il y a trop de péril dans la familiarité. Dans ces beaux moments, un cœur amolli par la souffrance ne refuse pas ses lèvres aux baisers de l'amitié : un ami est aussi un homme.

SOELLER.

Elle paraît le savoir bien.

SOPHIE.

Adieu, et veuille croire que je suis à toi.

SOELLER.

L'orage passe près de ma tête. *(Sophie sort : Alceste l'accompagne par la porte du milieu, qui reste ouverte. On les voit dans le fond arrêtés ensemble.*) Pour cette fois, prends-en ton parti! Il n'y a pas lieu de beaucoup réfléchir; le moment est favorable, partons vite. (*Il s'échappe de l'alcôve et sort par la porte latérale.*)

SCÈNE V.

ALCESTE, seul.

Que veux-tu maintenant, mon cœur?... C'est pourtant merveilleux! Cette femme chérie reste toujours pour toi ce qu'elle était. La reconnaissance pour ces heures dorées du premier bonheur d'amour n'est pas ici entièrement évanouie. Que n'ai-je pas songé! que n'ai-je pas senti! Et cette image n'est pas encore effacée chez moi, telle que l'amour me la montrait dans sa beauté parfaite; l'image devant laquelle mon cœur s'inclinait avec un profond respect. Combien ce que j'éprouve n'est-il pas différent! Quelle clarté plus vive, depuis ce temps! Et néanmoins elle conserve un reste de cette sainteté. Avoue-le franchement ce qui t'a entraîné ici : maintenant le feuillet se tourne; tu recommences à aimer. Et cette indépendance, et ce que tu as médité de loin, le dédain que tu lui promettais, le plan que tu avais formé.... Combien cela est changé! Ne sens-tu pas une inquiétude secrète? Certainement, avant qu'elle fût ta conquête, tu lui appartenais dès longtemps. C'est le sort de l'humanité! A courir on se heurte souvent, et celui qui médite beaucoup s'en trouve encore bien plus mal. Maintenant ne songeons qu'au plus nécessaire. Il faut que j'imagine le moyen de lui offrir dès demain un peu d'argent comptant. Au fond c'est déplorable.... Son sort m'oppresse vivement; son mari, le vaurien! lui rend la vie dure. J'ai justement encore ce qu'il faut. Voyons!... Oui, cela suffira. Quand même je serais tout à fait étranger, elle devrait m'attendrir; mais je ne sens que trop profondément, dans mon cœur et dans mon esprit, que je suis, en grande partie, coupable de son malheur. Le sort le voulut ainsi; je ne pus l'empêcher. Ce que je ne puis changer, je veux du moins l'adoucir. (*Il ouvre la cassette.*) Que diable! qu'est-ce que cela? La cassette presque vide! De tout l'argent il ne reste pas le quart! L'or, je l'ai sur moi. J'ai toujours la clef! Seulement depuis cette après-midi! Qui a pu venir dans la chambre? Sophie?... Horreur!... Sophie!... Indigne pensée, loin de moi! Mon domestique? Oh! il est en lieu sûr : il dort.... Ce bon garçon n'est certainement point coupable.... Mais qui donc.... Par Dieu, cela m'inquiète.

ACTE TROISIÈME.

La salle de l'auberge.

SCÈNE I.

L'HÔTE, seul.

(*Il est en robe de chambre, assis devant une table, sur laquelle on voit une chandelle presque consumée, un service à café, des pipes, des gazettes. Après les premiers mots, il se lève, et s'habille pendant cette scène et le commencement de la suivante.*)

Ah! cette maudite lettre me coûte le sommeil et le repos! Assurément il s'est passé quelque chose d'irrégulier. Il me paraît impossible de deviner cette énigme. Lorsqu'on fait quelque mal, on a peur du malin. Ce n'était pas ma vocation : c'est pourquoi la frayeur m'a pris. Et pourtant ce n'est pas bien à un aubergiste de trembler, s'il se fait dans la maison quelque rumeur, un bruit de pas, un craquement. Car les fantômes fraternisent avec les voleurs. Il n'y avait pas un homme dans la maison, ni Sœller, ni Alceste; ce ne pouvait être le garçon; les servantes dormaient profondément. Mais j'y pense!... De grand matin, je dirais entre trois et quatre heures, j'ai entendu un léger bruit : la porte de Sophie s'est ouverte. C'était peut-être elle-même, le fantôme devant lequel j'ai fui. C'était un pas de femme; Sophie marche précisément ainsi. Mais que faisait-elle en ce lieu?... On sait comme font les femmes : elles aiment à visiter, à voir les effets des étrangers, leur linge et leurs habits. Si seulement j'y avais pensé! Je l'aurais effrayée et puis je me serais moqué d'elle. Elle aurait cherché avec moi : la lettre serait trouvée. Maintenant le bon moment est passé, sans qu'on l'ait mis à profit! Malepeste! Une idée ne vous vient jamais à propos; et ce qu'on imagine de bon arrive le plus souvent après coup.

SCÈNE II.

L'HÔTE, SOPHIE.

SOPHIE.

Mon père, imaginez....

L'HÔTE.

Pas même bonjour?

SOPHIE.

Pardonnez-moi, papa! ma tête est pleine de souci.

L'HÔTE.

Pourquoi?

SOPHIE.

L'argent d'Alceste, qu'il avait reçu dernièrement, a disparu tout d'un coup.

L'HÔTE.

Pourquoi a-t-il joué? Ils ne peuvent s'en tenir.

SOPHIE.

Non pas! Il est volé.

L'HÔTE.

Comment!

SOPHIE.

Eh! dans sa chambre!

L'HÔTE.

Que le diable emporte le voleur! Qui est-il? vite!

SOPHIE.

Qui le sait?

L'HÔTE.

Ici, dans la maison?

SOPHIE.

Oui, sur la table d'Alceste; dans sa cassette.

L'HÔTE.

Et quand?

SOPHIE.

Cette nuit.

L'HÔTE, *à part.*

Voilà pour ma curiosité! Les soupçons tomberont sur moi; on trouvera mon rat-de-cave.

SOPHIE, *à part.*

Il est troublé et il murmure! Aurait-il fait une chose pareille? Du moins il a été dans la chambre : le rat l'accuse.

L'HÔTE, *à part.*

Serait-ce Sophie elle-même? Malédiction! ce serait encore pis. Elle demandait hier de l'argent, et est entrée cette nuit dans la chambre. (*Haut.*) C'est une sotte affaire! Prends-y garde! Elle nous fera tort : le bon marché et la sécurité sont notre renommée.

SOPHIE.

Oui, il s'en console aisément, mais cela nous nuira sans doute. A la fin on accusera l'hôte.

L'HÔTE.

Je ne le sais que trop. C'est toujours une sotte affaire. Quand même ce serait un voleur domestique, qui le découvrira d'abord? Cela nous causera beaucoup de désagréments.

SOPHIE.

J'en suis tout à fait accablée.

L'HÔTE, *à part.*

Ah! ah! elle s'inquiète. (*Haut, d'un air un peu plus mécontent.*) Je voudrais que son argent lui fût rendu. J'en serais bien satisfait.

SOPHIE, *à part.*

Il semble que le repentir le prend. (*Haut.*) Et, s'il retrouve son argent, quel que soit l'auteur, on ne lui dira rien, et il n'aura plus à s'en inquiéter.

L'HÔTE, *à part.*

Si elle ne l'a pas, je veux être un sot. (*Haut.*) Tu es une bonne fille, et ma confiance en toi.... Attends un peu.... (*Il va voir derrière la porte.*)

SOPHIE, *à part.*

Bon Dieu, il vient se découvrir à moi!

L'HÔTE.

Je te connais, Sophie, tu n'avais pas coutume de mentir....

SOPHIE.

Je me cacherais pour tout le monde plutôt que pour vous. C'est pourquoi, cette fois aussi, j'espère bien mériter....

L'HÔTE.

Bien! Tu es mon enfant, et ce qui est fait est fait.

SOPHIE.

Le cœur le plus sage peut faillir dans les heures de ténèbres.

L'HÔTE.

Ne nous tourmentons plus du passé. Personne que moi ne sait que tu as été dans la chambre.

SOPHIE, *effrayée*.

Vous savez?...

L'HÔTE.

J'y étais, tu vins, je t'entendis. Je ne savais qui c'était, et je me suis sauvé, comme si le démon fût venu.

SOPHIE, *à part*.

Oui, oui, il a l'argent! Maintenant c'est hors de doute.

L'HÔTE.

Ce n'est qu'à présent que je me suis souvenu de t'avoir entendue de grand matin.

SOPHIE.

Et, ce qui est excellent, personne ne songe à vous : j'ai trouvé le rat de cave.

L'HÔTE.

Toi?

SOPHIE.

Moi.

L'HÔTE.

Bien, sur ma vie! Maintenant dis-moi, comment ferons-nous pour lui rendre l'argent?

SOPHIE.

Vous direz : « Monsieur Alceste, épargnez ma maison! L'argent est retrouvé; je tiens le voleur. Vous savez vous-même comme l'occasion séduit aisément. Mais, à peine l'argent était-il détourné, que le coupable était touché, qu'il avouait, et me rendait la somme. La voici! pardonnez-lui! » Certainement, Alceste sera satisfait.

L'HÔTE.

Pour enfiler les raisons, tu as un rare talent.

SOPHIE.

Oui, portez-le-lui donc.

L'HÔTE.

Tout de suite : que je l'aie seulement!

SOPHIE.

Vous ne l'avez pas?

L'HÔTE.

Eh non! Comment l'aurais-je donc?

SOPHIE.

Comment?

L'HÔTE.

Eh! vraiment oui : comment? Me l'as-tu donné?

SOPHIE.

Et qui l'a donc?

L'HÔTE.

Qui l'a?

SOPHIE.

Sans doute! si vous ne l'avez pas!

L'HÔTE.

Quelles farces!

SOPHIE.

Où donc l'avez-vous mis?

L'HÔTE.

Je crois que tu es timbrée! Ne l'as-tu donc pas?

SOPHIE.

Moi?

L'HÔTE.

Oui!

SOPHIE.

Comment l'aurais-je?

L'HÔTE.

Hé! (*Il fait le geste du voleur.*)

SOPHIE.

Je ne vous comprends pas.

L'HÔTE.

Que tu es impudente! A présent qu'il te faut rendre, tu voudrais esquiver. Tu l'as avoué d'abord; fi de pareils tours!

SOPHIE.

Non, c'est trop fort pour moi! A présent vous m'accusez, et vous venez de dire que vous l'avez fait vous-même!

L'HÔTE.

Ah! vilaine! je l'ai fait! Est-ce là l'amour, le respect que tu me dois? Tu fais de moi le voleur, quand tu es la voleuse?

SOPHIE.

Mon père!

L'HÔTE.

N'as-tu pas été ce matin dans la chambre?

SOPHIE.

Oui.

L'HÔTE.

Et tu me dis en face que tu n'as pas l'argent?

SOPHIE.

Est-ce une preuve?

L'HÔTE.

Oui!

SOPHIE.

N'y étiez-vous pas aussi ce matin?

L'HÔTE.

Je te prends aux cheveux, si tu dis un mot et si tu ne t'en vas! (*Sophie sort en pleurant.*) Tu pousses la plaisanterie trop loin, coquine!... Elle est loin! Il en était bien temps pour elle! Peut-être s'imagine-t-elle d'échapper avec des mensonges! L'argent a disparu : suffit! C'est elle qui l'a pris.

SCÈNE III.

ALCESTE, L'HÔTE.

(*Alceste est en habit du matin. Il paraît rêveur.*)

L'HÔTE, *embarrassé et suppliant.*

Je suis consterné de ce que j'apprends. Je vois, très-honoré monsieur, que vous êtes encore tout chagrin. Mais je vous prie de vouloir bien, pour le moment, taire la chose. Je ferai mon devoir. J'espère que cela se verra. Si on l'apprend dans la ville, les envieux se réjouiront, et leur méchanceté ne manquera pas de rejeter toute la faute sur moi. Ce ne peut être un étranger! Un voleur domestique a fait le coup! Veuillez seulement ne pas vous fâcher : l'argent reviendra. A combien cela monte-t-il donc?

ALCESTE.

Une centaine d'écus.

L'HÔTE.

Hé!

ALCESTE

Après tout, cent écus....

L'HÔTE.

Tubleu, ne sont pas une bagatelle!

ALCESTE.

Et pourtant je consentirais à les oublier et à les perdre, si je savais par qui et comment ils ont été pris.

L'HÔTE.

Hé! si seulement l'argent était là, je renoncerais volontiers à demander si c'est Michel ou Jean, et quand et comment cela s'est fait.

ALCESTE, *à part*.

Mon vieux domestique!... Non! Il ne peut me voler, et dans la chambre était.... Non, non, je ne puis le croire!

L'HÔTE.

Vous vous rompez la tête! C'est une peine inutile. Suflit! Je vous trouverai l'argent.

ALCESTE.

Mon argent?

L'HÔTE.

Je vous prie, que personne n'en sache rien! Nous nous connaissons depuis longtemps; et, bref, je vous rendrai votre argent. Soyez parfaitement tranquille!

ALCESTE.

Vous savez donc?

L'HÔTE.

Hem! Je le retrouverai, cet argent!

ALCESTE.

Hé! dites-moi donc....

ACTE III, SCÈNE III.

L'HÔTE.

Non, pas pour tout l'univers!

ALCESTE.

Qui l'a dérobé, je vous prie?

L'HÔTE.

Je vous dis que je ne puis le dire.

ALCESTE.

C'est pourtant quelqu'un de la maison?

L'HÔTE.

Toutes vos questions seront inutiles.

ALCESTE.

Peut-être la jeune servante?

L'HÔTE.

La bonne Jeanne? Non.

ALCESTE.

Le sommelier ne l'aurait-il pas pris?

L'HÔTE.

Ce ne peut être le sommelier.

ALCESTE.

La cuisinière est habile....

L'HÔTE.

A bouillir et rôtir.

ALCESTE.

Jean le marmiton?

L'HÔTE.

Vous ne devinerez pas!

ALCESTE.

Le jardinier pourrait bien....

L'HÔTE.

Non, nous n'y sommes pas encore.

ALCESTE.

Le fils du jardinier?

L'HÔTE.

Non.

ALCESTE.

Peut-être....

L'HÔTE, *à demi-voix.*

Le chien de la maison?... Oui.

ALCESTE, *à part.*

Attends un peu, imbécile! Je saurai bien t'attraper. (*Haut.*) Le tienne donc qui voudra! Je m'en inquiète peu, pourvu qu'il revienne! (*Fausse sortie.*)

L'HÔTE.

Sans doute.

ALCESTE, *comme saisi d'une idée.*

Monsieur l'hôte, mon encrier est vide, et cette lettre exige expressément....

L'HÔTE.

Eh quoi? Elle est arrivée d'hier seulement, et déjà répondre aujourd'hui! Ce doit être quelque chose d'important.

ALCESTE.

Elle ne peut rester sans réponse.

L'HÔTE.

C'est un grand bonheur qu'une correspondance!

ALCESTE.

Pas toujours. Le temps que l'on perd vaut mieux que l'amusement.

L'HÔTE.

Oh! il en est de cela comme du jeu; une seule lettre qui vient nous console de plusieurs. Pardon, mon gentilhomme.... Celle d'hier contient beaucoup de choses importantes? Oserais-je bien...?

ALCESTE.

Non, pas pour tout l'univers.

L'HÔTE.

Aucune nouvelle d'Amérique?

ALCESTE.

Je vous dis que je ne puis le dire.

L'HÔTE.

Frédéric est-il retombé malade?

ALCESTE.

Toutes vos questions seront inutiles.

L'HÔTE.

De la Hesse, en demeure-t-on là?... Les gens partent-ils encore?...

ALCESTE.

Non.

ACTE III, SCÈNE III.

L'HÔTE.

L'empereur a-t-il quelque dessein?

ALCESTE.

Oui, c'est possible....

L'HÔTE.

Dans le Nord cela ne va-t-il pas bien?

ALCESTE.

Je ne voudrais pas en jurer.

L'HÔTE.

Cela fermente secrètement....

ALCESTE.

Nous apprendrons bien des choses.

L'HÔTE.

Point de malheur nulle part?

ALCESTE.

Allez toujours! Vous y êtes bientôt!

L'HÔTE.

On a vu dans les dernières gelées....

ALCESTE.

Des lièvres gelés?... Oui!

L'HÔTE.

Vous ne semblez pas vous reposer beaucoup sur votre serviteur.

ALCESTE.

Monsieur, on ne se fie pas d'ordinaire aux gens défiants.

L'HÔTE.

Et quelle confiance exigez-vous de moi?

ALCESTE.

Qui est le voleur? Ma lettre est sur-le-champ à votre service. L'échange que je vous propose est très-équitable. Allons, voulez-vous la lettre?

L'HÔTE, *troublé et curieux.*

Ah! c'est trop de bonté! (*A part.*) Si ce n'était pas justement cela qu'il exige de moi!

ALCESTE.

Vous voyez, un service en vaut bien un autre, et je ne révélerai rien, je le jure sur mon honneur.

L'HÔTE, *à part.*

Si seulement la lettre n'était pas si appétissante! Mais quoi? Si Sophie!... Ma foi, qu'elle s'arrange! La séduction est trop grande; personne n'y résisterait. L'eau m'en vient à la bouche, comme à un lièvre sous la serre du faucon.

ALCESTE, *à part.*

Jamais jambon ne piqua davantage le nez d'un lévrier.

L'HÔTE, *confus, entraîné et encore hésitant.*

Vous le voulez, mon gentilhomme, et votre bonté....

ALCESTE, *à part.*

Il mord à l'hameçon.

L'HÔTE.

M'oblige aussi à la confiance. (*Avec hésitation et d'un ton encore à demi suppliant.*) Vous promettez que j'aurai aussitôt la lettre?

ALCESTE, *lui présentant la lettre.*

A l'instant!

L'HÔTE. *Il s'approche lentement d'Alceste, les yeux toujours fixés sur la lettre.*

Le voleur....

ALCESTE.

Le voleur?

L'HÔTE.

Celui qui a pris.... est....

ALCESTE.

Parlez donc!

L'HÔTE.

C'est ma....

ALCESTE.

Eh bien!

L'HÔTE, *vivement, en même temps qu'il s'avance et arrache la lettre des mains d'Alceste.*

Ma fille.

ALCESTE, *étonné.*

Comment!

L'HÔTE. *Il s'avance vers l'avant-scène, met en pièces l'enveloppe, en se hâtant d'ouvrir la lettre, et commence à lire.*

« Excellent seigneur! »

ALCESTE. *Il prend l'hôte par les épaules.*

Ce serait elle? Non, dites la vérité!

L'HÔTE, *avec impatience.*

Oui, c'est elle. Oh! il est insupportable! (*Il lit.*) « Excellent sei!... »

ALCESTE, *même jeu.*

Non, monsieur l'hôte! Sophie!... C'est impossible!

L'HÔTE. *Il s'arrache de ses mains et continue de lire sans lui répondre.*

« Très-honoré.... »

ALCESTE.

Elle aurait fait cela? Je suis confondu.

L'HÔTE.

« Monsieur. »

ALCESTE.

Écoutez-moi donc! Comment la chose s'est-elle passée?

L'HÔTE.

Je vous le conterai après.

ALCESTE.

C'est donc certain?

L'HÔTE.

Certain.

ALCESTE, *à lui-même, en sortant.*

Maintenant, je pense, cela ne peut manquer.

SCÈNE IV.

L'HÔTE, *seul.*

« Et protecteur.... » Est-il sorti? « La grande bonté qui m'a pardonné tant de fautes, me pardonnera, je l'espère, encore cette fois.... » Qu'y a-t-il donc à pardonner? « Je sais, très-honoré monsieur, que vous vous réjouirez avec moi. » Bien, bien! « Le ciel m'a dispensé aujourd'hui un bonheur, à l'occasion duquel mon cœur reconnaissant pense d'abord à vous. Il a délivré ma chère femme de son sixième fils!... » Je suis mort.... « Il est arrivé ce matin, le garçon. » Vilain marmot!... Oh! noyez-le! étranglez-le!... « Et votre bonté m'enhardit, moi, pauvre homme.... » Ah! je suis près d'étouffer! Faut-il que, dans mes vieux jours, pareille chose m'arrive? C'est insupportable. Attends un peu, Alceste, je te la revaudrai!... Tu sortiras de la maison! Moi, un bon ami, me jouer un tour si infâme! Si j'osais seulement le traiter à son tour comme il le mérite! Mais ma fille!... Oh! cette diantre d'affaire va de travers! Et je la trahis pour une lettre de baptême! (*Il se prend à la perruque.*) Maudite tête de bœuf! Es-tu devenu si radoteur? La lettre! l'argent! la fourberie! Je voudrais me tuer! Qu'entreprendre? Où courir? Comment me venger de ce méchant tour? (*Il prend un bâton et court çà et là.*) Que quelqu'un m'approche de trop près! Je le rosse à lui tanner le cuir! Si seulement je les avais ici, ceux qui me chicanent, je leur ferais voir à tous, morbleu!... Comme je les arrangerais! Que je meure, si.... Je donnerais je ne sais quoi, pour que le garçon me cassât à cette heure un verre à pied. Je me ronge moi-même.... Il faut que je me venge. (*Il tombe à coups de bâton sur un siège.*) Ah! es-tu poudreux? Tiens! Je veux décharger sur toi ma colère!

SCÈNE V.

L'HÔTE, SOELLER.

(*L'hôte continue de frapper. Sœller est un peu gris. Il est en domino, le masque attaché au bras. Il exprime sa frayeur en voyant l'hôte.*)

SOELLER.

Qu'y a-t-il? Quoi? Est-il fou? Soyons sur nos gardes. Ce serait un bel emploi que d'être le substitut de la chaise! Quel malin esprit peut donc pousser le vieux papa? Le mieux serait de m'en aller! Il ne fait pas bon ici.

L'HÔTE, *sans voir Sœller.*

Je n'en puis plus! Holà! le dos et le bras me font mal. (*Il se jette sur le siège.*) Je suis en nage.

SOELLER, *à part.*

Oui, oui, le mouvement échauffe. (*Il se montre à l'hôte.*) Monsieur mon père!...

L'HÔTE.

Ah! *mosieu!* Vous passez la nuit en goguettes! Je me fatigue à mourir, et vous courez hors de la maison? Mon fou de car-

naval porte son argent au bal et au jeu, et il rit, tandis que
Satan fait le carnaval au logis!

SOELLER.

Quelle colère!

L'HÔTE.

Attends, attends, je ne veux plus me tourmenter.

SOELLER.

Qu'y a-t-il?

L'HÔTE.

Alceste, Sophie.... Dois-je aussi le lui conter?

SOELLER.

Non, non!

L'HÔTE.

Puissiez-vous être au diable, j'aurais enfin du repos! Et ce damné coquin avec sa lettre encore! (*Il s'en va.*)

SCÈNE VI.

SOELLER, *seul. Il exprime son angoisse d'une façon burlesque.*

Qu'est-il arrivé? Malheur à toi! Peut-être dans quelques moments.... Livre ton front. Préserve seulement ton dos. C'est peut-être découvert! O malheur! Oh! comme je frémis, misérable que je suis! Je suis sur un brasier. Le docteur Faust souffrait moins de moitié! Il souffrait moins de moitié le roi Richard III! Ici l'enfer! là le gibet! le cocuage entre deux! (*Il court çà et là comme un fou, et enfin il se remet.*) Ah! le bien volé ne rend jamais content! Va, poltron, vaurien! Pourquoi t'effrayer ainsi? Peut-être cela ne va pas si mal. Je le saurai bientôt. (*Il voit Alceste et s'enfuit.*) O malheur! c'est lui! c'est lui! Il me prendra aux cheveux.

SCÈNE VII.

ALCESTE, *en habit habillé, avec le chapeau et l'épée.*

Jamais ce cœur n'éprouva un si pénible combat. La rare créature dans laquelle l'imagination du tendre Alceste honorait l'image de la vertu; qui lui apprit à connaître le charme suprême du plus pur amour; qui était pour lui une divinité, une maîtresse, un ami, tout enfin : maintenant si avilie! Cela me fait frémir! A la vérité, ces sublimes idées sont assez loin de moi; je consens qu'elle ne soit qu'une femme comme les autres. Mais tant de bassesse!... Cela pousse à la rage. Mon cœur obstiné parle encore pour elle. Quelle faiblesse! Ne peux-tu donc prendre cela sur toi? Saisis la belle chance qui se présente. Une femme incomparable, que tu aimes avec ardeur, a besoin d'argent! Vite, Alceste, le denier que tu donnes te rapporte un écu. Maintenant elle l'a pris elle-même.... Bien! Qu'elle vienne encore à moi avec sa vertu! Va, affermis seulement ton cœur; dis-lui de sang-froid : « Il vous faut peut-être un peu d'argent comptant? Bon! Ne me le taisez pas. Usez sans gêne de mon bien. Ce qui est à moi est aussi à vous.... » Elle vient!... Ma fausse tranquillité disparaît tout à coup : tu crois qu'elle a pris l'argent, et pourtant tu l'en crois incapable!

SCÈNE VIII.

ALCESTE, SOPHIE.

SOPHIE.

Que faites-vous, Alceste? Vous, semblez me fuir!... La solitude a-t-elle donc tant d'attraits pour vous?

ALCESTE.

Pour cette fois, je ne sais ce qui m'attirait particulièrement. Il se fait sans beaucoup de raison plus d'un monologue.

SOPHIE.

A la vérité, la perte est grande et a droit de vous chagriner.

ALCESTE.

Ah! elle est insignifiante et ne me tient pas au cœur. Nous en avons assez. Qu'est-ce qu'un peu d'argent? Qui sait s'il n'est pas tombé en bonnes mains?

SOPHIE.

Oui, votre bonté ne nous laisse pas en prendre du chagrin.

ALCESTE.

Avec un peu de franchise on pouvait tout éviter.

ACTE III, SCÈNE VIII.

SOPHIE.

Comment dois-je entendre cela?

ALCESTE, *souriant*.

Cela?

SOPHIE.

Oui, qu'est-ce que cela fait à la chose?

ALCESTE.

Vous me connaissez, Sophie: confiez-vous en moi! L'argent a disparu : qu'il reste où il est! Si je l'avais su plus tôt, j'aurais gardé le silence. Puisque la chose est ainsi....

SOPHIE, *étonnée*.

Vous savez donc?

ALCESTE, *avec tendresse, en lui baisant la main*.

Votre père!... Oui, je sais, ma bien-aimée Sophie!

SOPHIE, *étonnée et confuse*.

Et vous pardonnez!

ALCESTE.

Qui fait un crime d'une plaisanterie?

SOPHIE.

Il me semble....

ALCESTE.

Permets que nous parlions du fond du cœur. Tu sais qu'Alceste brûle toujours pour toi. La fortune t'a ravie à lui, et ne nous a pas séparés : ton cœur est toujours à moi, à toi toujours le mien. Mon argent t'appartient, comme s'il t'avait été engagé. Tu as sur tout mon bien autant de droit que moi-même. Prends ce que tu voudras, Sophie: seulement aime-moi! (*Il l'embrasse; elle garde le silence.*) Commande! tu me trouveras aussitôt disposé à tout.

SOPHIE, *fièrement, en se dégageant de ses bras*.

Merci de votre argent! mais je n'en ai pas besoin. Quel ton prenez-vous là? Je ne sais si je comprends bien? Ah! vous me méconnaissez!

ALCESTE, *piqué*.

Oh! votre très-humble serviteur ne vous connaît que trop bien, et il sait aussi ce qu'il demande, et il ne voit pas pourquoi votre colère s'allume si vivement. Quand on s'oublie jusque-là....

SOPHIE, *étonnée.*

On s'oublie?... Comment cela?

ALCESTE.

Madame!

SOPHIE, *émue.*

Que signifie cela, monsieur?

ALCESTE.

Excusez ma confusion : je vous aime trop pour dire tout haut une chose pareille.

SOPHIE, *avec colère.*

Alceste!

ALCESTE.

Veuillez seulement interroger le papa. Il sait, à ce qu'il paraît....

SOPHIE. *Elle éclate.*

Quoi? je veux le savoir! Quoi? Monsieur, je ne plaisante pas.

ALCESTE.

Il a dit que vous avez....

SOPHIE.

Eh bien! que j'ai...?

ALCESTE.

Eh! que vous.... que vous avez pris l'argent!

SOPHIE, *avec fureur et avec larmes, en se détournant.*

Il ose! O Dieu! A-t-il pu aller jusque-là?

ALCESTE, *suppliant.*

Sophie!

SOPHIE, *se détournant.*

Vous n'êtes pas digne....

ALCESTE.

Sophie!

SOPHIE.

Otez-vous de ma vue!

ALCESTE.

Pardon!

SOPHIE.

Laissez-moi. Non! Je ne pardonne pas! Mon père ne craint pas de me ravir l'honneur! Et de Sophie!... Comment, Alceste, vous avez pu le croire? Je ne l'aurais pas dit pour tous les biens du monde.... Mais il le faut.... Mon père a l'argent. (*Elle sort.*)

SCÈNE IX.

ALCESTE, *puis* SOELLER.

ALCESTE.

Nous voilà bien éclaircis. C'est un délire! Que le diable démêle la chose maintenant! Deux personnes, l'une et l'autre bonnes et loyales toute leur vie, s'accusent.... Je crains d'en perdre l'esprit. C'est la première fois que j'apprends quelque chose de pareil, et pourtant je les connais depuis de longues années. C'est un cas où l'on ne gagne rien à réfléchir. Plus on y rêve profondément, plus profondément on s'égare. Sophie! le vieillard! Ils m'auraient volé! Si Sœller était accusé, cela serait plus croyable! S'il tombait seulement sur le drôle l'ombre d'un soupçon!... Mais il a été au bal toute la nuit!

SOELLER, *en pointe de vin. Il a quitté le domino.*

Voilà mon scélérat! Il se repose du festin! Si je le tenais à la gorge, comme je l'arrangerais.

ALCESTE, *à part.*

Le voici, comme exprès. (*Haut.*) Comment cela va-t-il, monsieur Sœller?

SOELLER.

Sottement! La musique me bourdonne encore dans la tête. (*Il se frotte le front.*) Cela me fait horriblement mal.

ALCESTE.

Vous avez été au bal? Y avait-il bien des dames?

SOELLER.

Comme à l'ordinaire. La souris court au piége, parce qu'il y a du lard.

ALCESTE.

Était-ce bien?

SOELLER.

Très-bien.

ALCESTE.

Qu'avez-vous dansé?

SOELLER.

Je n'ai fait que regarder.... (*A part.*) la danse de ce matin.

ALCESTE.

Monsieurسœller n'a pas dansé? pourquoi cela?

SOELLER.

Je me l'étais pourtant promis sérieusement.

ALCESTE.

Et cela n'allait pas?

SOELLER.

Eh! non. J'avais la tête affreusement pesante, et je n'étais pas du tout en humeur de danser.

ALCESTE.

Hé!

SOELLER.

Et le pire était que je n'y pouvais rien faire. A mesure que j'écoutais et voyais, la vue et l'ouïe me manquaient.

ALCESTE.

C'est affreux! Je vous plains. Le mal vient vite.

SOELLER.

Oh! non, je le sens depuis que vous êtes chez nous, et de plus loin encore.

ALCESTE.

C'est singulier!

SOELLER.

Et je ne puis m'en délivrer.

ALCESTE.

Eh! faites-vous frotter la tête avec des linges chauds. Peut-être cela passera.

SOELLER, *à part.*

Je crois qu'il raille encore! (*Haut.*) Oui-da! Cela ne va pas si aisément!

ALCESTE.

A la fin le mal cédera. Et cela vous vient justement. Il vous arrivera mieux encore! Vous n'avez pas mené une seule fois votre pauvre femme avec vous, quand vous alliez au bal! Monsieur, cela n'est pas bien. Laisser la jeune femme toute seule, en hiver!

SOELLER.

Ah! elle reste volontiers à la maison et me laisse me divertir : elle sait le moyen de se réchauffer sans moi.

ACTE III, SCÈNE IX.

ALCESTE.

Ce serait curieux!

SOELLER.

Oh! oui, celui qui aime les friands morceaux s'aperçoit bien, sans qu'on lui fasse des signes, où il se trouve quelque chose à sa guise.

ALCESTE, *piqué.*

Pourquoi si mystérieux?...

SOELLER.

Ce que je dis est fort clair. EXEMPLI GRATIA : je bois très-volontiers les vins vieux du père; mais lui, il ne débouche pas volontiers ses flacons, il ménage son bien, et je bois hors du logis.

ALCESTE, *devinant.*

Monsieur, songez!...

SOELLER, *avec moquerie.*

Monsieur l'ami des dames, elle est ma femme à présent : pourquoi vous en inquiéter? Et quand même son mari la prend pour autre chose....

ALCESTE, *avec une colère contenue.*

Son mari! Mari ou non! Je brave le monde entier; et, si vous osez encore une fois dire....

SOELLER, *à part, avec crainte.*

Fort bien! Je devrai encore le consulter pour savoir quelle est la vertu de madame. (*Haut.*) Mon fourneau est pourtant mon fourneau! Je me moque de tout cuisinier étranger!

ALCESTE.

Vous n'êtes pas digne de votre femme, si belle, si vertueuse, une âme si pleine d'attraits, qui vous a tant apporté! Rien ne manque à cet ange.

SOELLER.

Elle a, je l'ai remarqué, dans le sang un charme particulier; et l'ornement de tête aussi fut un de ses apports. J'étais prédestiné à une pareille femme, et sans doute déjà couronné dans le ventre de ma mère.

ALCESTE, *avec éclat.*

Monsieur Sœller!

SOELLER, *hardiment.*

Que voulez-vous?

ALCESTE, *se contenant.*

Je vous le dis, tenez-vous tranquille.

SOELLER.

Je voudrais bien voir qui prétendrait me fermer la bouche!

ALCESTE.

Si je vous tenais ailleurs, je vous le ferais voir, qui vous la fermerait.

SOELLER, *à demi-voix.*

Il se battrait, en vérité, pour l'honneur de ma femme.

ALCESTE.

Certainement.

SOELLER, *entre ses dents.*

Personne ne sait aussi bien jusqu'où il va.

ALCESTE.

Malédiction!

SOELLER.

O monsieur Alceste, nous savons ce qui en est. Du calme, je vous prie; un peu de calme! Nous pourrons nous arranger, et l'on sait bien que messieurs vos pareils moissonnent d'ordinaire tout le champ pour eux, et ne laissent au mari que le spicilége [1]....

ALCESTE.

Monsieur, je m'étonne que vous vous permettiez....

SOELLER.

Oh! j'en ai eu assez souvent les yeux pleins de larmes, et chaque jour encore il me semble que je flaire des oignons.

ALCESTE, *avec colère et résolution.*

Comment? Monsieur, cela va trop loin! Parlez! Que voulez-vous? Il faudra, je le vois bien, vous délier la langue.

SOELLER, *hardiment.*

Eh! parbleu, ce qu'on voit, je pense qu'on peut le savoir.

ALCESTE.

Comment, ce qu'on voit! Qu'entendez-vous par voir?

---

1. Soeller a été homme de plume, et il en a conservé le langage.

ACTE III. SCÈNE IX.

SOELLER.

Ce qu'on entend par voir et par entendre.

ALCESTE.

Ah!

SOELLER.

Pas tant de colère.

ALCESTE, *très-irrité.*

Qu'avez-vous entendu? qu'avez-vous vu?

SOELLER, *effrayé et voulant fuir.*

Permettez-moi, monsieur....

ALCESTE *le retenant.*

Où allez-vous?

SOELLER.

De me retirer.

ALCESTE.

Vous ne sortirez pas d'ici!

SOELLER, *à part.*

Oh! le démon le tourmente!

ALCESTE.

Qu'avez-vous entendu?

SOELLER.

Moi? Rien! On m'a dit seulement....

ALCESTE, *le pressant avec colère.*

Quel est cet homme?

SOELLER.

Cet homme.... était un homme....

ALCESTE, *plus vivement et s'avançant avec menace.*

Vite!

SOELLER, *avec anxiété.*

Qui l'a vu de ses yeux. (*Plus hardiment.*) J'appelle les domestiques!

ALCESTE, *le prenant au collet.*

Qui était-ce?

SOELLER, *tâchant de se dégager.*

Quoi? Enfer!

ALCESTE. *Il le serre plus fort.*

Qui? Vous me poussez à bout. (*Il tire l'épée.*) Qui est le vaurien? le drôle? le menteur?

LES COMPLICES.

SOELLER, *tombant à genoux de frayeur.*

Moi!

ALCESTE, *menaçant.*

Qu'avez-vous vu?

SOELLER, *tremblant.*

Eh! mais, ce qu'on voit toujours : le monsieur est un monsieur, Sophie une dame.

ALCESTE.

Et puis?

SOELLER.

Eh bien! cela va le train du monde, comme cela va quand la dame plait au monsieur, et le monsieur à la dame.

ALCESTE.

C'est-à-dire...?

SOELLER.

J'aurais cru que vous le saviez sans questions.

ALCESTE.

Eh bien!

SOELLER.

On n'a pas le cœur de refuser cela.

ALCESTE.

Quoi, cela? Plus clairement!

SOELLER.

Oh! laissez-moi en repos!

ALCESTE.

Cela s'appelle!... par le diable!...

SOELLER.

Eh bien, cela s'appelle un rendez-vous.

ALCESTE, *troublé.*

Vous mentez!

SOELLER, *à part.*

Il a peur.

ALCESTE, *à part.*

Comment l'a-t-il appris? (*Il remet l'épée dans le fourreau.*)

SOELLER, *à part.*

Courage!

ALCESTE, *à part.*

Qui lui a découvert notre entrevue? (*Il se remet.*) Qu'entendez-vous par là?

ACTE III, SCÈNE IX.

SOELLER, *fièrement*.

Oh! nous nous entendons bien. La comédie de cette nuit! Je n'en étais pas loin.

ALCESTE, *surpris*.

Où donc?

SOELLER.

Dans le cabinet.

ALCESTE.

Voilà comme vous étiez au bal?

SOELLER.

Et qui était au festin? Du calme seulement, et deux petits mots sans fiel. Si secrètement que l'on croie faire quelque chose, messieurs, retenez-le bien, cela finit par se découvrir.

ALCESTE.

Il se découvre aussi fort bien que vous êtes mon voleur! Je préférerais avoir dans ma maison des corbeaux et des pies plutôt que vous. Fi! le vilain homme!

SOELLER.

Oui, oui, je suis fort vilain; mais vous, gros messieurs, vous avez toujours le droit pour vous! Vous voulez disposer de notre bien à votre fantaisie; vous ne respectez aucune loi, et les autres devront les respecter? C'est chose fort pareille de convoiter l'or ou la chair. Commencez par ne pas être pendables, si vous voulez nous faire pendre.

ALCESTE.

Vous osez encore!...

SOELLER.

J'ai droit d'oser. Certes, ce n'est pas une plaisanterie que de porter des cornes. IN SUMMA, ne prenez pas la chose si fort à la rigueur : j'ai volé à monsieur son argent et il m'a volé ma femme.

ALCESTE, *avec menace*.

Qu'ai-je volé?...

SOELLER.

Rien, monsieur! C'était votre bien, longtemps avant qu'il m'arrivât de m'en croire le maître.

ALCESTE.

Faut-il?...

SOELLER.

Il faut que je me taise.

ALCESTE.

Au gibet, le voleur!

SOELLER.

Ne vous souvenez-vous pas qu'une loi sévère parle aussi d'autres gens?

ALCESTE.

Monsieur Sœller!

SOELLER, *faisant le geste de couper une tête.*

Oui, à vous autres friands, on vous fait passer le goût du pain.

ALCESTE.

Êtes-vous du métier et croyez-vous la chose à la mode?... Vous serez pendu, ou pour le moins fouetté.

SOELLER, *montrant son front.*

Je suis déjà marqué.

SCÈNE X.

LES PRÉCÉDENTS, L'HÔTE, SOPHIE.

SOPHIE, *au fond du théâtre.*

Mon cruel père reste sur le ton de la menace.

L'HÔTE, *au fond du théâtre.*

La petite ne veut pas céder.

SOPHIE.

Voilà Alceste.

L'HÔTE, *apercevant Alceste.*

Ah! ah!

SOPHIE.

Il faut, il faut que la chose s'éclaircisse.

L'HÔTE, *à Alceste.*

Monsieur, c'est elle qui est le voleur.

SOPHIE, *de l'autre côté, montrant son père.*

Le voleur, c'est lui, monsieur.

ALCESTE. *Il les regarde tous deux en riant, et, prenant le même ton, il leur montre Sœller.*

Le voleur, c'est lui!

ACTE III, SCÈNE X.

SOELLER, *à part.*

Allons, ma peau, tiens-toi ferme!

SOPHIE.

Lui?

L'HÔTE.

Lui?

ALCESTE.

Vous n'avez l'argent ni l'un ni l'autre : c'est lui qui l'a.

L'HÔTE.

Enfoncez-lui un clou dans la tête! A la roue!

SOPHIE.

Toi?

SOELLER, *à part.*

Orage et grêle!

L'HÔTE.

Je voudrais te....

ALCESTE.

Monsieur, je vous demande de la patience! Sophie était soupçonnée, mais pas de sa véritable faute. Elle est venue me voir. Le pas était peut-être téméraire, mais sa vertu pouvait le risquer.... (*A Sœller.*) Vous étiez présent.

SOPHIE, *étonnée.*

Nous n'en savions rien; la nuit gardait un discret silence. La vertu....

SOELLER.

Oui, elle m'a donné une chaude alerte....

ALCESTE, *à l'hôte.*

Mais vous?

L'HÔTE.

Par curiosité, j'étais aussi monté là-haut. J'étais si préoccupé de cette maudite lettre! Mais vous, seigneur Alceste, je n'aurais jamais cru cela de vous. Je n'ai pas encore bien digéré monsieur le compère.

ALCESTE.

Pardonnez-moi cette plaisanterie! Et vous, Sophie, vous me pardonnez aussi, sans doute?

SOPHIE.

Alceste!

ALCESTE.

De ma vie je ne soupçonnerai votre vertu. Pardonnez-moi cette démarche. Aussi bonne que vertueuse....

SOELLER.

Je le crois presque avec lui.

ALCESTE, *à Sophie.*

Et vous pardonnez aussi à notre Sœller?

SOPHIE, *donnant la main à Sœller.*

De bon cœur!

ALCESTE, *à l'hôte.*

Allons donc!

L'HÔTE. *Il touche la main à Sœller.*

Ne vole plus!

SOELLER.

Le temps amène l'avenir.

ALCESTE.

Mais que devient mon argent?

SOELLER.

O monsieur, c'était par nécessité! Le joueur me tourmentait à la mort, moi, pauvre diable; je ne savais que devenir: j'ai volé et payé mes dettes. Voici le reste : je ne sais combien de florins.

ALCESTE.

Ce qui manque, je vous le donne.

SOELLER.

J'en serais donc quitte pour cette fois!

ALCESTE.

Mais j'espère que vous deviendrez honnête, tranquille et fidèle. Et, si vous vous avisez de recommencer....

SOELLER.

Bien!... Cette fois, nous avons tous échappé à la potence.

FIN DES COMPLICES.

PROMÉTHÉE

FRAGMENT

PROMÉTHÉE.

FRAGMENT[1].

ACTE PREMIER.

PROMÉTHÉE, MERCURE.

PROMÉTHÉE.

Je ne veux pas, vous dis-je! Bref, je ne veux pas! Votre volonté contre la mienne; un contre un : il me semble que cela se balance.

MERCURE.

Porter cela à Jupiter, ton père?... à ta mère?...

PROMÉTHÉE.

Quoi donc, père!... mère!... Sait-on d'où l'on vient?... Je me tins debout, quand je m'aperçus, pour la première fois, que mes pieds étaient fermes, et je tendis les mains, quand je les sentis s'étendre, et je trouvai, observant mes pas, ceux que tu nommes père et mère.

MERCURE.

Et portant à ton enfance les secours nécessaires.

PROMÉTHÉE.

Et ils eurent en retour la soumission de mon enfance, pour

---

[1]. Gœthe a écrit Prométhée en vers rhythmiques de diverse mesure.

former, par-ci par-là, le pauvre nourrisson selon le vent de leurs caprices.

MERCURE.

Et ils te préservèrent.

PROMÉTHÉE.

De quoi? Des dangers qu'eux-mêmes ils redoutaient. Ont-ils préservé mon cœur des serpents qui le rongeaient en secret? Ont-ils trempé cette poitrine pour braver les Titans? Celui qui m'a forgé un cœur d'homme, n'est-ce pas le temps tout-puissant, mon maître et le vôtre?

MERCURE.

Misérable! Parler ainsi à tes dieux, aux dieux infinis

PROMÉTHÉE.

Aux dieux? Je ne suis pas un dieu, et je me crois autant que l'un de vous. Infinis?... Tout-puissants?... Que pouvez-vous? Pouvez-vous resserrer en balle dans ma main le vaste espace du ciel et de la terre? Pouvez-vous me séparer de moi-même? Pouvez-vous m'étendre, me déployer en un monde?

MERCURE.

Le destin!...

PROMÉTHÉE.

Reconnais-tu sa puissance? Moi aussi!... Va, je ne sers pas des vassaux. (*Mercure s'en va.*)

PROMÉTHÉE, *retournant à ses statues éparses dans tout le bois.*

Moment irréparable! Être arraché par ce fou à votre compagnie, ô mes enfants!... Quoi que ce soit qui anime votre sein (*il s'approche d'une jeune fille*), ce sein devrait battre en ma présence! L'œil parle déjà! Parle, parle-moi, lèvre chérie!... Oh! si je pouvais vous donner de sentir ce que vous êtes! (*Épiméthée paraît.*)

ÉPIMÉTHÉE.

Mercure s'est plaint amèrement.

PROMÉTHÉE.

Si tu ne prêtais l'oreille à ses plaintes, il s'en serait aussi allé sans se plaindre.

ÉPIMÉTHÉE.

Mon frère.... tout ce qui est juste! La proposition des dieux était cette fois équitable. Ils veulent t'ouvrir les sommets de l'Olympe; là tu habiteras; tu régneras sur la terre.

PROMÉTHÉE.

Être leur burgrave et garder leur ciel?... Ma proposition est bien plus équitable : ils veulent partager avec moi, et j'estime que je n'ai rien à partager avec eux. Ce que j'ai, ils ne peuvent le ravir : et, ce qu'ils ont, je consens qu'ils le gardent. Ici le mien, là le tien, et, de la sorte, nous sommes séparés.

ÉPIMÉTHÉE.

Le tien, que comprend-il?

PROMÉTHÉE.

Le cercle que remplit mon activité! Rien au-dessous et rien au-dessus!... Ces étoiles là-haut, quel droit ont-elles sur moi, pour m'envisager ainsi?

ÉPIMÉTHÉE.

Tu es seul! Ton obstination méconnaît la félicité qui régnerait, si les dieux et toi, les tiens et le monde et le ciel, se sentaient unis en un tout harmonieux.

PROMÉTHÉE.

Je sais cela. Je t'en prie, cher frère, fais comme tu voudras et laisse-moi. (*Épiméthée s'en va.*) Ici mon univers, mon tout! Ici je me sens vivre; ici tous mes vœux, dans des figures corporelles; mon esprit, réparti de mille manières, et tout entier dans mes chers enfants! (*Minerve paraît.*) Oses-tu bien, ma déesse? Oses-tu visiter l'ennemi de ton père?

MINERVE.

J'honore mon père et je t'aime, Prométhée.

PROMÉTHÉE.

Et tu es à mon esprit ce qu'il est à lui-même; dès le commencement, tes paroles furent pour moi la lumière du ciel. Il me semblait toujours que mon âme se parlait, se révélait à elle-même; qu'en elle résonnaient des harmonies natives, sorties de son sein; et une divinité parlait, quand je croyais parler, et, si je croyais entendre parler une divinité, je parlais moi-même. Et, de la sorte, avec toi et avec moi, confondu en un seul être!... Pour jamais, à toi mon amour!

MINERVE.

Et à toi, pour jamais, ma présence!

PROMÉTHÉE.

Comme la douce lueur du soleil disparu nage aux sommets

du sombre Caucase et remplit mon âme d'une paix ravissante, tout absent qu'il est, toujours présent pour moi : ainsi mes forces se sont développées, à chaque aspiration de ton souffle céleste. Et quel droit les fiers habitants de l'Olympe se réservent-ils sur mes forces? Elles sont miennes, et l'usage en est mien. Je ne ferai plus un pas pour le souverain des dieux.

MINERVE.

Ainsi rêve la force !

PROMÉTHÉE.

Je rêve aussi, déesse, et je suis fort aussi. Eh quoi?... Ne m'as-tu pas vu souvent, dans une servitude volontaire, porter le fardeau qu'avec une solennelle gravité ils plaçaient sur mes épaules? N'ai-je pas accompli, sur leur ordre, l'œuvre de chaque jour, parce que j'imaginais qu'ils voyaient le passé, l'avenir, dans le présent, et que leur direction, leurs commandements, étaient la sagesse primordiale, désintéressée ?

MINERVE.

Tu servais pour être digne de la liberté.

PROMÉTHÉE.

Et je ne voudrais pour rien au monde changer avec l'oiseau du tonnerre, et saisir fièrement de mes griffes d'esclave les foudres de mon maître. Que sont-ils? Que suis-je?

MINERVE.

Ta haine est injuste! Les dieux ont reçu en partage la durée et la puissance et la sagesse et l'amour.

PROMÉTHÉE.

Mais ils n'ont pas seuls tout cela. J'ai comme eux la durée! Nous sommes tous éternels!... Je ne me souviens pas d'avoir commencé; je ne me sens point destiné à finir, et je ne vois pas la fin. Je suis donc éternel, car je suis!... Et la sagesse.... (*Il conduit Minerve auprès des statues.*) Considère ce front! N'est-ce pas ma main qui l'a modelé? Et cette forte poitrine se porte au-devant du péril, qui l'assiége de tous côtés. (*Il s'arrête auprès d'une statue de femme.*) Et toi, Pandore, vase sacré, où reposent tous les dons qui charment sous le vaste ciel, sur la terre immense; tous les sentiments de joie qui m'ont jamais vivifié; ce qui m'a versé le soulagement sous les frais ombrages; ce que le soleil amoureux fit jamais éclore en mon sein de joies printanières; ce que les tièdes ondes de la mer y répandirent jamais de tendresse, et toute pure clarté céleste, toute paisible volupté de l'âme que je goûtai jamais.... tout cela, tout.... ma Pandore!

MINERVE.

Jupiter t'a proposé de leur donner à tous la vie, si tu prêtais l'oreille à ses offres.

PROMÉTHÉE.

Ce fut la seule chose qui me fit balancer. Mais.... il me fallait être esclave.... et.... comme vous tous.... reconnaître là-haut la puissance du dieu foudroyant!... Non, tout enchaînés qu'ils sont ici par l'absence de vie, ils sont libres pourtant, et je sens leur liberté.

MINERVE.

Ils vivront! C'est au destin, ce n'est pas aux dieux de donner la vie et de l'ôter : viens, je te conduirai à la source de toute vie. Jupiter ne nous la ferme pas. Ils vivront, et par toi!

PROMÉTHÉE.

C'est par toi, ma déesse, qu'ils vivront, qu'ils se sentiront, qu'ils vivront libres! Leur joie sera ta récompense.

ACTE DEUXIÈME.

L'Olympe.

JUPITER, MERCURE.

MERCURE.

Horreur!... O Jupiter, mon père!... Trahison! Minerve, ta fille, assiste le rebelle; elle lui a ouvert la source de la vie; elle a animé, autour de lui, sa cour d'argile, son monde de limon. Pareils à nous, ils se meuvent tous et agissent, et se livrent à la joie autour de lui, comme nous autour de toi. Oh! ta foudre, Jupiter!

JUPITER.

Ils sont et ils seront et ils doivent être! Tout ce qui existe sous le vaste ciel, sur la terre infinie, est soumis à mon empire. Cette race de vermisseaux accroît le nombre de mes sujets. Heureux, s'ils obéissent à ma direction paternelle; malheureux, s'ils résistent à mon bras souverain!

MERCURE.

Père universel, bonté suprême, qui pardonnes leurs crimes aux malfaiteurs; à toi l'amour et la louange de toute la terre et du ciel! O mon père, daigne m'envoyer, afin que je t'annonce à ce malheureux peuple né de la terre, que je lui annonce ta bonté, ta puissance.

JUPITER.

Pas encore! Dans les jeunes transports de sa vie naissante, leur âme se croit égale aux dieux. Ils ne t'écouteront pas avant qu'ils aient besoin de toi. Abandonne-les à leur vie.

MERCURE.

Aussi sage que bon!

Une vallée au pied de l'Olympe.

PROMÉTHÉE.

O Jupiter, abaisse ton regard sur ma création : elle vît! Je l'ai formée à mon image; je voulais une race semblable à moi pour souffrir, pour pleurer, pour sentir et jouir et te dédaigner, comme je fais. (*On voit la race des hommes répandue dans toute la vallée; ils ont grimpé aux arbres pour cueillir des fruits; ils se baignent dans les eaux; ils courent à l'envi dans les prairies; les jeunes filles cueillent des fleurs et tressent des couronnes.*)

UN HOMME. (*Il s'approche de Prométhée, en apportant de jeunes arbres coupés.*)

Voici les arbres, comme tu les as demandés.

PROMÉTHÉE.

Comment les as-tu séparés du sol?

L'HOMME.

Avec cette pierre tranchante, je les ai détachés juste à la racine.

PROMÉTHÉE.

Enlève d'abord les branches.... Ensuite enfonce celui-ci dans la terre en l'inclinant, et celui-là vis-à-vis, et attache-les par le haut.... Puis, deux encore ici, en arrière, et un autre en travers par-dessus. Maintenant les rameaux, du haut en bas, jusqu'à terre, liés et entrelacés, et du gazon alentour, et d'autres rameaux encore par-dessus, jusqu'à ce que ni rayon de soleil, ni pluie, ni vent ne pénètrent. Voilà, mon cher fils, un abri et une cabane!

L'HOMME.

Merci, bon père, merci mille fois! Dis-moi, tous mes frères auront-ils le droit d'habiter dans ma cabane?

PROMÉTHÉE.

Non, tu l'as bâtie pour toi : elle est tienne. Tu peux la partager avec qui tu voudras. Qui veut en avoir une se la bâtisse lui-même. (*Prométhée s'en va.*)

DEUX HOMMES.

LE PREMIER.

Tu ne prendras pas une seule de mes chèvres! Elles sont à moi!

LE SECOND.

Comment cela?

LE PREMIER.

Hier j'ai couru jour et nuit la montagne; à la sueur de mon corps, je les ai prises vivantes; je les ai gardées cette nuit, enfermées ici avec des pierres et des branches.

LE SECOND.

Eh bien, donne-m'en une! Hier, moi aussi j'en ai tué une; je l'ai rôtie au feu, et mangée avec mes frères. Une seule te suffit aujourd'hui : nous en prendrons d'autres demain.

LE PREMIER.

N'approche pas de mes chèvres!

LE SECOND.

Allons donc!... (*Le premier veut repousser le second, qui le frappe et le renverse, prend une chèvre et s'en va.*)

LE PREMIER.

Violence! Malheur! malheur!

PROMÉTHÉE, *accourant*.

Qu'y a-t-il?

L'HOMME.

Il me vole ma chèvre!... Le sang coule de ma tête.... Il m'a blessé contre cette pierre.

PROMÉTHÉE.

Prends à l'arbre ce champignon, et l'applique sur ta blessure.

L'HOMME.

Vraiment!... Bon père, je souffre déjà moins.

PROMÉTHÉE.

Va te laver le visage.

L'HOMME.

Et ma chèvre?

PROMÉTHÉE.

Laisse cet homme. Si sa main se lève contre chacun, la main

de chacun se lèvera contre lui. (*L'homme s'en va.*) Vous n'êtes pas dégénérés, mes enfants; vous êtes laborieux et paresseux, cruels et doux, généreux et avares : vous ressemblez à tous les êtres vos frères; vous ressemblez aux bêtes et aux dieux. (*Pandore survient.*) Qu'as-tu, ma fille? Pourquoi si émue?

PANDORE.

Mon père!... Ah! ce que j'ai vu, mon père, ce que j'ai senti!

PROMÉTHÉE.

Eh bien?

PANDORE.

Oh! ma pauvre Mira!...

PROMÉTHÉE.

Que lui est-il arrivé?...

PANDORE.

Sentiments inexprimables!... Je l'ai vue aller au bocage, où si souvent nous cueillons des fleurs pour nos couronnes. Je la suivais, hélas! et, comme je descendais de la colline, je l'ai vue, dans la vallée, étendue sur le gazon. Heureusement, Arbar s'est trouvé dans le bois. Il l'a tenue ferme dans ses bras; il ne voulait pas la laisser tomber, hélas! et il est tombé avec elle. Sa belle tête s'est renversée; il l'a baisée mille fois et s'est attaché à ses lèvres, pour lui souffler son haleine. J'étais alarmée, je suis accourue et j'ai crié. Mes cris ont ranimé ses sens. Arbar l'a quittée; elle s'est levée soudain, hélas! et, avec des yeux presque éteints, elle s'est jetée à mon cou. Son cœur battait, comme prêt à se briser; ses joues brûlaient, sa bouche était de feu; elle fondait en larmes. J'ai senti de nouveau ses genoux chanceler, et je l'ai soutenue, mon cher père, et ses baisers, son ardeur, ont répandu dans mes veines un sentiment si nouveau, si inconnu, que, troublée, émue, éplorée, j'ai quitté enfin Mira et le bois et la campagne.... Je viens à toi, mon père! Dis-moi ce que c'est qui l'a troublée et moi avec elle?

PROMÉTHÉE.

La mort!

PANDORE.

Qu'est-ce que cela?

PROMÉTHÉE.

Ma fille, tu as goûté bien des plaisirs?

PANDORE.

Mille plaisirs divers! Je te les dois tous.

PROMÉTHÉE.

Pandore, ton cœur battait à l'approche du soleil levant, de la lune au ciel errante, et dans les baisers de tes compagnes tu goûtais la plus pure félicité.

PANDORE.

Inexprimable.

PROMÉTHÉE.

A la danse, qu'est-ce qui faisait bondir ton corps léger sur la terre?

PANDORE.

La joie. Lorsque mes membres, animés par le chant et la musique, se mouvaient, se balançaient, je me noyais tout entière dans la mélodie.

PROMÉTHÉE.

Et tout cesse enfin dans le sommeil, le plaisir aussi bien que la douleur. Tu as senti la flamme du soleil, l'ardeur de la soif, la fatigue de tes genoux; tu as pleuré sur ta brebis perdue, et lorsque, dans le bois, une épine te blessa le talon, comme tu gémis et tremblas avant que je te guérisse!

PANDORE.

Mon père, il y a dans la vie bien des joies et des douleurs!

PROMÉTHÉE.

Et tu sens, dans ton cœur, qu'il est encore beaucoup de plaisirs, beaucoup de souffrances, que tu ne connais pas.

PANDORE.

Oui! oui!... Souvent, hélas! mon cœur se sent attiré partout.... et nulle part.

PROMÉTHÉE.

Pandore, il est un moment qui accomplit tout ce que nous avons désiré, rêvé, espéré, redouté.... C'est la mort!

PANDORE.

La mort?

PROMÉTHÉE.

Lorsque, tout ébranlée dans la dernière profondeur de ton être, tu sens tout ce que la joie et la douleur t'ont jamais fait éprouver, ton cœur se gonfle dans l'orage, il veut se soulager par les larmes, et il accroît son ardeur, et en toi tout résonne, tout tremble et frémit et tous tes sens défaillissent; et il te semble défaillir toi-même et tu succombes; et autour de toi tout se plonge dans la nuit, et toi, dans le sentiment toujours plus vif de toi-même, tu embrasses un monde et tu meurs.

PANDORE, *se jetant au cou de Prométhée.*

O mon père, mourons!

PROMÉTHÉE.

Pas encore.

PANDORE.

Et après la mort?

PROMÉTHÉE.

Quand toutes choses.... le désir et la joie et la douleur.... se sont abîmées dans une orageuse jouissance, puis se sont apaisées et endormies dans la volupté.... alors tu renais à la vie, tu renais avec toute la fraîcheur de la jeunesse, pour craindre, pour espérer, pour désirer encore.

ACTE TROISIÈME.

PROMÉTHÉE, *dans son atelier.*

O Jupiter! couvre ton ciel de nuages, et, comme l'enfant qui abat les têtes des chardons, exerce-toi sur les chênes et sur les cimes des montagnes, mais laisse subsister ma terre et mes cabanes, que tu n'as point bâties, et mon foyer, dont tu m'envies la flamme.

Je ne connais rien sous le soleil de plus pauvre que vous autres dieux! Vous nourrissez misérablement votre majesté d'offrandes et d'encens, et vous seriez réduits à mourir de faim, n'étaient les enfants et les mendiants, pauvres fous, qui se repaissent d'espérances.

Quand j'étais enfant, je ne savais nulle chose; je tournais vers le soleil mon œil égaré, comme s'il y avait eu par delà une oreille pour entendre ma plainte, un cœur comme le mien pour compatir à l'affligé.

Qui me vint en aide contre l'orgueil des Titans? Qui me sauva de la mort, de l'esclavage?... N'as-tu pas tout accompli toi-même, ô cœur saintement enflammé, et, jeune et bon, tu rendais, dans ton erreur, de ferventes actions de grâces au dormeur de là-haut!

Moi, t'honorer?... Pourquoi?... As-tu jamais apaisé les douleurs de l'opprimé? As-tu jamais essuyé les larmes de l'affligé? Qui m'a forgé un cœur d'homme? N'est-ce pas le temps tout puissant et le destin éternel, mes maîtres et les tiens? Croyais-tu peut-être que je dusse haïr la vie, fuir dans les déserts, parce que toutes les fleurs de mes rêves n'ont pas fructifié?

Ici je réside, je crée des hommes à mon image, une race qui me soit semblable, pour souffrir, pour pleurer, pour vivre et se réjouir et te dédaigner, comme je fais. (*Mercure paraît pour proposer encore un accommodement.*)

JERY ET BÆTELY

OPÉRA

PERSONNAGES.

THOMAS.
JÉRY. (On prononce IÉRY.)
BÆTELY.
LE PÈRE DE BÆTELY.

JÉRY ET BÆTELY.

OPÉRA[1].

Paysage alpestre; au fond, une cabane auprès d'un rocher, d'où tombe une cascade; sur le côté, une prairie en pente, dont le bord est planté d'arbres; sur le devant, de côté, une table de pierre avec des bancs.

BÆTELY.
(Elle arrive de la prairie, portant deux seaux de lait suspendus à un joug.)

Chante, oiseau, chante;
Fleuris, arbrisseau, fleuris;
Nous sommes de bonne humeur;
Nous n'épargnons pas notre peine,
Soir et matin.

Le lin est arrosé, les vaches sont traites, j'ai déjeuné, le soleil est levé sur la montagne, et mon père est encore au lit. Il faut que je l'éveille, afin d'avoir quelqu'un avec qui babiller. Je n'aime pas à rester oisive; je n'aime pas à être seule. *(Elle prend sa quenouille et son fuseau.)* Lorsqu'il m'entend, il a coutume de se lever.

LE PÈRE, *sortant de la cabane.*

Bonjour, Bætely.

---

[1]. Gœthe a écrit ce petit acte en prose mêlée de couplets. On y reconnaîtra l'original du charmant libretto qui a obtenu, sous le titre du *Chalet*, un si brillant succès.

BÆTELY.

Père, bonjour!

LE PÈRE.

J'aurais volontiers dormi plus longtemps, et tu me réveilles avec une gaie chansonnette, si bien que je ne puis gronder. Tu es sotte et gentille en même temps.

BÆTELY.

N'est-ce pas, mon père, comme toujours?

LE PÈRE.

Tu aurais dû me laisser reposer. Ne sais-tu donc pas quand je me suis couché cette nuit?

BÆTELY.

Vous aviez bonne compagnie.

LE PÈRE.

Ce n'était pas non plus aimable de t'échapper de si bonne heure, comme si le beau clair de lune te fatiguait les yeux. Le pauvre Jéry était là pourtant à cause de toi; il est resté avec moi jusqu'à minuit, assis sur le banc : il m'a fait bien de la peine.

BÆTELY.

Vous vous apitoyez d'abord, quand il se plaint et se lamente et répète toujours la même chose, puis reste tranquille un quart d'heure, fait comme s'il voulait déguerpir, et, à la fin, demeure et recommence de plus belle. Cela me fait un tout autre effet à moi : cela m'ennuie.

LE PÈRE.

Je voudrais bien pourtant moi-même te voir décidée à quelque chose.

BÆTELY.

Serez-vous si content d'être délivré de moi?

LE PÈRE.

Non pas cela : je te suivrais; nous en serions mieux et plus commodément l'un et l'autre.

BÆTELY.

Qui sait? Un mari n'est pas toujours commode.

LE PÈRE.

Mieux est mieux. Nous affermerions ce petit bien ici haut, et nous nous établirions là-bas.

BÆTELY.

Nous sommes pourtant accoutumés comme cela. Notre maison arrête le vent, la neige et la pluie; notre alpe nous donne ce qu'il nous faut; nous avons à manger et à boire toute l'année; nous vendons encore assez pour nous mettre sur le corps un joli vêtement; nous sommes ici tout seuls et n'avons à ménager personne. Et que vous servirait là-bas dans le bourg une plus grande maison, la chambre mieux lambrissée, plus de bétail et plus de gens? Cela ne fait que donner plus de travail et de souci, et cependant on ne peut ni manger, ni boire, ni dormir plus qu'auparavant. Pour vous sans doute j'aimerais à vous voir plus à votre aise.

LE PÈRE.

Et moi, mon désir serait de n'avoir plus à m'inquiéter de toi. En effet, je me fais vieux, et je sens bien que je décline. Mon bras droit devient toujours plus roide, et je sens mieux les changements de temps à mon épaule, là où la balle a touché l'os. Et puis, mon enfant, quand une fois je serai parti, tu ne peux rester toute seule; il faudra te marier, et tu ne sais quel homme tu trouveras. Aujourd'hui, voici un bon garçon qui t'offre sa main. Je roule cela continuellement dans ma tête, j'y pense et m'inquiète pour toi.

> Chaque matin,
> Nouveau souci,
> Souci pour ta jeunesse.

BÆTELY.

> Tous les soucis
> Au lendemain!
> Ils sont bons pour le lendemain.

Ah! çà, Jéry que vous disait-il?

LE PÈRE.

Qu'importe? Tu n'y fais pas attention.

BÆTELY.

Je voudrais savoir s'il y avait quelque chose de neuf.

LE PÈRE.

Rien de neuf: il n'a rien de neuf à dire, tant que tu ne lui ôteras pas le vieux de l'esprit.

BÆTELY.

J'en suis fâchée pour lui. Il pourrait vivre bien content : il est seul; il a de son père un beau bien; il est jeune et gaillard. A présent, il veut, à toute force, avoir une femme, et justement moi. Il en trouverait dix pour une dans le pays. Pourquoi vient-il si haut chez nous? Pourquoi me veut-il moi justement?

LE PÈRE.

Parce qu'il t'aime.

BÆTELY.

Je ne sais ce qu'il veut; il ne sait que me tourmenter.

LE PÈRE.

Pour moi, il ne me déplairait pas.

BÆTELY.

Il ne me déplaît pas non plus. Il est joli, actif, brave. L'autre jour, à la foire, il a hardiment jeté par terre cet étranger, qui se vantait d'être si bon lutteur. Il me plaît d'ailleurs tout à fait. Si seulement ces garçons ne voulaient pas épouser tout de suite, et, lorsqu'une fois on a été gracieuse avec eux, s'ils ne vous fatiguaient pas ensuite tout le jour!

LE PÈRE.

Ce n'est que depuis un mois qu'il vient si souvent.

BÆTELY.

Il ne se passera pas bien du temps avant qu'il revienne, car, de grand matin, je l'ai vu se glisser dans le pâturage qu'il a dans la forêt là-haut. De ses jours il n'a visité si souvent ses vaches que depuis quelque temps. Je voudrais qu'il me laissât en repos.... La toile est déjà presque sèche. Comme le soleil est déjà haut! Et votre déjeuner?

LE PÈRE.

Je le trouverai bien. Aie soin seulement que le dîner soit prêt à l'heure qu'il faut.

BÆTELY.

C'est mon affaire plus que la vôtre. (*Le père s'en va.*)

BÆTELY.

En effet, le voici! je l'ai bien dit. Les amants sont aussi ponctuels que le soleil. Il me faut commencer une gaie chanson, afin qu'il ne puisse revenir d'abord à son vieux refrain. (*Elle se met à faire quelque ouvrage et chante.*)

> L'eau murmure
> Et ne s'arrête pas ;
> Gaiement les astres
> Passent dans le ciel ;
> Gaiement les nuages
> Volent dans le ciel ;
> Ainsi murmure l'amour,
> Et puis il s'en va.

JÉRY, *qui s'est approché de Bætely.*

> L'onde murmure,
> Les nuages passent ;
> Mais les astres demeurent,
> Ils cheminent et ne changent pas ;
> Ainsi fait l'amour
> Dans les cœurs fidèles ;
> Il marche, il s'agite,
> Et ne change pas.

BÆTELY.

Qu'apportez-vous de nouveau, Jéry ?

JÉRY.

Toujours les vieilles choses, Bætely.

BÆTELY.

Sur notre montagne, nous avons assez de vieilles choses ! Si vous ne voulez rien nous apporter de neuf !... D'où venez-vous si matin ?

JÉRY.

J'ai été voir là-haut sur l'alpe combien il y avait de fromages en provision : là-bas, au bord du lac, il y a un marchand qui en cherche. Je pense que nous ferons affaire ensemble.

BÆTELY.

Et cela vous fera encore bien de l'argent.

JÉRY.

Plus qu'il ne m'en faut.

BÆTELY.

J'en suis bien aise pour vous.

JÉRY.

Je serais bien aise de vous en donner la moitié ; bien aise de vous donner le tout. Comme ce serait joli, quand j'aurais fait un marché, et reviendrais à la maison et te jetterais les doublons dans ton tablier! Compte cela, te dirais-je alors, et le garde. A présent, quand je rentre à la maison, il me faut mettre mon argent dans l'armoire, et je ne sais pour qui.

BÆTELY.

Combien y a-t-il encore d'ici à Pâques?

JÉRY.

Pas bien longtemps, si vous me donnez de l'espoir.

BÆTELY.

Dieu m'en préserve! C'était seulement pour dire.

JÉRY.

Tu seras cause d'un grand malheur. Tu m'as déjà souvent troublé la cervelle, au point que, pour te braver, j'en voulais prendre une autre. Et, quand je l'aurais, et que j'en serais bientôt las, et verrais toujours et toujours que ce n'est pas Bætely, je serais pour toujours misérable.

BÆTELY.

Il te faut en prendre une belle, qui soit riche et bonne : de celles-là on n'en est jamais dégoûté.

JÉRY.

C'est toi que j'ai désirée et non une plus riche et meilleure.

> Je t'épargne mes plaintes,
> Cependant il me faut dire,
> Toujours dire : A toi ma vie,
> A toi seule elle sera.
>
> Ne veux-tu pas m'aimer aussi?
> Veux-tu m'affliger toujours?
> Dans mon cœur tu es à moi :
> Toujours, toujours je suis à toi.

BÆTELY.

Tu sais de bien jolies chansons, Jéry, et tu les chantes fort bien. N'est-ce pas, tu m'en apprendras une demi-douzaine? Je suis lasse de mes vieilles. Adieu! J'ai encore beaucoup à faire ce matin. Le père m'appelle. (*Elle s'en va.*)

JÉRY.

> Va!
> Méprise
> L'amour fidèle!
> Le repentir
> Viendra.

D'ici je m'en vas,
C'est toi qui me chasse,
Pour respirer à l'aise ;
Ici je ne puis rester.

Méprise
L'amour fidèle !
Le repentir
Viendra !

(*Thomas entre en scène.*)

THOMAS.

Jéry !

JÉRY.

Hé ?

THOMAS.

Bonjour !

JÉRY.

Qui êtes-vous ?

THOMAS.

Tu ne me connais plus ?

JÉRY.

Thomas, est-ce toi ?

THOMAS.

Suis-je donc si changé ?

JÉRY.

Oui sans doute ; tu t'es allongé ; tu as meilleure façon.

THOMAS.

C'est la vie de soldat ; un soldat a toujours meilleure façon qu'un paysan : ça tient à ce qu'il est plus malmené.

JÉRY.

Tu es en semestre ?

THOMAS

Non, j'ai mon congé. Quand la capitulation fut finie, adieu, mon capitaine, ai-je dit, et je suis revenu chez moi.

JÉRY.

Mais quel habit est-ce là ? Pourquoi portes-tu le chapeau galonné et le sabre ? Tu as encore tout l'air soldat.

THOMAS.

Ils appellent cela en France *un uniforme de goût*[1], quand un homme porte à son gré un habit de fantaisie.

---

1. Ces mots sont en français dans l'original.

JÉRY.
Le métier ne te plaisait-il pas?

THOMAS.
Fort bien, parfaitement, mais pas longtemps. Je ne prendrais pas cinquante doublons pour n'avoir pas été soldat. On est un tout autre gaillard; on devient plus éveillé, plus joyeux, plus adroit; on peut s'arranger de tout, et l'on sait comme va le monde.

JÉRY.
Comment es-tu venu par ici? Où vas-tu rôder?

THOMAS.
A la maison, chez ma mère, je ne me plaisais pas trop d'abord; j'ai acheté et pris à crédit une quarantaine de vrais bœufs d'Appenzell, tous noirs et brun-noirs comme la nuit; je les mène à Milan : c'est un bon commerce. On gagne quelque chose, et l'on s'amuse en chemin. J'ai là mon violon sur moi, avec quoi je rends sains les malades et joyeux les jours de pluie. Mais toi, comment va-t-il, mon vieux Tell? Tu n'as pas l'air gaillard? Qu'as-tu donc?

JÉRY.
Je serais aussi parti volontiers depuis longtemps; j'aurais aussi essayé volontiers un trafic de la sorte. D'ailleurs j'ai toujours de l'argent qui dort, et je me déplais fort au logis.

THOMAS.
Hem! hem! Tu n'as pas l'air d'un marchand; il faut avoir les yeux éveillés : tu as l'air sombre et chagrin.

JÉRY.
Ah! Thomas!

THOMAS.
Ne soupire pas : ça m'est odieux.

JÉRY.
Je suis amoureux.

THOMAS.
Rien de plus? Oh! moi, je le suis toujours, lorsque j'arrive en un quartier, et que les filles ne sont pas trop affreuses.

> Une fillette, un verre de vin,
> Guérissent tous les maux;
> Et qui ne boit et qui n'embrasse
> Est comme s'il était mort.

JÉRY.

Je vois que tu es devenu comme les autres : ce n'est pas assez que vous soyez gais, il faut aussi que vous deveniez libertins.

THOMAS.

Tu n'y entends rien, compère! Ton état n'est pas si dangereux. Pauvres sots que vous êtes, la première fois que cela vous prend, vous croyez aussitôt que le soleil, la lune et les étoiles vont s'abîmer.

    Il était un berger paresseux,
Paresseux comme les sept dormants:
    De ses moutons il n'avait cure.
    Une fillette sut le charmer :
    Voilà l'imbécile désolé.
    Adieu l'appétit et le sommeil!

      Ça l'emmena bien loin, bien loin.
      La nuit il comptait les étoiles;
Il gémissait et s'affligeait au mieux.
      Mais, quand elle l'eut pris,
        Tout revint,
      La soif, l'appétit, le sommeil.

Ah çà, dis-moi, tu veux te marier?

JÉRY.

Je courtise une tout aimable fille.

THOMAS.

A quand la noce?

JÉRY.

Nous ne sommes pas encore si avancés.

THOMAS.

Comment donc?

JÉRY.

Elle ne veut pas de moi.

THOMAS.

Elle n'est pas bien avisée.

JÉRY.

Je suis mon maître; j'ai un joli bien, une belle maison; je veux prendre son père au logis; ils seront bien chez moi.

THOMAS.

Et elle ne veut pas de toi ? En a-t-elle un autre en tête?

JÉRY.

Elle n'en veut aucun.

THOMAS.

Aucun? Elle est folle. Elle devrait remercier Dieu, et te prendre des deux mains. Qu'est-ce donc que cette mauvaise tête?

JÉRY.

Voilà un an que je la courtise. Elle demeure dans cette maison avec son père. Ils vivent de ce petit bien ici près. Elle a déjà envoyé bien loin tous les jeunes garçons; tout le voisinage est fâché contre elle. A l'un elle a donné fièrement une corbeille[1]; elle a tourné la tête au fils d'un autre. Le plus grand nombre se sont vite consolés et ont pris femme : moi seul je ne puis gagner cela sur moi, quelques jolies filles que l'on m'ait proposées.

THOMAS.

Il ne faut pas la prier longtemps. Que veut faire cette jeune fille toute seule dans les montagnes? Si son père vient à mourir, que deviendra-t-elle? Il faudra qu'elle se jette au cou du premier venu.

JÉRY.

Ce n'est pas autrement.

THOMAS.

Tu ne sais pas t'y prendre. Il ne faut que lui parler droit, et cela un peu vertement. Est-elle au logis?

JÉRY.

Oui.

THOMAS.

Je veux être courtier de mariage. Que gagnerai-je, si je te la fais épouser?

JÉRY.

Il n'y a rien à faire.

THOMAS.

Que gagnerai-je?

JÉRY.

Ce que tu voudras.

THOMAS.

Dix doublons : il me faut un bon salaire.

JÉRY.

De tout mon cœur.

---

1. Expression proverbiale pour marquer le refus d'un épouseur.

THOMAS.

A présent laisse-moi faire.

JÉRY.

Comment veux-tu t'y prendre ?

THOMAS.

Adroitement.

JÉRY.

Mais enfin ?

THOMAS.

Je veux lui demander ce qu'elle ferait s'il venait un loup.

JÉRY.

C'est une plaisanterie.

THOMAS.

Et si son père mourait.

JÉRY.

Ah !

THOMAS.

Et si elle devenait malade.

JÉRY.

Parle bien au moins !

THOMAS.

Et quand elle deviendra vieille.

JÉRY.

Tu as appris à parler.

THOMAS.

Je lui conterai des histoires.

JÉRY.

Très-bien.

THOMAS.

Je lui saurai dire qu'on doit remercier Dieu, lorsqu'on trouve un honnête garçon.

JÉRY.

Parfaitement.

THOMAS.

Je veux te faire valoir ! Va toujours ! va !

JÉRY.

Nouvel espoir, nouvelle vie,
Ce que mon Thomas me promet !

THOMAS.

Ami, te donner une femme,
Ce n'est pas le plus grand bienfait.

(*Jéry s'en va.*)

THOMAS, *seul.*

A quoi n'arrive-t-on pas dans le monde? Je n'aurais pas imaginé qu'à côté de mon commerce de bœufs, je gagnerais encore une paraguante, comme faiseur de mariages. Je veux voir pourtant quel dragon est cette fille, et si l'on ne peut absolument parler raison avec elle. Le mieux sera de faire comme si je ne connaissais pas Jéry, et ne savais rien de ses affaires, et puis je la prendrai en flanc avec ma proposition. (*A part, en voyant Bætely qui sort de la cabane.*) C'est elle! Oh! elle est jolie. (*Haut.*) Bonjour, ma belle enfant.

BÆTELY.

Bonjour! Souhaitez-vous quelque chose?

THOMAS.

Un verre de lait ou de vin, ma belle, serait pour moi un vrai cordial. Voici trois heures que je gravis la montagne et je n'ai rien trouvé.

BÆTELY.

De bon cœur, et avec ça un morceau de pain et de fromage; du vin rouge, de bon vin d'Italie.

THOMAS.

Charmant! Est-ce là votre maison?

BÆTELY.

Oui, j'y demeure avec mon père.

THOMAS.

Hé! hé! Ainsi tout seuls!

BÆTELY.

Nous sommes deux. Attendez, je vais vous chercher à boire, ou plutôt venez là dedans. Que voulez-vous rester là dehors? Vous pourrez raconter quelque chose à mon père.

THOMAS.

Non pas, mon enfant, ça ne presse pas. (*Il la prend par la main et l'arrête.*)

BÆTELY, *se dégageant.*

Hé! que signifie cela?

THOMAS.

Laissez-moi vous dire un mot. (*Il la prend.*)

BÆTELY, *même jeu.*

Croyez-vous?... Me connaissez-vous déjà?

THOMAS.

Pas si pressée, aimable enfant!
Hé! si jolie et si sauvage!

BÆTELY.

Parce que la plupart sont folles,
Croyez-vous que toutes le soient?

THOMAS.

Non, je ne te lâcherai pas:
Fillette, sois plus raisonnable.

BÆTELY.

Votre soif, je crois, n'est pas grande:
Passez, passez votre chemin.

(*Bætely rentre dans la maison.*)

THOMAS.

J'ai mal commencé l'affaire. J'aurais dû l'apprivoiser d'abord, m'établir, manger et boire, et puis faire mes propositions. Thomas, tu es toujours trop prompt! Mais pouvais-je donc croire qu'elle serait si farouche? Elle est aussi sauvage qu'un écureuil. Il faut que j'essaye encore une fois. (*Du côté de la cabane.*) Encore un mot, jeune fille!

BÆTELY, *à la fenêtre.*

Passez votre chemin. Il n'y a rien ici pour vous. (*Elle ferme la fenêtre.*)

THOMAS.

Grossière personne! Si elle traite ses amants de la sorte, je suis surpris qu'il lui en reste un seul. Le pauvre Jéry en viendra difficilement à bout. Il faudrait qu'elle trouvât un mari qui répondît du bois, quand elle crierait dans le bois[1]. La fière petite créature se croit bien en sûreté dans ces montagnes! Si pourtant quelqu'un faisait un jour l'insolent, elle devrait le souffrir,

---

1. Expression proverbiale, dont nous avons cru devoir conserver la naïveté; pour dire « un mari qui lui répondît sur le même ton, lorsqu'elle crierait. »

et j'aurais presque envie de la dégoûter du célibat. Si Jéry me guette, s'il espère et s'il attend, il se rira de moi, si peu que la chose soit risible pour lui. Mille diables! il faut qu'elle écoute ce que j'ai à lui dire. Je veux au moins m'acquitter de ma commission. Renoncer comme cela du premier coup, c'est par trop honteux. (*Il heurte fortement à la porte de la cabane.*) A présent, sans plaisanterie, jeune fille, ouvrez, soyez assez bonne pour me donner un verre de vin. Je payerai volontiers.

BÆTELY, *à la fenêtre.*

Ce n'est pas ici une auberge. Passez votre chemin; nous ne sommes pas accoutumés à ces choses-là dans le pays. Comme les gens se conduisent on se conduit avec eux. Ne vous donnez pas cette peine. (*Elle ferme brusquement la fenêtre.*)

THOMAS.

Sotte et capricieuse créature! Je veux te montrer que tu n'es pas là haut fort en sûreté. Museau de singe! Nous verrons qui viendra la secourir. Et, si elle est une fois bien avertie, elle n'aura plus envie de s'exposer ainsi toute seule. Fort bien! Puisque je ne peux lui donner ma leçon de bouche, je la lui donnerai par des signes fort intelligibles. Voici justement mon troupeau qui arrive au haut de la montagne. Il prendra le repos de midi dans son pré. Ah! ah! Ils arrangeront joliment son herbage, et lui fouleront bien son terrain. (*A la cantonade.*) Holà! Hé! (*Un valet paraît.*) Ne montez pas plus haut pendant la chaleur. Voici une prairie pour se reposer. Faites-y entrer tout le troupeau. Eh bien, pourquoi rester ébahi? Fais ce que je t'ordonne; comprends-tu? Ici, dans cette prairie, sans façon; et ne vous inquiétez de rien, quoi qu'il arrive. Faites-les paître et reposer. Je connais les gens ici, je leur parlerai. (*Le pâtre s'en va.*) Mais, si la chose va devant le bailli?... Eh! quoi donc? Une légère punition! Je pense que le traitement réussira; et, s'il ne sert de rien, nous sommes tous vengés d'un seul coup, Jéry et moi et tous les amants et les affligés. (*Il monte sur le rocher près du ruisseau, et parle à ses gens hors du théâtre.*) Poussez donc les bœufs ici dans le pré! Arrachez hardiment la cloison! Bien! Allons, tous!... Bergers, par ici, là dedans.... Bien, comme cela! Qu'on se réjouisse! Mettez-moi dehors les vaches!... Quelles cabrioles elles font, parce qu'on les chasse de leur territoire!... A présent, nargue de la babouine! (*Il s'assied sur le rocher, prend son violon, racle et chante.*)

Un quolibet, qui veut l'entendre,
Qu'il accoure vitement;
L'auteur en est Holopherne,
Il est encore tout battant neuf.

LE PÈRE, *sortant vivement de la cabane.*

Qu'arrive-t-il? Qu'osez-vous faire?
Qui vous donne ce droit? Qui donc?

THOMAS.

Dans la Pologne et l'Empire romain
Ça ne va pas mieux que cela.

BÆTELY.

Ici te crois-tu gentilhomme,
Que nul ne te puisse empêcher?

THOMAS.

Une fille bien avisée
Prendra pour elle un mari.

LE PÈRE.

Voyez quelle audace inouïe!
Attends, tu recevras ta part!

THOMAS, *même jeu.*

On dit que pour un dur billot,
Il faut un coin de forte taille.

BÆTELY.

Insolent, passe ton chemin!
Quel mal t'ai-je fait?

THOMAS.

Pardonnez-moi¹!
Vous me prenez pour un autre.
(*Il s'éloigne.*)

BÆTELY.

Devons-nous le souffrir?

LE PÈRE.

Sans vengeance!

BÆTELY.

Appelez au secours,
Au secours les voisins!
(*Le père s'éloigne.*)

---

1 Ces mots sont en français dans le texte.

BÆTELY.

Mon cœur bondit
De douleur, de colère.
Je me sens, hélas!
De fureur égarée,
Et si faible dans ma fureur!...

THOMAS, *qui revient*

Accorde-moi, ma belle,
Seulement un doux regard;
A l'instant mon troupeau
Quittera la montagne.

BÆTELY.

Oses-tu bien devant mes yeux
Te montrer encore?

THOMAS.

Ma chère, oh! ne te fâche pas!
Tu es vraiment si jolie!

BÆTELY.

Extravagant!

THOMAS.

O douce,
O céleste figure!

BÆTELY.

Ah! je suffoque,
J'expire de fureur!

(*Il veut l'embrasser, elle le repousse et se jette dans la cabane. Il veut ouvrir la fenêtre à coulisse. Comme Bætely la retient, il casse quelques vitres, et, dans son emportement, il brise les autres.*)

THOMAS, *qui revient sur le devant de la scène, l'air inquiet.*

St! st! C'était trop fou. Le jeu devient sérieux maintenant. Tu pouvais entreprendre ton épreuve plus sagement. Un courtier de mariages ne devrait pas enfoncer les portes. On voit bien que j'ai toujours fait le courtier pour moi-même. Alors il n'est pas mal d'aller tout droit et sans cérémonie.... Que faut-il faire? Cela fait du vacarme. Il faut voir à m'en tirer honorablement, et qu'il ne semble pas que j'aie peur. Agissons résolûment; musique, et puis, sans bruit, retraite! (*Il s'avance du côté de la prairie en jouant du violon.*)

LE PÈRE.

O ciel! quelle colère! quel chagrin! Le scélérat! Je sens aujourd'hui, pour la première fois, que je n'ai plus, comme au temps passé, de moelle dans les os; que mon bras est infirme, que mes pieds ne savent plus courir. Attendez-vous-y! Pas un voisin qui remue; ils sont tous fâchés contre moi à cause de ma fille. J'appelle, je parle, je raconte : aucun ne veut risquer quelque chose pour me faire plaisir; même ils se raillent quasi de moi. (*Se tournant vers la prairie.*) Voyez quelle insolence! quelle audace! Comme il se promène en jouant du violon! La cloison enfoncée, (*se tournant vers la maison*) les fenêtres brisées! Il ne lui manque plus que de piller.... Ne viendra-t-il donc pas un voisin? Je n'aurais pas cru qu'ils m'en voulussent de la sorte. Oui, oui, c'est cela! Ils regardent, ils prennent des airs moqueurs. Votre fille est assez hardie, dit l'un, laissez-la batailler avec le drôle.... N'en a-t-elle aucun, crie l'autre, qu'elle mène par le nez, qui se fasse casser les côtes pour l'amour d'elle?... Qu'elle attrape cela pour mon fils, qui a quitté le pays pour ses beaux yeux, dit un troisième.... Inutile!... C'est affreux! c'est abominable! Oh! si Jéry était dans le voisinage! Lui seul pourrait nous sauver.

BÆTELY. *Elle sort de la cabane, le père va au-devant de sa fille; elle s'appuie sur lui.*

Mon père! sans soutien! sans secours!... Cette injure! Je suis toute hors de moi.... Je n'en crois pas mes yeux, et mon cœur ne peut le supporter. (*Jéry paraît.*)

LE PÈRE.

Jéry, sois le bienvenu! sois béni!

JÉRY.

Que se passe-t-il chez vous? Pourquoi êtes-vous si troublés?

LE PÈRE.

Un étranger dévaste nos herbages, brise les vitres, met tout sens dessus dessous. Est-il fou? est-il ivre? Que sais-je? que sais-je, moi? Personne ne peut l'arrêter, personne.... Punis-le! chasse-le!

JÉRY.

Restez tranquilles, mes amis, je vais l'empoigner : je vous rendrai le repos; vous serez vengés.

BÆTELY.

O Jéry! cher, fidèle Jéry! Que tu me réjouis! Sois notre sauveur, homme unique! homme courageux!

JÉRY.

Allez à l'écart; enfermez-vous dans la maison. Soyez sans inquiétude! Laissez-moi faire! Je vous vengerai et le chasserai certainement. (*Le père et Bætely s'en vont.*)

JÉRY, *qui se munit d'un bâton.*

De rencontrer
Le téméraire
Mon cœur brûle.
Quel attentat!
Lui faire offense!
La défendre,
Quel plaisir!

(*Il s'avance vers la prairie.*)

Partez de ce lieu!
Je n'épargne personne.

(*En voulant s'en aller, Thomas le rencontre.*)

THOMAS.

Ménage les paroles.
Ces bœufs sont à moi.

JÉRY.

Thomas!

THOMAS.

O Jéry!...
D'ici dois-je partir?

JÉRY.

As-tu perdu la tête?
Est-ce toi qui fais cela?

THOMAS.

Jéry, oui, Jéry!
Mais, écoute-moi.

JÉRY.

Traître, défends-toi!
Je vais t'assommer.

THOMAS.

Crois-moi, il me reste
Des os et des membres.

JÉRY.
Défends-toi.
THOMAS.
Je le puis.
JÉRY.
Va-t'en! va-t'en!
THOMAS.
Jéry, sois sage.
Écoute un mot seulement!
JÉRY.
Avance et je te brise
Le crâne en deux morceaux!
Amour, amour,
Tu me protéges!

(*Jéry pousse Thomas devant lui; ils s'éloignent en se battant. Bætely, alarmée, sort de la cabane; les deux combattants reviennent sur le théâtre; ils se sont pris corps à corps et ils luttent. Thomas a l'avantage sur Jéry.*)

BÆTELY.
Jéry, Jéry,
Écoute! écoute.
Ne voulez-vous pas écouter?
Au secours! au secours!
Père, au secours!
Arrêtez-vous! arrêtez-vous!

(*Ils luttent et se débattent en tournant, enfin Thomas terrasse Jéry.*)

THOMAS, *d'une voix entrecoupée, en reprenant haleine peu à peu.*

Te voilà par terre!... Tu m'as donné de la peine!... double peine!... Tu es un vigoureux garçon et mon bon ami! Te voilà par terre à présent!... Tu ne voulais pas écouter! Ne sois plus si prompt! C'est une bonne leçon. Pauvre Jéry!... Si cette chute pouvait aussi te guérir de ton amour! (*A Bætely, pendant qu'elle s'occupe de Jéry, qui s'est relevé.*) C'est pour l'amour de toi qu'il souffre, et je suis fâché de lui avoir fait mal. Prends soin de lui, de le panser, de le guérir. Il a trouvé son homme : c'est un grand bonheur, si, à cette occasion, il trouve aussi une femme! Je me mets en route, et ne puis tarder plus longtemps. (*Il s'éloigne.*)

JÉRY, *qui, dans l'intervalle, accompagné de Bætely, s'est approché de la table, sur le devant de la scène, et s'est assis.*

Laisse-moi, laisse-moi!

BÆTELY.

Je te laisserais, toi qui a pris si fidèlement ma défense!

JÉRY.

Ah! je ne puis encore m'en remettre : je combats pour toi et je suis vaincu! Laisse-moi, laisse-moi!

BÆTELY.

Non, Jéry, tu m'as vengée; même en succombant, tu es vainqueur : regarde, il emmène son troupeau; il met fin à ce désordre.

JÉRY.

Et il n'en est pas puni! Il se promène insolemment, se vantant de ce qu'il a fait, et il ne payera pas le dommage! Je meurs de honte.

BÆTELY.

Tu es pourtant le plus fort de tout le canton. Les voisins eux-mêmes disent comme tu es brave. Cette fois, c'est un accident : tu as heurté contre quelque chose. Sois tranquille, console-toi. Regarde-moi. Dis-moi vrai, es-tu blessé?

JÉRY.

Ma main droite est foulée. Ça ne sera rien; ce sera bientôt guéri.

BÆTELY.

Laisse-moi la tirer! Ça te fait-il mal?... Encore une fois! Oui, voilà qui est fait. Ça ira mieux.

JÉRY.

Je ne suis pas digne de tes soins.

BÆTELY.

C'est pour moi que tu souffres. Je n'ai pourtant pas mérité que tu prisses ma défense si chaudement.

JÉRY.

N'en parle pas!

BÆTELY.

Si modeste!... Certainement je ne l'ai pas mérité de toi. Vois donc, ta main est meurtrie, et tu n'en dis rien.

JÉRY.

Laisse donc : c'est une bagatelle.

BÆTELY.
Prends ce mouchoir, ou tu seras couvert de sang.
JÉRY.
Cela guérit de soi-même; cela guérit bientôt.
BÆTELY.
Non, non; je veux tout de suite te préparer une compresse. Le vin chaud est bon et salutaire. Attends, attends un peu; je reviens à l'instant. (*Elle entre dans la cabane.*)

JÉRY, *seul*.
Enfin, enfin j'ose espérer;
Oui, le ciel s'ouvre devant moi.
Tout à coup
Se glisse au fond de la nébuleuse vallée
Un rayon de soleil souhaité.
Ouvrez-vous toujours plus, nuages!
Ciel, deviens tout à fait serein!
Amour, fais cesser mon tourment!

THOMAS. *Il arrive par le côté et il observe.*
Écoute, Jéry!
JÉRY.
Quelle voix! Impudent! Oses-tu bien te montrer?
THOMAS.
Paix! paix! Point de colère! Point d'emportement! Écoute seulement deux mots que j'ai à te dire.
JÉRY.
Tu sentiras ma vengeance, dès qu'une fois je serai guéri.
THOMAS.
Ne perdons pas le temps à babiller. Écoute-moi, c'est pressant.
JÉRY.
Éloigne-toi de mes yeux! Tu me fais horreur!
THOMAS.
Si tu perds cette occasion, elle est pour jamais perdue. Reconnais ton bonheur, un bonheur que je te procure. Sa rigueur disparait; elle est reconnaissante; elle sent ce qu'elle te doit.
JÉRY.
Tu veux me faire la leçon? Fou, malhonnête!
THOMAS.
Insulte-moi, pourvu que tu veuilles m'écouter. Bref, je lui ai

joué ce tour extravagant : c'était moitié calcul, moitié hasard. Suffit, elle trouve qu'un homme brave est un bon secours. Certainement, elle deviendra sage.... Tu ne voulais pas m'écouter : j'ai dû me mettre en défense. C'est ta propre faute, si je t'ai mis par terre, si je t'ai blessé.

JÉRY.

Va, va, tu ne me persuades pas.

THOMAS.

Vois donc comme tout réussit, comme tout va s'arranger. Elle est corrigée, elle t'estime, elle t'aimera. Mais ne t'endors pas, ne rêve pas; bats le fer pendant qu'il est chaud.

JÉRY.

Cesse et ne me fatigue pas plus longtemps.

THOMAS.

Il faut pourtant te le dire encore une fois : sois content! Tu m'es redevable de cela; toute ta vie tu me seras obligé de ton bonheur. Pouvais-je mieux remplir ta commission? Et, si la façon a été un peu singulière, nous avons pourtant fini par atteindre le but. Tu peux te réjouir : arrange-toi avec elle. Je reviendrai, vous m'excuserez, et, si cela va bien pour vous, vous louerez même mon coup de tête, mon extravagance.

JÉRY.

Je ne sais que penser.

THOMAS.

Crois-tu donc que, sans aucune raison, j'aurais voulu l'offenser?

JÉRY.

Frère, c'était une folle idée : comme un tour de soldat, ça peut passer.

THOMAS.

L'important, c'est qu'elle soit ta femme : après quoi, c'est indifférent de savoir comment le courtier s'y est pris. Voici le père : adieu pour un moment. (*Il s'éloigne.*)

LE PÈRE.

Jéry, quelle singulière aventure est-ce là? Dois-je l'appeler un malheur? dois-je l'appeler un bonheur? Bætely est toute changée; elle reconnaît ton amour, elle t'estime, elle t'aime, elle pleure à cause de toi. Elle est émue comme je ne la vis jamais.

JÉRY ET BÆTELY.

JÉRY.

Pouvais-je attendre une pareille récompense ?

LE PÈRE.

Elle est toute saisie ; toute pensive, elle est là près du foyer ; elle songe au passé, et comme elle s'est conduite avec toi. Elle songe à ce qu'elle te doit maintenant. Va, sois content ! Je gage qu'elle résout aujourd'hui même ce qui nous réjouira ce que nous désirons tous deux.

JÉRY.

Pourrai-je la posséder !

LE PÈRE.

Elle vient, je lui cède la place. (*Il s'éloigne.*)

BÆTELY, *portant un pot et du linge.*

J'ai tardé longtemps, bien longtemps.
Viens, n'attendons pas davantage ;
Viens et montre-moi ta main.

JÉRY, *pendant qu'elle lui met une compresse.*

Chère âme, mon cœur
Reste confus de ta bonté.
Qu'il fait de bien ce pansement !

BÆTELY, *qui a fini de lui donner ses soins.*

Sens-tu toujours ta blessure ?

JÉRY.

Ma chère, elle est déjà guérie :
Depuis que ta main l'a touchée,
Je n'ai plus senti de douleur.

BÆTELY.

Parle, mais parle sincèrement !
Regarde-moi franchement au visage !
Ne me trouves-tu pas affreuse,
Jéry ? mais ne flatte pas !
Toi qui m'as donné tout ton cœur,
Celle que tu as si bien défendue,
Comme elle t'a souvent offensé,
Et chagriné et repoussé !

Ton amour est-il passé ?
Ton cœur s'est-il éloigné ?
Laisse-moi seule à ma peine !
Crois-moi, je veux la souffrir,
Pleurer ma faute en silence :
Mais toi, sois toujours heureux !

JÉRY.

L'onde murmure,
Les nuages passent,
Mais les astres demeurent :
Ils cheminent et ne changent pas.
Ainsi fait l'amour
Dans les cœurs fidèles :
Il marche, il s'agite
Et ne change pas.

(*Ils se regardent l'un l'autre; Bætely semble émue et indécise.*)

JÉRY.

Ange, tu me sembles favorable.
Mais, je t'en prie, retiens ce mouvement,
Il est temps, il est temps encore !
Aisément, bien aisément on est trompé
Par l'émotion, l'entraînement,
Par la bonté et la reconnaissance.

BÆTELY.

Non, je ne suis pas trompée !
Je rougis, quand je considère
Ton amour et ton courage.
Ami, je te suis dévouée.
Veuille, veuille croire à ce mouvement
De mon amour, de ma reconnaissance.

JÉRY.

Arrête !
Ne te presse pas !
C'est déjà pour ma récompense
Assez d'un regard gracieux.

BÆTELY, *après une pause.*

Peux-tu mouvoir encor ta main ?
Parle, y sens-tu de la douleur ?

JÉRY, *levant la main.*

Non, je peux bien la remuer.

BÆTELY, *lui présentant la sienne.*

Eh ! bien, Jéry, donne-la-moi !

JÉRY, *reculant un peu.*

Dois-je douter encore ?
Dois-je me réjouir ?
Seras-tu toujours à moi ?
Auras-tu des regrets ?

BÆTELY.

En moi prends confiance!
Oui, je suis à toi.

JÉRY, *lui frappant dans la main.*

Je suis pour jamais le tien :
Sois aussi la mienne.

(*Ils s'embrassent.*)

ENSEMBLE.

Amour, amour,
Tu nous enchaînes!
Permets que les dernières heures
Soient heureuses comme les premières!

LE PÈRE, *qui survient.*

Que vois-je? O ciel!
Dois-je le croire?

JÉRY.

Dois-je la posséder?

BÆTELY.

Veux-tu le permettre,
Père?

JÉRY.

O père!

LE PÈRE.

Mes enfants....

ENSEMBLE.

O bonheur!

LE PÈRE.

Mes enfants, vous me rendez,
Vous me rendez ma jeunesse.

JÉRY ET BÆTELY, *à genoux.*

Bénissez-nous!

LE PÈRE.

Je vous bénis!

ENSEMBLE.

Heureux!... bénis!...

THOMAS, *entrant en scène.*

Osé-je me montrer?
Ose-je le risquer?

BÆTELY.

Quelle audace !

JÉRY.

Quelle conduite !

LE PÈRE.

Quelle témérité !

THOMAS.

Écoutez-moi,
Dans l'ivresse,
J'ai fait ce bruit :
Appelez les anciens
Pour estimer le dommage :
Je payerai l'amende ;
Je veux tout réparer.

(Bas à Jéry.)

Et pour mon courtage
Je recevrai dix doublons ;
La peine, le dommage,
Ne montent pas plus haut.

(Haut à Bætely.)

Rends-toi !

(Au père.)

Écoutez-moi !

(A Jéry.)

Prie pour moi !

JÉRY.

Pardonnons, mes amis,
A sa folie.
Qu'en ce beau jour
Chacun se réjouisse !
Allons, pardonnez-lui !

BÆTELY *et* LE PÈRE, *à Jéry.*

Nous te cédons.

(A Thomas.)

On te pardonne.

ENSEMBLE.

Oh ! l'heureux jour !

(On entend le son du cor, dans le lointain, de tous côtés, d'abord sans voir personne et isolément ; ensuite les bergers paraissent ensemble sur les rochers.)

CHŒUR DES BERGERS.

Écoutez ces cris !
Écoutez ce tapage !

Était-ce en bas ?
Était-ce en haut ?
Venez au secours,
Où que ce puisse être !

JÉRY, BÆTELY, LE PÈRE, *ensemble.*

Vois-tu comme cela tourne mal,
Ce que tu fis étourdiment
Et follement ?

THOMAS.

Vite que de ces gens l'on rie !
Quand nous avons fini,
Ils commencent !

LE CHOEUR, *entrant en scène.*

Un bruit de meurtre et de bataille
Est parti de ce lieu.

JÉRY, BÆTELY, LE PÈRE, THOMAS.

Et l'amour et le mariage
Se trouvent dans ce lieu.

LE CHOEUR, *courant çà et là.*

Volez au secours,
Où que ce puisse être !

JÉRY, BÆTELY, LE PÈRE, THOMAS.

Amis et voisins, silence !...
Tout est fini maintenant.

(*La troupe s'apaise et se range des deux côtés du théâtre.*)

THOMAS, *s'avançant au milieu.*

Un quolibet !... qui veut l'entendre
Écoute et tienne bon :
Les sages sont tous bien loin,
Mais le fou est sous la main.
Je dis cela, bons voisins ;
Je ne veux pas tout dire.

(*Thomas prend un jeune garçon par la main, et l'amène sur le devant du théâtre ; il lui fait des caresses et chante :*)

Si jamais tu cherches femme,
N'enfonce pas la porte du logis.

(*Thomas continue et parle en prose au jeune garçon :*)

Eh ! bien, qu'ai-je dit ?... Il te faut tout de suite l'apprendre par cœur.

LE JEUNE GARÇON.

N'allez pas, si vous cherchez femme,
Enfoncer lourdement la porte du logis

THOMAS.

Fort bien! et tu t'en souviendras,
Si quelque jour tu cherches femme.
C'est l'important de l'affaire;
C'est la morale!

THOMAS et le **JEUNE GARÇON**, *aux spectateurs:*

Vous-mêmes, si vous cherchez femme.
N'enfoncez pas la porte du logis.

LE CHOEUR. *On s'est expliqué par gestes.*

Vous-mêmes, si vous cherchez femme,
N'enfoncez pas la porte du logis.

THOMAS.

Ils sont à deux :
Pardonnez-vous l'un à l'autre!
J'ai mon pardon :
Je pars, adieu!

TOUS.

La paix sur les monts!
La paix dans les prairies!
Prêtez, ô forêts,
De frais ombrages
A la jeune femme,
A son mari!
En marche à l'autel!

Plus près du ciel,
Qu'une troupe d'enfants
Réjouisse les voisins,
Réjouisse les époux!
Maintenant, en foule,
Marchons à l'autel!

FIN DE JÉRY ET BÆTELY.

GOETZ

DE BERLICHINGEN

A LA MAIN DE FER

PERSONNAGES.

L'EMPEREUR MAXIMILIEN.
GOETZ DE BERLICHINGEN.
ÉLISABETH, sa femme.
MARIE, sa sœur.
CHARLES, son fils (jeune enfant).
GEORGE, son écuyer.
L'ÉVÊQUE DE BAMBERG.
WEISLINGEN,
ADÉLAÏDE DE WALLDORF, } vivant à la cour de l'évêque.
LIEBETRAUT,
L'ABBÉ DE FULDA.
OLÉARIUS, docteur en droit civil et en droit canon.
FRÈRE MARTIN.
JEAN DE SELBITZ.
FRANZ DE SICKINGEN.
LERSE.
FRANZ, écuyer de Weislingen.
UNE FILLE D'HONNEUR d'Adélaïde.
METZLER, SIEVERS, LINK, KOHL, WILD, chefs des paysans révoltés.
HOMMES ET DAMES de la cour de Bamberg.
CONSEILLERS de l'empereur.
SÉNATEURS de Heilbronn.
JUGES du tribunal secret.
DEUX MARCHANDS de Nuremberg.
MAX STUMPF, serviteur du comte palatin.
UN INCONNU.
UN BEAU-PÈRE, } paysans.
UN GENDRE,
CAVALIERS de Berlichingen, de Weislingen, de Bamberg.
CAPITAINES, OFFICIERS, SOLDATS de l'armée impériale.
UN AUBERGISTE.
UN HUISSIER de justice.
BOURGEOIS de Heilbronn.
GARDE de la ville.
UN GEÔLIER.
PAYSANS.
CHEF de Bohémiens.
BOHÉMIENS, BOHÉMIENNES.

GOETZ
DE BERLICHINGEN

A LA MAIN DE FER[1].

ACTE PREMIER.

Schwarzenberg en Franconie. — Une auberge.

METZLER, SIEVERS, *à table*; DEUX CAVALIERS, *au coin du feu*; L'AUBERGISTE.

SIEVERS.

Jean, encore un verre d'eau-de-vie, et mesure chrétiennement.

L'AUBERGISTE.

Tu n'as jamais assez bu!

METZLER, *bas à Sievers*.

Raconte encore une fois ce que tu disais de Berlichingen: ces Bambergeois se fâchent, à devenir cramoisis.

SIEVERS.

Des Bambergeois? Que font-ils ici?

[1]. Gœthe a écrit ce drame en prose.

METZLER.

Weislingen est là-haut, depuis deux jours, au château, chez M. le comte; ils l'ont escorté: je ne sais d'où il vient; ils l'attendent; il retourne à Bamberg.

SIEVERS.

Qu'est-il, ce Weislingen?

METZLER.

Le bras droit de l'évêque; un puissant seigneur, qui observe aussi Gœtz de près.

SIEVERS.

Qu'il prenne garde à lui!

METZLER, *bas.*

Va toujours! (*Haut.*) Depuis quand Gœtz a-t-il donc encore des affaires avec l'évêque de Bamberg? On disait que tout était arrangé et accommodé.

SIEVERS.

Oui, arrangé avec les prêtres! Quand l'évêque a vu qu'il n'arrivait à rien, et qu'il avait toujours le dessous, il s'est humilié, et s'est empressé de mener à bien l'accommodement. Et le loyal Berlichingen a cédé avec une bonté inouïe, comme il fait toujours quand il a l'avantage.

METZLER.

Dieu le conserve! L'honnête seigneur!

SIEVERS.

Juge maintenant si ce n'est pas honteux! Ils lui enlèvent un vassal, au moment où il s'y attend le moins. Mais il les étrillera bien pour cela.

METZLER.

C'est pourtant fatal que son dernier coup ait manqué! Il en aura été furieusement vexé!

SIEVERS.

Je ne crois pas qu'il ait eu depuis longtemps un pareil chagrin. Juge aussi: tout était signalé au plus juste; quand l'évêque reviendrait des bains, avec combien de cavaliers, par quelle route; et, si des traîtres n'avaient décelé la chose, il voulait lui faire profiter son bain et le frotter d'importance.

PREMIER CAVALIER.

Que bavardez-vous là de notre évêque? Je crois que vous cherchez noise?

SIEVERS.

Mêlez-vous de vos affaires. Vous n'avez rien à voir à notre table.

DEUXIÈME CAVALIER.

Qui vous permet de parler avec irrévérence de notre évêque?

SIEVERS.

Ai-je à vous rendre compte? Voyez donc l'impudent! (*Le premier cavalier donne un soufflet à Sievers.*)

METZLER.

Tue-moi ce chien!

DEUXIÈME CAVALIER.

Viens ici, si tu as du cœur. (*Ils se battent.*)

L'AUBERGISTE, *les séparant.*

Voulez-vous rester tranquilles! mille diables! A la porte, si vous avez quelque chose à démêler! Dans mon auberge, tout doit se passer décemment et sans bruit. (*Il met les cavaliers à la porte.*) Et vous, ânes que vous êtes, pourquoi commencez-vous?

METZLER.

Pas tant de sottises, Jean, ou nous te tombons sur le dos. Viens, camarade, nous les rosserons là dehors. (*Entrent deux cavaliers de Berlichingen.*)

PREMIER CAVALIER.

Qu'y a-t-il?

SIEVERS.

Eh! bonjour, Pierre! Guy, bonjour! D'où venez-vous?

DEUXIÈME CAVALIER.

Ne va pas te permettre de dire à personne qui nous servons.

SIEVERS, *à voix basse.*

Gœtz, votre maître, n'est donc pas loin non plus?

PREMIER CAVALIER.

Tiens ta langue!... Êtes-vous en querelle?

SIEVERS.

Vous avez rencontré les drôles là dehors : ils sont de Bamberg.

PREMIER CAVALIER.

Que font-ils ici?

METZLER.

Weislingen est là-haut, au château, chez monseigneur : ils l'ont escorté.

PREMIER CAVALIER.

Weislingen?

DEUXIÈME CAVALIER, *bas.*

Pierre, c'est une trouvaille! (*Haut.*) Depuis quand est-il là?

METZLER.

Depuis deux jours. Mais il partira aujourd'hui même, à ce que disait un de ces drôles.

PREMIER CAVALIER, *bas.*

Ne te disais-je pas qu'il était là? Nous aurions pu rester aux aguets quelque temps de l'autre côté. Viens, Guy.

SIEVERS.

Aidez-nous d'abord à rosser les Bambergeois.

DEUXIÈME CAVALIER.

Vous êtes deux aussi. Il nous faut partir. Adieu. (*Ils sortent.*)

SIEVERS.

Chiens de cavaliers! Si vous ne les payez pas, ils ne lèveront pas la main pour vous.

METZLER.

Je voudrais jurer qu'ils ont un dessein. Qui servent-ils?

SIEVERS.

Je ne dois pas le dire : ils servent Gœtz.

METZLER.

Bah! A présent à ceux de là dehors! Viens! tant que j'ai un bâton, je ne crains pas leurs broches.

SIEVERS.

Si seulement nous pouvions un jour en faire autant à ces princes, qui nous écorchent tout vifs!

Une auberge dans la forêt.

GOETZ, *seul, devant la porte, sous le tilleul.*

Où s'arrêtent donc mes cavaliers? Il me faut aller et venir, sans cela le sommeil me gagnerait. Déjà cinq jours et cinq nuits aux aguets! On nous rend bien amer ce peu de vie et de liberté! Aussi, quand je te tiendrai, Weislingen, je prendrai du bon temps. (*Il se verse à boire.*) Encore vide! George! Tant que j'aurai de cela (*il montre la bouteille*) et du courage, je rirai de l'ambition et de la ruse des princes.... George!... Envoyez donc de tous côtés votre docile Weislingen, chez vos cousins et vos compères; faites-moi peindre bien noir! Allez toujours! Je suis éveillé. Évêque, tu m'as échappé! Ton cher Weislingen payera pour toi.... George! Ce garçon n'entend-il pas?... George! George!

GEORGE, *affublé de la cuirasse d'un homme fait.*

Monseigneur!

GOETZ.

Où restes-tu donc? As-tu dormi? Quelle diable de mascarade est-ce là? Viens ici! Tu as très-bon air. Ne rougis pas, mon enfant. Te voilà brave!... Oui, si tu la remplissais! C'est la cuirasse de Jean?

GEORGE.

Il voulait dormir un peu et l'a dégrafée.

GOETZ.

Il est plus délicat que son maître.

GEORGE.

Ne vous fâchez pas! Je l'ai dérobée sans bruit et l'ai endossée, et j'ai décroché de la muraille la vieille épée de mon père; j'ai couru dans la prairie et j'ai dégainé.

GOETZ.

Et tu as frappé autour de toi! Tu auras mis dans un bel état les buissons et les ronces! Jean dort-il?

GEORGE.

Il s'est éveillé en sursaut à votre voix, et m'a crié que vous appeliez. Je voulais déboucler la cuirasse, quand je vous ai entendu deux fois, trois fois....

GOETZ.

Va, rends-lui son armure; dis-lui de se tenir prêt et de voir aussi les chevaux.

GEORGE.

Je les ai bien pansés et rebridés. Vous pouvez monter à cheval quand vous voudrez.

GOETZ.

Apporte-moi une cruche de vin; donnes-en aussi un verre à Jean. Dis-lui d'être alerte: c'est l'heure; j'attends à chaque moment le retour de mes éclaireurs.

GEORGE.

Ah! monseigneur!

GOETZ.

Que veux-tu?

GEORGE.

N'oserai-je vous suivre?

GOETZ.

Une autre fois, George; lorsque nous prendrons des marchands, et que nous enlèverons des voitures.

GEORGE.

Une autre fois! Vous l'avez déjà dit souvent. Oh! cette fois! cette fois! Je ne ferai que courir par derrière, que guetter à l'écart; je vous rapporterai les flèches perdues.

GOETZ.

La prochaine fois, George. Il te faut d'abord un pourpoint, un casque et une pique.

GEORGE.

Prenez-moi avec vous. Si j'y avais été la dernière fois, vous n'auriez pas perdu votre arbalète.

GOETZ.

Tu sais cela?

GEORGE.

Vous l'avez jetée à la tête de l'ennemi, et un des fantassins l'a ramassée. Elle fut perdue! N'est-ce pas que je le sais?

GOETZ.

Mes gens t'ont raconté cela?

GEORGE.

Je crois bien! En récompense, je leur siffle toute sorte d'airs, quand nous étrillons les chevaux, et je leur apprends mille joyeuses chansonnettes.

GOETZ.

Tu es un brave garçon.

GEORGE.

Prenez-moi avec vous, que je puisse le montrer!

GOETZ.

La première fois, sur ma parole. Sans armes, comme te voilà, tu ne peux combattre. Les temps futurs auront aussi besoin d'hommes. Je te le dis, mon enfant, un temps viendra où les princes offriront leurs trésors pour un homme qu'ils haïssent maintenant. Va, George, rends à Jean sa cuirasse et apporte-moi du vin. (*George sort.*) Où s'arrêtent donc mes cavaliers? C'est inconcevable.... Un moine! D'où vient-il à ces heures? (*Entre frère Martin.*)

GOETZ.

Révérend père, bonsoir! D'où venez-vous si tard? Homme du saint repos, vous faites rougir bien des chevaliers.

MARTIN.

Merci, noble seigneur! Et je ne suis, pour le moment, qu'un humble frère, s'il s'agit de titres. Augustin est mon nom de couvent, mais j'aime mieux m'entendre appeler Martin, mon nom de baptême.

GOETZ.

Vous êtes fatigué, frère Martin, et sans doute vous avez soif! (*George revient.*) Voici justement du vin.

MARTIN.

Pour moi, un verre d'eau. Je n'ose pas boire de vin.

GOETZ.

Est-ce votre vœu?

MARTIN.

Non, monseigneur, ce n'est pas contre mes vœux de boire du vin; mais, comme le vin est contraire à mes vœux, je m'abstiens d'en boire.

GOETZ.

Comment entendez-vous cela?

MARTIN.

Vous êtes heureux de ne pas le comprendre. Boire et manger, c'est, je pense, la vie de l'homme.

GOETZ.

Fort bien!

MARTIN.

Quand vous avez bu et mangé, vous sentez en vous comme un nouvel être; vous êtes plus fort, plus courageux, plus propre à votre emploi. Le vin réjouit le cœur de l'homme, et la joie est la mère de toutes les vertus. Quand vous avez bu du vin, vous êtes doublement tout ce que vous devez être; deux fois aussi vif à imaginer, deux fois aussi entreprenant, deux fois aussi prompt à exécuter.

GOETZ.

Comme j'en use, c'est vrai.

MARTIN.

C'est aussi ce que je veux dire. Mais nous.... (*George apporte de l'eau.*)

GOETZ, *bas à George.*

Va sur le chemin de Dachsbach, et couche-toi, l'oreille contre terre, pour écouter si tu n'entends point venir des chevaux, et reviens tout de suite. (*George sort.*)

MARTIN.

Mais nous, quand nous avons bu et mangé, nous sommes justement le contraire de ce que nous devons être. Une digestion pénible met la tête à l'unisson de l'estomac, et, dans la langueur d'un lourd sommeil, se produisent des désirs qui deviennent aisément plus forts que nous.

GOETZ.

Un verre, frère Martin, ne troublera pas votre sommeil. Vous avez beaucoup marché aujourd'hui. (*Il lui offre à boire.*) A tous les guerriers!

MARTIN.

Dieu vous entende! (*Ils trinquent.*) Je ne puis souffrir les gens paresseux, et pourtant je ne puis dire que tous les moines le soient : ils font ce qu'ils peuvent. Je viens de Saint-Guy, où j'ai couché la nuit passée. Le prieur m'a conduit dans le jardin : c'est à présent leur atelier. D'admirables laitues, des choux à souhait, et surtout des choux-fleurs et des artichauts, comme on n'en voit pas en Europe!

GOETZ.

Ce n'est donc pas votre affaire? (*Il se lève, cherche George et revient.*)

MARTIN.

Ah! je voudrais que Dieu m'eût fait jardinier ou forgeron! Je pourrais être heureux. Mon couvent est à Erfurt en Saxe; mon abbé m'aime : il sait que je ne puis rester en repos, et il m'envoie de côté et d'autre, où il y a quelque affaire à suivre. Je vais chez l'évêque de Constance.

GOETZ.

Encore un coup!... Bon succès!

MARTIN.

Je vous en dis autant.

GOETZ.

Qu'avez-vous, frère, à me regarder ainsi?

MARTIN.

C'est que je suis amoureux de votre armure.

GOETZ.

Auriez-vous envie d'en avoir une? C'est lourd et pénible à porter.

MARTIN.

Qu'est-ce qui n'est pas pénible dans ce monde? Et je n'imagine rien de plus pénible que de n'oser être homme. Pauvreté, chasteté et obéissance.... trois vœux, dont chacun, considéré à part, semble ce qu'il y a de plus insupportable à la nature, tant ils sont insupportables tous trois! Et gémir découragé toute sa vie, sous ce fardeau ou sous le poids, bien plus accablant, du remords! Ah! monseigneur, que sont les fatigues de votre vie, auprès des misères d'un état qui, par un désir mal entendu d'approcher de Dieu, condamne les meilleurs penchants, auxquels nous devons la vie, l'accroissement et le succès?

GOETZ.

Si votre vœu n'était pas aussi sacré, je vous conseillerais d'endosser une cuirasse; je vous donnerais un cheval, et nous irions courir ensemble.

MARTIN.

Plût à Dieu que mes épaules se sentissent la force de porter la cuirasse, et mon bras celle de renverser de cheval un ennemi!... Pauvre, faible main, dès longtemps accoutumée à porter les croix et les bannières de paix et à balancer l'encensoir, comment voudrais-tu manier la lance et l'épée? Ma voix, qui ne sait que psalmodier des *ave* et des *alleluia*, serait chez l'ennemi le héraut de ma faiblesse, tandis que vos accents le mettraient en fuite. Sans cela, aucun vœu ne m'empêcherait de rentrer dans l'ordre que mon Créateur lui-même a fondé.

GOETZ.

A l'heureux retour!

MARTIN.

Cette santé, je ne la bois que pour vous. Le retour dans

ma cage est toujours malheureux. Quand vous retournez, seigneur, dans vos murailles, avec le sentiment de votre vaillance et de votre force, à laquelle nulle fatigue ne peut porter atteinte; lorsque, pour la première fois, après un long temps, à l'abri des surprises de l'ennemi, vous vous couchez, désarmé, dans votre lit, et que vous attendez le sommeil, plus délicieux pour vous que pour moi la boisson après une longue soif, alors vous pouvez parler de bonheur!

GOETZ.

Aussi ces moments-là reviennent-ils rarement.

MARTIN, *plus animé.*

Et, quand ils viennent, c'est un avant-goût du ciel.... Lorsque vous revenez chargé des dépouilles de vos ennemis, et que vous pouvez vous redire : « J'ai désarçonné celui-ci, avant qu'il ait pu tirer, et j'ai abattu celui-là avec son cheval.... » qu'ensuite vous montez à votre château, et....

GOETZ.

Eh bien?

MARTIN.

Et vos femmes! (*Il verse à boire.*) A la santé de votre femme! *Il s'essuie les yeux.*) Vous en avez une sans doute?

GOETZ.

Une noble, une excellente femme!

MARTIN.

Heureux celui qui possède une femme vertueuse! Sa vie en est doublée. Je ne connais aucune femme, et pourtant la femme fut la couronne de la création.

GOETZ, *à part.*

Il me fait pitié. Le sentiment de son état lui ronge le cœur.

GEORGE, *accourant.*

Seigneur, j'entends des chevaux au galop. Deux!... Ce sont eux certainement.

GOETZ.

Sors mon cheval! Que Jean se mette en selle. Adieu, cher frère! Que Dieu vous accompagne! Soyez courageux et patient. Dieu vous soutiendra.

MARTIN.

Votre nom, je vous en prie?

GOETZ.

Excusez-moi. Adieu. (*Il lui présente la main gauche.*)

MARTIN.

Pourquoi me tendez-vous la gauche? Ne suis-je pas digne de la droite d'un chevalier?

GOETZ.

Quand vous seriez l'empereur, il faudrait vous contenter de celle-ci. Ma droite, quoiqu'elle ne soit pas inutile dans la guerre, est insensible aux étreintes de l'amitié; elle ne fait qu'un avec son gant: vous voyez, il est de fer.

MARTIN.

Vous êtes donc Gœtz de Berlichingen? Je te remercie, mon Dieu, de me l'avoir montré, cet homme que les princes haïssent, et vers lequel se tournent les opprimés! (*Il lui prend la main droite.*) Laissez-moi cette main, laissez-moi la baiser!

GOETZ.

Non, non.

MARTIN.

Laissez-moi. O main, plus précieuse qu'une main de reliques, dans laquelle a circulé le sang le plus sacré, instrument sans vie, animé par la confiance du plus noble esprit dans son Dieu!... (*Gœtz met son casque et prend sa lance.*)

MARTIN.

Il y a longtemps qu'il passa chez nous un moine qui vous avait visité, quand vous essuyâtes ce coup de feu devant Landshut. Comme il nous racontait ce que vous avez souffert, et combien vous étiez affligé d'être mutilé pour votre carrière, et qu'il vous revint à l'esprit d'avoir ouï parler d'un homme qui n'avait non plus qu'une main, et qui néanmoins servit longtemps encore comme un brave cavalier!... Je n'oublierai jamais cela. (*Les deux cavaliers arrivent; Gœtz s'en approche. Ils parlent bas.*)

MARTIN, *continuant*.

Je n'oublierai jamais comme il dit, avec la plus noble et la plus simple confiance en Dieu : « Et, quand j'aurais douze mains et que tu me refuserais ta grâce, de quoi ces mains me serviraient-elles? Je puis donc avec une seule.... »

GOETZ, *bas aux cavaliers.*

Ainsi, dans la forêt de Haslach. (*Il se tourne vers Martin.*) Adieu, digne frère Martin! (*Il l'embrasse.*)

MARTIN.

Ne m'oubliez pas, comme aussi je ne vous oublierai jamais. (*Goetz s'éloigne.*)

MARTIN.

Comme mon cœur était saisi quand je le regardais! Il ne disait rien, et cependant mon âme devinait la sienne. C'est une volupté de voir un grand homme.

GEORGE.

Révérend père, vous coucherez chez nous, n'est-ce pas?

MARTIN.

Puis-je avoir un lit?

GEORGE.

Non, mon père. Je ne connais les lits que par ouï-dire. Dans notre auberge il n'y a que de la paille.

MARTIN.

C'est aussi bon. Comment te nommes-tu?

GEORGE.

George, mon révérend père.

MARTIN.

George! Tu as un vaillant patron.

GEORGE.

On dit que c'était un cavalier : je veux l'être aussi.

MARTIN.

Attends! (*Il tire de sa poche un livre de prières, et donne à George une image de saint.*) Tiens, le voilà! Suis son exemple : sois brave et crains Dieu. (*Martin s'en va.*)

GEORGE.

Ah! un beau cheval blanc! Si une fois j'en avais un comme cela!... Et cette armure d'or!... Voilà un vilain dragon!... A présent je tire sur les moineaux.... Saint George, rends-moi grand et fort; donne-moi une lance pareille, une armure, un cheval, et viennent les dragons!

ACTE I.

Jaxthausen, château de Goetz.

ÉLISABETH, MARIE, *le petit* CHARLES.

CHARLES.

Je t'en prie, chère tante, conte-moi encore une fois l'histoire de l'Enfant pieux. C'est si joli!

MARIE.

Conte-la toi-même, petit fripon, je verrai si tu as fait attention.

CHARLES.

Attends un peu, que j'y pense.... Il y avait une fois,... oui,... il y avait une fois un enfant, et sa mère était malade; alors l'enfant alla....

MARIE.

Non pas! Et sa mère lui dit : Cher enfant....

CHARLES.

Je suis malade.

MARIE.

Et je ne puis sortir.

CHARLES.

Et elle lui donna de l'argent et lui dit : Va et achète-toi de quoi déjeuner. Alors vint un pauvre homme....

MARIE.

L'enfant alla, puis il rencontra un vieux homme, qui était.... Eh bien! Charles?

CHARLES.

Qui était.... vieux....

MARIE.

Sans doute! Qui ne ne pouvait presque plus marcher, et qui dit : « Cher enfant....

CHARLES.

Donne-moi quelque chose. Je n'ai point mangé de pain hier et aujourd'hui.... » Alors l'enfant lui donna l'argent....

MARIE.

Qui devait être employé pour le déjeuner.

CHARLES.

Alors le vieillard dit....

MARIE.

Alors le vieillard prit l'enfant....

CHARLES.

Par la main et dit.... Et il devint un beau saint, rayonnant, et dit.... : « Cher enfant....

MARIE.

Pour ta bienfaisance, la mère de Dieu te récompense par moi : tout malade que tu toucheras....

CHARLES.

Avec la main.... » C'était la droite, je crois....

MARIE.

Oui.

CHARLES.

« Sera guéri aussitôt. »

MARIE.

Alors l'enfant courut à la maison, et, de joie, il ne pouvait parler.

CHARLES.

Et il se jeta au cou de sa mère, et il pleurait de joie....

MARIE.

Alors la mère s'écria : « Qu'est-ce que j'éprouve? » Et elle fut.... Eh bien! Charles?

CHARLES.

Elle fut.... elle fut....

MARIE.

Tu n'écoutes déjà plus.... elle fut guérie. Et l'enfant guérit rois et empereurs, et devint si riche, qu'il bâtit un grand monastère.

ÉLISABETH.

Je ne puis comprendre où mon seigneur s'arrête. Voilà déjà cinq jours et cinq nuits qu'il est parti, et il espérait exécuter si vite son coup de main.

MARIE.

Cela m'inquiète depuis longtemps. Si je devais avoir un tel mari, qui s'exposât toujours au danger, j'en mourrais dès la première année.

ÉLISABETH.

Je remercie Dieu de m'avoir donné plus de fermeté.

ACTE I.

CHARLES.

C'est donc nécessaire que mon père sorte à cheval, puisque c'est si dangereux?

MARIE.

C'est comme cela son bon plaisir.

ÉLISABETH.

Oui, c'est nécessaire, mon cher enfant.

CHARLES.

Pourquoi?

ÉLISABETH.

Te souviens-tu encore comme il sortit la dernière fois, lorsqu'il t'apporta un petit pain blanc?

CHARLES.

M'en apportera-t-il encore?

ÉLISABETH.

Je le pense. Vois-tu, il y avait un tailleur de Stuttgart, qui était fort habile à tirer de l'arc, et qui avait gagné à Cologne le prix du tir.

CHARLES.

Était-ce beaucoup?

ÉLISABETH.

Cent écus. Et ensuite ils ne voulurent pas le lui donner.

MARIE.

N'est-ce pas, Charles, que c'est vilain?

CHARLES.

Vilaines gens!

ÉLISABETH.

Alors le tailleur vint trouver ton père, et le pria de l'aider à obtenir son argent. Et ton père sortit à cheval, et enleva à ceux de Cologne une couple de marchands, et les tourmenta jusqu'à ce qu'ils eussent donné l'argent. Ne serais-tu pas aussi sorti à cheval?

CHARLES.

Non! il faut passer par une sombre, sombre forêt : il y a des bohémiens et des sorcières.

ÉLISABETH.

Voilà un courageux garçon! Il a peur des sorcières!

MARIE.

Tu feras mieux, Charles, de vivre un jour dans ton château

comme un pieux chevalier chrétien. On trouve dans ses propres domaines assez d'occasions de faire du bien. Les plus honnêtes chevaliers font dans leurs expéditions plus d'injustices qu'ils n'en réparent.

ÉLISABETH.

Ma sœur, tu ne sais ce que tu dis. Dieu veuille seulement que notre fils devienne brave avec le temps, et ne suive pas l'exemple de ce Weislingen, qui se conduit si déloyalement avec mon mari!

MARIE.

Ne jugeons pas, Élisabeth. Mon frère est très-irrité, toi aussi. Dans toute cette affaire, je suis plutôt spectateur, et je puis être plus équitable.

ÉLISABETH.

Il est sans excuse.

MARIE.

Ce qu'on m'a dit de lui m'a disposée en sa faveur. Ton mari lui-même n'en contait-il pas beaucoup de choses aimables et bonnes? Comme leur jeunesse fut heureuse, lorsqu'ils étaient ensemble pages du margrave!

ÉLISABETH.

Cela peut être; mais dis-moi ce que peut jamais avoir eu de bon l'homme qui tend des piéges à son meilleur et son plus fidèle ami; qui vend ses services aux ennemis de mon mari, et cherche à prévenir par des rapports hostiles notre excellent empereur, qui nous est si favorable!

CHARLES.

Mon père! mon père! Le gardien de la tour sonne l'air : « Vivat, ouvrez la grande porte! »

ÉLISABETH.

Il revient avec du butin. (*Entre un cavalier.*)

LE CAVALIER.

Nous avons fait bonne chasse! Dieu vous garde, nobles dames!

ÉLISABETH.

Tenez-vous Weislingen?

LE CAVALIER.

Lui et trois cavaliers.

ÉLISABETH.

Comment s'est-il fait que vous soyez restés si longtemps?

LE CAVALIER.

Nous l'attendions au passage, entre Nuremberg et Bamberg; il ne venait pas, et nous savions pourtant qu'il était en chemin. Enfin nous eûmes de ses nouvelles : il avait fait un détour, et se reposait doucement chez le comte de Schwarzenberg.

ÉLISABETH.

Ils voudraient bien aussi en faire un ennemi de mon mari.

LE CAVALIER.

J'avertis d'abord notre maître. A cheval! Et nous courons dans la forêt de Haslach. Et voici quelque chose de curieux : comme nous chevauchons ainsi pendant la nuit, un berger gardait justement ses moutons, et cinq loups fondent sur le troupeau, et s'en donnent à cœur joie. Notre maître se mit à rire et dit : « Bon succès, chers camarades! Bon succès partout et pour nous aussi! » Et nous fûmes tous réjouis de ce bon présage. Pendant ce temps Weislingen arrive à cheval avec quatre hommes d'armes.

MARIE.

Mon cœur frissonne.

LE CAVALIER.

Moi et mon camarade, ainsi que le maître nous l'avait ordonné, nous nous cramponnons à Weislingen, comme si nous ne faisions qu'un avec lui, en sorte qu'il ne pouvait agir ni remuer, et le maître et Jean tombèrent sur les cavaliers et les firent prisonniers. Un s'est échappé.

ÉLISABETH.

Je suis impatiente de le voir. Arrivent-ils bientôt?

LE CAVALIER.

Ils montent la vallée : dans un quart d'heure ils seront ici.

MARIE.

Il doit être bien abattu.

LE CAVALIER.

Il a l'air assez sombre.

MARIE.

Son regard me fera mal.

ÉLISABETH.

Ah!... Je vais vite préparer le repas. Vous devez tous avoir grand'faim.

LE CAVALIER.

Rudement!

ÉLISABETH, à *Marie*.

Prends la clef de la cave, et tire du meilleur vin! Ils l'ont mérité. (*Elle sort.*)

CHARLES.

Tante, je veux aller avec toi.

MARIE.

Viens, mon petit. (*Ils sortent.*)

LE CAVALIER, *seul*.

Il ne sera pas tel que son père, autrement il viendrait avec moi à l'écurie.

GOETZ, WEISLINGEN, CAVALIERS.

GOETZ, *posant sur la table son casque et son épée*.

Dégrafez ma cuirasse, et donnez-moi mon pourpoint! D'être à mon aise me fera du bien. Frère Martin, tu disais vrai!... Vous nous avez tenus en haleine, Weislingen. (*Weislingen ne répond rien et se promène dans la chambre.*) Ayez bon courage. Venez, désarmez-vous. Où sont vos habits? J'espère que rien ne sera perdu. (*A un de ses hommes.*) Appelez ses gens et ouvrez les valises, et veillez à ce que rien ne se perde. Je pourrais aussi vous prêter des miens.

WEISLINGEN.

Laissez-moi ainsi, tout cela m'est égal.

GOETZ.

Je pourrais vous offrir un habit propre et joli, mais il n'est que de toile. Il m'est devenu trop étroit. Je le portais aux noces de mon gracieux seigneur le comte palatin, alors justement que votre évêque entra si fort en colère contre moi. Quinze jours auparavant, je lui avais coulé bas deux bateaux sur le Mein. Et, avec Franz de Sickingen, à l'auberge du Cerf, à Heidelberg, je monte l'escalier. Avant d'arriver tout en haut, on trouve un palier et une petite balustrade en fer : là se rencontra l'évêque, et, lorsque Franz passa, il lui toucha la main et il me la toucha aussi, comme je le suivais de près. Je ris en moi-même, et j'allai au landgrave de Hanau, que j'aimais de tout mon cœur, et lui dis : « L'évêque m'a touché la main : je gage qu'il ne m'a pas reconnu. » L'évêque m'entendit, car j'avais eu soin de parler haut, et il vint à nous fièrement.... et dit : « Oui, c'est parce que je ne vous ai pas reconnu, que je vous ai touché la main. » Je répondis : « Monseigneur, j'ai bien remarqué que vous ne m'avez pas reconnu, c'est pourquoi je vous rends votre main. » Là-dessus le cou du petit homme devint aussi rouge de colère qu'une écrevisse, et il courut, dans la salle, au comte palatin Louis et au prince de Nassau, et leur en fit ses plaintes. Depuis, nous en avons ri souvent.

WEISLINGEN.

Je vous prie de me laisser seul.

GOETZ.

Pourquoi cela? Je vous en prie, soyez de bonne humeur. Vous êtes en mon pouvoir, et je n'en abuserai pas.

WEISLINGEN.

Cela ne m'a pas encore inquiété : c'est votre devoir de chevalier.

GOETZ.

Et vous savez qu'il est sacré pour moi.

WEISLINGEN.

Je suis prisonnier : le reste est indifférent.

GOETZ.

Vous ne devriez pas parler ainsi. Si vous aviez affaire à des princes, et s'ils vous tenaient aux fers dans une tour profonde, et que le gardien eût l'ordre de siffler pour vous empêcher de dormir! (*Les valets apportent des vêtements, Weislingen ôte ses armes et s'habille. Entre Charles.*)

CHARLES.

Bonjour, mon père!

GOETZ, *l'embrassant.*

Bonjour, mon garçon! Comment avez-vous passé le temps?

CHARLES.

Très-bien, mon père! La tante dit que je suis très-habile.

GOETZ.

Oh!

CHARLES.

M'as-tu apporté quelque chose?

GOETZ.

Pas cette fois.

CHARLES.

J'ai beaucoup appris.

GOETZ.

Ah!

CHARLES.

Faut-il te conter l'histoire de l'Enfant pieux ?

GOETZ.

Après dîner.

CHARLES.

Je sais encore quelque chose.

GOETZ.

Quoi donc ?

CHARLES.

Jaxthausen est un village, avec un château sur la Jaxt; c'est, depuis deux cents ans, l'héritage et la propriété des seigneurs de Berlichingen.

GOETZ.

Connais-tu le seigneur de Berlichingen ? (*Charles le regarde avec des yeux étonnés. (A part.)* A force de science, il ne connaît pas son père. (*Haut.*) A qui appartient Jaxthausen ?

CHARLES.

Jaxthausen est un village et un château sur la Jaxt.

GOETZ.

Ce n'est pas ce que je demande.... Je connaissais tous les sentiers, les chemins et les gués, avant de savoir le nom de la rivière, du village et du château.... Ta mère est-elle à la cuisine ?

CHARLES.

Oui, mon père! Elle fait cuire des navets et rôtir un agneau.

GOETZ.

Tu sais encore cela, maître cuisinier!

CHARLES.

Et, pour mon dessert, la tante a fait cuire une pomme.

GOETZ.

Tu ne peux la manger crue ?

CHARLES.

Elles sont meilleures cuites.

ACTE I.

GOETZ.

Il te faut toujours quelque chose à part.... Weislingen, je reviens à l'instant. Il faut pourtant que je salue ma femme. Viens avec moi, Charles.

CHARLES.

Qui est cet homme ?

GOETZ.

Dis-lui bonjour. Prie-le d'être gai.

CHARLES, *tendant la main à Weislingen.*

Tiens ! touche là ! Sois gai : le dîner est bientôt prêt.

WEISLINGEN. *Il le prend dans ses bras et lui donne un baiser.*

Heureux enfant, qui ne connaît de malheur que si la soupe se fait longtemps attendre ! Que Dieu vous donne beaucoup de joie en cet enfant, Berlichingen !

GOETZ.

Où l'on voit beaucoup de lumière il y a plus d'ombre.... Cependant ce serait mon bonheur. Nous verrons ce qui arrivera.

(*Ils sortent.*)

WEISLINGEN.

Oh ! si je m'éveillais, et que tout cela fût un songe !... Au pouvoir de Berlichingen, dont je m'étais à peine délivré ! dont j'évitais la pensée comme le feu ! que j'espérais de vaincre ! Et lui.... l'ancien, le fidèle Gœtz ! Grand Dieu, comment, comment tout cela finira-t-il ? Adelbert, te voilà ramené dans cette salle, où notre enfance se livrait à ses jeux ; quand tu l'aimais, quand tu lui étais attaché comme à ton âme ! Qui peut l'approcher et le haïr ? Hélas ! je ne suis absolument rien ici ! Vous êtes passés, heureux temps, où le vieux Berlichingen était là, assis près de la cheminée, où nous prenions nos ébats autour de lui, et nous aimions comme des anges ! Combien l'évêque et mes amis vont être en peine ! Je le sais, tout le pays prendra part à mon malheur. Qu'importe ? Peuvent-ils me donner ce que je désire ?

GOETZ, *avec une bouteille de vin et des verres.*

En attendant que le dîner soit prêt, nous boirons un coup. Venez, prenez place ; faites comme si vous étiez chez vous. Songez que vous êtes encore une fois chez Gœtz. Il y a longtemps que nous n'avons été assis à la même table ; longtemps que nous n'avons vidé une bouteille ensemble. (*Il boit à sa santé.*) Allons, le cœur joyeux!

WEISLINGEN.

Les temps en sont passés.

GOETZ.

Dieu nous en préserve! A la vérité, nous ne retrouverons guère des jours plus heureux qu'à la cour du margrave, lorsque nous avions encore le même lit, et que nous allions courant le jour ensemble. Je me souviens avec joie de ma jeunesse. Vous rappelez-vous encore l'affaire que je me fis avec ce Polonais, à qui je dérangeai par accident, avec ma manche, sa chevelure frisée et pommadée?

WEISLINGEN.

C'était à table, et il vous porta un coup de son couteau.

GOETZ.

Alors je le rossai bravement, et là-dessus vous eûtes une querelle avec son camarade. Nous nous soutenions toujours comme de bons et braves garçons, et chacun le savait bien. (*Il lui verse à boire et lui porte une santé.*) Castor et Pollux! Cela me faisait toujours du bien au cœur, quand le margrave nous appelait ainsi.

WEISLINGEN.

C'est l'évêque de Wurtzbourg qui avait commencé.

GOETZ.

C'était là un savant homme, et avec cela si affable! Je me souviendrai de lui tant que je vivrai; comme il nous choyait, louait notre union, et estimait heureux l'homme qui est un frère jumeau pour son ami.

WEISLINGEN.

Ne parlons plus de cela.

GOETZ.

Pourquoi pas? Après le travail, je ne sais rien de plus agréable que de me rappeler le passé. Oui, quand je reviens à songer comme nous portions ensemble plaisirs et peines, comme nous étions tout l'un pour l'autre, et comme je me flattais alors qu'il en serait ainsi toute notre vie! Ne fut-ce pas toute ma consolation, lorsque cette main me fut emportée devant Landshut, et que tu me secourus et me soignas mieux qu'un frère? J'espérais qu'à l'avenir Adelbert serait ma main droite. Et maintenant....

WEISLINGEN.

Oh!

GOETZ.

Si dans ce temps-là tu m'avais suivi, quand je te pressais de m'accompagner en Brabant, tout se serait bien maintenu. La malheureuse vie de cour t'enchaîna, et l'oisiveté et la complaisance pour les femmes. Je te le disais toujours, lorsque tu fréquentais ces femmes impures et frivoles, et que tu leur parlais de mariages malheureux, de filles séduites, de la peau rude d'une troisième, ou de ce qu'elles écoutent volontiers, je te disais : « Adelbert, tu deviens un mauvais sujet. »

WEISLINGEN.

A quoi bon tout cela?

GOETZ.

Plût à Dieu que je pusse l'oublier ou qu'il en fût autrement! N'es-tu pas aussi libre et d'aussi noble naissance qu'un autre en Allemagne, indépendant, sujet de l'empereur seulement? Et tu te plies sous des vassaux! Que gagnes-tu avec ton évêque? Parce qu'il est ton voisin? qu'il pourrait t'inquiéter? N'as-tu pas des bras et des amis, pour l'inquiéter à ton tour? Tu méconnais la valeur d'un libre chevalier, qui ne dépend que de Dieu, de son empereur et de lui-même! Tu te rabaisses à n'être que le premier valet d'un prêtre capricieux et jaloux.

WEISLINGEN.

Laissez-moi parler.

GOETZ.

Qu'as-tu à dire?

WEISLINGEN.

Tu vois les princes comme le loup le berger. Et pourtant peux-tu les blâmer de veiller au bien de leurs sujets et de leurs États? Sont-ils donc un moment en sûreté contre les chevaliers félons, qui attaquent leurs sujets sur toutes les routes, qui dévastent leurs villages et leurs châteaux? Si maintenant, d'un autre côté, les domaines de notre empereur bien-aimé sont exposés aux attaques de leur éternel ennemi; s'il demande secours aux États de l'Empire, et qu'ils aient peine à défendre leur vie : n'est-ce pas un bon génie qui leur inspire de songer aux moyens de pacifier l'Allemagne, de maintenir le droit et la justice, pour faire participer chacun, grands et petits, aux avantages de la paix? Et tu nous blâmes, Berlichingen, de nous mettre sous la défense de ceux dont le secours est proche, tandis que la majesté, éloignée de nous, ne peut se défendre elle-même!

GŒTZ.

Oui, oui, j'entends! Weislingen, si les princes étaient comme vous les représentez, nous aurions tout ce que nous demandons. Le repos et la paix! Je le crois bien! C'est ce que demande tout oiseau carnassier, pour dévorer sa proie à son aise. Le bien-être de chacun! Qu'ils n'eussent pas d'autres sujets de blanchir! Et ils se jouent de notre empereur d'une manière indécente. Il a de bonnes intentions et voudrait bien réformer l'État. Et tous les jours arrive un nouveau charlatan, qui propose ceci et cela. Et, parce que le maître comprend vite, et n'a qu'à parler pour mettre mille bras en mouvement, il imagine que tout sera aussi vite et facilement exécuté. Alors paraissent ordonnances sur ordonnances, et l'une fait oublier l'autre; et ce qui peut servir aux princes dans leur petit commerce, ils s'en font un rempart, et parlent magnifiquement du repos et de la sûreté de l'Empire, jusqu'à ce qu'ils tiennent les petits sous leurs pieds. Je voudrais jurer que plusieurs bénissent Dieu dans leur âme de voir le Turc faire équilibre à l'empereur.

WEISLINGEN.

Vous voyez la chose par votre côté.

GOETZ.

C'est ce qui arrive à chacun. La question est de savoir de quel côté sont la lumière et la justice, et, tout au moins, vos menées craignent le grand jour.

WEISLINGEN.

Vous pouvez tout dire, je suis votre prisonnier.

GŒTZ.

Si votre conscience est pure, vous êtes libre. Mais qu'est devenue cette paix publique? Je me souviens encore qu'à l'âge de seize ans, j'accompagnai le margrave à la diète. Quel bavardage que celui de ces princes, et les ecclésiastiques étaient pires que les autres! Votre évêque étourdissait les oreilles de l'empereur, comme s'il avait eu merveilleusement à cœur la justice, et maintenant il m'enlève lui-même un vassal, dans le temps où nos querelles sont apaisées, où je ne pense point à mal. Tout n'est-il pas arrangé entre nous? Que veut-il à cet homme?

WEISLINGEN.

Cela est arrivé à son insu.

GOETZ.

Pourquoi ne le relâche-t-il pas?

WEISLINGEN.

Cet homme ne s'est pas conduit comme il le devait.

GOETZ.

Comme il le devait? Sur mon âme, il a fait ce qu'il devait, aussi sûr qu'il a été enlevé avec votre aveu et celui de l'évêque. Croyez-vous que je sois d'aujourd'hui dans le monde, pour ne pas voir où tout cela mène?

WEISLINGEN.

Vous êtes soupçonneux et vous nous faites injure.

GOETZ.

Weislingen, dois-je parler à cœur ouvert? Je suis pour vous une épine dans l'œil, si petit que je sois, et Sickingen et Selbitz tout autant, parce que nous sommes fermement résolus à mourir, plutôt que d'être redevables à d'autres que Dieu de l'air que nous respirons, et de vouer notre foi et nos services à d'autres que l'empereur. C'est pourquoi ils tournent maintenant autour de moi; ils me noircissent auprès de Sa Majesté et de leurs amis et de mes voisins, et ils épient l'occasion de prendre sur moi l'avantage. Ils veulent se défaire de moi, n'importe par quel moyen. C'est pourquoi vous avez enlevé mon vassal, parce que vous saviez que je l'avais envoyé à la découverte; et il n'a pas fait ce qu'il devait, parce qu'il ne m'a pas trahi auprès de vous. Et toi, Weislingen, tu es leur instrument!

WEISLINGEN.

Berlichingen!

GOETZ.

Laissons ces discours! Je suis l'ennemi des explications : on se trompe soi-même ou l'on trompe l'autre, et, le plus souvent, tous les deux.

CHARLES.

À table, mon père!

GOETZ.

Joyeuse nouvelle!... Venez : j'espère que mes femmes vous égayeront. Vous étiez autrefois un galant chevalier; les dames contaient mille choses de vous. Venez! (*Ils sortent.*)

Le palais épiscopal de Bamberg. La salle à manger.

L'ÉVÊQUE DE BAMBERG, L'ABBÉ DE FULDA, OLÉARIUS, LIEBETRAUT, COURTISANS. (*Ils sont à table. On apporte le dessert et les grandes coupes.*)

L'ÉVÊQUE.

Y a-t-il maintenant beaucoup de noblesse allemande à l'université de Bologne ?

OLÉARIUS.

Des nobles et des bourgeois. Et, sans vanité, ils s'y font le plus grand honneur. On a coutume de dire, à l'université, par manière de proverbe : « Studieux comme un gentilhomme allemand. » Car, tandis que les bourgeois s'appliquent honorablement à compenser par des talents le défaut de naissance, les nobles s'efforcent, avec une glorieuse émulation, de relever leur dignité native par les mérites les plus éclatants.

L'ABBÉ.

Ah!

LIEBETRAUT.

Que l'on dise à quoi l'on ne peut s'attendre! Aussi studieux qu'un gentilhomme allemand! De mes jours je n'entendis chose pareille.

OLÉARIUS.

Oui, ils font l'admiration de toute l'université. Quelques-uns des plus âgés et des plus habiles reviendront docteurs prochainement. L'empereur sera heureux de pouvoir leur confier les premiers emplois.

L'ÉVÊQUE.

Cela ne peut manquer.

L'ABBÉ.

Connaissez-vous, par exemple, un jeune gentilhomme?... Il est de la Hesse.

OLÉARIUS.

Il y a beaucoup de Hessois.

L'ABBÉ.

Il s'appelle.... il est.... Aucun de vous ne le sait-il? Sa mère était une de.... Oh! son père était borgne.... et maréchal.

LIEBETRAUT.

De Wildenholz?

L'ABBÉ.

Justement.... de Wildenholz!

OLÉARIUS.

Je le connais bien. Un jeune homme de grand talent. On le vante surtout pour sa force dans la dispute.

L'ABBÉ.

Il tient cela de sa mère.

LIEBETRAUT.

Mais c'est de quoi son mari ne voulut jamais la vanter.

L'ÉVÊQUE.

Comment disiez-vous que s'appelait l'empereur qui a rédigé votre *Corpus juris*?

OLÉARIUS.

Justinien.

L'ÉVÊQUE.

Excellent prince! Qu'il vive!

OLÉARIUS.

A sa mémoire! (*Ils boivent.*)

L'ABBÉ.

Ce doit être un beau livre.

OLÉARIUS.

On pourrait l'appeler le livre des livres: un recueil de toutes les lois, pour chaque cas la décision prête; et ce qui serait encore défectueux ou obscur est complété par les gloses dont les plus savants hommes ont orné cet excellent ouvrage.

L'ABBÉ.

Un recueil de toutes les lois! Peste! On y trouve donc aussi les dix commandements?

OLÉARIUS.

Implicite, oui, mais non *explicite*.

L'ABBÉ.

C'est aussi ce que je veux dire : purement et simplement, sans autre explication.

L'ÉVÊQUE.

Et ce qu'il y a de plus beau, un empire pourrait, comme vous dites, subsister dans la paix et la tranquillité la plus profonde, quand ces lois y seraient complétement établies et bien maintenues.

OLÉARIUS.

Sans doute.

L'ÉVÊQUE.

A tous les docteurs en droit!

OLÉARIUS.

Je saurai le publier! (*Ils boivent.*) Plût à Dieu que l'on tînt ce langage dans ma patrie!

L'ABBÉ.

D'où êtes-vous, savant homme?

OLÉARIUS.

De Francfort-sur-le-Mein, pour servir Votre Grandeur.

L'ÉVÊQUE.

N'y seriez-vous pas bien notés, vous autres docteurs? D'où vient cela?

OLÉARIUS.

C'est assez singulier. J'y allai pour recueillir l'héritage de mon père : la populace m'aurait presque lapidé, quand elle apprit que j'étais un juriste.

L'ABBÉ.

Dieu nous préserve!

OLÉARIUS.

Mais voici d'où cela vient : le tribunal des échevins, qui est en grand honneur bien loin alentour, est entièrement composé de gens qui ne connaissent pas le droit romain. On croit qu'il suffit d'acquérir par l'âge et l'expérience une connaissance exacte de l'état intérieur et extérieur de la ville. Ainsi les bourgeois et le voisinage sont jugés par de vieilles coutumes et un petit nombre de statuts.

L'ABBÉ.

C'est assez bien.

OLÉARIUS.

Mais c'est loin de suffire. La vie de l'homme est courte, et, dans une seule génération, tous les cas ne se présentent point. Notre code est un recueil de ceux qui se sont rencontrés pendant plusieurs siècles. D'ailleurs la volonté et l'opinion des hommes est changeante; l'un juge bon aujourd'hui ce que l'autre désapprouve demain : ainsi la confusion et l'injustice sont inévitables. Les lois fixent tout cela, et les lois sont invariables.

L'ABBÉ.

Cela vaut mieux assurément.

OLÉARIUS.

C'est ce que le peuple ne reconnaît pas. Tout avide qu'il est de nouveautés, il déteste souverainement l'innovation qui veut le tirer de son ornière, dût-il s'en trouver beaucoup mieux. Ils ont en horreur le juriste, autant qu'un perturbateur de l'État, un coupeur de bourses, et sont comme furieux, s'il en paraît un qui songe à s'établir chez eux.

LIEBETRAUT.

Vous êtes de Francfort! J'y suis bien connu. Au couronnement de l'empereur Maximilien, nous avons bien trinqué à la santé de vos fiancés. Vous vous appelez Oléarius! Je ne connais personne de ce nom.

OLÉARIUS.

Mon père s'appelait OElmann[1]. C'est uniquement pour éviter la disconvenance sur le titre de mes ouvrages latins, qu'à l'exemple, et par les conseils de respectables légistes, je me nomme Oléarius.

LIEBETRAUT.

Vous avez bien fait de vous traduire. Nul n'est prophète dans le pays paternel : il aurait pu vous en arriver autant dans votre langue maternelle.

OLÉARIUS.

Ce n'était pas ma raison.

LIEBETRAUT.

Toutes choses ont deux raisons.

---

1. Pressureur d'huile.

L'ABBÉ.

Nul n'est prophète en son pays!

LIEBETRAUT.

Et savez-vous pourquoi, monseigneur?

L'ABBÉ.

Parce qu'il y est né et qu'il y a été élevé.

LIEBETRAUT.

Oui, ce peut être l'une des raisons. L'autre, c'est qu'une plus intime connaissance de ces messieurs fait évanouir l'auréole de dignité et de sainteté dont un lointain vaporeux les environne à nos yeux trompés, et ce ne sont plus alors que de tout petits bouts de chandelle.

OLÉARIUS.

Il semble que vous soyez établi pour dire des vérités.

LIEBETRAUT.

Comme j'ai le cœur de les dire, la langue ne me manque pas.

OLÉARIUS.

Mais l'adresse pour les bien placer.

LIEBETRAUT.

Où les ventouses tirent, elles sont bien placées.

OLÉARIUS.

On reconnaît les baigneurs à leur tablier, et l'on en souffre tout dans leur service : par précaution, vous feriez bien de porter un bonnet à grelots.

LIEBETRAUT.

Où avez-vous pris vos degrés? Je vous le demande seulement pour le cas où il m'en prendrait fantaisie, afin d'aller d'abord à la bonne forge.

OLÉARIUS.

Vous êtes bien osé!

LIEBETRAUT.

Et vous bien imposant! (*L'évêque et l'abbé rient.*)

L'ÉVÊQUE.

Parlons d'autre chose!... Moins de chaleur, messieurs : à table tout passe.... Un autre discours, Liebetraut!

LIEBETRAUT.

Près de Francfort, de l'autre côté du Mein, est un petit endroit qui s'appelle Sachsenhausen....

ACTE I.

OLÉARIUS, *à l'évêque.*

Monseigneur, que dit-on de l'expédition contre les Turcs?

L'ÉVÊQUE.

L'empereur n'a rien plus à cœur que de pacifier d'abord l'empire, d'étouffer les guerres intestines, et d'affermir l'autorité des tribunaux. Ensuite il marchera, dit-on, en personne contre les ennemis de l'empire et de la chrétienté. Maintenant ses affaires particulières lui donnent encore de l'occupation, et, malgré une paix de quarante années, l'empire est encore une caverne de brigands. La Franconie, la Souabe, le Haut-Rhin et les pays d'alentour sont dévastés par d'insolents et hardis chevaliers : Sickingen, Selbitz le boiteux, Berlichingen à la main de fer, bravent dans ces contrées la majesté impériale....

L'ABBÉ.

Oui, si Sa Majesté n'y prend garde, ces drôles finiront par nous mettre dans un sac.

LIEBETRAUT.

Ce serait un gaillard celui qui mettrait dans un sac le foudre [1] de Fulda!

L'ÉVÊQUE.

Le dernier surtout est, depuis nombre d'années, mon implacable ennemi, et me moleste plus que je ne puis dire; mais cela n'ira pas loin, j'espère. L'empereur tient actuellement sa cour à Augsbourg : nous avons pris nos mesures; cela ne peut nous manquer.... Monsieur le docteur, connaissez-vous Adelbert de Weislingen?

OLÉARIUS.

Non, monseigneur.

L'ÉVÊQUE.

Si vous attendez l'arrivée de cet homme, vous aurez le plaisir de voir, en une seule personne, le plus noble, le plus habile et le plus aimable chevalier.

OLÉARIUS.

Ce doit être un homme accompli, pour mériter de tels éloges d'une telle bouche.

LIEBETRAUT.

Il n'a fréquenté aucune université

---

1. Grande tonne d'une vaste capacité.

L'ÉVÊQUE.

Nous le savons. (*Les domestiques courent à la fenêtre.*) Qu'y a-t-il?

UN DOMESTIQUE.

C'est justement Faerber, un des hommes de Weislingen, qui entre à cheval au château.

L'ÉVÊQUE.

Voyez ce qu'il apporte! Il vient l'annoncer....

(*Liebetraut sort. Les convives se lèvent et boivent encore un coup. Liebetraut revient.*)

L'ÉVÊQUE.

Quelles nouvelles?

LIEBETRAUT.

Je voudrais qu'un autre fût chargé de vous les dire. Weislingen est prisonnier.

L'ÉVÊQUE.

Oh!

LIEBETRAUT.

Berlichingen l'a enlevé près de Haslach avec trois de ses gens. Le quatrième s'est échappé pour vous l'annoncer.

L'ABBÉ.

Message de Job!

OLÉARIUS.

J'en suis sincèrement affligé.

L'ÉVÊQUE.

Je veux voir cet homme : faites-le monter!... Je veux lui parler moi-même. Conduisez-le dans mon cabinet. (*Il sort.*)

L'ABBÉ. *Il s'assied.*

Encore un coup. (*Les domestiques versent à boire.*)

OLÉARIUS.

Plairait-il à Votre Grandeur de faire un tour de jardin ? POST COENAM STABIS, SEU PASSUS MILLE MEABIS.

LIEBETRAUT.

Vraiment, être assis ne vous est pas bon : vous gagnerez encore une attaque. (*L'abbé se lève.*)

LIEBETRAUT, *à part.*

Si je le tiens une fois dehors, j'aurai soin qu'il fasse de l'exercice! (*Ils sortent.*)

Jaxthausen.

MARIE, WEISLINGEN.

MARIE.

Vous m'aimez, dites-vous : je le crois volontiers, et j'espère être heureuse avec vous et vous rendre heureux.

WEISLINGEN.

Je ne sens plus qu'une chose, c'est que je suis tout à toi. (*Il l'embrasse.*)

MARIE.

Je vous en prie, laissez-moi. Je vous ai permis un baiser pour le denier à Dieu, mais vous semblez déjà vouloir prendre d'autorité ce qui n'est vôtre que sous condition.

WEISLINGEN.

Vous êtes trop sévère, Marie : un amour innocent est agréable à Dieu, loin de l'offenser.

MARIE.

Soit! Mais je ne suis pas rassurée par vos paroles. On m'a appris que les caresses sont comme les anneaux d'une chaîne, fortes par leur assemblage, et que les jeunes filles, quand elles aiment, sont plus faibles que Samson après la perte de ses cheveux.

WEISLINGEN.

Qui vous a appris cela?

MARIE.

L'abbesse de mon couvent. J'ai vécu auprès d'elle jusqu'à ma seizième année, et c'est avec vous seul que j'ai senti le bonheur dont je jouissais dans sa compagnie. Elle avait aimé, et pouvait en parler. Elle avait un cœur plein de sentiment. C'était une excellente femme.

WEISLINGEN.

Alors elle te ressemblait. (*Il lui prend la main.*) Que vais-je éprouver, quand je devrai m'éloigner de vous?

MARIE, *retirant sa main.*

Un peu de chagrin, j'espère, car je sais ce que j'éprouverai. Mais il faut que vous partiez.

WEISLINGEN.

Oui, mon amie, et je le veux. Car je sens quelles félicités je m'assure par ce sacrifice. Béni soit ton frère et le jour où il sortit de son château pour me prendre!

MARIE.

Son cœur était plein d'espérance pour lui et pour toi. « Adieu! nous dit-il au départ, je veux faire si bien que je le retrouverai. »

WEISLINGEN.

Il l'a retrouvé. Que je voudrais n'avoir pas tant négligé, par cette funeste vie de cour, l'administration et la sûreté de mes biens! Tu pourrais être à moi dès ce jour.

MARIE.

L'attente a aussi ses plaisirs.

WEISLINGEN.

Ne dis pas cela, Marie, ou je craindrai que tu ne sentes moins vivement que moi. Mais je souffre ce que j'ai mérité, et quelles espérances me suivront à chaque pas! Être à toi seule, ne vivre que pour toi et pour un cercle d'amis; éloigné, séparé du monde, goûter toute la joie que deux cœurs se donnent l'un à l'autre! Que sont et la faveur du prince et les applaudissements du monde, auprès de cette simple et unique félicité? J'ai beaucoup espéré et souhaité, mais ceci surpasse tous mes vœux et toutes mes espérances. (*Entre Goetz.*)

GOETZ.

Votre écuyer est de retour. La fatigue et la faim l'ont mis, peu s'en faut, hors d'état de proférer quelques mots. Ma femme lui donne à manger. Autant que j'ai pu comprendre, l'évêque ne veut pas relâcher mon vassal : on nommera des commissaires impériaux, et un jour sera fixé où l'affaire sera réglée. Quoi qu'il en soit, Adelbert, vous êtes libre; je ne demande rien de plus que votre main, comme promesse qu'à l'avenir vous n'assisterez mes ennemis ni ouvertement ni secrètement.

WEISLINGEN.

Ma main dans la vôtre!... Qu'il y ait désormais entre nous amitié et confiance inaltérables, comme une loi éternelle de la nature! Permettez en même temps que je m'assure cette main (*Il prend la main de Marie*) et la possession de la plus noble femme.

GOETZ.

Dois-je dire oui pour vous?

MARIE.

Si vous le dites avec moi.

GOETZ.

C'est un bonheur que cette fois nos intérêts soient les mêmes. Tu n'as pas besoin de rougir : tes regards en disent assez. Eh bien, oui, Weislingen! Donnez-vous la main, et je dis : Ainsi soit-il!... Mon ami et mon frère!... Je te remercie, ma sœur! Tu sais mieux que filer du chanvre. Tu as préparé un fil pour attacher cet oiseau de paradis. Tu ne sembles pas tout à fait à ton aise, Adelbert! Que te manque-t-il? Moi, je suis parfaitement heureux. Ce que je n'espérais qu'en rêve, je le vois, et je crois rêver. Ah! voilà mon songe vérifié. Cette nuit, il m'a semblé que je te présentais ma main de fer, et tu me la serras si fort, qu'elle tomba du brassard comme arrachée. Je fus effrayé et je m'éveillai. J'aurais dû prolonger mon rêve; je t'aurais vu m'attacher au bras une nouvelle main vivante.... A présent il te faut partir, pour mettre en bon état ton château et tes domaines. Cette maudite cour t'a fait négliger l'un et l'autre. Je vais appeler ma femme.... Élisabeth!

MARIE.

Mon frère est au comble de la joie.

WEISLINGEN.

Et pourtant je le défie d'être aussi joyeux que moi.

GOETZ.

Tu auras une agréable résidence.

MARIE.

La Franconie est un beau pays.

WEISLINGEN.

Et je puis dire que mon château se trouve dans la partie la plus belle et la plus agréable.

GOETZ.

Oui, vous le pouvez et je puis le soutenir. Ici coule le Mein, et peu à peu s'élève la montagne, qui, revêtue de champs et de vignes, est couronnée par votre château; puis la rivière se courbe brusquement autour du rocher qui porte votre manoir.

Des fenêtres de la grande salle, l'œil plonge sur la rivière, et la vue s'étend à plusieurs lieues. (*Entre Élisabeth.*)

ÉLISABETH.

Que faites-vous?

GOETZ.

Viens aussi donner ta main et dire : « Dieu vous bénisse! » Ils sont unis.

ÉLISABETH.

Si vite!

GOETZ.

Mais non par surprise.

ÉLISABETH.

Puissiez-vous avoir toujours pour elle la même ardeur que dans le temps où vous l'avez recherchée! Et puissiez-vous être aussi heureux qu'elle vous est chère!

WEISLINGEN.

Amen! Je ne veux de bonheur qu'à ce titre!

GOETZ.

Le fiancé, ma chère femme, va faire un court voyage, car ce grand changement en amène beaucoup de petits. D'abord il s'éloigne de la cour épiscopale, pour laisser peu à peu refroidir cette amitié. Ensuite il arrache ses biens des mains d'avides fermiers. Et.... Viens, ma sœur, viens, Élisabeth! Laissons-le seul. Son écuyer a sans doute pour lui des commissions secrètes.

WEISLINGEN.

Rien que vous ne puissiez entendre.

GOETZ.

C'est inutile.... Franconie et Souabe, vous êtes sœurs maintenant plus que jamais! Comme nous allons serrer le bouton à ces princes! (*Ils sortent tous trois.*)

WEISLINGEN.

Grand Dieu, pouvais-tu bien me réserver, à moi indigne, tant de félicité? C'en est trop pour mon cœur. Comme j'étais dépendant des misérables que je croyais gouverner, des regards du prince, d'une obséquieuse approbation! Goetz, cher Goetz, tu m'as rendu à moi-même, et, toi, Marie, tu achèves mon changement. Je me sens libre comme dans un air plus pur. Je ne veux plus revoir Bamberg; je veux rompre tous les honteux liens qui m'abaissaient au-dessous de moi-même. Mon cœur s'épanouit; ce n'est point la poursuite pénible d'une grandeur déniée. Tant il est vrai qu'il est seul heureux et grand, celui qui n'a besoin ni d'obéir ni de commander pour être quelque chose! (*Entre Franz.*)

FRANZ.

Dieu vous garde, monseigneur! Je vous apporte tant de salutations, que je ne sais par où commencer. Bamberg et dix lieues à la ronde vous disent mille fois : Dieu vous garde!

WEISLINGEN.

Sois le bienvenu, Franz. Qu'apportes-tu de plus?

FRANZ.

On garde de vous, à la cour et partout, un tel souvenir qu'on ne saurait le dire.

WEISLINGEN.

Il ne durera pas longtemps.

FRANZ.

Aussi longtemps que vous vivrez! et, après votre mort, il brillera plus que les lettres de laiton sur un tombeau. Comme on a pris à cœur votre infortune!

WEISLINGEN.

Que disait l'évêque?

FRANZ.

Il était si impatient d'être au fait, qu'avec la pressante vivacité de ses questions il m'empêchait de répondre. Il savait déjà la chose, c'est vrai, car Faerber, qui s'était échappé de Haslach, lui avait porté la nouvelle. Mais il a voulu tout savoir. Il demandait avec anxiété si vous n'étiez point blessé. Je lui ai répondu : « Il est sain et sauf, de la pointe des cheveux à l'ongle du petit orteil. »

WEISLINGEN.

Que disait-il touchant les propositions?

FRANZ.

Il voulait d'abord tout donner, l'homme et de l'argent par-dessus, seulement pour vous délivrer. Mais, quand il sut que vous seriez relâché sans cela, et que votre seule parole répondrait du vassal, il voulut absolument différer avec Berlichingen. Il m'a dit pour vous mille choses.... que j'ai oubliées. C'était un long sermon sur ce texte : Je ne puis me passer de Weislingen.

WEISLINGEN.

Il faudra qu'il apprenne à s'en passer.

FRANZ.

Comment l'entendez-vous? Il m'a dit : « Fais qu'il se hâte; tout le monde l'attend. »

WEISLINGEN.

On peut attendre. Je n'irai pas à la cour.

FRANZ.

Vous n'irez pas, monseigneur! D'où vous vient cette idée? Si vous saviez ce que je sais! si vous pouviez seulement rêver ce que j'ai vu!

WEISLINGEN.

Que t'arrive-t-il?

FRANZ.

Le simple souvenir me met hors de moi. Bamberg n'est plus Bamberg; un ange, sous la figure d'une femme, en fait le parvis du ciel.

WEISLINGEN.

Rien de plus?

FRANZ.

Je veux être un moine, si vous la voyez sans être hors de vous.

WEISLINGEN.

Qui donc?

FRANZ.

Adélaïde de Walldorf.

WEISLINGEN.

Elle! J'ai beaucoup entendu parler de sa beauté.

FRANZ.

Entendu? C'est absolument comme si vous disiez : « J'ai vu de la musique. » Comment la parole pourrait-elle exprimer un trait de ses perfections, puisque l'œil même ne se suffit pas en sa présence?

WEISLINGEN.

Tu n'es pas dans ton bon sens.

FRANZ.

Cela peut bien être. La dernière fois que je la vis, je n'avais pas plus ma tête qu'un homme ivre. Ou plutôt, puis-je dire, je sentis dans le moment ce que doivent éprouver les saints, à la vue des apparitions célestes : tous mes sens plus forts, plus élevés, plus parfaits, et pourtant je n'avais l'usage d'aucun.

WEISLINGEN.

Cela est étrange.

FRANZ

Quand je pris congé de l'évêque, elle était assise auprès de lui. Ils jouaient aux échecs. Il fut très-gracieux, me donna sa main à baiser, et me dit beaucoup de choses, dont je n'entendis aucune, car je regardais sa voisine. Elle avait l'œil fixé sur l'échiquier, comme si elle méditait un grand coup. Une expression de finesse attentive autour de sa bouche et de ses joues !... J'aurais voulu être le roi d'ivoire. La noblesse et la douceur régnaient sur son front. Et comme la blancheur éblouissante du visage et du sein était relevée par les cheveux noirs !

WEISLINGEN.

Tu en es devenu vraiment poëte.

FRANZ.

Je sens donc en ce moment ce qui fait le poëte, un cœur plein, absolument plein d'un unique sentiment ! Comme l'évêque achevait et que je m'inclinais, elle me regarda et me dit : « De ma part aussi une salutation, bien que je lui sois inconnue ! Dis-lui de venir bientôt. *De nouveaux amis l'attendent.* Il ne doit pas les mépriser, bien qu'il en possède un si grand nombre d'anciens.... » Je voulus répondre quelque chose, mais le passage du cœur à la langue était fermé. Je fis une révérence. J'aurais donné tout mon avoir pour baiser le bout de son petit doigt. Comme j'étais là immobile, l'évêque fit tomber un pion : je me baissai pour le ramasser, et, en le relevant, je touchai le bord du vêtement d'Adélaïde : un frisson parcourut tous mes membres, et je ne sais comment je suis arrivé à la porte.

WEISLINGEN.

Son mari est-il à la cour ?

FRANZ.

Voici déjà quatre mois qu'elle est veuve. C'est pour se distraire qu'elle séjourne à Bamberg. Vous la verrez. Quand elle vous regarde, c'est comme si l'on était caressé par le soleil du printemps.

WEISLINGEN.

Cela produirait sur moi une plus faible impression.

FRANZ.

J'apprends que vous êtes comme marié.

WEISLINGEN.

Je voudrais que la chose fût faite. Ma douce Marie fera le bonheur de mes jours. Son âme tendre se peint dans ses yeux bleus. Et, pure comme un ange du ciel, formée d'innocence et d'amour, elle appelle mon cœur au repos et à la félicité. Prépare nos effets; et vite à mon château! Je ne veux pas revoir Bamberg, quand Saint-Guy en personne me demanderait. (*Il sort.*)

FRANZ.

A Dieu ne plaise! Je veux espérer mieux. Marie est aimable et belle, et je ne saurais blâmer un prisonnier, un malade, qui en devient amoureux. Dans ses yeux est la consolation, la bienveillante mélancolie.... Mais autour de toi, Adélaïde, tout est vie, flamme et courage.... Je serais.... Je suis un fou.... C'est l'œuvre d'un de ses regards. Mon maître ira! J'irai! Je veux, en la regardant, retrouver ou perdre tout à fait ma raison.

ACTE DEUXIÈME.

Bamberg. — Une salle.

L'ÉVÊQUE, ADÉLAÏDE, *jouant aux échecs*, LIEBETRAUT, *une guitare à la main*, DAMES, COURTISANS, *autour de lui, près de la cheminée.*

LIEBETRAUT, *il chante en s'accompagnant.*
Avec son arc et ses flèches
Cupidon prend son vol,
Le flambeau allumé ;
Il veut vaillamment combattre
Et bravement triompher
Par la force des armes.
Allons ! allons !
Ah ! ah !
Ses armes retentissent,
Ses ailes frémissent,
Ses yeux s'enflamment.

Il trouve les cœurs
Hélas ! sans défense ;
Toutes les belles s'empressent
De le prendre sur leurs genoux ;
Il jette ses flèches
Dans le feu ;
Les belles le caressent,
Le pressent, le bercent.
Hei ei o ! Popeyo ! [1]

ADÉLAÏDE.
Vous n'êtes pas à votre jeu. Échec au roi.

L'ÉVÊQUE.
Il y a encore de la ressource.

---

1. Refrain en usage dans les vieilles ballades.

ADÉLAÏDE.

Vous n'irez pas loin. Échec au roi.

LIEBETRAUT.

Je ne jouerais pas ce jeu-là, si j'étais un grand seigneur, et je le défendrais à ma cour et dans tout le pays.

ADÉLAÏDE.

C'est vrai que ce jeu est la pierre de touche de l'esprit.

LIEBETRAUT.

Ce n'est pas pour cela! J'aimerais mieux, troublé dans le plus profond sommeil, entendre le gémissement de la cloche funèbre et des oiseaux de mauvais présage, le cri de la conscience, ce chien de garde grondeur, que des fous, des cavaliers et d'autres bêtes criant sans cesse : « Échec au roi! »

L'ÉVÊQUE.

Mais à qui viendront de pareilles idées ?

LIEBETRAUT.

A un homme, par exemple, qui serait faible et qui aurait la conscience robuste, ce qui va le plus souvent ensemble. Ils appellent cela un jeu royal, et disent qu'on l'inventa pour un roi, qui récompensa l'inventeur par un océan de richesses. Si cela est vrai, il me semble que je vois l'homme. Il était mineur par l'esprit ou l'âge, sous la tutelle de sa mère ou de sa femme ; sa barbe n'était qu'un léger duvet, avec quelques poils jaunâtres autour des tempes; il était souple comme un jeune saule, et jouait volontiers aux dames et avec les dames, non par passion, Dieu nous en garde! mais par simple passe-temps. Son gouverneur, trop actif pour un savant, trop roide pour un homme du monde, inventa, *in usum Delphini*, ce jeu si bien assorti à Sa Majesté.... et ainsi du reste.

ADÉLAÏDE.

Mat!... Liebetraut, vous devriez combler les lacunes de nos chroniques. (*Ils se lèvent.*)

LIEBETRAUT.

Les lacunes de nos généalogies! ce serait plus profitable. Depuis que les mérites de nos ancêtres servent au même usage que leurs portraits, à tapisser les vides de nos chambres et de notre caractère, il y aurait quelque chose à gagner.

L'ÉVÊQUE.
Il ne veut pas venir, disiez-vous!
ADÉLAÏDE.
Je vous en prie, ôtez-vous cela de l'esprit.
L'ÉVÊQUE.
Qu'est-ce que cela veut dire?
LIEBETRAUT.
Quoi donc? Les raisons se défilent comme un chapelet. Il est tombé dans une sorte d'abattement, dont je saurais aisément le guérir.
L'ÉVÊQUE.
Faites; courez chez lui.
LIEBETRAUT.
Ma commission!
L'ÉVÊQUE.
Je te donne des pouvoirs illimités. N'épargne rien, pourvu que tu le ramènes.
LIEBETRAUT.
Oserai-je vous mêler là dedans, madame?
ADÉLAÏDE.
Avec discrétion.
LIEBETRAUT.
Voilà une commission bien large.
ADÉLAÏDE.
Me connaissez-vous assez peu, ou êtes-vous assez jeune, pour ne pas savoir sur quel ton vous devez parler de moi à Weislingen?
LIEBETRAUT.
Sur le ton d'un appeau à cailles, je pense.
ADÉLAÏDE.
Vous ne deviendrez jamais sage!
LIEBETRAUT.
Le devient-on, madame?
L'ÉVÊQUE.
Allez, allez! Prenez le meilleur cheval de mon écurie; choisissez vos gens et amenez-le-moi!
LIEBETRAUT.
Si je ne l'attire par magie, dites qu'une vieille femme, qui

fait passer les verrues et les taches de rousseur, entend mieux la sympathie que moi.

L'ÉVÊQUE.

De quoi cela servira-t-il? Berlichingen s'est emparé de lui. S'il vient nous voir, il voudra repartir.

LIEBETRAUT.

La question n'est pas de savoir s'il voudra, mais s'il pourra. Le serrement de main d'un prince et le sourire d'une belle femme! Point de Weislingen qui s'en détache. J'y cours et me recommande à Votre Grâce.

L'ÉVÊQUE.

Bon voyage!

ADÉLAÏDE.

Adieu! (*Il sort.*)

L'ÉVÊQUE.

S'il est une fois ici, je me repose sur vous.

ADÉLAÏDE.

Voulez-vous m'employer comme gluaux?

L'ÉVÊQUE.

Non pas.

ADÉLAÏDE.

Eh bien, comme chanterelle?

L'ÉVÊQUE.

Non, c'est le rôle de Liebetraut. Je vous en prie, ne me refusez pas ce que nul autre ne peut faire pour moi.

ADÉLAÏDE.

Nous verrons!

Jaxthausen.

JEAN DE SELBITZ, GOETZ.

SELBITZ.

Tout le monde vous approuvera d'avoir déclaré la guerre à ceux de Nuremberg.

GOETZ.

Cela m'aurait mangé le cœur, si j'avais tardé à leur solder ce compte. Il est manifeste qu'ils ont livré mon vassal aux Bambergeois. Je les ferai souvenir de moi.

SELBITZ.

Ils ont une vieille rancune contre vous.

GOETZ.

Et moi contre eux : je suis charmé qu'ils aient commencé.

SELBITZ.

Les villes impériales et les prêtres sont ligués de tout temps.

GOETZ.

Ils ont leurs motifs.

SELBITZ.

Il nous faut la leur donner chaude.

GOETZ.

Je comptais sur vous. Plût à Dieu que le bourgmestre de Nuremberg, avec sa chaîne d'or autour du cou, tombât dans nos filets! Avec tout son esprit, il aurait de quoi s'étonner.

SELBITZ.

J'apprends que Weislingen est de nouveau dans votre parti, se joindra-t-il à nous?

GOETZ.

Pas encore; il a ses raisons pour n'oser pas de sitôt nous secourir ouvertement; mais il suffit, pour le moment, qu'il ne soit pas contre nous. Le prêtre est sans lui comme la chasuble sans le prêtre.

SELBITZ.

Quand nous mettrons-nous en campagne?

GOETZ.

Demain ou après-demain. Il passera bientôt des marchands de Bamberg et de Nuremberg, venant de la foire de Francfort. Nous ferons une bonne prise.

SELBITZ.

Dieu le veuille! (*Ils sortent.*)

Bamberg. La chambre d'Adélaïde.

ADÉLAÏDE, UNE FILLE D'HONNEUR.

ADÉLAÏDE.

Il est là, dis-tu? J'ai peine à le croire.

LA FILLE D'HONNEUR.

Si je ne l'avais vu moi-même, je dirais que j'en doute.

ADÉLAÏDE.

L'évêque peut enchâsser Liebetraut dans l'or : il a fait un coup de maître.

LA FILLE D'HONNEUR.

Je l'ai vu, comme il allait entrer dans le château. Il montait un cheval blanc. L'animal s'est effrayé, au moment où il approchait du pont, et il refusait d'avancer. Le peuple était accouru de toutes les rues pour voir Weislingen, et se félicitait de l'indocilité de sa monture. On le saluait de tous côtés, et il saluait tout le monde. Il se tenait à cheval avec une agréable insouciance, et, par ses caresses et ses menaces, il a fait passer enfin à son destrier la porte du château, avec Liebetraut et quelques hommes.

ADÉLAÏDE.

Comment te plaît-il ?

LA FILLE D'HONNEUR.

Comme il est rare qu'un homme m'ait plu. Il ressemble à l'empereur, (*elle montre le portrait de Maximilien*) comme s'il était son fils : seulement le nez un peu plus petit; les mêmes yeux caressants, brun clair; comme lui, de beaux cheveux blonds, et tourné comme une poupée ; un peu de tristesse sur le visage.... Je ne sais.... il m'a charmée.

ADÉLAÏDE.

Je suis impatiente de le voir.

LA FILLE D'HONNEUR.

Ce serait un mari fait pour vous.

ADÉLAÏDE.

Folle !

LA FILLE D'HONNEUR.

Les enfants et les fous.... (*Entre Liebetraut.*)

LIEBETRAUT.

A présent, madame, que mérité-je ?

ADÉLAÏDE.

Des cornes de votre femme! Car, à juger par ceci, vous avez déjà, par votre babil, détourné de son devoir l'honnête femme de plus d'un voisin.

LIEBETRAUT.

Non pas, madame, je l'ai ramenée à son devoir, voulez-vous

dire : car, si cela est arrivé, je l'ai cajolée sur le lit de son mari.

ADÉLAÏDE.

Comment avez-vous fait pour l'amener?

LIEBETRAUT.

Vous savez trop bien comme on prend les bécasses : dois-je encore vous enseigner mes ruses?... J'ai fait d'abord comme si je ne savais rien, et n'avais rien appris de sa conduite; et par là je l'ai mis dans la fâcheuse nécessité de me conter toute l'histoire. Je l'ai aussitôt considérée d'un tout autre côté que lui; je ne pouvais deviner.... je ne pouvais comprendre.... et ainsi de suite. Après, j'ai parlé de Bamberg à tort et à travers, les grandes choses, les petites; j'ai réveillé certains vieux souvenirs, et, quand j'eus occupé son imagination, je renouai effectivement une quantité de fils que je trouvais rompus. Il ne savait ce qui se passait en lui; il sentait pour Bamberg un nouvel attrait; il voulait.... sans vouloir. Comme il descendait dans son cœur, et cherchait à débrouiller cela, beaucoup trop occupé en lui-même pour être sur ses gardes, je lui jetai autour du cou une corde formée de trois fils bien forts, faveur des dames, faveur des princes et flatterie, et voilà comme je l'ai traîné ici.

ADÉLAÏDE.

Que lui avez-vous dit de moi?

LIEBETRAUT.

La pure vérité : que vous aviez des difficultés au sujet de vos biens.... que vous aviez espéré, comme il avait tant de crédit auprès de l'empereur, qu'il pourrait aisément terminer cela.

ADÉLAÏDE.

Bien!

LIEBETRAUT.

L'évêque vous l'amènera.

ADÉLAÏDE.

Je les attends.... (*Liebetraut se retire*) dans des dispositions avec lesquelles j'attends rarement une visite.

Forêt de Spessart.

BERLICHINGEN, SELBITZ, GEORGE, en *cavalier*.

GOETZ.

Tu ne l'as pas trouvé, George?

GEORGE.

Il était parti la veille pour Bamberg avec Liebetraut et deux serviteurs.

GOETZ.

Je ne comprends pas où cela doit aboutir.

SELBITZ.

Moi, je le comprends : votre réconciliation a été un peu trop prompte pour être durable. Ce Liebetraut est un drôle rusé, par qui il s'est laissé enjôler.

GOETZ.

Crois-tu qu'il viole notre alliance?

SELBITZ.

Le premier pas est fait.

GOETZ.

Je ne crois pas. Qui sait s'il n'était pas forcé d'aller à la cour! On lui doit encore de l'argent. Espérons pour le mieux.

SELBITZ.

Plût à Dieu qu'il le méritât et qu'il agît pour le mieux!

GOETZ.

J'imagine une ruse : nous habillerons George de la dépouille du cavalier bambergeois, et nous lui ferons prendre son sauf-conduit; il ira jusqu'à Bamberg et verra ce qui se passe.

GEORGE.

Voilà ce que j'ai longtemps espéré!

GOETZ.

C'est ta première course. Sois prudent, mon garçon : je serais fâché qu'il t'arrivât malheur.

GEORGE.

Laissez seulement! Je ne serai pas embarrassé, quand même toute une troupe fourmillerait autour de moi; je m'en inquiète comme si c'étaient des rats et des souris. (*Ils sortent.*)

Bamberg.

L'ÉVÊQUE, WEISLINGEN.

L'ÉVÊQUE.

Tu ne veux pas te laisser retenir plus longtemps?

WEISLINGEN.

Vous ne demanderez pas que je viole mon serment.

L'ÉVÊQUE.

J'aurais pu demander que tu ne le prêtasses pas. Quel esprit te guidait? Ne pouvais-je te délivrer sans cela? Ai-je si peu de crédit à la cour impériale?

WEISLINGEN.

C'est fait: pardonnez-moi, si vous pouvez.

L'ÉVÊQUE.

Je ne puis comprendre ce qui t'obligeait le moins du monde de faire ce pas. Renoncer à moi! N'y avait-il pas cent autres conditions pour ta délivrance? Ne tenons-nous pas son vassal? N'aurais-je pas assez donné d'argent, et ne l'aurais-je pas derechef apaisé? Nos projets contre lui et ses compagnons auraient suivi leur cours.... Ah! je ne songe pas que je parle à son ami, qui travaille maintenant contre moi, et qui peut aisément détruire l'effet des mines qu'il a lui-même creusées.

WEISLINGEN.

Monseigneur!

L'ÉVÊQUE.

Et pourtant.... lorsque je revois ton visage, que j'entends ta voix.... c'est impossible, impossible!

WEISLINGEN.

Adieu, monseigneur.

L'ÉVÊQUE.

Je te donne ma bénédiction. Autrefois, quand tu partais, je te disais : « Au revoir. » A présent!... puissions-nous ne nous revoir jamais!

WEISLINGEN.

Les choses peuvent beaucoup changer.

L'ÉVÊQUE.

Peut-être te reverrai-je une fois, comme ennemi, devant

mes murailles, ravager les campagnes qui te doivent aujourd'hui leur état florissant.

WEISLINGEN.

Non, monseigneur.

L'ÉVÊQUE.

Tu ne peux dire non. Les États séculiers, mes voisins, ont tous une dent contre moi. Aussi longtemps que je t'avais.... Allez, Weislingen! Je n'ai plus rien à vous dire. Vous avez mis à néant un grand ouvrage! Allez!

WEISLINGEN.

Et je ne sais que répondre. (*L'évêque sort. Franz entre en scène.*)

FRANZ.

Adélaïde vous attend. Elle est souffrante, et ne veut pas néanmoins vous laisser partir sans adieu.

WEISLINGEN.

Viens.

FRANZ.

Il est donc certain que nous partons?

WEISLINGEN.

Dès ce soir.

FRANZ.

C'est pour moi comme si je devais quitter ce monde.

WEISLINGEN.

Pour moi aussi, et, de plus, sans savoir où je vais.

La chambre d'Adélaïde.

ADÉLAÏDE, LA FILLE D'HONNEUR.

LA FILLE D'HONNEUR.

Vous semblez pâle, madame.

ADÉLAÏDE.

Je ne l'aime pas, et pourtant je voudrais qu'il restât. Vois-tu, je pourrais vivre avec lui, quoique je n'en voulusse pas pour mari.

LA FILLE D'HONNEUR.

Croyez-vous qu'il parte?

ADÉLAÏDE.

Il est chez l'évêque pour lui faire ses adieux.

####### LA FILLE D'HONNEUR.

Plus tard il lui reste encore à soutenir un pénible combat.

####### ADÉLAÏDE.

Que veux-tu dire?

####### LA FILLE D'HONNEUR.

Que demandez-vous, madame? Vous avez pris son cœur à l'hameçon, et, s'il veut se dégager, il saignera. *(La fille d'honneur se retire. Entre Weislingen.)*

####### WEISLINGEN.

Vous êtes souffrante, madame?

####### ADÉLAÏDE.

Cela doit vous être indifférent. Vous nous quittez, vous nous quittez pour toujours : que vous importe si nous vivons ou mourons?

####### WEISLINGEN.

Vous me méconnaissez.

####### ADÉLAÏDE.

Je vous prends tel que vous vous donnez.

####### WEISLINGEN.

L'apparence trompe.

####### ADÉLAÏDE.

Ainsi vous êtes un caméléon?

####### WEISLINGEN.

Si vous pouviez voir dans mon cœur!

####### ADÉLAÏDE.

Il s'offrirait à mes yeux de belles choses.

####### WEISLINGEN.

Assurément! Vous y trouveriez votre image.

####### ADÉLAÏDE.

Dans quelque recoin, avec les portraits de familles éteintes. Je vous en prie, Weislingen, songez que vous parlez à moi. Les fausses paroles ont beaucoup de pouvoir, quand elles sont le masque de nos actions. Un masque qui est reconnaissable joue un triste rôle. Vous ne désavouez pas vos actions, et vos paroles y sont contraires : que faut-il penser de vous?

####### WEISLINGEN.

Ce que vous voudrez. Je me sens si excédé de ce que je suis, que je m'inquiète peu de ce qu'on pensera de moi.

ADÉLAÏDE.

Vous venez prendre congé?

WEISLINGEN.

Permettez-moi de vous baiser la main, et je vous dis adieu! Vous m'en faites souvenir! Je ne songeais pas.... Je suis importun, madame.

ADÉLAÏDE.

Vous l'entendez mal : je voulais vous mettre à l'aise, car vous désirez partir.

WEISLINGEN.

Oh! dites que je le dois. Si le devoir de chevalier, si une promesse sacrée ne m'entraînait pas....

ADÉLAÏDE.

Allez! allez! contez cela aux jeunes filles qui lisent le Theuerdank[1], et qui souhaitent un époux de ce caractère. Devoir de chevalier, jeu d'enfant!

WEISLINGEN.

Vous ne pensez pas ainsi.

ADÉLAÏDE.

Sur ma parole, vous dissimulez! Qu'avez-vous promis? Et à qui? Engager votre foi à un homme qui manque à la sienne envers l'empereur et l'Empire; l'engager, dans l'instant même où il encourt la peine du ban pour vous avoir fait prisonnier! Engager votre foi, qui ne peut être plus valable qu'un serment injuste et forcé! Nos lois ne délient-elles pas de pareilles promesses? Persuadez cela aux enfants qui croient au Rubezahl[2]. Il y a d'autres choses là-dessous. Devenir l'ennemi de l'Empire! l'ennemi de la paix et de la félicité publique! l'ennemi de

---

1. Theuerdank est le héros d'un poëme historique et allégorique, attribué à Melchior Pfinzing, secrétaire de Maximilien Ier. Le sujet historique de ce poëme est le mariage de cet empereur avec Marie, la belle et riche héritière de Bourgogne, fille de Charles le Téméraire. etc'est sans doute ce qui valut à ce poëme, dès longtemps oublié, la popularité dont il jouissait chez les contemporains de Maximilien. Avant d'obtenir la main de la princesse, le chevaleresque empereur avait à traverser un grand nombre d'aventures, vraies ou fictives, que le poëte conte fort en détail, en les revêtant d'une forme allégorique.

2. Rubezahl est l'esprit des monts des Géants. Habitant les profondeurs, il ne paraît qu'à de longs intervalles à la surface de la terre, tantôt secourant les malheureux et les pauvres, tantôt maltraitant, dans ses accès de misanthropie, les voyageurs, surtout lorsqu'ils sont moqueurs ou incrédules.

l'empereur! le complice d'un brigand! Toi, Weislingen, avec ton cœur tendre!

WEISLINGEN.

Si vous le connaissiez....

ADÉLAÏDE.

Je voudrais lui rendre justice. Il a une âme grande, indomptable. Et justement pour cela, malheur à toi, Weislingen! Va, et figure-toi que tu es son compagnon. Va, et laisse-toi gouverner. Tu es amical, obligeant....

WEISLINGEN.

Il l'est aussi.

ADÉLAÏDE.

Mais tu es flexible et il ne l'est pas. Insensiblement, il t'entraînera; tu deviendras l'esclave d'un gentilhomme, quand tu pourrais commander à des princes.... Mais c'est une barbarie de te faire prendre en dégoût ta condition future.

WEISLINGEN.

Si tu avais vu quel aimable accueil il m'a fait!

ADÉLAÏDE.

Aimable! Tu lui en sais gré? C'était son devoir. Et qu'aurais-tu perdu, s'il t'avait rebuté? Cela aurait dû m'être plus agréable. Un homme orgueilleux comme lui!

WEISLINGEN.

Vous parlez de votre ennemi.

ADÉLAÏDE.

Je parlais pour votre liberté.... et ne sais après tout quel intérêt j'y prends. Adieu.

WEISLINGEN.

Permettez encore un moment! (*Il prend la main d'Adélaïde et se tait.*)

ADÉLAÏDE.

Avez-vous encore quelque chose à me dire?

WEISLINGEN, *après un moment de silence.*

Je dois partir.

ADÉLAÏDE.

Allez.

WEISLINGEN.

Madame.... je ne puis.

ADÉLAÏDE.

Vous le devez.

WEISLINGEN.

Est-ce là votre dernier regard?

ADÉLAÏDE.

Allez, je suis malade, fort à contre-temps.

WEISLINGEN.

Ne me regardez pas ainsi.

ADÉLAÏDE.

Veux-tu donc être notre ennemi et que l'on te sourie? Va.

WEISLINGEN.

Adélaïde!

ADÉLAÏDE.

Je vous hais. (*Entre Franz.*)

FRANZ.

Monseigneur, l'évêque vous fait demander.

ADÉLAÏDE.

Allez! allez!

FRANZ.

Il vous prie de venir au plus tôt.

ADÉLAÏDE.

Allez! allez!

WEISLINGEN.

Je ne vous fais pas mes adieux. Je vous reverrai. (*Il sort.*)

ADÉLAÏDE.

Me revoir! Nous ne le permettrons pas. Marguerite, s'il vient, renvoie-le. Je suis malade, j'ai la migraine, je dors.... Renvoie-le. Si l'on peut le gagner encore, c'est par cette voie. (*Elle sort.*)

Une antichambre.

WEISLINGEN, FRANZ.

WEISLINGEN.

Elle ne veut pas me voir?

FRANZ.

Il se fait nuit : dois-je seller les chevaux?

WEISLINGEN.

Elle ne veut pas me voir?

FRANZ.

Pour quelle heure monseigneur commande-t-il les chevaux?

WEISLINGEN.

Il est trop tard! Nous restons ici.

FRANZ.

Dieu soit loué! (*Il sort.*)

WEISLINGEN.

Tu restes! Sois sur tes gardes: la tentation est grande. Mon cheval s'est effrayé, comme je voulais franchir la porte du château: mon bon génie se plaçait devant lui; il connaissait les dangers qui m'attendaient ici.... Mais ces nombreuses affaires de l'évêque, que je laissais inachevées, n'est-il pas juste au moins de les mettre en ordre, afin qu'un successeur puisse les reprendre où je les ai laissées? Je puis faire tout cela sans offenser Berlichingen et notre alliance. Car ils ne doivent pas me retenir ici.... Il vaudrait mieux cependant n'être pas venu. Mais je partirai demain.... ou après-demain. (*Il sort.*)

Forêt de Spessart.

GOETZ, SELBITZ, GEORGE.

SELBITZ.

Vous le voyez, il en est allé comme j'ai dit.

GOETZ.

Non! non! non!

GEORGE.

Croyez que je vous fais un rapport véritable. J'ai fait comme vous l'avez ordonné: j'ai pris le sarrau du Bambergeois et son sauf-conduit, et, pour gagner du moins de quoi boire et manger, j'ai escorté jusqu'à Bamberg des paysans de Reineck.

SELBITZ.

Sous ton déguisement? Cela aurait pu mal tourner pour toi.

GEORGE.

C'est aussi à quoi je songe après coup. Un cavalier qui réfléchit d'avance à ces choses-là ne fera pas beaucoup de chemin. J'arrivai à Bamberg, et tout de suite j'entendis raconter dans l'auberge, que Weislingen et l'évêque étaient réconciliés, et qu'on parlait beaucoup d'un mariage avec la veuve du seigneur de Walldorf.

GOETZ.

Bavardages!

GEORGE.

Je le vis comme il la conduisait à table. Elle est belle, par ma foi, elle est belle! Nous saluâmes tous, elle nous rendit notre salut; il fit un signe de tête, et paraissait fort joyeux. Ils passèrent, et le peuple disait tout bas : « Quel beau couple! »

GOETZ.

Cela peut être.

GEORGE.

Écoutez la suite. Le lendemain; comme il allait à la messe, je pris mon temps. Il était seul avec un page. Je me plaçai auprès de l'escalier, et lui dis doucement : « Deux mots, de la part de votre Berlichingen. » Il fut troublé; je vis sur son visage l'aveu de son crime; il eut à peine le cœur de me regarder, moi, mauvais apprenti cavalier.

SELBITZ.

Cela prouve que sa conscience était encore plus mauvaise que ta condition.

GEORGE.

« Tu es Bambergeois? dit-il. — Je vous apporte les salutations du chevalier Berlichingen, lui dis-je, et je dois vous demander.... — Viens demain matin chez moi, reprit-il, nous en dirons davantage. »

GOETZ.

Y es-tu allé?

GEORGE.

Certainement, j'y suis allé, et j'ai dû attendre dans l'antichambre longtemps, longtemps. Et les pages vêtus de soie me regardaient par devant et par derrière. Je disais en moi-même : « Regardez.... » Enfin on me fit entrer; il paraissait mécontent: ça m'était égal. Je m'avançai vers lui et fis ma commission. Il prit un air fâché, comme un homme qui n'a point de cœur et ne veut pas qu'on s'en aperçoive. Il s'étonna que vous lui fissiez demander compte par un novice comme moi. Cela me fâcha. Je lui dis qu'il n'y avait que deux sortes de gens, les honnêtes et les fourbes, et que je servais Gœtz de Berlichingen. Alors il se mit à enfiler toutes sortes de propos détournés, qui finirent par ceci, que vous l'aviez surpris, qu'il ne vous devait rien, et qu'il ne voulait rien avoir à faire avec vous.

GOETZ.

Tiens-tu cela de sa bouche?

GEORGE.

Cela et bien d'autres choses.... Il m'a menacé....

GOETZ.

Il suffit! Ce serait encore un de perdu! Loyauté, confiance, vous m'avez de nouveau trompé! Pauvre Marie! Comment t'apprendrai-je cela?

SELBITZ.

J'aimerais mieux perdre mon autre jambe que d'être un pareil faquin. (*Ils s'éloignent.*)

Bamberg.

ADÉLAÏDE, WEISLINGEN.

ADÉLAÏDE.

Le temps commence à me devenir d'une longueur insupportable; je ne puis parler, et je rougis de feindre avec vous. Ennui, tu es plus dévorant qu'une fièvre lente.

WEISLINGEN.

Êtes-vous déjà lasse de moi?

ADÉLAÏDE.

De vous moins que de votre société. Je voudrais que vous fussiez où vous vouliez aller, et que nous ne vous eussions pas retenu.

WEISLINGEN.

Telle est la faveur des femmes! Elle couve d'abord, avec un zèle maternel, nos plus chères espérances; puis, comme une poule inconstante, elle déserte le nid, et abandonne sa postérité, déjà près d'éclore, à la mort et à la pourriture.

ADÉLAÏDE.

Médisez des femmes! Le joueur imprudent déchire et foule aux pieds les cartes, cause innocente de sa perte. Mais laissez-moi vous parler un peu des hommes. Qu'êtes-vous donc, vous autres, pour parler d'inconstance, vous qui êtes rarement ce que vous voulez, et jamais ce que vous devriez être? Rois en ornements de fêtes, enviés de la foule! Que donnerait la femme d'un tailleur pour avoir autour du cou un fil des perles, cousues au bas de votre manteau, que vos talons repoussent dédaigneusement!

WEISLINGEN.

Vous êtes amère.

ADÉLAÏDE.

C'est l'antistrophe [1] de votre chant. Avant que je vous connusse, Weislingen, il m'est arrivé comme à la femme du tailleur. La renommée aux cent voix, soit dit sans métaphore, vous avait si étrangement préconisé, que je me laissai séduire, et souhaitai que cette quintessence du sexe mâle, ce Weislingen, ce phénix, parût devant mes yeux. Mon souhait fut accompli.

WEISLINGEN.

Et le phénix se trouva être tout simplement un coq domestique.

ADÉLAÏDE.

Non, Weislingen, je pris intérêt à vous.

WEISLINGEN.

Il semblait....

ADÉLAÏDE.

Et c'était vrai; car, en vérité, vous surpassiez votre renommée. La foule n'apprécie que le reflet du mérite. Mais, comme il est dans mon caractère de ne pouvoir approfondir les personnes auxquelles je veux du bien, nous avons vécu quelque temps près l'un de l'autre; il me manquait quelque chose, et je ne savais ce que je regrettais de ne pas trouver en vous. Enfin mes yeux s'ouvrirent. Je voyais, au lieu de l'homme actif, qui imprimait la vie aux affaires d'une principauté, qui n'oubliait, à côté de cela, ni lui ni sa renommée, qui sur cent grandes entreprises, comme sur des montagnes entassées, s'était élevé jusqu'aux nues : je voyais tout à coup un

---

1. On a conservé le mot du texte allemand : cette expression sent l'époque de la Renaissance.

homme gémissant comme un poëte malade, mélancolique comme une fraîche jeune fille, et plus oisif qu'un vieux garçon. D'abord je l'attribuai à votre malheur, qui, récent encore, vous pesait sur le cœur, et je vous excusais de mon mieux. Mais à présent, que votre état semble empirer de jour en jour, vous devez me pardonner, si je vous retire ma faveur. Vous la possédez sans titre; je l'avais donnée pour la vie à un autre, qui ne pouvait vous la transmettre.

WEISLINGEN.

Ainsi vous m'abandonnez!

ADÉLAÏDE.

Non pas avant que toute espérance soit perdue. Dans ces circonstances, la solitude est dangereuse.... Pauvre malheureux! Vous êtes aussi découragé qu'un amant à qui sa première maîtresse devient infidèle, et c'est justement pourquoi je ne vous abandonne pas. Donnez-moi la main, et pardonnez-moi ce que l'amour m'a fait dire.

WEISLINGEN.

Si tu pouvais m'aimer, si tu pouvais accorder à mon ardeur brûlante quelque rafraîchissement! Adélaïde, tes reproches sont souverainement injustes. Si tu pouvais soupçonner la centième partie de ce qui se passe en moi depuis quelque temps, tu ne m'aurais pas si impitoyablement tourmenté par la prévenance, l'indifférence et le mépris.... Tu souris!... Pour me remettre d'accord avec moi-même, après ma démarche précipitée, il m'a fallu plus d'un jour. Travailler contre l'homme dont le souvenir a réveillé chez moi une si vive affection!

ADÉLAÏDE.

Homme étrange, qui peux aimer celui que tu envies! C'est comme si je portais des munitions à mon ennemi.

WEISLINGEN.

Je le sens bien, il n'y a plus à différer. Il est informé que je suis redevenu Weislingen, et il choisira son temps pour nous prendre à son avantage. Et nous ne sommes pas, Adélaïde, aussi négligents que tu l'imagines. Nos cavaliers sont renforcés et sur leurs gardes; nos négociations se poursuivent, et la diète d'Augsbourg doit, je l'espère, amener nos projets à maturité.

ADÉLAÏDE.

Vous irez?

WEISLINGEN.

Si je pouvais emporter une espérance! (*Il lui baise la main.*)

ADÉLAÏDE.

Oh! les incrédules! Toujours des gages et des miracles! Va, Weislingen, et achève l'ouvrage. L'intérêt de l'évêque, le tien, le mien, sont tellement entremêlés, que, même par simple politique....

WEISLINGEN.

Tu railles peut-être.

ADÉLAÏDE.

Je ne raille point. Mes biens sont dans les mains de ce duc orgueilleux; Gœtz ne laissera pas longtemps les tiens sans insulte; et, si nous ne restons pas ligués comme nos ennemis, si nous ne mettons pas l'empereur de notre côté, nous sommes perdus.

WEISLINGEN.

Je suis sans inquiétude. La plus grande partie des princes pensent comme nous. L'empereur demande des secours contre les Turcs, et, en échange, il est juste qu'il nous soutienne à son tour. Quelle joie pour moi d'arracher tes biens à d'insolents ennemis, de mettre sur l'oreiller ces têtes turbulentes de Souabe, d'assurer le repos de l'évêché, de nous tous, et puis?...

ADÉLAÏDE.

Un jour amène l'autre, et l'avenir est dans les mains de la destinée.

WEISLINGEN.

Mais il faut vouloir.

ADÉLAÏDE.

Eh bien, nous voulons.

WEISLINGEN.

Certainement?

ADÉLAÏDE.

Eh oui! Partez!

WEISLINGEN.

Enchanteresse!

Une auberge. — Une noce de paysans. Danse et musique au dehors.

LE BEAU-PÈRE, GOETZ, SELBITZ, *à table ;* **LE GENDRE**
vient à eux.

GOETZ.

C'était le plus sage de terminer ainsi heureusement et joyeusement votre querelle par un mariage.

LE BEAU-PÈRE.

C'est mieux que je n'aurais pu le rêver. Le repos et la paix avec mon voisin, et, avec cela, une fille bien pourvue.

LE GENDRE.

Et moi, en possession du fonds en litige et, par-dessus, du plus joli minois de tout le village. Plût à Dieu que vous vous y fussiez décidé plus tôt !

SELBITZ.

Combien de temps avez-vous plaidé ?

LE BEAU-PÈRE.

Près de huit années. J'aimerais mieux avoir la fièvre le double de ce temps-là que de recommencer. C'est un tiraillement que vous ne pouvez croire, jusqu'à ce qu'on ait arraché à ces perruques une sentence. Et qu'avons-nous ensuite ? Le diable emporte l'assesseur Sapoupi ! C'est un damné Italien à face noire !

LE GENDRE.

Oui, c'est un furieux drôle. J'y suis allé deux fois.

LE BEAU-PÈRE.

Et moi trois. Et voyez-vous, messieurs, nous obtenons enfin une sentence, qui me donne droit autant qu'à lui, et à lui autant qu'à moi ; et nous restions là comme deux niais, jusqu'à ce qu'enfin notre Seigneur Dieu m'ait inspiré de lui donner ma fille et l'objet en litige par surcroît.

GOETZ. *Il boit.*

Bon accord à l'avenir !

LE BEAU-PÈRE.

Dieu nous le donne ! Mais, quoi qu'il arrive, je ne plaiderai plus de ma vie. Que d'argent cela coûte ! Chaque révérence que vous fait un procureur, vous devez la payer.

SELBITZ.

Vous avez pourtant chaque année les inspections de la justice impériale.

LE BEAU-PÈRE.

Je n'en ai rien aperçu. Maints beaux écus m'ont glissé des doigts. C'est inouï ce qu'il faut débourser!

GOETZ.

Comment cela?

LE BEAU-PÈRE.

Ah! tous vous tendent la main. L'assesseur, à lui seul, Dieu le lui pardonne! m'a pris dix-huit florins d'or.

LE GENDRE.

Qui?

LE BEAU-PÈRE.

Qui d'autre que ce Sapoupi?

GOETZ.

C'est infâme.

LE BEAU-PÈRE.

Bon! je devais lui en payer vingt. Et, lorsque je les lui eus comptés, dans la grande salle de sa maison de campagne, qui est magnifique, je sentis mon cœur presque brisé de chagrin. Car, voyez-vous, une maison et une basse-cour, c'est bien: mais d'où faut-il tirer de l'argent comptant? J'étais là, Dieu sait dans quel état! Je n'avais pas dans ma bourse un rouge liard pour la route. Enfin je pris courage, et le lui représentai. Quand il vit que l'eau m'en venait aux yeux, il me rejeta deux florins et me renvoya.

LE GENDRE.

Ce n'est pas possible! Sapoupi!

LE BEAU-PÈRE.

Pourquoi t'étonner? Certainement. Point d'autre.

LE GENDRE.

Que le diable l'emporte! Il m'a pris aussi quinze florins d'or.

LE BEAU-PÈRE.

Malédiction!

SELBITZ.

Gœtz!... Et nous sommes des brigands!

LE BEAU-PÈRE.

Voilà pourquoi la sentence était si louche! Le chien!

GOETZ.

Il ne faut pas laisser cela impuni.

LE BEAU-PÈRE.

Que devons-nous faire?

GOETZ.

Rendez-vous à Spire. C'est justement le temps de l'inspection. Faites votre déclaration : ils devront examiner la chose, et vous feront rendre votre argent.

LE GENDRE.

Croyez-vous que nous en venions à bout?

GOETZ.

Si je pouvais lui donner sur les oreilles, j'oserais vous le promettre.

SELBITZ.

La somme vaut bien une tentative.

GOETZ.

Il m'est arrivé de monter à cheval pour le quart de cela.

LE BEAU-PÈRE, *au gendre.*

Qu'en penses-tu?

LE GENDRE.

Essayons! advienne que pourra. (*Entre George.*)

GEORGE.

Les Nurembergeois sont en marche.

GOETZ.

Où?

GEORGE.

Si nous partons sans aucun bruit, nous les surprendrons entre Beerheim et Muhlbach, dans la forêt.

SELBITZ.

A merveille!

GOETZ.

Venez, enfants. (*Au beau-père et au gendre.*) Dieu vous garde, mes amis! Qu'il nous aide tous à soutenir nos droits!

LES PAYSANS.

Grand merci! Vous ne voulez pas rester à souper?

GOETZ.

Impossible. Adieu.

ACTE TROISIÈME.

Augsbourg. Un jardin.

DEUX MARCHANDS DE NUREMBERG.

PREMIER MARCHAND.

Attendons ici, car l'empereur doit y passer. Il monte justement par la grande allée.

DEUXIÈME MARCHAND.

Qui est avec lui?

PREMIER MARCHAND.

Adelbert de Weislingen.

DEUXIÈME MARCHAND.

L'ami de Bamberg? C'est bon.

PREMIER MARCHAND.

Nous nous jetterons à ses pieds, et je porterai la parole.

DEUXIÈME MARCHAND.

Bien! les voici.

PREMIER MARCHAND.

Il a l'air de mauvaise humeur. (*L'empereur et Weislingen approchent.*)

L'EMPEREUR.

Je suis mécontent, Weislingen, et, quand je jette un regard sur ma vie passée, je me sens près de perdre courage. Tant d'entreprises inachevées! tant d'autres malheureuses! Et tout cela, parce qu'il n'est dans l'Empire si petit prince, qui n'attache plus d'importance à ses chimères qu'à mes pensées. (*Les marchands se jettent à ses pieds.*)

LE MARCHAND.

Très-illustre, très-puissant empereur!

L'EMPEREUR.

Qui êtes-vous? qu'y a-t-il?

LE MARCHAND.

Nous sommes de pauvres marchands de Nuremberg, sujets de Votre Majesté, et nous implorons son assistance. Gœtz de Berlichingen et Jean de Selbitz nous ont battus et pillés, nous trente, comme nous revenions de la foire de Francfort avec une escorte de Bambergeois. Nous implorons l'aide et le secours de Votre Majesté Impériale, autrement nous sommes tous ruinés et forcés de mendier notre pain.

L'EMPEREUR.

Juste ciel! juste ciel! qu'est-ce que cela? L'un n'a qu'une main, l'autre n'a qu'une jambe : que feriez-vous donc, s'ils avaient deux jambes et deux mains?

LE MARCHAND.

Nous prions humblement Votre Majesté de jeter sur notre détresse un regard de compassion.

L'EMPEREUR.

Comme les choses vont!... Si un marchand vient à perdre un ballot de poivre, il faut appeler aux armes tout l'Empire; et, s'il se présente des affaires de grande importance pour la majesté impériale et l'Empire, en sorte que royaumes, principautés, duchés et autres États y soient intéressés, personne ne peut vous rassembler.

WEISLINGEN, *aux marchands.*

Vous venez dans un mauvais moment. Allez et restez quelques jours ici.

LES MARCHANDS.

Nous implorons Votre Grâce. (*Ils s'éloignent.*)

L'EMPEREUR.

Encore de nouvelles affaires! Elles se succèdent comme les têtes de l'hydre.

WEISLINGEN.

Et ne peuvent être extirpées que par le fer et le feu et une courageuse résolution.

L'EMPEREUR.

Croyez-vous?

WEISLINGEN.

Je ne vois rien de plus faisable, si Votre Majesté et les princes pouvaient s'entendre sur un autre démêlé insignifiant. Ce n'est point toute l'Allemagne qui se plaint de troubles. La Souabe et la Franconie couvent seules encore les restes de la fatale guerre intestine. Et là même il se trouve beaucoup de nobles et d'hommes libres qui soupirent après le repos. Si nous pouvions une fois nous délivrer de Sickingen, de Selbitz.... de Berlichingen, le reste se dissiperait bientôt de soi-même. Car c'est eux dont l'esprit anime la multitude rebelle.

L'EMPEREUR.

Je voudrais ménager ces gens-là : ils sont nobles et vaillants; si je faisais la guerre, j'aurais besoin d'eux en campagne.

WEISLINGEN.

Il serait à désirer qu'ils eussent dès longtemps appris à écouter leur devoir. Et puis il serait extrêmement dangereux de récompenser par des postes d'honneur leurs entreprises rebelles. Car c'est justement de cette douceur et de cette clémence impériale qu'ils ont si horriblement abusé jusqu'à ce jour; et leur parti, qui fonde là-dessus sa confiance et son espoir, ne sera pas dompté, avant que nous les ayons fait disparaître de la face du monde, et que nous leur ayons enlevé absolument toute espérance de se relever jamais.

L'EMPEREUR.

Vous conseillez donc la rigueur ?

WEISLINGEN.

Je ne vois pas d'autre moyen de réprimer l'esprit de vertige qui s'empare de provinces entières. N'entendons-nous pas çà et là les nobles se plaindre, avec la plus grande amertume, que leurs sujets, leurs serfs, se révoltent contre eux et contestent avec eux, menacent de restreindre leur souveraineté héréditaire, en sorte qu'il en faut craindre les suites les plus funestes?

L'EMPEREUR.

L'occasion serait belle maintenant pour agir contre Berlichingen et Selbitz : je voudrais seulement qu'on ne leur fît aucun mal. Je voudrais les tenir prisonniers, et puis ils devraient jurer de renoncer à toute vengeance, de rester tranquilles dans leurs châteaux et de ne pas rompre leur ban. A la prochaine session, je veux le proposer.

WEISLINGEN.

Une joyeuse et favorable acclamation épargnera à Votre Majesté la fin de son discours. (*Ils s'éloignent.*)

Jaxthausen.

SICKINGEN, BERLICHINGEN.

SICKINGEN.

Oui, je viens demander à votre noble sœur son cœur et sa main.

GOETZ.

En ce cas, je voudrais que vous fussiez venu plus tôt. Je dois vous dire que, pendant sa captivité, Weislingen a gagné son amour, l'a demandée en mariage, et je la lui ai promise. J'ai relâché l'oiseau, et il méprise la main secourable qui l'a nourri dans le besoin. Il voltige de côté et d'autre pour chercher sa pâture, Dieu sait sur quel buisson.

SICKINGEN.

Est-ce possible?

GOETZ.

Comme je vous le dis.

SICKINGEN.

Il a rompu un double lien. Je vous félicite de ne vous être pas unis plus étroitement avec le traître.

GOETZ.

La pauvre fille, seule à l'écart, passe sa vie à prier et gémir.

SICKINGEN.

Nous la ferons chanter.

GOETZ.

Quoi! vous résolvez-vous à épouser une fille délaissée?

SICKINGEN.

Cela vous fait honneur à tous deux d'avoir été trompés par lui. La pauvre fille devra-t-elle s'enfermer dans un couvent, parce que le premier homme qu'elle a connu était un infâme? Non pas, je persiste; elle sera la reine de mes châteaux.

GOETZ.

Je vous dis qu'elle ne le voyait pas avec indifférence.

SICKINGEN.

Ne me crois-tu pas en état de chasser l'ombre d'un misérable ? Allons auprès d'elle. (*Ils sortent.*)

Le camp de l'armée impériale d'exécution.

UN CAPITAINE, OFFICIERS.

LE CAPITAINE.

Avançons prudemment, et ménageons nos gens le plus possible. Nous avons d'ailleurs l'ordre précis de le réduire à l'extrémité et de le prendre vivant. Ce sera difficile. En effet, qui osera s'attaquer à lui ?

PREMIER OFFICIER.

Sans doute ! Et il se défendra comme un sanglier. En somme, il ne nous a fait de sa vie aucun tort, et chacun se refusera à risquer, dans cette entreprise, bras et jambes pour l'empereur et l'Empire.

DEUXIÈME OFFICIER.

Ce serait une honte, si nous ne le prenions pas. Si seulement je le tiens une fois par son pourpoint, il n'échappera plus.

PREMIER OFFICIER.

N'allez pourtant pas le prendre avec les dents : il pourrait vous emporter les mâchoires. Bon jeune homme, de pareils personnages ne s'empoignent pas comme un voleur fugitif.

DEUXIÈME OFFICIER.

Nous verrons !

LE CAPITAINE.

Il doit avoir notre lettre à présent. Plus de lenteurs : envoyons une troupe pour l'observer.

DEUXIÈME OFFICIER.

Laissez-moi la conduire.

LE CAPITAINE.

Vous ne connaissez pas la contrée.

DEUXIÈME OFFICIER.

Un de mes gens est un enfant du pays.

LE CAPITAINE.

Soit, je le veux bien. (*Ils s'éloignent.*)

Jaxthausen.

SICKINGEN, seul.

Tout marche à souhait. Elle a été un peu troublée de ma proposition.... et m'a regardé des pieds à la tête. Je gage qu'elle me comparait avec son damoiseau[1]. Dieu merci, j'ose me présenter! Elle a répondu peu de chose et confusément. Tant mieux! Il faut que cela cuise quelque temps. Chez les jeunes filles qu'un chagrin d'amour a blessées, une proposition de mariage vient bientôt à point. (*Entre Gœtz.*)

SICKINGEN.

Quelles nouvelles, beau-frère?

GOETZ.

Mis au ban de l'Empire.

SICKINGEN.

Quoi!

GOETZ.

Tenez, lisez cette lettre édifiante! L'empereur a ordonné contre moi une exécution, qui doit livrer mon corps en pâture aux oiseaux du ciel et aux bêtes des champs.

SICKINGEN.

Il faut d'abord qu'ils mettent la main à l'œuvre. Je me trouve ici très-à-propos.

GOETZ.

Non, Sickingen, il vous faut partir.... Vos grands projets pourraient être anéantis, si vous vous déclariez si mal à propos ennemi de l'Empire. Vous me serez à moi-même bien plus utile, si vous paraissez neutre. L'empereur vous aime, et ce qui peut m'arriver de pire est d'être fait prisonnier; alors votre entremise me servira, et me tirera d'une détresse dans laquelle votre secours intempestif pourrait nous précipiter tous deux. Qu'arriverait-il en effet? L'expédition actuelle est dirigée contre moi : s'ils apprennent que tu es auprès de moi, ils enverront plus de troupes, et nous n'y gagnerons rien. L'empereur est à la source, et je serais dès à présent irrévocablement perdu, s'il était aussi aisé d'inspirer le courage, que de convoquer une troupe de gens.

---

1. Weissfisch, *poisson blanc*, jeu de mots sur *Weislingen*.

SICKINGEN.

Je peux du moins vous faire joindre secrètement par une vingtaine de cavaliers.

GOETZ.

Bien ! J'ai déjà dépêché George à Selbitz et mes cavaliers dans le voisinage. Cher beau-frère, quand mes gens seront rassemblés, cela fera une petite troupe, telle que peu de princes en ont vu réunie.

SICKINGEN.

Vous serez peu de gens contre une multitude.

GOETZ.

C'est trop d'un loup pour un troupeau de moutons.

SICKINGEN.

Mais s'ils ont un bon berger ?

GOETZ.

Cela t'inquiète ! Ce sont tous mercenaires. Et d'ailleurs le meilleur chevalier ne peut rien faire, quand il n'est pas maître de ses actions. C'est aussi de la sorte qu'ils vinrent à moi, un jour que j'avais promis au comte palatin de servir contre Conrad Schotten ; il me présenta une instruction de la chancellerie, portant la manière dont je devais marcher et me conduire. Alors je rejetai le papier aux conseillers, et je dis : « Je ne saurais me conformer à cet ordre : j'ignore ce qui peut m'arriver ; cela ne se trouve pas dans l'instruction. Il faut que j'ouvre moi-même les yeux, et voie ce que j'ai à faire. »

SICKINGEN.

Bon succès, frère ! Je veux partir sur-le-champ et t'envoyer ce que je pourrai rassembler à la hâte.

GOETZ.

Viens encore auprès de nos femmes ; je les ai laissées ensemble. Je voudrais que tu eusses leur parole avant de partir. Ensuite envoie-moi les cavaliers, et reviens en secret chercher Marie ; car mon château, je le crains, ne sera bientôt plus une résidence convenable pour des femmes.

SICKINGEN.

Ayons bonne espérance. (*Ils sortent.*)

Bamberg. La chambre d'Adélaïde.

ADÉLAÏDE, FRANZ.

ADÉLAÏDE.

Ainsi les deux armées d'exécution sont déjà en chemin?

FRANZ.

Oui, et mon maître a la joie de marcher contre vos ennemis. Je voulais le suivre d'abord, si volontiers que je vienne auprès de vous. Et je vais repartir à présent, afin de revenir bientôt avec d'heureuses nouvelles. Mon maître me l'a permis.

ADÉLAÏDE.

Comment se porte-t-il?

FRANZ.

Il est joyeux. Il m'a ordonné de vous baiser la main.

ADÉLAÏDE.

La voici.... Tes lèvres sont brûlantes.

FRANZ, *à part, posant la main sur son cœur.*

Je brûle ici plus encore. (*Haut.*) Madame, vos serviteurs sont les plus heureux des hommes.

ADÉLAÏDE.

Qui commande contre Berlichingen?

FRANZ.

Le seigneur de Sirau. Adieu, excellente dame! Je pars. Ne m'oubliez pas.

ADÉLAÏDE.

Il te faut manger et boire et te reposer.

FRANZ.

A quoi bon? Je vous ai vue. Je ne sens ni la fatigue ni la faim.

ADÉLAÏDE.

Je connais ta fidélité.

FRANZ.

Ah! madame!

ADÉLAÏDE.

Tu n'y tiendras pas : repose-toi, et prends quelque nourriture.

FRANZ.

Vous prenez soin d'un pauvre jeune homme! (*Il sort.*)

ADÉLAÏDE.

Il a les larmes aux yeux. Je l'aime de tout mon cœur. Personne n'eut jamais pour moi un aussi vif et aussi sincère attachement. (*Elle sort.*)

Jaxthausen.

GOETZ, GEORGE.

GEORGE.

Il veut vous parler lui-même. Je ne le connais pas; c'est un homme de haute taille, aux yeux noirs et ardents.

GOETZ.

Fais-le entrer. (*Entre Lerse.*)

GOETZ.

Dieu vous garde! Qu'est-ce que vous m'apportez?

LERSE.

Ma personne. C'est peu de chose, mais tout ce que je suis, je vous l'offre.

GOETZ.

Vous êtes le bienvenu chez moi, doublement bienvenu, un brave, et dans ce temps, où je n'espérais pas gagner de nouveaux amis, où je craignais plutôt d'heure en heure de perdre les anciens. Dites-moi votre nom.

LERSE.

Franz Lerse.

GOETZ.

Je vous remercie, Franz, de m'avoir fait connaître un brave.

LERSE.

Une fois déjà je me suis fait connaître à vous, mais alors vous ne m'en avez pas remercié.

GOETZ.

Je ne me souviens pas de vous.

LERSE.

J'en serais fâché. Vous souvient-il que vous étiez contre Conrad Schotten pour le comte palatin, et que vous voulûtes aller à Hassfurt pour le carnaval?

GOETZ.

Je m'en souviens.

LERSE.

Vous souvient-il d'avoir rencontré en chemin, près d'un village, vingt-cinq cavaliers?

GOETZ.

Très-bien. Je crus d'abord qu'ils n'étaient que douze, et je partageai ma troupe. Nous étions seize; et je me postai près du village, derrière la grange, dans l'intention de les laisser passer outre. Je voulais ensuite les prendre à dos, comme j'en étais convenu avec le reste de la troupe.

LERSE.

Mais nous vous aperçûmes, et nous montâmes sur une hauteur près du village. Vous vous approchâtes et vous restiez en bas. Quand nous vîmes que vous ne vouliez pas monter, nous descendîmes.

GOETZ.

Alors seulement je vis que j'avais mis la main dans la braise. Vingt-cinq contre huit. Il ne s'agissait pas de chômer. Ehrard Truchses me tua un homme : moi, je le renversai de cheval. S'ils s'étaient tous conduits comme lui et un de ses cavaliers, moi et ma petite troupe nous nous en serions mal trouvés.

LERSE.

L'homme dont vous parliez....

GOETZ.

C'était le plus brave que j'eusse rencontré. Il me pressait vivement. Quand je croyais m'en être délivré, et voulais en attaquer un autre, il revenait à la charge et frappait rudement. Il me porta même un coup à travers mon brassard, et me blessa légèrement.

LERSE.

Lui avez-vous pardonné?

GOETZ.

Il ne me plaisait que trop bien.

LERSE.

Eh bien, j'espère que vous serez content de moi. J'ai fait mes preuves sur vous-même.

GOETZ.

Est-ce toi? Oh! bienvenu, bienvenu! Peux-tu dire, Maximilien, que tu as enrôlé dans tes troupes un homme pareil?

LERSE.

Je suis surpris que vous ne m'ayez pas reconnu d'abord.

GOETZ.

Pouvais-je imaginer que celui-là viendrait m'offrir ses services, qui, avec tant d'acharnement, avait tâché de me vaincre?

LERSE.

C'est justement cela, monseigneur. Je sers comme cavalier dès ma jeunesse, et j'ai été aux prises avec maint chevalier. Quand nous tombâmes sur vous, cela me réjouit. Je connaissais votre nom, et j'appris à vous connaître vous-même. Vous vous souvenez que je ne tenais pas ferme; vous vîtes que ce n'était pas frayeur, car je revenais. Bref, j'appris à vous connaître, et dès ce moment je résolus de servir sous vous.

GOETZ.

Combien de temps voulez-vous rester avec moi?

LERSE.

Une année, sans solde.

GOETZ.

Non, vous serez traité comme un autre, et de plus en homme qui m'a donné à faire près de Remlin. (*Entre George.*)

GEORGE.

Jean de Selbitz vous salue. Il sera ici demain avec cinquante hommes.

GOETZ.

Bien.

GEORGE.

Une troupe de soldats de l'Empire descend le long du Kocher [1], sans doute pour vous observer.

GOETZ.

Combien sont-ils?

GEORGE.

Cinquante.

GOETZ.

Pas plus! Viens, Lerse; allons les écraser : quand Selbitz viendra, qu'il trouve déjà un peu d'ouvrage fait.

---

1. Rivière du Wurtemberg; affluent du Neckar.

LERSE.

Ce sera un beau commencement de vendange.

GOETZ.

A cheval! (*Ils sortent.*)

Un bois près d'un marais.

DEUX CAVALIERS *de l'Empire se rencontrent.*

PREMIER CAVALIER.

Que fais-tu ici?

DEUXIÈME CAVALIER.

J'ai demandé la permission d'aller au plus pressé. Depuis la fausse alarme d'hier au soir, j'ai si mal aux entrailles, qu'il me faut à tout moment descendre de cheval.

PREMIER CAVALIER.

La troupe est-elle près d'ici?

DEUXIÈME CAVALIER.

A peu près à une lieue, en remontant la forêt.

PREMIER CAVALIER.

Pourquoi te sauver jusqu'ici?

DEUXIÈME CAVALIER.

Je t'en prie, ne me trahis pas. Je veux aller au prochain village, et voir si je ne peux guérir mon mal avec des applications chaudes. D'où viens-tu?

PREMIER CAVALIER.

Du prochain village. J'ai été chercher du pain et du vin pour notre officier.

DEUXIÈME CAVALIER.

Bien! il se régale à notre face, et il nous faut jeûner! Le bel exemple!

PREMIER CAVALIER.

Reviens avec moi, drôle!

DEUXIÈME CAVALIER.

Je serais un fou! Il y en a bien d'autres dans la troupe, qui jeûneraient volontiers, s'ils en étaient aussi loin que moi.

PREMIER CAVALIER.

Entends-tu? des chevaux!

DEUXIÈME CAVALIER.

Oh! malheur!

PREMIER CAVALIER.

Je grimpe sur un arbre.

DEUXIÈME CAVALIER.

Je me cache dans les roseaux. (*Goetz, Lerse, George et des cavaliers paraissent.*)

GOETZ.

Ici, le long de l'étang, et, à main gauche, dans le bois; comme cela, nous les prendrons à dos. (*Ils passent.*)

PREMIER CAVALIER. *Il descend de l'arbre.*

Il ne fait pas bon ici. Michel!... Il ne répond pas? Michel, ils sont partis. (*Il s'avance vers le marais.*) Michel! Miséricorde! Il est noyé. Michel! Il ne m'entend pas; il est mort. Te voilà donc crevé, poltron! Nous sommes battus. Des ennemis, partout des ennemis! (*Goetz, George, paraissent à cheval.*)

GOETZ.

Halte-là, drôle, ou tu es mort!

LE CAVALIER.

Laissez-moi la vie.

GOETZ.

Ton épée! George, mène-le vers les autres prisonniers, que Lerse garde là-bas près du bois. Je veux atteindre leur officier fugitif. (*Ils s'éloignent.*)

LE CAVALIER.

Qu'est devenu le chevalier qui nous commandait?

GEORGE.

Mon maître l'a renversé de cheval la tête la première, en sorte que son panache s'est planté dans la boue. Ses gens l'ont remis à cheval, et ils ont fui comme des possédés. (*Ils s'éloignent.*)

Le camp.

LE CAPITAINE, PREMIER CHEVALIER.

PREMIER CHEVALIER.

Ils fuient de loin vers le camp.

LE CAPITAINE.

Il sera sur leurs talons. Faites avancer cinquante hommes

jusqu'au moulin; s'il se risque trop loin, vous l'attraperez peut-être. (*Le chevalier s'éloigne. On amène le deuxième chevalier.*)

LE CAPITAINE.

Comment va-t-il, jeune homme? Avez-vous perdu en courant quelques andouillers?

DEUXIÈME CHEVALIER.

Que la peste t'étouffe! La plus forte ramure serait brisée comme verre. Diable d'homme! Il s'est élancé sur moi : il m'a semblé que la foudre m'avait fait entrer sous terre.

LE CAPITAINE.

Remerciez seulement Dieu d'en être revenu.

DEUXIÈME CHEVALIER.

Il n'y a pas de quoi remercier : j'ai deux côtes rompues. Où est le chirurgien? (*Ils s'éloignent.*)

Jaxthausen.

GOETZ, SELBITZ.

GOETZ.

Que dis-tu, Selbitz, de cette mise au ban de l'Empire?

SELBITZ

C'est un trait de Weislingen.

GOETZ.

Le crois-tu?

SELBITZ.

Je ne le crois pas, je suis certain.

GOETZ.

Comment?

SELBITZ.

Il était à la diète, te dis-je, et tournait autour de l'empereur.

GOETZ.

Bien! Encore un projet que nous ferons échouer!

SELBITZ.

Je l'espère.

GOETZ.

Partons! et ouvrons la chasse aux lièvres.

Le camp.

LE CAPITAINE, CHEVALIERS.

LE CAPITAINE.

Avec cela rien n'avance, messieurs. Il nous bat un détachement après l'autre, et ce qui n'est pas pris ou tué fuirait en Turquie, Dieu me pardonne, plutôt que de rentrer au camp. De la sorte nous devenons plus faibles tous les jours. Il faut, une fois pour toutes, en venir aux prises avec lui, et cela sérieusement. J'y serai en personne, et il verra avec qui il a affaire.

LE CHEVALIER.

C'est notre désir à tous; seulement il connaît si bien le pays, il sait si bien tous les passages et les détours de la montagne, qu'il est aussi difficile à prendre qu'une souris dans un grenier.

LE CAPITAINE.

Nous le prendrons bien. Marchons d'abord sur Jaxthausen. Qu'il le veuille ou non, il faudra bien qu'il vienne défendre son château.

LE CHEVALIER.

Toute la troupe doit-elle marcher?

LE CAPITAINE.

Sans doute! Savez-vous qu'elle est déjà diminuée de cent soldats?

LE CHEVALIER.

Eh bien! hâtons-nous avant que tout le bloc de glace soit fondu; il fait chaud dans le voisinage, et nous sommes là comme du beurre au soleil. (*Ils s'éloignent.*)

Montagne et forêt.

GOETZ, SELBITZ, CAVALIERS.

GOETZ.

Ils viennent en masse. Il était bien temps que les cavaliers de Sickingen se joignissent à nous.

SELBITZ.

Il faut nous partager. Je prendrai à main gauche et tournerai la colline.

GOETZ.

Bien! Et toi, Franz, mène-moi les cinquante, par la droite, à travers la forêt. Ils viennent par la bruyère; je les recevrai de front. George, tu resteras avec moi. Et, quand vous verrez qu'ils m'attaquent, tombez aussitôt sur leurs flancs. Nous les attraperons. Ils ne croient pas que nous puissions leur faire tête. (*Ils s'éloignent.*)

Une bruyère : d'un côté une colline, de l'autre un bois.

LE CAPITAINE, LES TROUPES D'EXÉCUTION.

LE CAPITAINE.

Il tient dans la bruyère! Voilà qui est impertinent. Il en sera puni. Quoi! ne pas craindre le torrent qui se précipite sur lui?

LE CHEVALIER.

Je ne voudrais pas vous voir à la tête de la troupe; il a l'air de vouloir planter en terre, la tête en bas, le premier qui osera l'attaquer. Passez derrière.

LE CAPITAINE.

C'est à contre-cœur.

LE CHEVALIER.

Je vous en prie. Vous êtes encore le lien de ce faisceau de baguettes : si vous le détachez, il vous les brisera comme des roseaux.

LE CAPITAINE.

Sonne, trompette, et vous, sonnez sa déroute. (*Ils s'éloignent.*)

SELBITZ, *accourant au galop, de derrière la colline.*

Suivez-moi! Qu'ils crient à leurs mains : Multipliez-vous!(*Il s'éloigne.*)

LERSE, *sortant du bois.*

Au secours de Gœtz! Il est presque enveloppé. Brave Selbitz, tu l'as déjà un peu dégagé. Nous sèmerons la bruyère de ces têtes de chardons. (*Ils passent. Tumulte.*)

Une hauteur surmontée d'une tour.

SELBITZ, *blessé*, CAVALIERS.

SELBITZ.

Posez-moi ici, et retournez à Goetz.

PREMIER CAVALIER.

Permettez-nous de rester, monseigneur : vous avez besoin de nous.

SELBITZ.

Que l'un de vous monte sur la tour et voie ce qui se passe.

PREMIER CAVALIER.

Comment parviendrai-je là-haut?

DEUXIÈME CAVALIER.

Monte sur mes épaules, tu pourras atteindre la brèche, et t'élever jusqu'au bord de la tour.

PREMIER CAVALIER. *Il monte.*

Ah! monseigneur!

SELBITZ.

Que vois-tu?

PREMIER CAVALIER.

Vos cavaliers fuient vers la colline.

SELBITZ.

Damnés coquins! Je voudrais qu'ils tinssent, quand je devrais avoir une balle dans la tête. Qu'un de vous y coure et fulmine contre eux et les ramène. (*le cavalier part.*) Vois-tu Goetz?

LE CAVALIER.

Je vois les trois plumes noires au milieu de la mêlée.

SELBITZ.

Nage, brave nageur! Me voilà gisant!

LE CAVALIER.

Un panache blanc! Qui est-il?

SELBITZ.

Le capitaine.

LE CAVALIER.

Goetz pousse à lui.... Pouf! Il tombe.

SELBITZ.

Le capitaine?

LE CAVALIER.

Oui, monseigneur.

SELBITZ.

Bien! bien!

LE CAVALIER.

Malheur! malheur! Je ne vois plus Gœtz.

SELBITZ.

Alors, meure Selbitz!

LE CAVALIER.

Quelle horrible mêlée, à la place où il était! Et le panache bleu de George disparaît aussi.

SELBITZ.

Descends. Ne vois-tu pas Lerse?

LE CAVALIER.

Rien. Tout est en confusion.

SELBITZ.

Il suffit. Viens. Comment se comportent les cavaliers de Sickingen?

LE CAVALIER.

Bien. En voilà un qui fuit vers le bois. Encore un! Un peloton tout entier! Gœtz est perdu.

SELBITZ.

Descends.

LE CAVALIER.

Je ne puis.... Bien! bien! Je vois Gœtz! Je vois George!

SELBITZ.

A cheval?

LE CAVALIER.

Oui, à cheval! Victoire! victoire! Ils fuient.

SELBITZ.

Les Impériaux?

LE CAVALIER.

Le drapeau au milieu, Gœtz à leurs trousses.... Ils se dispersent. Gœtz atteint l'enseigne.... Il tient le drapeau. Il le tient. Une poignée de gens autour de lui.... Mon camarade arrive jusqu'à Gœtz.... Ils viennent. (*Surviennent Gœtz, George, Lerse et une troupe de cavaliers.*)

SELBITZ.

Bravo, Gœtz! Victoire! victoire!

GOETZ. *Il descend de cheval.*

Elle est chère! bien chère! Tu es blessé, Selbitz?

SELBITZ.

Tu es vivant et vainqueur! J'ai fait peu de chose. Et mes chiens de cavaliers! Comment t'en es-tu tiré?

GOETZ.

Cette fois il en a coûté de la peine. Et je dois ici la vie à George; je la dois à Lerse. J'avais renversé le capitaine de son cheval. Ils tuent le mien et m'attaquent. George se fait jour jusqu'à moi, saute à bas de son cheval, et, comme l'éclair, je prends sa place; lui, comme le tonnerre, il monte aussi sur un autre. (*A George.*) Comment t'es-tu retrouvé à cheval?

GEORGE.

Au moment où un soldat allait vous frapper, je lui ai donné de l'épée dans le ventre, comme sa cuirasse se haussait. Il tombe, et, en vous délivrant d'un ennemi, je me fournis d'un cheval.

GOETZ.

Alors nous fûmes arrêtés, jusqu'au moment où Franz se fit jour et nous joignit, et nous fauchâmes du milieu pour nous dégager.

LERSE.

Les chiens que je conduisais auraient dû faucher aussi par dehors, jusqu'à ce que nos faux se fussent rencontrées, mais ils se sont enfuis comme des Impériaux.

GOETZ.

Tous fuyaient, amis et ennemis. Toi seule, petite troupe, tu as protégé mes derrières. J'avais assez à faire avec les drôles qui me tenaient tête. La chute de leur capitaine m'aida à les ébranler et ils s'enfuirent. J'ai leur drapeau et quelques prisonniers.

SELBITZ.

Le capitaine vous a échappé?

GOETZ.

Ils l'avaient sauvé sur l'entrefaite. Venez, enfants! Venez, Selbitz!... Faites une civière de branchages.... tu ne peux monter à cheval. Viens dans mon château. Ils sont dispersés. Mais nous sommes en petit nombre, et je ne sais s'ils n'ont point de réserve à faire avancer. Je veux vous régaler, mes amis. Un verre de vin fait plaisir après une pareille rencontre.

Le camp.

LE CAPITAINE, CAVALIERS.

Je voudrais vous égorger tous de ma main! Pourquoi s'enfuir? Il ne lui restait pas une poignée de monde. Fuir devant un seul homme! Personne ne le croira que ceux qui se plairont à rire de nous. Allez courir les environs, vous, et vous, et vous. Si vous trouvez de nos cavaliers dispersés, ramenez-les ou tuez-les. Nous devons réparer ces brèches, quand il faudrait y briser nos épées.

Jaxthausen.

GOETZ, LERSE, GEORGE.

GOETZ.

Nous n'avons pas un instant à perdre. Pauvres garçons, je ne puis vous donner aucun repos. Faites vite la chasse aux environs, et tâchez de relancer encore des cavaliers. Donnez-leur à tous rendez-vous à Weilern : c'est là qu'ils seront le plus en sûreté. Si nous tardons, ils marcheront droit à mon château. (*Lerse et George s'en vont.*) Il faut que j'envoie quelqu'un à la découverte. Cela commence à s'échauffer, et si c'étaient seulement de braves compagnons!... mais ce n'est qu'un ramassis. (*Il sort.*)

SICKINGEN, MARIE.

MARIE.

Je vous en prie, cher Sickingen, ne vous éloignez pas de mon frère. Ses cavaliers, ceux de Selbitz, les vôtres, sont dispersés. Il est seul; on a rapporté Selbitz blessé dans son château, et je crains tout.

SICKINGEN.

Soyez tranquille, je ne partirai pas. (*Entre Goetz.*)

GOETZ.

Venez à l'église : le prêtre attend. Je veux que dans un quart d'heure vous soyez unis.

SICKINGEN.

Permettez que je reste ici.

GOETZ.

C'est à l'église que vous devez venir à présent.

SICKINGEN.

Volontiers.... et après?

GOETZ.

Après, vous vous mettrez en route.

SICKINGEN.

Gœtz!

GOETZ.

Ne voulez-vous pas venir à l'église?

SICKINGEN.

Allons! allons!

Le camp.

LE CAPITAINE, UN CAVALIER.

LE CAPITAINE.

Combien sont-ils en tout?

LE CAVALIER.

Cent cinquante.

LE CAPITAINE.

De quatre cents! Cela est dur. A présent marchons sans délai sur Jaxthausen, avant qu'il se remette et s'oppose encore à notre marche.

Jaxthausen.

GOETZ, ELISABETH, MARIE, SICKINGEN.

GOETZ.

Que Dieu vous bénisse, qu'il vous donne d'heureux jours, et, ceux qu'il vous retranchera, qu'il les garde pour vos enfants!

ÉLISABETH.

Et ces enfants, que Dieu en fasse d'honnêtes gens, tels que vous êtes : et puis laissez-les devenir ce qu'ils voudront!

SICKINGEN.

Je vous rends grâces, et à vous aussi, Marie. Je vous ai conduite à l'autel, à vous de me conduire au bonheur.

ACTE III.

MARIE.

Nous entreprendrons ensemble un pèlerinage à cette terre promise étrangère.

GOETZ.

Bon voyage !

MARIE.

Nous ne l'entendons pas ainsi ; nous ne vous quittons pas.

GOETZ.

Il le faut, ma sœur.

MARIE.

Tu es bien cruel, mon frère.

GOETZ.

Et vous êtes plus tendres que prévoyants. (*Entre George.*)

GEORGE, *bas à Gœtz.*

Je ne peux entraîner personne. Un seul y était disposé ; ensuite il a changé d'avis et n'a plus voulu.

GOETZ, *bas à George.*

Bien, George. La fortune commence à m'être contraire. Mais je le prévoyais. (*Haut.*) Sickingen, je vous en prie, partez dès ce soir ; persuadez Marie. Elle est votre femme : faites-le-lui sentir. Si les femmes traversent nos entreprises, notre ennemi est plus tranquille en rase campagne qu'il ne serait sans cela dans son château. (*Entre un cavalier.*)

LE CAVALIER, *bas à Gœtz.*

Monseigneur, l'étendard impérial marche droit à nous en grande hâte.

GOETZ.

Je les ai éveillés à coups de verges ! Combien sont-ils ?

LE CAVALIER.

Environ deux cents. Ils ne peuvent être à plus de deux lieues d'ici.

GOETZ.

Encore de l'autre côté de la rivière ?

LE CAVALIER.

Oui, monseigneur.

GOETZ.

Si j'avais seulement cinquante hommes, ils ne la passeraient pas. N'as-tu pas vu Lerse ?

LE CAVALIER.

Non, monseigneur.

GOETZ.

Commande à tout le monde de se tenir prêt.... Il faut nous séparer, mes amis. Pleure, ma bonne Marie. Il viendra des moments où tu pourras te réjouir. Il vaut mieux pleurer le jour de tes noces, que si une joie excessive était le présage d'un prochain malheur. Adieu, Marie! Adieu, mon frère!

MARIE.

Je ne puis me séparer de vous, ma sœur. Cher frère, souffre-nous! Estimes-tu si peu mon mari, que de mépriser son secours dans cette extrémité?

GOETZ.

Oui, mes affaires sont en fâcheux état. Peut-être suis-je près de ma ruine. Vous commencez à vivre, et vous devez séparer votre sort du mien. J'ai fait seller vos chevaux : il faut que vous partiez sur-le-champ.

MARIE.

Mon frère! mon frère!

ÉLISABETH, *à Sickingen*.

Cédez-lui. Partez.

SICKINGEN.

Chère Marie, partons.

MARIE.

Toi aussi? Mon cœur se brisera.

GOETZ.

Eh bien, reste! Dans quelques heures mon château sera cerné.

MARIE.

Malheur! malheur!

GOETZ.

Nous nous défendrons aussi bien que nous pourrons.

MARIE.

Mère de Dieu, aie pitié de nous!

GOETZ.

Et à la fin nous devrons périr ou nous rendre.... Et tes larmes auront entraîné ton noble époux dans ma ruine.

MARIE.

Tu me mets au martyre.

GOETZ.

Reste. reste! nous serons pris ensemble, Sickingen; tu tomberas avec moi dans la fosse! J'espérais que tu pourrais m'en tirer.

MARIE.

Partons. Ma sœur! ma sœur!

GOETZ, *à Sickingen.*

Mettez-la en sûreté, et alors souvenez-vous de moi.

SICKINGEN.

Je n'entrerai pas dans son lit avant de vous savoir hors de danger.

GOETZ.

Ma sœur, ma chère sœur! (*Il l'embrasse.*)

SICKINGEN.

Partons! partons!

GOETZ.

Encore un moment.... Je vous reverrai. Consolez-vous! Nous nous reverrons. (*Sickingen et Marie s'en vont.*) Je la chassais, et, à présent qu'elle s'en va, je voudrais la retenir. Élisabeth, tu restes auprès de moi?

ÉLISABETH.

Jusqu'à la mort. (*Elle se retire.*)

GOETZ.

Que Dieu donne une femme comme elle à ceux qu'il aime! (*Entre George.*)

GEORGE.

Ils sont dans le voisinage; je les ai vus de la tour. Le soleil se levait, et je voyais briller leurs piques. En les voyant, je n'ai pas senti plus de crainte qu'un chat devant une armée de souris. C'est vrai que nous jouons les rats.

GOETZ.

Verrouillez la porte. Barricadez-la intérieurement avec des poutres et des pierres. (*George sort.*) Nous réduirons leur patience à bout, et je les ferai repentir de leur vaillance. (*Un trompette au dehors.*) Ah! ah! un coquin en habit rouge, qui vient nous demander si nous voulons être des poltrons. (*Il s'approche de la fenêtre.*) Qu'y a-t-il? (*On entend parler dans l'éloignement.*)

GOETZ, *à part lui.*

Une corde autour de ton cou! (*Le trompette continue à parler.*)

GOETZ.

Coupable de lèse-majesté!... C'est un prêtre qui a rédigé la sommation. (*Le trompette achève.*)

GOETZ. *Il répond :*

Me rendre! à discrétion! A qui parlez-vous? Suis-je un brigand? Dis à ton capitaine que je garde, comme toujours, à Sa Majesté impériale le respect que je lui dois. Pour lui-même, dis-lui qu'il peut me.... (*Il ferme violemment la fenêtre.*)

Siége. La cuisine.

ÉLISABETH, GOETZ.

GOETZ.

Tu as bien de la besogne, pauvre femme.

ÉLISABETH.

Je voudrais en avoir longtemps. Nous aurons de la peine à tenir.

GOETZ.

Nous n'avons pas eu le temps de nous approvisionner.

ÉLISABETH.

Et tout ce monde que vous avez nourri depuis quelque temps! Le vin commence aussi à manquer.

GOETZ.

Si seulement nous tenons jusqu'à ce qu'ils proposent une capitulation! Nous leur faisons bien du mal. Ils tirent tout le jour, et blessent nos murailles et brisent nos vitraux. Lerse est un brave garçon; il circule avec son arquebuse : si quelqu'un se risque de trop près, paf! il est à bas!

LE SOLDAT.

Du charbon, madame!

GOETZ.

Qu'y a-t-il?

LE SOLDAT.

Nous n'avons plus de balles; nous voulons en foudre de nouvelles.

GOETZ.

Où en est la poudre?

UN SOLDAT.

Il en reste passablement. Nous ménageons nos coups.

Une salle.

LERSE, *tenant un moule à balles*, UN SOLDAT, *portant du charbon.*

LERSE.

Posez-le ici, et voyez où vous trouverez du plomb dans la maison. En attendant, je veux m'emparer de ceci. (*Il enlève une fenêtre et en casse les vitres.*) Tout secours vaut son prix. Ainsi va le monde : nul ne sait ce que les choses peuvent devenir. Le vitrier qui posa ce vitrage ne songeait certainement pas que le plomb pourrait causer à quelqu'un de ses petits-fils un affreux mal de tête! Et, quand mon père m'engendra, il ne songeait pas quel oiseau du ciel ou quel ver de terre me mangerait. (*George arrive, portant une gouttière.*)

GEORGE.

Voici du plomb. Si tu ajustes seulement avec la moitié, aucun n'échappera pour aller dire à Sa Majesté : « Sire, nous avons mal réussi. »

LERSE. *Il en coupe une partie.*

Voici un bon morceau.

GEORGE.

Que la pluie se cherche un autre chemin! Je n'en suis pas en peine. Un brave cavalier et une bonne pluie se font partout passage.

LERSE. *Il verse.*

Tiens la cuiller. (*Il s'approche de la fenêtre.*) Voilà un de ces Impériaux qui se promène avec son arquebuse; ils croient que nous avons épuisé nos munitions. Il va tâter de la balle, toute chaude, comme elle sort du poêlon. (*Il charge.*)

GEORGE, *posant la cuiller.*

Laisse-moi voir!

LERSE. *Il tire.*

Le moineau est à bas.

GEORGE. (*Ils fondent des balles.*)

C'est lui qui venait de tirer sur moi, comme je sortais par la lucarne et voulais enlever la gouttière. Il a frappé un pigeon, qui était posé assez près de moi; le pigeon est tombé dans la gouttière; j'ai remercié l'homme de ce rôti, et je suis rentré avec mon double butin.

LERSE.

Maintenant nous allons charger à souhait, et tourner dans tout le château pour mériter notre dîner. (*Entre Goetz*).

GOETZ.

Reste ici, Lerse. J'ai à te parler. Toi, George, je ne veux pas t'empêcher de poursuivre ta chasse. (*George sort.*) Ils m'offrent une capitulation.

LERSE.

J'irai auprès d'eux savoir ce que c'est.

GOETZ

Ce sera de me rendre, sous condition, dans une prison de chevalier.

LERSE.

C'est ne rien obtenir. Mais que faire, s'ils nous accordaient la libre sortie, puisque vous n'attendez de Sickingen aucun secours? Nous cacherions l'or et l'argent en lieu où nulle baguette divinatoire ne pourrait les trouver, nous leur laisserions le château, et nous en sortirions honorablement.

GOETZ.

Ils ne le souffriront pas.

LERSE.

Il ne s'agit que d'essayer. Demandons un sauf-conduit, et je sortirai. (*Ils sortent.*)

Une salle.

GOETZ, ÉLISABETH, GEORGE, SOLDATS, *à table.*

GOETZ.

C'est ainsi que le danger nous rassemble. Régalez-vous, mes amis. N'oubliez pas de boire! La bouteille est vide! Encore une, chère femme. (*Élisabeth hausse les épaules.*) N'y en a-t-il plus?

ÉLISABETH, *à voix basse.*

Encore une : je l'ai mise à part pour toi.

GOETZ.

Non pas, ma chère! Donne-la. Ils ont besoin de stimulant, non pas moi : il s'agit de ma cause.

ÉLISABETH.

Allez la prendre dans le buffet.

GOETZ.

C'est la dernière; et je me sens comme si nous n'avions pas sujet d'épargner. Il y a longtemps que je n'ai été aussi joyeux. (*Il verse à boire.*) Vive l'empereur!

TOUS.

Qu'il vive!

GOETZ.

Ce doit être notre avant-dernière parole, quand il faudra mourir! Oui, je l'aime; car nous avons le même sort, et je suis encore plus heureux que lui. Il est obligé de prendre les souris pour les États de l'Empire, et, pendant ce temps, les rats dévorent ses possessions. Je sais que parfois il aimerait mieux mourir que d'être plus longtemps l'âme d'un corps si mutilé. (*Il verse à boire.*) Il y a tout juste encore de quoi faire le tour de la table. Et, quand notre sang commencera à s'épuiser, comme le vin baisse d'abord dans cette bouteille, puis coule goutte à goutte, (*il fait égoutter la bouteille dans son verre*) quelle sera notre dernière parole?

GEORGE.

Vive la liberté!

GOETZ.

Vive la liberté!

TOUS.

Vive la liberté!

GOETZ.

Et, si elle nous survit, nous pouvons mourir en paix; car nous voyons en esprit nos descendants heureux, et heureux aussi les empereurs de nos descendants. Quand les vassaux des princes les serviront aussi noblement et aussi librement que vous me servez; quand les princes serviront l'empereur, comme je voudrais le servir....

GEORGE.

Les choses iraient bien autrement.

GOETZ.

Pas autant qu'on pourrait croire. N'ai-je pas connu, parmi les princes, des hommes excellents, et la race en serait-elle éteinte? Hommes bienveillants, qui trouvaient le bonheur en eux-mêmes et dans leurs sujets; qui pouvaient souffrir à côté d'eux un noble et libre voisin, et ne le craignaient ni ne l'enviaient; dont le cœur se dilatait, quand ils voyaient beaucoup de leurs égaux autour de leur table; et qui n'avaient pas besoin de façonner d'abord les chevaliers en courtisans, pour vivre avec eux.

GEORGE.

Avez-vous connu de pareils seigneurs?

GOETZ.

Sans doute! je me souviendrai toute ma vie d'une chasse que donna le landgrave de Hanau, et du repas que les princes et les seigneurs qui y assistèrent prirent en plein air, et de la foule des paysans accourus pour les voir. Ce n'était pas une mascarade, qu'il eût arrangée pour en tirer vanité. Mais ces têtes rondes des jeunes garçons et des jeunes filles, toutes ces joues vermeilles, et ces hommes à leur aise, et ces beaux vieillards, et tous ces joyeux visages!... Et comme ils prenaient part à la magnificence de leur maître, qui se réjouissait au milieu de son peuple sur la terre de Dieu!

GEORGE.

C'était là un seigneur accompli, comme vous!

GOETZ.

Nous est-il défendu d'espérer que plusieurs princes tels que celui-là pourront régner en même temps; que le respect de l'empereur, la paix et l'amitié des voisins, et l'amour des sujets, seront le plus précieux trésor de famille, qui se transmettra aux neveux et aux arrière-neveux? Chacun garderait son bien et l'augmenterait par ses propres ressources, au lieu que maintenant on ne croit pas s'enrichir, si l'on ne ruine pas les autres.

GEORGE.

Après cela, monterions-nous encore à cheval?

ACTE III.

GOETZ.

Plût à Dieu qu'il n'y eût pas dans toute l'Allemagne une seule tête turbulente! Nous trouverions encore assez d'ouvrage. Nous purgerions les montagnes de loups; tandis que notre voisin ferait tranquillement son labour, nous irions lui chercher un rôti dans la forêt, et, en échange, nous viendrions manger la soupe avec lui. Si cela ne nous suffisait pas, nous irions, comme des chérubins aux épées flamboyantes, camper avec nos frères aux frontières de l'Empire, pour faire tête aux loups, les Ottomans, aux renards, les Français, et protéger à la fois les domaines très-menacés de notre cher empereur et le repos de l'Empire. Ce serait là une vie, George! Risquer sa peau pour la félicité générale! (*George se lève brusquement.*) Où vas-tu?

GEORGE.

Ah! j'oubliais que nous sommes emprisonnés.... Et c'est l'empereur qui nous emprisonne!... Et c'est pour sauver notre peau que nous la risquons!

GOETZ.

Aie bon courage. (*Entre Lerse.*)

LERSE.

Liberté! liberté! Ce sont de pauvres sires, des ânes irrésolus et craintifs. Vous pouvez vous retirer avec armes, chevaux et bagages. Vous devrez laisser les provisions.

GOETZ.

Elles ne leur feront pas mal aux dents.

LERSE, *bas à Goetz.*

Avez-vous caché l'argenterie?

GOETZ.

Non!... Femme, va avec Franz : il a quelque chose à te dire. (*Ils sortent tous.*)

La cour du château.

GEORGE, *dans l'écurie. Il chante.*

Un enfant prit un oisillon.
    Hem! Hem!
Il riait, regardant la cage.
    Hem! Hem!
    Bon! Bon!
    Hem! Hem!

Il en joua si niaisement,
    Hem! Hem!
Le prit si maladroitement,
    Hem! Hem!
    Bon! Bon!
    Hem! Hem!

L'oiseau sur un toit s'envola,
    Hem! Hem!
Et du sot enfant se moqua.
    Hem! Hem!
    Bon! Bon!
    Hem! Hem!

GOETZ.

Où en es-tu?

GEORGE, *faisant sortir son cheval.*

Ils sont sellés.

GOETZ.

Tu es agile.

GEORGE.

Comme l'oiseau hors de sa cage. (*Tous les assiégés entrent.*)

GOETZ.

Vous avez vos arquebuses? Non! Montez et prenez les meilleures dans l'armoire aux armes : il n'en coûtera pas plus. Sortons à cheval.

GEORGE.

Hem! Hem!
Bon! Bon!
Hem! Hem!

(*Ils sortent.*)

Une salle.

DEUX CAVALIERS, *près de l'armoire aux armes.*

PREMIER CAVALIER.

Je prends celle-ci.

DEUXIÈME CAVALIER.

Moi celle-ci.... En voici une plus belle.

PREMIER CAVALIER.

Mais non! Hâte-toi de venir.

DEUXIÈME CAVALIER.

Écoute.

ACTE III.

PREMIER CAVALIER. *Il court à la fenêtre.*

A l'aide! Bon Dieu! Ils égorgent notre maître. Il est à bas de son cheval. George tombe.

DEUXIÈME CAVALIER.

Où nous sauver? Par le noyer, près du mur, descendons en plaine! (*Il sort.*)

PREMIER CAVALIER.

Franz résiste encore : je vais le joindre. S'ils meurent, je ne veux plus vivre. (*Il sort.*)

ACTE QUATRIÈME.

Une auberge à Heilbronn.

GOETZ.

Il me semble que je suis comme le malin esprit, que le capucin conjura et enferma dans un sac. Je me travaille et n'aboutis à rien. Les parjures! (*Entre Élisabeth.*) Quelles nouvelles, Élisabeth, de mes fidèles amis?

ÉLISABETH.

Rien de certain. Quelques-uns sont tués, quelques-uns sont enfermés dans la tour. Personne n'a pu ou n'a voulu m'en dire davantage.

GOETZ.

Est-ce là le prix de la fidélité, de l'obéissance filiale?...
« Afin que tu sois heureux, et que tu vives longuement sur la terre! »

ÉLISABETH.

Cher mari, ne blasphème pas contre notre Père céleste. Ils ont leur récompense; elle était née avec eux : c'est un libre et noble cœur. Va, ils sont prisonniers, mais ils sont libres. Considère les conseillers délégués! Ces grandes chaînes d'or vont à leurs figures....

GOETZ.

Comme au pourceau le collier. Je voudrais bien voir George et Franz enfermés!

ÉLISABETH.

Ce serait un spectacle à faire pleurer les anges.

GOETZ.

Je ne pleurerais pas : je grincerais les dents, et je rongerais mon frein. Dans les fers!... Les prunelles de mes yeux! Chers jeunes gens, si vous ne m'aviez pas aimé!... Je ne pourrais me rassasier de les voir.... Se parjurer au nom de l'empereur!

ÉLISABETH.

Défaites-vous de ces pensées. Songez que vous devez paraître devant les conseillers. Vous n'êtes pas disposé à les ménager et je crains tout.

GOETZ.

Que me veulent-ils?

ÉLISABETH. *Elle entend venir quelqu'un.*

L'huissier de justice!

GOETZ.

L'âne de justice! Il traîne leurs sacs au moulin et leurs balayures aux champs. Qu'y a-t-il? (*Entre l'huissier.*)

L'HUISSIER.

Messieurs les commissaires sont assemblés à l'hôtel de ville, et vous appellent devant eux.

GOETZ.

J'y vais.

L'HUISSIER.

Je vous accompagnerai.

GOETZ.

C'est beaucoup d'honneur.

ÉLISABETH.

Modérez-vous.

GOETZ.

Sois sans inquiétude. (*Ils sortent.*)

L'hôtel de ville.

CONSEILLERS IMPÉRIAUX, UN CAPITAINE, SÉNATEURS de Heilbronn.

UN SÉNATEUR.

Sur vos ordres, nous avons rassemblé les bourgeois les plus vigoureux et les plus braves. Ils attendent ici près votre signal pour se saisir de Berlichingen.

PREMIER CONSEILLER.

Nous saurons, avec beaucoup de plaisir, vanter à Sa Majesté Impériale votre empressement à exécuter ses ordres souverains.... Ce sont des artisans?

LE SÉNATEUR.

Des forgerons, des tonneliers, des charpentiers, tous gens aux poings exercés et ici (*montrant sa poitrine*) bien cuirassés.

LE CONSEILLER.

Bon. (*Entre l'huissier.*)

L'HUISSIER.

Gœtz de Berlichingen attend à la porte.

UN CONSEILLER.

Faites-le entrer. (*Entre Gœtz.*)

GOETZ.

Dieu vous garde, messieurs! Que voulez-vous de moi?

LE CONSEILLER.

Que vous songiez d'abord où vous êtes et devant qui.

GOETZ.

Par ma foi, messieurs, je suis loin de vous méconnaître.

LE CONSEILLER.

Vous faites votre devoir.

GOETZ.

De tout mon cœur.

LE CONSEILLER.

Asseyez-vous.

GOETZ.

Là-bas?... Je puis me tenir debout. Ce tabouret sent les pauvres coupables, comme au reste toute la salle.

LE CONSEILLER.

Eh bien, restez debout.

GOETZ.

Au fait, s'il vous plaît.

LE CONSEILLER.

Nous procéderons dans l'ordre.

GOETZ.

J'en suis charmé : je voudrais qu'il en eût toujours été de même.

LE CONSEILLER.

Vous savez comme vous êtes tombé à discrétion dans nos mains.

GOETZ.

Que me donnerez-vous pour que je l'oublie?

LE CONSEILLER.

Si je pouvais vous donner de la réserve, je rendrais votre cause bonne.

GOETZ.

La rendre bonne? Si vous le pouviez! Il y faut sans doute plus de peine que pour la rendre mauvaise.

LE GREFFIER.

Dois-je mettre tout cela par écrit?

LE CONSEILLER.

Ce qui appartient à l'affaire.

GOETZ.

Pour ce qui me regarde, vous pouvez le faire imprimer.

LE CONSEILLER.

Vous étiez au pouvoir de l'empereur, dont la bonté paternelle a pris la place de sa justice auguste, et vous a assigné pour demeure, au lieu d'une prison, Heilbronn, une de ses bonnes villes. Vous avez promis, avec serment, de vous présenter comme il convient à un chevalier, et d'attendre la suite avec soumission.

GOETZ.

Bien, et me voici et j'attends.

LE CONSEILLER.

Et nous sommes ici pour vous annoncer la grâce et la faveur de Sa Majesté Impériale. Elle vous pardonne vos transgressions, vous relève du ban et de tous vos châtiments bien mérités; ce que vous recevrez avec une humble reconnaissance, et prêterez en revanche le serment de paix, dont lecture vous sera faite.

GOETZ.

Je suis, comme toujours, le fidèle sujet de Sa Majesté. Encore un mot, avant que vous alliez plus loin: mes gens, où sont-ils? Que deviendront-ils?

LE CONSEILLER.

Cela ne vous regarde pas.

GOETZ.

Que l'empereur détourne ainsi de vous sa face, quand vous serez dans le malheur! Ils étaient mes compagnons et le sont toujours. Où les avez-vous conduits?

LE CONSEILLER.

Nous ne vous en devons aucun compte.

GOETZ.

Ah! je ne songeais pas que vous n'êtes pas même obligés par vos promesses, bien loin....

LE CONSEILLER.

Notre commission est de vous faire prêter le serment de paix. Soumettez-vous à l'empereur, et vous trouverez un moyen d'obtenir par prière la vie et la liberté de vos compagnons.

GOETZ.

Votre papier!

LE CONSEILLER.

Greffier, lisez.

LE GREFFIER.

« Moi, Gœtz de Berlichingen, je reconnais publiquement par cet écrit, que, m'étant dernièrement soulevé, avec rébellion, contre l'empereur et l'Empire.... »

GOETZ.

Ce n'est pas vrai. Je ne suis pas un rebelle; je n'ai commis aucun crime contre Sa Majesté Impériale, et je n'ai rien à démêler avec l'Empire.

LE CONSEILLER.

Modérez-vous et écoutez la suite.

GOETZ.

Je n'en veux pas entendre davantage. Que quelqu'un s'avance et m'accuse! Ai-je fait un seul pas contre l'empereur, contre la maison d'Autriche? N'ai-je pas, de tout temps, prouvé par toutes mes actions que je sens mieux que personne ce que l'Allemagne doit à ses souverains; et particulièrement ce que les faibles, les chevaliers et les hommes libres doivent à leur empereur? Je serais un faquin, si je pouvais me laisser persuader de signer cela.

LE CONSEILLER.

Et pourtant nous avons l'ordre précis de vous persuader par la douceur, ou, en cas de résistance, de vous jeter dans la tour.

GOETZ.

Dans la tour! moi?

LE CONSEILLER.

Et vous y pourrez attendre votre sort de la justice, si vous ne voulez pas le recevoir des mains de la grâce.

GOETZ.

Dans la tour! Vous abusez de l'autorité impériale. Dans la tour! Ce n'est pas son ordre. Les traîtres! Quoi! me tendre d'abord un piége, et y suspendre, pour amorce, leur serment, leur parole de chevalier, me promettre ensuite prison de chevalier, et violer encore cette promesse!

LE CONSEILLER.

Nous ne devons aucune foi à un brigand.

GOETZ.

Si tu ne portais l'image de l'empereur, que je respecte dans sa plus vile empreinte, je te le ferais avaler le brigand, ou tu en suffoquerais. Je suis engagé dans une querelle honorable. Tu pourrais remercier Dieu, et te glorifier devant le monde, si tu avais fait, de ta vie, une aussi noble action que celle pour laquelle je me vois prisonnier. (*Le conseiller fait un signe au sénateur, qui tire le cordon de la sonnette.*) Ce n'est pas pour un gain déshonnête, pour enlever aux petits sans défense des terres et des serfs, que je me suis mis en campagne. C'était pour délivrer mon vassal et pour défendre ma peau. Voyez-vous là quelque chose d'injuste? L'empereur et l'Empire ne se seraient pas aperçus de notre querelle sur leur oreiller. J'ai, Dieu merci, encore une main et j'ai bien fait de l'employer. (*Des bourgeois entrent, armés de bâtons et l'épée au côté.*) Que signifie cela?

LE CONSEILLER.

Vous ne voulez rien entendre? (*Aux bourgeois.*) Prenez-le.

GOETZ.

Est-ce là votre dessein? Que celui qui n'est pas un bœuf de Hongrie n'approche pas trop de moi! Il recevrait de ma main droite, de cette main de fer, un soufflet, qui le guérirait à fond de maux de tête, maux de dents et de tous les maux de la terre. (*Ils s'avancent vers lui, il en renverse un par terre et arrache à un autre son épée : ils reculent.*) Venez! venez! Je serais bien aise d'apprendre à connaître le plus brave d'entre vous.

LE CONSEILLER.

Rendez-vous!

GOETZ.

L'épée à la main! Savez-vous qu'il ne tiendrait qu'à moi maintenant de me faire jour à travers tous ces poltrons et de gagner la rase campagne? Mais je veux vous apprendre comme on tient parole. Promettez-moi prison de chevalier, et je jette mon épée; et je suis, comme auparavant, votre prisonnier.

LE CONSEILLER.

Prétendez-vous, l'épée à la main, contester avec l'empereur?

GOETZ.

Le ciel m'en préserve! Avec vous seulement et votre noble compagnie.... Vous pouvez retourner chez vous, bonnes gens. Si vous tardez, vous n'y gagnerez rien, et n'attraperez ici que des bosses.

LE CONSEILLER.

Arrêtez-le! Votre amour pour votre empereur ne vous donne-t-il pas plus de courage?

GOETZ.

Pas plus que l'empereur ne leur donnera d'emplâtres pour guérir les blessures que leur courage pourrait s'attirer. (*Entre l'huissier.*)

L'HUISSIER.

Le guet de la tour crie en ce moment qu'une troupe de plus de deux cents hommes marche sur la ville. Ils se sont avancés à l'improviste, derrière le coteau des vignes, et menacent nos murailles.

LE SÉNATEUR.

Malheur à nous! Qu'est cela? (*Entre un garde.*)

LE GARDE.

Franz de Sickingen se présente devant la barrière, et vous fait dire qu'il a appris comme on s'est montré indignement parjure envers son beau-frère, comme messieurs de Heilbronn ont fourni tous les secours. Il en demande compte; sinon, dans une heure, il mettra le feu aux quatre coins de la ville, et la livrera au pillage.

GOETZ.

Brave frère!

LE CONSEILLER.

Goetz, retirez-vous! (*Goetz sort.*) Que faut-il faire?

ACTE IV.

LE SÉNATEUR.

Ayez pitié de nous et de notre bourgeoisie! Sickingen est intraitable dans sa colère ; il est homme à tenir parole.

LE CONSEILLER.

Devons-nous abandonner nos droits et ceux de l'empereur?

LE CAPITAINE.

Si nous avions seulement des gens pour les soutenir! Mais à présent nous pourrions périr, et l'affaire n'en serait que plus mauvaise. Nous gagnerons à céder.

LE SÉNATEUR.

Demandons à Gœtz de parler en notre faveur. Il me semble déjà voir la ville en flammes.

LE CONSEILLER.

Faites entrer Gœtz.

GOETZ.

Que veut-on?

LE CONSEILLER.

Tu ferais bien de détourner ton beau-frère de son entreprise séditieuse. Au lieu de t'arracher à ta perte, il te précipite plus avant, en s'associant à ta chute.

GOETZ, *bas à Élisabeth, qu'il a aperçue à la porte.*

Va! Dis-lui de forcer l'entrée sur-le-champ, et de venir ici, mais sans faire aucun dommage à la ville. Si les coquins font résistance, qu'il emploie la force. Peu m'importe de périr, s'ils sont tous égorgés avec moi.

Une grande salle de l'hôtel de ville.

SICKINGEN. GOETZ.

Tout l'hôtel de ville est occupé par les cavaliers de Sickingen.

GOETZ.

C'est un secours du ciel! Cher beau-frère, comment viens-tu donc, si désiré et si inattendu?

SICKINGEN.

Ce n'est pas un sortilège. J'avais envoyé deux, trois messagers, pour apprendre ce que tu devenais : à la nouvelle de leur parjure, je me suis mis en marche. Maintenant nous les tenons.

GOETZ.

Je ne demande rien que la prison de chevalier.

SICKINGEN.

Tu es trop loyal. Ne pas même te servir de l'avantage que l'honnête homme a sur le parjure! Ils sont couchés dans l'injustice : ne plaçons pas sous eux des coussins. Ils ont abusé honteusement des ordres de l'empereur. Et, comme je connais Sa Majesté, tu peux sûrement exiger davantage. C'est trop peu.

GOETZ.

J'ai toujours été content de peu.

SICKINGEN.

Et tu en as toujours été victime. Mon avis est qu'ils doivent, sur ton serment, faire sortir tes gens de prison et te laisser retourner avec eux dans ton château. Tu peux promettre de ne pas sortir de tes limites, et tu seras toujours mieux qu'ici.

GOETZ.

Ils diront que mes biens sont dévolus à l'empereur.

SICKINGEN.

Nous dirons que tu veux les prendre à bail, jusqu'à ce que l'empereur t'en rende l'investiture. Laisse-les s'agiter comme les anguilles dans la nasse; ils ne nous échapperont pas. Ils parleront de la majesté impériale, de leur commission : cela nous peut être égal. Moi aussi je connais l'empereur, et j'ai auprès de lui quelque crédit. Il a toujours souhaité de t'avoir dans son armée. Tu ne seras pas longtemps retiré dans ton château, avant que l'on t'appelle aux armes.

GOETZ.

Plaise à Dieu que ce soit avant que j'aie désappris de combattre!

SICKINGEN.

On ne désapprend pas le courage, comme il ne s'apprend pas non plus. Ne t'inquiète de rien. Quand tes affaires seront en ordre, j'irai à la cour; car mon entreprise commence à mûrir. Des pressentiments favorables me disent : « C'est le moment d'éclater! » Il ne me reste plus qu'à sonder les sentiments de l'empereur. Trèves et le Palatinat s'attendent plutôt à la chute du ciel qu'à me voir fondre sur leurs têtes. Et j'arriverai comme un orage de grêle! Et, si nous pouvons faire notre destinée, tu seras bientôt le beau-frère d'un électeur. Je comptais sur ton bras pour cette entreprise.

GOETZ, *regardant sa main.*

Ah! voilà le sens du rêve que je fis, la veille du jour où je promis Marie à Weislingen. Il me promettait sa foi, et me serra si fort la main droite, qu'elle se détacha du brassard, comme brisée. Ah! je suis maintenant plus désarmé que le jour où elle me fut emportée. Weislingen! Weislingen!

SICKINGEN.

Oublie un traître. Nous saurons anéantir ses projets, miner son crédit, et le remords et la honte le consumeront jusqu'à le faire mourir. Je vois, je vois en esprit mes ennemis, tes ennemis, écrasés. Gœtz, je ne veux que six mois.

GOETZ.

Ton âme prend un essor sublime. Je ne sais, depuis quelque temps, il ne s'ouvre dans la mienne aucune riante perspective. J'ai été déjà plus malheureux, j'ai été prisonnier, et je n'éprouvai jamais ce que j'éprouve à présent.

SICKINGEN.

Bonheur donne courage. Allons voir ces perruques. Elles ont eu la parole assez longtemps : prenons-en la charge une fois. (*Ils sortent.*)

Le château d'Adélaïde.

ADÉLAÏDE, WEISLINGEN.

ADÉLAÏDE.

C'est odieux.

WEISLINGEN.

J'en ai grincé les dents. Un si beau projet, si heureusement accompli, et, à la fin, le laisser dans son château! Maudit Sickingen!

ADÉLAÏDE.

Ils n'auraient pas dû céder.

WEISLINGEN.

Ils étaient cernés. Que pouvaient-ils faire? Sickingen, l'homme orgueilleux et colère, menaçait du fer et du feu! Je le hais. Son crédit s'accroît, comme une rivière qui a englouti deux ou trois ruisseaux : les autres suivent d'eux-mêmes.

ADÉLAÏDE.

N'avaient-ils pas un empereur ?

WEISLINGEN.

Chère femme, ce n'en est plus que l'ombre. Il devient âgé et chagrin. Lorsqu'il apprit ce qui était arrivé, comme je m'échauffais avec les autres conseillers : « Laissez-les en repos, dit-il, je puis bien accorder au vieux Gœtz cette petite place, et, s'il y reste tranquille, qu'avez-vous à lui reprocher ? » Nous parlâmes du bien de l'État. « Ah ! dit-il, je voudrais avoir eu toujours des conseillers qui eussent tourné davantage l'activité de mon esprit vers le bonheur des individus ! »

ADÉLAÏDE.

Il perd le sens du souverain.

WEISLINGEN.

Nous nous déchaînâmes contre Sickingen.... « C'est mon fidèle sujet, dit-il : s'il n'a pas agi par mon ordre, il a du moins mieux accompli ma volonté que mes fondés de pouvoir, et je puis l'approuver avant ou après. »

ADÉLAÏDE.

Il y a de quoi se désespérer.

WEISLINGEN.

Je n'ai pas encore abandonné pour cela toute espérance. On le laisse dans son château, sur sa parole de chevalier qu'il s'y tiendra tranquille. Cela lui est impossible ; nous aurons bientôt un sujet de plainte contre lui.

ADÉLAÏDE.

D'autant plus vite que nous pouvons espérer de voir bientôt l'empereur sortir de ce monde, et Charles, son excellent successeur, annonce de plus royales inclinations.

WEISLINGEN.

Charles ?... Il n'est encore ni élu ni couronné.

ADÉLAÏDE.

Qui ne le souhaite et ne l'espère ?

WEISLINGEN.

Tu as une grande idée de ses qualités : on serait tenté de croire que tu le vois avec d'autres yeux.

ADÉLAÏDE.

Tu m'offenses, Weislingen. Est-ce ainsi que tu me connais ?

WEISLINGEN.

Je ne l'ai pas dit pour t'offenser; mais je ne puis me taire là-dessus. L'empressement extraordinaire de Charles auprès de toi m'inquiète.

ADÉLAÏDE.

Et ma conduite?

WEISLINGEN.

Tu es femme. Vous ne haïssez jamais qui vous fait la cour.

ADÉLAÏDE.

Mais vous?

WEISLINGEN.

Elle me ronge le cœur, cette horrible pensée!... Adélaïde!

ADÉLAÏDE.

Puis-je guérir ta folie?

WEISLINGEN.

Si tu voulais! Tu pourrais t'éloigner de la cour.

ADÉLAÏDE.

Dis le moyen et la manière. N'es-tu pas à la cour? Dois-je te quitter, quitter mes amis, pour m'entretenir dans mon château avec les hibous? Non, Weislingen, il n'en sera rien. Tranquillise-toi! Tu sais comme je t'aime.

WEISLINGEN.

C'est l'ancre de salut dans cet orage, aussi longtemps que le câble ne rompt pas. (*Il sort.*)

ADÉLAÏDE.

Tu le prends ainsi! Il ne manquait plus que cela. Les desseins de mon cœur sont trop grands pour que tu doives y faire obstacle. Charles! Grand homme! homme excellent, et quelque jour empereur! Et devrait-il être le seul de tous les hommes que ne flatterait pas la possession de ma faveur? Weislingen, ne songe pas à m'arrêter, autrement tu seras renversé, et je passerai sur ton corps. (*Arrive Franz, portant une lettre.*)

FRANZ.

Voici, noble dame.

ADÉLAÏDE.

Est-ce Charles lui-même qui te l'a remise?

FRANZ.

Oui.

ADÉLAÏDE.

Qu'as-tu donc? Tu parais bien affligé!

FRANZ.

C'est votre volonté que je périsse de langueur : dans les années de l'espérance, vous me réduisez au désespoir.

ADÉLAÏDE, *à part.*

Il m'afflige.... et qu'il m'en coûterait peu pour le rendre heureux! (*Haut.*) Bon courage, mon enfant. Je sens ton amour et ta foi, et ne serai jamais ingrate.

FRANZ, *saisi d'émotion.*

Si vous en étiez capable, je mourrais. Mon Dieu, je n'ai pas en moi une goutte de sang qui ne soit à vous; aucun sentiment, que pour vous aimer et pour faire ce qui vous plaît.

ADÉLAÏDE.

Cher enfant!

FRANZ.

Vous me flattez. (*Il fond en larmes.*) Si ce dévouement ne mérite rien de plus que de s'en voir préférer d'autres; que de voir toutes vos pensées tournées vers Charles....

ADÉLAÏDE.

Tu ne sais ce que tu veux, moins encore ce que tu dis.

FRANZ, *frappant du pied, de douleur et de colère.*

Aussi je ne veux plus, je ne veux plus servir d'entremetteur.

ADÉLAÏDE.

Franz, tu t'oublies!

FRANZ.

Me sacrifier! Et mon cher maître!

ADÉLAÏDE.

Sortez de ma présence.

FRANZ.

Madame!

ADÉLAÏDE.

Va, découvre à ton cher maître mon secret. J'étais folle de te prendre pour ce que tu n'es pas.

FRANZ.

Chère et noble dame, vous savez que je vous aime.

ADÉLAÏDE.

Et tu étais mon ami, tu étais bien près de mon cœur. Va, trahis-moi.

FRANZ.

Je m'arracherais plutôt la vie. Pardonnez-moi, madame. Mon cœur est trop plein; mes sens ne peuvent résister.

ADÉLAÏDE.

Aimable, affectueux enfant!... (*Elle lui prend les mains, l'attire à elle et leurs bouches se rencontrent. Il se jette à son cou en pleurant.*)

ADÉLAÏDE.

Laisse-moi.

FRANZ, *sanglotant à son cou.*

Dieu! Dieu!

ADÉLAÏDE.

Laisse-moi; les murs sont traîtres : laisse-moi! (*Elle se dégage.*) Que ton amour et ta foi ne chancellent jamais, et la plus belle récompense sera ton partage. (*Elle sort.*)

FRANZ.

La plus belle récompense! Laisse-moi seulement vivre jusque-là! Je tuerais mon père, s'il me disputait cette place.

Jaxthausen.

GOETZ, *devant une table*; ÉLISABETH, *auprès de lui, à son ouvrage. Sur la table, une lumière et une écritoire.*

GOETZ.

L'oisiveté n'est nullement de mon goût, et ma prison me semble de jour en jour plus étroite. Je voudrais pouvoir dormir, ou du moins me figurer que le repos est quelque chose d'agréable.

ÉLISABETH.

Eh bien, achève d'écrire ton histoire, que tu as commencée. Dépose dans la main de tes amis un témoignage pour confondre tes ennemis. Assure à une noble postérité la joie de ne pas te méconnaître.

GOETZ.

Hélas! écrire est une oisiveté laborieuse; cela m'est pénible. En écrivant ce que j'ai fait, je m'indigne de perdre le temps pendant lequel je pourrais faire quelque chose.

ÉLISABETH. *Elle prend le manuscrit.*

Ne sois pas bizarre! Tu en es justement à ta première captivité de Heilbronn.

GOETZ.

Ce fut pour moi de tout temps un lieu fatal.

ÉLISABETH *lit.*

« Il y eut même quelques-uns des alliés qui me dirent que j'avais agi follement de me présenter devant mes plus cruels ennemis, puisque je pouvais supposer qu'ils n'useraient pas de ménagements avec moi : à quoi je répondis.... » Eh bien, qu'est-ce que tu répondis? Écris la suite.

GOETZ.

Je dis : « Je risque ma peau si souvent pour l'avantage et l'argent des autres : ne devrais-je pas la risquer pour ma parole? »

ÉLISABETH.

C'est bien ta renommée.

GOETZ.

Ils ne me l'ôteront pas! Ils m'ont tout pris, fortune, liberté....

ÉLISABETH.

C'est justement alors que je rencontrai dans la salle de l'auberge les seigneurs de Miltenberg et de Singlingen, qui ne me connaissaient pas. Je sentis une joie aussi grande que si j'avais mis au monde un fils. Ils te vantaient à l'envi, et disaient : « C'est le modèle d'un chevalier, brave et généreux dans la liberté, calme et fidèle dans le malheur. »

GOETZ.

Qu'on me produise quelqu'un à qui j'aie manqué de parole! Et Dieu sait que j'ai plus sué pour servir mon prochain que moi; que j'ai travaillé pour acquérir le nom de brave et fidèle chevalier, non pour gagner de grandes richesses et dignités. Et, Dieu merci! ce que j'ai poursuivi, je le possède. (*Entrent Lerse et George, portant du gibier.*) Fort bien, braves chasseurs!

GEORGE.

Oui! de braves cavaliers que nous étions. Avec des bottes il est facile de faire des pantoufles.

LERSE.

La chasse est toujours quelque chose : c'est une espèce de guerre.

GEORGE.

Si seulement on n'avait pas toujours affaire dans le pays à des soldats de l'Empire! Vous rappelez-vous, monseigneur, comme vous nous prédisiez que, si le monde se renversait, nous deviendrions chasseurs? Nous le sommes sans cela.

GOETZ.

Cela revient au même : nous sommes poussés hors de notre carrière.

GEORGE.

Les temps sont difficiles. Depuis huit jours se montre une épouvantable comète, et toute l'Allemagne tremble qu'elle n'annonce la mort de l'empereur, qui est très-malade.

GOETZ.

Très-malade? Notre carrière touche à sa fin.

LERSE.

Et il arrive dans notre voisinage des changements encore plus terribles : les paysans ont commencé une horrible révolte.

GOETZ.

Où?

LERSE.

Au cœur de la Souabe. Ils brûlent, ils égorgent. Je crains qu'ils ne ravagent tout le pays.

GEORGE.

C'est une affreuse guerre. Près de cent villages sont déjà soulevés, et cela augmente tous les jours. Dernièrement la tempête a déraciné des forêts entières, et, bientôt après, on a vu, dans la contrée où la révolte a commencé, deux épées de feu se croiser dans l'air.

GOETZ.

Sans doute plus d'un bon seigneur de mes amis en est l'innocente victime!

GEORGE.

Quel dommage que nous ne puissions monter à cheval!

ACTE CINQUIÈME.

La guerre des paysans. — Tumulte dans un village. Pillage.

FEMMES, VIEILLARDS, ENFANTS. (*Ils fuient et emportent leurs effets.*)

UN VIEILLARD.

Fuyons, fuyons, pour échapper à ces brigands.

UNE FEMME.

Grand Dieu, comme le ciel est rouge de sang! Le soleil se couche rouge de sang!

UNE MÈRE.

C'est un signe de feu.

UNE FEMME.

Mon mari! mon mari!

LE VIEILLARD.

Partons, partons!... Dans la forêt! (*Ils passent.*)

LINK.

Ce qui résiste, égorgé! Le village est à nous. Qu'aucune provision ne se perde, qu'il ne reste rien. Pillez à fond et vite! Nous mettrons le feu aussitôt.

METZLER, *accourant de la colline.*

Linck, comment-cela va-t-il?

LINK.

Sens dessus dessous, tu vois; tu arrives pour la dernière danse. D'où viens-tu?

METZLER.

De Weinsberg. C'était là une fête!

LINK.

Comment?

METZLER.

Nous les avons massacrés, que c'était un plaisir.

LINK.

Qui donc?

METZLER.

Didier de Weiler a commencé la danse. Le fat! Nous étions alentour, avec une vive et furieuse troupe, et lui, là-haut sur le clocher, il voulait traiter avec nous à l'amiable : paff! un coup de feu lui casse la tête. Nous montons comme l'éclair, et nous jetons le drôle par la fenêtre.

LINK.

Ah!

METZLER, *aux paysans*.

Allons, chiens! Faut-il que je vous donne des jambes? Comme ils lanternent et barguignent, les ânes!

LINK.

Mettez le feu! Qu'ils rôtissent dedans! Partez! Allez donc, paresseux!

METZLER.

Ensuite nous avons fait sortir Helfenstein, Eltershofen, environ treize de la noblesse, en tout quatre-vingts. Nous les avons menés dans la plaine près de Heilbronn. C'était chez les nôtres une jubilation et un tumulte, quand ces pauvres riches pécheurs passaient, en longue file, se regardaient les uns les autres et la terre et le ciel! Ils furent entourés avant qu'ils s'y attendissent, et tous percés à coups de piques.

LINK.

Et je n'étais pas là!

METZLER.

Je n'ai pas eu de mes jours une joie pareille.

LINK.

Partez! sortez!

UN PAYSAN.

Tout est vide.

LINK.

Eh bien! mettez le feu à tous les coins.

METZLER.

Cela va faire un joli petit feu. Vois-tu, quand les drôles culbutaient les uns sur les autres et criaient comme les grenouilles.... ça m'a réchauffé le cœur comme un verre d'eau-de-vie. Là se trouvait un certain Rixinger.... Autrefois, quand le drôle partait à cheval pour la chasse, avec son panache et ses larges narines, il nous chassait devant lui avec ses chiens et comme des chiens!... Je ne l'avais pas vu depuis longtemps; sa grimace me frappa. Paff! ma lance entre ses côtes, et le voilà, les quatre membres étendus, couché sur ses camarades. Comme les lièvres dans une battue, les drôles gigottaient les uns sur les autres.

LINK.

Ça fume déjà bien.

METZLER.

Et là derrière ça brûle. Allons tranquillement rejoindre le gros de la troupe avec notre butin.

LINK.

Où est-elle?

METZLER.

En deçà de Heilbronn. Ils sont embarrassés à trouver un chef, qui tienne tout le peuple en respect; car, après tout, nous ne sommes que leurs égaux; ils le sentent et deviennent indociles.

LINK.

Qui ont-ils en vue?

METZLER.

Max Stumpf ou Gœtz de Berlichingen.

LINK.

Ce serait bon; cela donnerait aussi à l'affaire une tournure, si Gœtz acceptait. Il a toujours passé pour un honnête chevalier.... Allons! allons! Nous marchons sur Heilbronn. Appelez notre monde.

METZLER.

Le feu nous éclairera encore une bonne partie du chemin. As-tu vu la grande comète?

LINK.

Oui, c'est un horrible, épouvantable signe! Si nous marchons cette nuit, nous pourrons bien la voir. Elle se lève vers une heure.

METZLER.

Et ne reste que cinq quarts d'heure. Elle paraît comme un bras levé avec une épée, elle est jaune et rouge de sang.

LINK.

As-tu vu les trois étoiles, à la pointe et sur le plat de l'épée?

METZLER.

Et cette large bande grisâtre, avec des milliers de raies comme des lances, et, entre deux, comme de petites épées?

LINK.

J'en ai frémi. Comme tout cela est d'un rouge pâle, et, par-dessous, tant de flammes ardentes et claires, et ces affreuses figures, avec leurs têtes chevelues et leurs barbes!

METZLER.

Les as-tu aussi remarquées? Et tout cela brille et se croise, comme si ça flottait sur une mer sanglante, et s'agite pêle-mêle, à vous faire évanouir de frayeur.

LINK.

Marchons! marchons! (*Ils s'éloignent.*)

La campagne. — On voit dans l'éloignement brûler deux villages et un monastère.

KOHL, WILD, MAX STUMPF, PEUPLE.

MAX STUMPF.

Vous ne pouvez désirer que je sois votre capitaine. Cela ne serait bon ni pour vous ni pour moi. Je suis sujet du comte palatin : comment vous mènerais-je contre mon seigneur? Vous supposeriez toujours que je n'agis pas de bon gré.

KOHL.

Nous savions bien que tu trouverais une excuse. (*Arrivent Goetz, Lerse et George.*)

GOETZ.

Que voulez-vous de moi?

KOHL.

Soyez notre chef.

GOETZ.

Dois-je violer ma parole de chevalier, donnée à l'empereur, et rompre mon ban?

WILD.

Ce n'est pas une excuse.

GOETZ.

Et, quand je serais parfaitement libre, si vous voulez traiter les nobles et les seigneurs comme à Weinsberg, et continuer ces horreurs, comme vous mettez alentour le pays à feu et à sang, et qu'il me fallût seconder votre infâme et furieuse conduite.... vous m'assommeriez comme un chien enragé, avant de me voir votre chef.

KOHL.

Si cela n'était pas arrivé, peut-être cela n'arriverait-il jamais.

STUMPF.

Le malheur a été précisément qu'ils n'avaient point de chef qu'ils respectassent, et qui pût mettre un terme à leur furie. Prends le commandement, Gœtz, je t'en prie. Les princes, toute l'Allemagne, t'en sauront gré. Ce sera pour le bien et le profit de tous. Les hommes et le pays seront épargnés.

GOETZ.

Pourquoi ne t'en charges-tu pas?

STUMPF.

Je m'en suis excusé.

KOHL.

Nous n'avons pas le temps de pendre nos selles et d'écouter de longs et frivoles discours. En deux mots, Gœtz, sois notre chef, ou prends garde à ton château et à ta peau. Nous te laissons deux heures de réflexion.... Gardez-le.

GOETZ.

A quoi bon? Je suis aussi bien résolu à présent que plus tard. Pourquoi avez-vous pris les armes? Afin de recouvrer vos droits et libertés. Que sert de vous déchaîner et de ravager le pays? Voulez-vous renoncer à tout acte criminel, et vous conduire comme de braves gens, qui savent ce qu'ils veulent, je consens à soutenir vos prétentions, et je serai votre chef pour huit jours.

WILD.

Ce qui est arrivé s'est fait dans la première chaleur, et nous n'avons pas besoin de toi pour nous arrêter à l'avenir.

KOHL.

Il faut t'engager à nous au moins pour trois mois.

STUMPF.

Dites quatre semaines, pour que vous soyez satisfaits de part et d'autre.

GOETZ.

J'y consens.

KOHL.

Votre main.

GOETZ.

Et promettez-moi d'envoyer par écrit à tous les corps la convention que vous avez faite avec moi, et de la faire exécuter à la rigueur, sous menace de châtiment.

WILD.

Soit! On y pourvoira.

GOETZ.

Je m'engage donc à vous pour quatre semaines.

STUMPF.

Bravo! Dans tes entreprises, épargne notre seigneur le comte palatin.

KOHL, *à voix basse.*

Surveillez-le! Que nul ne lui parle hors de votre présence.

GOETZ.

Lerse, retourne vers ma femme. Ne la quitte pas. Elle aura bientôt de mes nouvelles. (*Goetz, Stumpf, George, Lerse, quelques paysans s'éloignent; Metzler, Link surviennent.*)

METZLER.

Qu'est-ce qu'on nous dit d'une convention? Que signifie cette convention?

LINK.

C'est infâme de faire une convention pareille!

KOHL.

Nous savons aussi bien que vous ce que nous voulons, et ce que nous avons à faire et à laisser.

WILD.

La fureur, l'incendie et le meurtre devaient enfin cesser aujourd'hui ou demain : avec cela, nous avons gagné un brave capitaine.

METZLER.

Comment, cesser? Traître! Pourquoi sommes-nous là? Pour nous venger de nos ennemis, pour nous relever.... C'est un valet de prince qui vous a donné ce conseil.

KOHL.

Viens, Wild, il est comme une brute. (*Kohl et Wild s'éloignent.*)

METZLER.

Allez! Seulement pas une troupe ne vous suivra. Les misérables! Link, allons exciter les autres à brûler là-bas Miltenberg, et, si l'on fait des chicanes à cause de ce contrat, nous casserons la tête aux contractants.

LINK.

Nous aurons toujours le grand nombre de notre côté.

Une montagne et une vallée. — Un moulin dans le fond.

UNE TROUPE DE CAVALIERS, WEISLINGEN, *sortant du moulin avec* FRANZ *et un* MESSAGER.

WEISLINGEN.

Mon cheval!... Vous avez averti les autres seigneurs?

LE MESSAGER.

Sept enseignes au moins se joindront à vous, dans le bois derrière Miltenberg. Les paysans tournent au-dessous. Partout des messagers sont envoyés; toute la ligue sera bientôt réunie. Le succès est infaillible : on dit que la discorde est entre eux

WEISLINGEN.

Tant mieux.... Franz!

FRANZ.

Monseigneur?

WEISLINGEN.

Exécute ponctuellement mes ordres. Je m'en repose sur ta conscience. Remets-lui la lettre. Il faut qu'elle se retire de la cour dans mon château! sur-le-champ! Tu la verras partir et tu viendras me l'annoncer.

FRANZ.

Il sera fait comme vous l'ordonnez.

WEISLINGEN.

Dis-lui qu'il faut qu'elle veuille. (*Au messager.*) Conduisez-nous maintenant par le plus court et le meilleur chemin.

LE MESSAGER.

Nous sommes forcés de faire un détour. A la suite de ces affreuses pluies, tous les ruisseaux sont débordés.

Jaxthausen.

ÉLISABETH, LERSE.

LERSE.

Rassurez-vous, noble dame.

ÉLISABETH.

Ah! Lerse, il avait les larmes aux yeux en prenant congé de moi. C'est cruel! bien cruel!

LERSE.

Il reviendra.

ÉLISABETH.

Ce n'est pas cela. Quand il partait pour marcher à une glorieuse victoire, mon cœur n'était pas affligé; je me réjouissais de son retour, qui m'inquiète aujourd'hui.

LERSE.

Un homme si généreux!

ÉLISABETH.

Ne l'appelle pas ainsi, cela renouvelle ma douleur. Les scélérats! Ils menaçaient de l'égorger et de brûler son château.... Quand il reviendra.... je le vois sombre, sombre!... Ses ennemis forgeront des accusations calomnieuses, et il ne pourra pas dire : non!

LERSE.

Il pourra le dire et le dira.

ÉLISABETH.

Il a rompu son ban. Ose dire que non!

LERSE.

Non! Il a été contraint. Où est la raison pour le condamner?

ÉLISABETH.

La méchanceté ne cherche pas des raisons, mais des prétextes. Il s'est associé à des rebelles, des malfaiteurs, des meurtriers; il s'est mis à leur tête. Ose dire que non!

LERSE.

Cessez de vous tourmenter et moi avec vous. Ne lui ont-ils pas promis solennellement de ne plus entreprendre d'exécutions comme celle de Weinsberg? Ne les ai-je pas entendus eux-mêmes dire, à demi repentants : « Si ce n'était pas fait, peut-être cela ne se ferait-il jamais? » Les princes et les seigneurs ne devraient-ils pas lui savoir gré de s'être fait volontairement le chef d'une multitude effrénée, pour contenir sa fureur et sauver tant d'hommes et de propriétés?

ÉLISABETH.

Tu es un bienveillant avocat.... S'ils le faisaient prisonnier, s'ils le traitaient comme rebelle, et que sa tête grise.... Lerse, j'en perdrais la raison.

LERSE, *à part.*

Tendre Père des hommes, envoie le sommeil à ses membres, si tu ne veux donner aucune consolation à son âme!

ÉLISABETH.

George a promis d'apporter des nouvelles. Mais il n'osera pas faire comme il veut. Ils sont moins libres que des prisonniers. Je sais qu'on les observe comme des ennemis. Le bon George! Il n'a pas voulu se séparer de son maître.

LERSE.

Le cœur m'a saigné, quand il m'a renvoyé. Si vous n'aviez pas besoin de mon secours, tous les dangers de la mort la plus honteuse ne m'auraient pas séparé de lui.

ÉLISABETH.

Je ne sais où est Sickingen. Si je pouvais seulement envoyer un messager à Marie!

LERSE.

Écrivez toujours, je me chargerai de la lettre. (*Ils sortent.*)

Près d'un village.

GOETZ, GEORGE.

GOETZ.

Vite à cheval, George. Je vois Miltenberg brûler. Voilà comme ils observent la convention! Va, dis-leur ma résolution! Les incendiaires! Je les abandonne. Qu'ils prennent pour chef un bohémien et non pas moi. Vite, George! (*George s'éloigne.*) Je voudrais être à mille lieues d'ici, et couché dans la plus profonde prison de la Turquie. Si je pouvais sortir de leurs mains avec honneur! Tous les jours je les contrecarre; je leur dis les plus dures vérités, pour qu'ils se lassent de moi et me laissent aller. (*Un inconnu survient.*)

L'INCONNU.

Dieu vous garde, noble seigneur!

GOETZ.

Dieu vous le rende! Que m'apportez-vous? Votre nom?

L'INCONNU.

Il ne fait rien à la chose. Je viens vous dire que votre vie est en danger. Les chefs sont las d'essuyer de vous des paroles dures; ils ont résolu de vous assassiner. Modérez-vous ou voyez à vous échapper, et Dieu veuille vous conduire! (*Il s'éloigne.*)

GOETZ.

Quitter la vie de la sorte, Goetz, et finir ainsi! Eh bien, soit! Ma mort sera pour le monde le plus sûr témoignage que je n'ai rien eu de commun avec ces chiens. (*Quelques paysans arrivent.*)

PREMIER PAYSAN.

Seigneur, seigneur! Ils sont battus; ils sont pris.

GOETZ.

Qui?

DEUXIÈME PAYSAN.

Ceux qui ont brûlé Miltenberg. Une troupe de la ligue s'est montrée derrière la montagne, et les a surpris tout à coup.

GOETZ.

Leur récompense les attend.... O George! George!... Ils t'ont pris avec ces malfaiteurs.... Mon George! Mon George!... (*Arrivent des chefs.*)

LINK.

En avant, monsieur le capitaine! En avant! Il n'est pas temps d'hésiter : l'ennemi est dans le voisinage et en force.

GOETZ.

Qui a brûlé Miltenberg?

METZLER.

Si vous voulez faire des façons, on vous montrera comme on n'en fait point.

KOHL.

Veillez sur notre peau et sur la vôtre. Marchons!

GOETZ, *à Metzler.*

Tu me menaces? Toi, misérable vaurien! Crois-tu me sembler plus redoutable, parce que le sang du comte de Helfenstein souille tes habits ?

METZLER.

Berlichingen !

GOETZ.

Tu peux prononcer mon nom : mes enfants n'en rougiront pas.

METZLER.

Lâche drôle que tu es! Valet de princes!... (*Gœtz lui décharge sur la tête un coup qui l'étend par terre. Les autres se jettent entre eux.*)

KOHL.

Vous êtes fous. L'ennemi débouche de tous côtés et vous querellez !

LINK.

En avant! en avant! (*Tumulte et combat.*)

WEISLINGEN, CAVALIERS.

WEISLINGEN.

Sus! Sus! Ils fuient. Que la pluie et la nuit ne vous arrêtent pas. On dit que Gœtz est avec eux. Tâchez de le prendre. Il est grièvement blessé, disent les nôtres. (*Les cavaliers s'éloignent.*) Et, si je te tiens!... Ce sera une grâce encore, si nous exécutons en secret, dans la prison, ta sentence de mort.... Alors il est effacé de la mémoire des hommes, et tu peux battre plus librement, cœur insensé! (*Il s'éloigne.*)

Une forêt sauvage. Un camp de bohémiens. Il fait nuit.

UNE MÈRE BOHÉMIENNE, *auprès du feu.*

Ma fille, raccommode le toit de chaume sur le fossé ; il pleuvra encore assez cette nuit. (*Entre un petit garçon.*)

L'ENFANT.

Un hamster, ma mère, et deux souris des champs !

LA MÈRE.

Je vais te les écorcher et les rôtir, et de la peau je te ferai un bonnet.... Tu saignes ?

L'ENFANT.

Le hamster m'a mordu.
LA MÈRE.

Va chercher du bois sec; que le feu brûle clair quand ton père viendra : il sera mouillé jusqu'aux os. (*Une autre bohémienne arrive, un enfant sur le dos.*)
PREMIÈRE BOHÉMIENNE.

As-tu fait bonne quête?
DEUXIÈME BOHÉMIENNE.

Assez pauvre. Le pays d'alentour est si plein de tumulte, qu'on n'est pas sûr de sa vie. Deux villages flambent.
PREMIÈRE BOHÉMIENNE.

Est-ce un incendie, cette lueur là-bas? Il y a longtemps que je la vois. On est si accoutumé, depuis quelque temps, à voir au ciel des signes de feu! (*Arrivent le chef des bohémiens et trois compagnons.*
LE CHEF.

Entendez-vous le chasseur sauvage?
PREMIÈRE BOHÉMIENNE.

Il passe droit sur nos têtes.
LE CHEF.

Comme les chiens aboient! Oua! Oua!
DEUXIÈME BOHÉMIENNE.

Les fouets claquent.
TROISIÈME BOHÉMIENNE.

Les chasseurs crient : holla! ho!
LA MÈRE.

Je crois vraiment que vous apportez le bagage du diable!
LE CHEF.

Nous avons pêché en eau trouble; les paysans pillent eux-mêmes : ça nous est bien permis.
DEUXIÈME BOHÉMIENNE.

Qu'as-tu, Wolf?
WOLF.

Un lièvre ici et un coq, une broche, un paquet de toile, trois cuillers à pot et une bride de cheval.
STICKS.

Moi j'ai une couverture de laine, une paire de bottes et de l'amadou et des allumettes.

LA MÈRE.

Tout ça est plein d'eau ; il faut le faire sécher. Donnez.

LE CHEF.

Écoutez! un cheval! Allez! Voyez ce que c'est. (*Arrive Gœtz à cheval.*)

GOETZ.

Dieu soit loué! Je vois du feu. Ce sont des bohémiens. Mes blessures saignent, les ennemis me suivent. Grand Dieu, quelle horrible fin tu m'envoies!

LE CHEF.

Est-ce la paix que tu nous apportes?

GOETZ.

J'implore vos secours. Mes blessures m'épuisent. Aidez-moi à descendre de cheval.

LE CHEF.

Aidez-lui! Un noble seigneur, à son air et à son langage!

WOLF, *bas.*

C'est Gœtz de Berlichingen.

LE CHEF.

Soyez le bienvenu! Tout ce que nous possédons est à vous.

GOETZ.

Je vous remercie.

LE CHEF.

Venez dans ma tente.

La tente du chef.

LE CHEF, GOETZ.

LE CHEF.

Appelez la mère. Qu'elle apporte des vulnéraires et des emplâtres. (*Gœtz ôte sa cuirasse.*) Voici mon pourpoint de fête.

GOETZ.

Dieu vous récompense! (*La mère vient et bande ses plaies.*)

LE CHEF.

C'est une grande joie pour moi de vous posséder.

GOETZ.

Me connaissez-vous?

LE CHEF.

Qui pourrait ne pas vous connaître? Gœtz, nous donnerons pour vous notre sang et notre vie. (*Entre Schricks.*)

SCHRICKS.

Des cavaliers traversent la forêt. Ils sont de la ligue.

LE CHEF.

Ils vous poursuivent!... Ils n'arriveront pas jusqu'à vous. En avant, Schricks! Appelle les autres. Nous connaissons mieux les détours : nous les tuerons avant qu'ils nous aperçoivent.

GOETZ, *seul*.

O empereur, empereur! Des brigands protégent tes enfants. (*On entend une vive fusillade.*) Des sauvages.... obstinés et fidèles! (*Entre une bohémienne.*)

LA BOHÉMIENNE.

Sauvez-vous, les ennemis l'emportent.

GOETZ.

Où est mon cheval?

LA BOHÉMIENNE.

Ici près.

GOETZ. *Il ceint son épée et monte à cheval sans cuirasse.*

Pour la dernière fois, ils sentiront mon bras. Je ne suis pas encore si faible. (*Il s'éloigne.*)

LA BOHÉMIENNE.

Il court joindre les nôtres. (*Fuite.*)

WOLF.

Partez! partez! Tout est perdu. Notre chef est tué, Gœtz est pris. (*Cris de femmes et fuite.*)

Chambre à coucher d'Adélaïde.

ADÉLAÏDE, *tenant une lettre*.

Lui ou moi! L'insolent! Me menacer!... Nous te préviendrons. Qui se glisse dans la salle? (*On frappe.*) Qui est là?

FRANZ, *à voix basse*.

Ouvrez-moi, madame!

ADÉLAÏDE.

Franz! Il mérite bien que je lui ouvre. (*Elle le fait entrer.*)

FRANZ. *Il se jette à son cou.*

Chère dame!

ADÉLAÏDE.

Téméraire! Si quelqu'un t'avait entendu!

FRANZ.

Oh! tout dort! tout le monde!

ADÉLAÏDE.

Que veux-tu?

FRANZ.

Je n'ai plus de repos. Les menaces de mon maître, votre sort, mon cœur....

ADÉLAÏDE.

Il était bien en colère, quand tu l'as quitté?

FRANZ.

Comme je ne l'avais jamais vu. « Il faut qu'elle se rende dans mes terres, disait-il; il faut qu'elle le veuille. »

ADÉLAÏDE.

Et nous obéirons?

FRANZ.

Je n'en sais rien, madame.

ADÉLAÏDE.

Enfant crédule, insensé! Tu ne vois pas où cela mène. Ici il me sait en sûreté : car dès longtemps il en veut à ma liberté. Il veut me tenir dans ses terres. Là il pourra me traiter comme sa haine le lui conseille.

FRANZ.

Il ne pourra.

ADÉLAÏDE.

L'empêcheras-tu?

FRANZ.

Il ne pourra.

ADÉLAÏDE.

Je prévois toute ma misère. Il m'arrachera de son château par violence; il m'enfermera dans un cloître.

FRANZ.

L'enfer! la mort!...

ADÉLAÏDE.

Me sauveras-tu?

ACTE V.

FRANZ.

Ah! tout! Je ferai tout!

ADÉLAÏDE. *Elle l'embrasse en pleurant.*

Franz! Ah! pour nous sauver!...

FRANZ.

Il tombera. Je lui mettrai le pied sur la gorge.

ADÉLAÏDE.

Point de fureur. Tu lui remettras une lettre pleine de soumission, portant que j'obéis.... Et verse cette fiole dans sa boisson.

FRANZ.

Donnez. Vous serez libre.

ADÉLAÏDE

Libre! Quand tu ne te glisseras plus chez moi en tremblant, sur la pointe du pied; quand je ne te dirai plus avec anxiété : « Va-t'en, Franz; voici le matin. »

Heilbronn, devant la tour.

ÉLISABETH, LERSE.

LERSE.

Dieu veuille vous délivrer de vos peines, madame! Marie est ici.

ÉLISABETH.

Dieu soit loué! Lerse, nous sommes plongés dans une affreuse douleur. Tout est maintenant comme je l'avais prévu. Prisonnier, comme rebelle et malfaiteur; jeté dans le plus profond cachot!...

LERSE.

Je sais tout.

ÉLISABETH.

Rien, tu ne sais rien : le malheur est trop grand! Son âge, ses blessures, une fièvre lente, et, plus que tout cela, sa noire tristesse de devoir finir ainsi.

LERSE.

Ajoutez que Weislingen est commissaire.

ÉLISABETH.

Weislingen?

LERSE.

On a procédé par des exécutions inouïes. Metzler a été brûlé vif. On les a roués, empalés, décapités, écartelés, par centaines. Tout le pays d'alentour ressemble à une boucherie, où l'on vend à bon marché la chair humaine.

ÉLISABETH.

Weislingen commissaire! O Dieu! Un rayon d'espérance! Il faut que Marie se rende chez lui : il ne peut rien lui refuser. Il eut toujours le cœur tendre, et, lorsqu'il la verra, elle, qu'il a tant aimée, elle, qui est si malheureuse par lui.... Où est-elle?

LERSE.

Encore à l'auberge.

ÉLISABETH.

Conduis-moi près d'elle. Il faut qu'elle parte à l'instant. Je crains tout.

Le château de Weislingen.

WEISLINGEN, *seul*.

Je suis si malade, si faible.... Tous mes os sont desséchés. Une fièvre cruelle en a dévoré la moelle. Point de repos, point de trêve, ni jour ni nuit. Dans un demi-sommeil, des rêves empoisonnés. La nuit dernière, je rencontrai Gœtz dans la forêt. Il tira son épée et me défia. Je voulus saisir la mienne : ma main s'y refusa. Alors il remit la sienne dans le fourreau, me regarda avec mépris, et passa derrière moi.... Il est prisonnier et je tremble devant lui. Misérable! Ta parole l'a condamné à mort, et tu frémis devant son fantôme, comme un malfaiteur!... Et doit-il mourir?... Gœtz! Gœtz!... Nous ne sommes pas maîtres de nos actions, nous autres hommes; nous sommes livrés au pouvoir de mauvais génies, qui exercent pour notre perte leur malice infernale. (*Il s'assied.*) Faible! faible!... Comme mes ongles sont bleus!... Une sueur froide, froide, dévorante, paralyse tous mes membres. Tout tourne devant mes yeux. Si je pouvais dormir! Ah! (*Entre Marie.*)

WEISLINGEN.

Jésus, Marie!... Laisse-moi en paix! Laisse-moi en paix!...

Cette vision manquait encore! Elle meurt, Marie meurt, et se montre à moi.... Laisse-moi, esprit bienheureux! Je suis assez misérable.

MARIE.

Weislingen, je ne suis pas un esprit; je suis Marie.

WEISLINGEN.

C'est sa voix.

MARIE.

Je viens implorer de toi la grâce de mon frère. Il est innocent, si coupable qu'il paraisse.

WEISLINGEN.

Silence, Marie! Ange du ciel, tu apportes avec toi les tourments de l'enfer. Ne dis rien de plus.

MARIE.

Et mon frère devra mourir? Weislingen, c'est affreux que j'aie besoin de te dire : « Il est innocent! » que je doive pleurer, pour te détourner du meurtre le plus abominable. Ton âme est possédée, jusqu'en ses dernières profondeurs, par des puissances ennemies. Et voilà Adelbert!

WEISLINGEN.

Tu le vois, le souffle dévorant de la mort a passé sur moi; mes forces penchent vers la tombe. Je mourais misérable, et tu viens me précipiter dans le désespoir. Si je pouvais parler, ta haine la plus forte se fondrait en pitié et en gémissements. O Marie! Marie!

MARIE.

Weislingen, mon frère est malade en prison. Ses graves blessures, son âge!... Et, si tu pouvais souffrir que sa tête grise.... Weislingen, nous serions au désespoir.

WEISLINGEN.

Il suffit. (*Il sonne. Franz se présente dans une extrême agitation.*)

FRANZ.

Monseigneur?...

WEISLINGEN.

Ces papiers-là, Franz. (*Franz les lui remet.*)

WEISLINGEN. *Il ouvre un paquet et montre un papier à Marie.*

Voici la sentence de mort de ton frère : elle est signée.

MARIE.

Dieu du ciel!

WEISLINGEN.

Et je la déchire. Il vivra. Mais puis-je faire revivre ce que j'ai détruit? Franz, ne pleure pas ainsi. Bon jeune homme, ma souffrance te touche profondément. (*Franz se prosterne devant lui et lui embrasse les genoux.*)

MARIE, *à part*.

Il est très-malade. Sa vue me déchire le cœur. Comme je l'aimais! Et maintenant, que je m'approche de lui, je sens comme vivement....

WEISLINGEN.

Franz, lève-toi et cesse de pleurer! Je puis en revenir. L'espérance est pour les vivants.

FRANZ.

Vous n'en reviendrez pas. Il vous faut mourir.

WEISLINGEN.

Il le faut?

FRANZ, *hors de lui*.

Du poison! du poison!... de votre femme!... Moi! moi!... (*Il s'enfuit.*)

WEISLINGEN.

Marie, suis-le. Il est hors de lui. (*Marie sort.*) Du poison, de ma femme? Malheur! malheur! Je le sens. Mort et martyre

MARIE, *sans être vue*.

Au secours! au secours!

WEISLINGEN. *Il essaye de se lever.*

Dieu! je ne puis. (*Marie rentre.*)

MARIE.

Il est perdu. Le furieux s'est précipité dans le Mein, de la fenêtre du salon.

WEISLINGEN.

Il est heureux.... Ton frère est hors de danger. Les autres commissaires, surtout Seckendorf, sont ses amis. Ils lui accorderont sans délai, sur sa parole, prison de chevalier. Adieu, Marie! Éloigne-toi.

MARIE.

Je veux rester près de toi, pauvre délaissé.

WEISLINGEN.

Oui, délaissé et pauvre! Tu es un terrible vengeur, ô Dieu!... Ma femme....

ACTE V.

MARIE.

Délivre-toi de ces pensées. Tourne ton cœur vers le Dieu de miséricorde.

WEISLINGEN.

Va, chère âme, laisse-moi à ma misère.... C'est horrible! Ta présence, Marie, ma dernière consolation, est elle-même un tourment.

MARIE, *à part.*

O Dieu, fortifie-moi. Mon âme succombe avec la sienne.

WEISLINGEN.

Hélas! hélas! du poison de ma femme!... Mon Franz, séduit par l'abominable! Comme elle attend, comme elle épie le messager qui doit lui porter la nouvelle : « Il est mort! » Et toi, Marie, Marie, pourquoi es-tu venue éveiller tous les souvenirs de mes crimes? Laisse-moi, laisse-moi mourir!

MARIE.

Permets que je reste! Tu es seul. Suppose que je suis ta garde. Oublie tout. Dieu veuille oublier toutes tes offenses comme je les oublie!

WEISLINGEN.

Ame pleine d'amour, prie pour moi, prie pour moi! Mon cœur est fermé.

MARIE.

Il aura pitié de toi.... Tu es épuisé.

WEISLINGEN.

Je meurs, je meurs et ne puis exhaler le dernier souffle. Et, dans ce combat terrible de la vie et de la mort, je sens les tourments de l'enfer.

MARIE.

Prends pitié, prends pitié de lui! Un seul regard de ton amour dans son cœur, afin qu'il s'ouvre à la consolation, et que son âme emporte dans la mort l'espérance, l'espérance de la vie!

Une voûte étroite et sombre.

LES JUGES DU TRIBUNAL SECRET, *tous masqués.*

L'ANCIEN.

Juges du tribunal secret, vous avez juré, sur la corde et le glaive, d'être irréprochables, de juger en secret, de punir en secret, comme Dieu! Si vos mains, si vos cœurs sont purs, levez les bras et prononcez sur les coupables : Malheur! malheur!

TOUS.

Malheur! malheur!

L'ANCIEN.

Crieur, commence le jugement.

LE CRIEUR.

Moi, crieur, je forme la plainte contre le malfaiteur. Que celui dont le cœur est pur, dont les mains sont pures, pour jurer sur la corde et le glaive, que celui-là accuse par la corde et le glaive! qu'il accuse! qu'il accuse!

L'ACCUSATEUR, *s'avançant*.

Mon cœur est pur de crimes, mes mains, de sang innocent. Dieu, pardonne-moi les mauvaises pensées, et ferme le chemin à la volonté. Je lève la main et j'accuse! j'accuse! j'accuse!

L'ANCIEN.

Qui accuses-tu?

L'ACCUSATEUR.

J'accuse, sur la corde et le glaive, Adélaïde de Weislingen Elle s'est rendue coupable d'adultère; elle a empoisonné son mari par les mains de son écuyer. L'écuyer s'est fait justice lui-même; le mari est mort.

L'ANCIEN.

Tu jures, par le Dieu de vérité, que tu accuses selon la vérité?

L'ACCUSATEUR.

Je le jure.

L'ANCIEN.

Si cela était trouvé faux, offres-tu ta vie au châtiment du meurtre et de l'adultère?

L'ACCUSATEUR.

Je l'offre.

L'ANCIEN.

Vos suffrages! (*Les juges parlent bas à l'ancien.*)

L'ACCUSATEUR.

Juges du tribunal secret, quelle est votre sentence sur Adélaïde de Weislingen, accusée de meurtre et d'adultère?

L'ANCIEN.

Elle doit mourir, mourir d'une mort terrible, d'une double mort; expier doublement, par la corde et le glaive, son double forfait. Levez vos mains et criez malheur sur elle! Malheur! malheur! Qu'elle soit remise aux mains du vengeur.

TOUS.

Malheur! malheur! malheur!

L'ANCIEN.

Vengeur, vengeur, avance-toi. (*Le vengeur paraît.*)

L'ANCIEN.

Prends ici la corde et le glaive, pour la faire disparaître de la face du ciel, dans l'espace de huit jours. Où que tu la trouves, couche-la dans la poussière!... Juges, qui jugez en secret et punissez en secret, comme Dieu, préservez vos cœurs du crime et vos mains du sang innocent.

Cour d'auberge.

MARIE, LERSE.

MARIE.

Les chevaux se sont assez rafraîchis; Lerse, poursuivons notre chemin.

LERSE.

Reposez-vous du moins jusqu'au matin. La nuit est tout à fait mauvaise.

MARIE.

Lerse, je n'aurai point de repos jusqu'à ce que j'aie vu mon frère. Partons. Le temps s'éclaircit : nous pouvons espérer un beau jour.

LERSE.

Comme vous l'ordonnerez.

Heilbronn, l'intérieur de la tour.

GOETZ, ÉLISABETH.

ÉLISABETH.

Je t'en prie, mon cher mari, parle-moi. Ton silence m'inquiète. Tu te consumes en toi-même. Viens, visitons tes blessures; elles vont beaucoup mieux. Dans ce sombre découragement, je ne te reconnais plus.

GOETZ.

Est-ce que tu cherchais Goetz? Il y a longtemps qu'il n'est plus. Ils m'ont mutilé pièce à pièce, ma main, ma liberté, mes biens et ma bonne renommée.... Ma tête, qu'importe?... Qu'avez-vous appris de George? Lerse est-il allé chercher George?

ÉLISABETH.

Oui, mon bien-aimé! Relevez-vous! Bien des choses peuvent changer.

GOETZ.

Celui que Dieu abat ne se relève pas lui-même. Je sais parfaitement ce qui pèse sur mes épaules. Je suis accoutumé à supporter le malheur. Et maintenant ce n'est pas seulement Weislingen; ce ne sont pas seulement les paysans, ni la mort de l'empereur et mes blessures.... c'est tout ensemble. Mon heure est venue. J'espérais qu'elle serait telle que ma vie.... Que sa volonté soit faite!

ÉLISABETH.

Ne veux-tu pas prendre quelque chose?

GOETZ.

Rien, ma femme. Vois comme le soleil brille là dehors.

ÉLISABETH.

Un beau jour de printemps.

GOETZ.

Ma chère, si tu pouvais persuader au gardien de me souffrir dans son petit jardin une demi-heure, afin que je jouisse du doux soleil, du ciel serein et de l'air pur

ÉLISABETH.

J'y vais. Il y consentira sans doute.

Un petit jardin au pied de la tour.

MARIE, LERSE.

MARIE.

Entre et vois ce qui se passe. (*Lerse entre dans la tour. Élisabeth paraît avec le gardien.*)

ÉLISABETH.

Dieu vous rende votre affection et votre fidélité pour mon époux! (*Le gardien se retire.*) Marie, qu'apportes-tu?

MARIE.

La sûreté de mon frère. Mais, hélas! mon cœur est brisé. Weislingen est mort, empoisonné par sa femme. Mon mari est en danger. Les princes sont trop puissants pour lui : on dit qu'il est bloqué et assiégé.

ÉLISABETH.

Ne croyez pas à ce bruit, et n'en laissez rien paraître à Gœtz.

MARIE.

Comment va-t-il?

ÉLISABETH.

Je craignais qu'il ne pût vivre jusqu'à ton retour. La main du Seigneur s'appesantit sur lui, et George est mort.

MARIE.

George! L'aimable enfant!

ÉLISABETH.

Quand les brigands brûlaient Miltenberg, son maître l'envoya pour les retenir. A ce moment, une troupe de la ligue tomba sur eux.... George!... Se fussent-ils conduits tous comme lui! Mais il aurait fallu qu'ils eussent tous sa bonne conscience. Beaucoup furent tués, et George avec eux. Il est mort en brave guerrier.

MARIE.

Gœtz le sait-il?

ÉLISABETH.

Nous le lui cachons. Il me demande dix fois le jour, et, dix fois le jour, il m'envoie savoir ce que George devient. Je crains de porter à son cœur ce dernier coup.

MARIE.

O Dieu, que sont les espérances de cette terre? (*Goetz, Lerse, le gardien paraissent.*)

GOETZ.

Dieu tout-puissant, que l'on est bien sous ton ciel! qu'on est libre!... Les arbres poussent des bourgeons et tout le monde espère.... Adieu, mes amis! Mes racines sont coupées, mes forces déclinent vers la tombe.

ÉLISABETH.

Dois-je envoyer Lerse chercher ton fils au couvent, afin que tu le voies et le bénisses encore une fois?

GOETZ.

Laisse-le : il est plus saint que moi, et n'a pas besoin de ma bénédiction.... Le jour de notre noce, Elisabeth, je ne prévoyais pas que je mourrais ainsi.... Mon vieux père nous bénit, et de sa prière découlait une postérité de fils nobles et vaillants.... Tu ne l'as pas exaucé, et je suis le dernier!... Lerse, ton visage me réjouit à l'heure de la mort plus que dans la plus chaude mêlée. Alors mon esprit guidait le vôtre; maintenant c'est toi qui me soutiens. Ah! si je voyais George encore une fois, si je me réchauffais à son regard! Vous baissez les yeux et vous pleurez.... Il est mort.... George est mort.... Meurs, Gœtz!... Tu t'es survécu à toi-même, tu as survécu à ces braves.... Comment est-il mort? Ah! ils l'ont pris au milieu des incendiaires et l'ont exécuté?

ÉLISABETH.

Non, il est tombé près de Miltenberg, en combattant comme un lion pour sa liberté.

GOETZ.

Dieu soit loué!... C'était le meilleur jeune homme qui fût sous le soleil, et le plus brave.... Délivre mon âme à présent.... Pauvre femme, je te laisse dans un monde corrompu. Lerse, ne l'abandonne pas.... Fermez vos cœurs avec plus de soin que vos portes. Voici les temps de la fraude; la carrière lui est ouverte. Les méchants régneront par la ruse, et le noble cœur tombera dans leurs filets. Marie, Dieu te rende ton époux! Puisse-t-il ne pas tomber aussi bas qu'il est monté haut! Selbitz est mort et

le bon empereur et mon George.... Donnez-moi un peu d'eau....
Air céleste.... Liberté! liberté! (*Il meurt.*)

ÉLISABETH.

Là-haut seulement, là-haut, près de toi!... Le monde est une prison.

MARIE.

Homme généreux! homme généreux! Malheur au siècle qui t'a repoussé!

LERSE.

Malheur à la postérité qui te méconnaîtra!

FIN DE GOETZ DE BERLICHINGEN.

EGMONT

TRAGÉDIE EN CINQ ACTES

PERSONNAGES.

MARGUERITE DE PARME, fille de Charles-Quint, gouvernante des Pays-Bas.
LE COMTE D'EGMONT, prince de Gavre.
GUILLAUME D'ORANGE.
LE DUC D'ALBE.
FERDINAND, son fils naturel.
MACHIAVEL, officier de la gouvernante.
RICHARD, secrétaire d'Egmont.
SILVA,
GOMEZ, } officiers du duc d'Albe.
CLAIRE, maîtresse d'Egmont.
LA MÈRE de Claire.
BRACKENBOURG, jeune bourgeois.
SOEST, mercier,
JETTER, tailleur,
UN CHARPENTIER, } bourgeois de Bruxelles.
UN SAVONNIER,
BUYCK, Hollandais, soldat sous Egmont.
RUYSUM, invalide.
VANSEN, écrivain.
PEUPLE, SUITE, GARDES, etc.

La scène est à Bruxelles.

EGMONT.

TRAGÉDIE EN CINQ ACTES[1].

ACTE PREMIER.

Un tir à l'arbalète.

SOLDATS ET BOURGEOIS, *portant des arbalètes*,
JETTER, SOEST.
JETTER s'avance et bande son arbalète.

SOEST.

Allons, tirez toujours; qu'on en finisse! Vous ne l'emporterez pas sur moi. Trois anneaux dans le noir[2]! De votre vie vous n'en avez fait autant. Ainsi, pour cette année, je serai maître.

JETTER.

Maître, et roi encore! Qui vous le conteste? Mais aussi, vous payerez double écot; vous payerez votre adresse, comme de juste.

BUYCK.

Jetter, je vous achète votre coup : je partage le gain, je régale ces messieurs. Je suis ici depuis longtemps et redevable de mille honnêtetés.... Si je manque, c'est comme si vous aviez tiré.

---

1. Nous traduisons le titre fidèlement. On pourra trouver que la qualification de drame convient à Egmont tout aussi bien qu'à Gœtz de Berlichingen.
Gœthe a écrit Egmont en prose.
2. La cible présentait des cercles concentriques; plus le coup approchait du centre ou noir, plus il laissait de cercles ou d'anneaux en dehors.

SOEST.

J'aurais bien à dire là-dessus; car au fond j'y perds. Mais soit!... Allons, Buyck!

BUYCK. *Il tire.*

Eh bien, maître fou[1], la révérence!... Une, deux, trois, quatre!...

SOEST.

Quatre anneaux!... A la bonne heure.

TOUS.

Vive le roi! Vive le roi!...

BUYCK.

Merci, messieurs : maître serait déjà trop. Merci de l'honneur.

JETTER.

Vous le devez à vous-même.

RUYSUM.

Que je vous dise!...

SOEST, *élevant la voix, parce que Ruysum a l'oreille dure.*

Qu'en pensez-vous, mon vieux?

RUYSUM.

Que je vous dise!... Il tire comme son maître; il tire comme Egmont.

BUYCK.

Auprès de lui, je ne suis qu'un pauvre sire. D'abord, à l'arquebuse, il tire mieux que personne au monde. Non par aventure, quand il a du bonheur ou une bonne veine, non : qu'il couche en joue seulement, il met toujours en plein noir. J'ai appris de lui. Il serait un lourdaud celui qui servirait sous Egmont, et n'apprendrait rien de lui.... N'oublions pas, messieurs!... Un roi nourrit ses gens : ainsi donc, pour le compte du roi, holà! du vin!

JETTER.

Il est réglé entre nous que chacun....

BUYCK.

Je suis étranger et roi, et ne me soucie point de vos lois et coutumes.

---

1. Espèce de bouffon, attaché à une société de tir comme marqueur. Il faisait autant de révérences que le coup avait laissé de cercles en dehors.

JETTER.

Tu es donc pire que l'Espagnol : lui, du moins, jusqu'à présent il a dû les respecter.

RUYSUM.

Qu'y a-t-il ?

SOEST, *élevant la voix.*

Il veut nous régaler ; il ne veut pas souffrir que chacun contribue, et que le roi paye seulement le double.

RUYSUM.

Laissez-le faire.... mais sans conséquence! C'est encore la manière de son maître, d'être magnifique et de faire les choses largement, quand cela va bien. (*On apporte du vin.*)

TOUS.

A Sa Majesté! Qu'elle vive!

JETTER, *à Buyck, avec intention.*

A Votre Majesté, s'entend.

BUYCK.

Merci, de tout mon cœur, s'il faut qu'il en soit ainsi.

SOEST.

Fort bien! Car, pour la santé de Sa Majesté espagnole, un Néerlandais ne la boit guère de bon cœur.

RUYSUM.

Qui ?

SOEST, *élevant la voix.*

De Philippe II, roi d'Espagne.

RUYSUM.

Notre gracieux seigneur et roi! Que Dieu lui donne longue vie !

SOEST.

N'aimiez-vous pas mieux son père, Charles-Quint?

RUYSUM.

Dieu lui donne sa paix! C'était là un maître! Il avait la main sur toute la terre, et il était tout à tous; et, quand il vous rencontrait, il vous saluait, comme un voisin en salue un autre; et, quand vous étiez intimidé, il savait, d'une si bonne manière.... là, vous m'entendez.... Il sortait, il chevauchait, comme il en prenait fantaisie, avec bien peu de monde. Oh! nous avons tous pleuré, quand il céda ici le gouvernement à son fils.... Je disais, vous m'entendez.... celui-ci, c'est autre chose : il est plus majestueux.

JETTER.

Lorsqu'il était ici, il ne se montrait qu'en grande pompe et en appareil royal. Il parle peu, disent les gens.

SOEST.

Ce n'est pas un maître fait pour nous autres Néerlandais. Il faut que nos princes soient joyeux et francs comme nous, qu'ils vivent et laissent vivre. Nous ne voulons être ni méprisés ni opprimés, tout bons diables que nous sommes.

JETTER.

Le roi serait, je pense, un bon maître, si seulement il avait de meilleurs conseillers.

SOEST.

Non, non, il n'a aucune bienveillance pour nous autres Néerlandais; son cœur n'est pas incliné vers le peuple; il ne nous aime pas : comment pourrions-nous l'aimer nous-mêmes? Pourquoi tout le monde est-il si attaché au comte d'Egmont? Pourquoi le porterions-nous tous sur nos bras? C'est qu'à son air on voit qu'il nous veut du bien; c'est que l'enjouement, la franchise, la bienveillance, brillent dans ses yeux; c'est qu'il ne possède rien dont il ne fasse part au nécessiteux, et même à celui qui ne l'est pas. Vive le comte d'Egmont! Buyck, c'est à vous de porter la première santé : portez la santé de votre maître!

BUYCK.

Oh! de toute mon âme! Au comte d'Egmont!

RUYSUM.

Au vainqueur de Saint-Quentin!

BUYCK.

Au héros de Gravelines!

TOUS.

Qu'il vive!

RUYSUM.

Saint-Quentin fut ma dernière bataille. Je pouvais à peine avancer encore, à peine traîner ma pesante arquebuse. Cependant j'ai brûlé encore la cartouche sur la peau des Français, et gagné même, pour mon congé, une éraflure à la jambe droite.

BUYCK.

Gravelines, mes amis! C'est là qu'il faisait chaud. A nous seuls la victoire! Ces chiens de Welches ne mettaient-ils pas toute la Flandre à feu et à sang? Mais nous les trouvâmes, il me semble! Leurs vieux et robustes troupiers tinrent longtemps, et nous fîmes si bien notre devoir de pousser, de tirer et de frapper, qu'ils firent la grimace et rompirent leurs lignes. Là, Egmont eut son cheval tué sous lui, et nous combattîmes longtemps, avançant, reculant, homme contre homme, cheval contre cheval, peloton contre peloton, sur la grande plaine de sable au bord de la mer. Tout à coup, comme du ciel, de l'embouchure du fleuve, pan! pan! le canon joue sans relâche dans les rangs des Français. C'étaient les Anglais, qui, sous l'amiral Malin, survenaient par hasard de Dunkerque. A vrai dire, ils ne nous aidèrent pas beaucoup; ils ne pouvaient avancer qu'avec leurs plus petits vaisseaux, et pas assez près; ils tiraient bien aussi sur nous.... Cependant cela fit bien; cela ébranla les Welches et releva notre courage. Alors on s'en donna! Ric, rac, en arrière, en avant; on fait sur tout main basse; on les jette tous à l'eau. Et les drôles allaient au fond, aussitôt qu'ils en tâtaient; et ce que nous étions de Hollandais nous nous y jetâmes après eux. Nous, qui sommes amphibies, nous fûmes d'abord à notre aise dans l'eau, comme des grenouilles; et toujours les ennemis sabrés dans la rivière, tirés de loin comme des canards. Ce qui échappa, les paysannes vous les expédièrent, dans leur fuite, avec des houes et des fourches. Sa Majesté welche dut tendre aussitôt la patte et faire la paix. Et la paix, c'est à nous que vous la devez; vous la devez au grand Egmont.

TOUS.

Vive le grand Egmont! qu'il vive! qu'il vive!

JETTER.

Si l'on nous l'avait donné pour gouverneur, au lieu de Marguerite de Parme!

SOEST.

Parlez autrement : le vrai reste vrai. Je ne souffrirai pas qu'on me dise du mal de Marguerite. C'est à présent mon tour : Vive notre gracieuse dame!

TOUS.

Qu'elle vive!

SOEST.

En vérité, il y a dans cette maison d'excellentes femmes. Vive la gouvernante!

JETTER.

Elle est sage et mesurée dans tout ce qu'elle fait. Si seulement elle ne tenait pas si fort et si obstinément pour les prêtres! C'est aussi sa faute, si nous avons dans le pays ces quatorze mitres nouvelles. A quoi bon?... N'est-ce pas afin de pouvoir introduire des étrangers dans les bonnes places, où étaient appelés auparavant des abbés choisis dans les chapitres? Et l'on nous fera croire que c'est pour le bien de la religion? Oui, c'est cela! Nous avions assez de trois évêques ; tout se passait avec ordre et bienséance. Maintenant il faut que chacun se donne l'air nécessaire, et cela cause, à tout moment, des affaires et des querelles. Et plus vous agitez et secouez le liquide, plus il se trouble. (*Ils boivent.*)

SOEST.

C'était la volonté du roi. La gouvernante n'y peut rien retrancher, rien ajouter.

JETTER.

Voilà que nous ne pouvons pas maintenant chanter les nouveaux psaumes! Ils sont vraiment mis en belles rimes, et les mélodies en sont très-édifiantes. Eh bien, nous ne devons pas les chanter : mais des chansons obscènes, autant que nous voudrons! Et pourquoi? Il s'y trouve des hérésies, disent-ils, et des choses.... Dieu sait!... Cependant j'en ai aussi chanté, moi ; c'est du nouveau : je n'y ai rien vu.

BUYCK.

Je voulais vous questionner là-dessus. Dans notre province, nous chantons ce que nous voulons. C'est que notre gouverneur est le comte d'Egmont, qui ne s'enquiert pas de ces choses-là.... A Gand, à Ypres, dans toute la Flandre, les chante qui veut. (*Élevant la voix.*) Il n'y a rien de plus innocent qu'un cantique spirituel : n'est-il pas vrai, père?

RUYSUM.

Oui sans doute. C'est comme un culte, une édification.

JETTER.

Mais, à ce qu'ils disent, ce n'est pas de la bonne manière; ce n'est pas à leur manière; et c'est toujours dangereux : on fait donc mieux de s'en abstenir. Les familiers de l'inquisition font sans bruit la ronde et sont aux aguets; plus d'un brave homme en a déjà souffert. Il ne manquait plus que de gêner les consciences! Puisque je n'ose faire ce qu'il me plairait, ils peuvent bien au moins me laisser penser et chanter ce que je veux.

SOEST.

L'inquisition ne prendra pas. Nous ne sommes pas faits, comme les Espagnols, pour laisser tyranniser notre conscience. Et la noblesse doit aussi, tandis qu'on le peut, chercher à lui couper les ailes.

JETTER.

C'est odieux. Si ces bonnes gens prennent fantaisie d'envahir mon logis, que je sois assis à mon travail, et fredonne justement un psaume français, sans penser ni à bien ni à mal, mais parce qu'il est dans mon gosier : me voilà aussitôt hérétique et je suis incarcéré. Ou bien, si je vais par le pays, et que je m'arrête auprès d'une troupe de gens qui écoutent un nouveau prédicateur, un de ceux qui sont venus d'Allemagne, je suis sur-le-champ déclaré rebelle, et cours le danger de perdre la tête.... En avez-vous peut-être entendu prêcher quelqu'un?

SOEST.

Les braves gens! Dernièrement, j'en entendis un parler, en rase campagne, devant mille et mille personnes. C'était une autre cuisine que celle des nôtres, quand ils battent la caisse sur la chaire, et font avaler du latin aux gens, jusqu'à les étouffer. Il parlait hardiment celui-là; il disait comme les prêtres nous ont menés jusqu'à présent par le nez; comme ils nous entretiennent dans l'ignorance, et comme nous pourrions nous éclairer. Et tout cela, il vous le prouvait par la Bible!

JETTER.

Il peut bien y avoir quelque chose là dedans. Je l'ai toujours dit moi-même, et je ruminais l'affaire. Il y a longtemps que cela me tourne dans la tête.

BUYCK.

Aussi tout le peuple court après eux.

SOEST.

Je le crois bien, là où l'on peut entendre quelque chose de bon et de nouveau!

JETTER.

Et qu'est-ce donc que cela signifie?... On peut bien laisser chacun prêcher à sa manière.

BUYCK.

Çà, courage, messieurs! Tout en bavardant, vous oubliez le vin et Guillaume d'Orange.

JETTER.

Celui-là, il ne faut pas l'oublier. C'est un solide rempart: que l'on songe à lui seulement, on croit aussitôt qu'on pourrait se cacher derrière lui, et que le diable n'en attraperait pas un. A Guillaume d'Orange! Qu'il vive!

TOUS.

Qu'il vive! qu'il vive!

SOEST.

Et toi, mon vieux, porte aussi une santé!

RUYSUM.

Aux vieux soldats! A tous les soldats! Vive la guerre!

BUYCK.

Bravo, mon vieux! A tous les soldats! Vive la guerre!

JETTER.

La guerre! la guerre! Savez-vous bien ce que vous appelez? Que ce mot s'échappe aisément de vos lèvres, c'est bien naturel; mais à quel point il nous attriste le cœur à nous autres, c'est ce que je ne puis dire. Entendre le tambour toute l'année; point d'autres nouvelles, sinon qu'une troupe file par ici et une autre par là; qu'elles ont franchi une colline, et se sont arrêtées près d'un moulin; combien sont demeurés en cet endroit, combien en cet autre, et comment ils en sont venus aux mains; comment l'un a gagné, l'autre a perdu, sans que vous sachiez de vos jours qui gagne ou qui perd quelque chose; comment une ville a été prise, et les bourgeois égorgés, et ce que sont devenus les pauvres femmes et les enfants innocents. C'est

une détresse et une angoisse; on se dit, à chaque moment :
« Ils viennent; il va nous en arriver autant. »

SOEST.

Aussi un bourgeois doit-il toujours être exercé aux armes.

JETTER.

Oui, il s'exerce celui qui a femme et enfants! Et pourtant j'aime encore mieux entendre parler de soldats que d'en voir.

BUYCK.

Je devrais prendre cela en mauvaise part.

JETTER.

Je ne l'ai pas dit pour vous, compatriote. Quand nous fûmes délivrés des garnisons espagnoles, nous respirâmes.

SOEST.

N'est-ce pas?... Elles te pesaient furieusement!

JETTER.

Plaisantez sur vous-même!

SOEST.

Elles avaient chez toi de rudes cantonnements.

JETTER.

Tiens ta langue.

SOEST.

Elles l'avaient chassé de la cuisine, de la cave, de la chambre.... du lit. (*Ils rient.*)

JETTER.

Tu es un imbécile.

BUYCK.

La paix, messieurs!... Est-ce à un soldat de prêcher la paix?... Eh bien, puisque vous ne voulez pas entendre parler de nous, portez donc aussi votre santé, une santé bourgeoise.

JETTER.

Nous sommes prêts! Repos et sûreté!

SOEST.

Ordre et liberté!

BUYCK.

Bravo! Nous en sommes bien volontiers! (*Ils trinquent et répètent gaiement ces paroles, mais de sorte que l'un reprend où* l'autre a fini, de manière à former une espèce de canon. Le vieillard prête l'oreille, et finit par s'y joindre aussi.)

TOUS.

Repos et sûreté! Ordre et liberté!

Le palais de la gouvernante.

MARGUERITE DE PARME, en *habit de chasse*, **COURTISANS, PAGES, DOMESTIQUES.**

LA GOUVERNANTE.

Contremandez la chasse : je ne monterai pas à cheval aujourd'hui. Dites à Machiavel de se rendre auprès de moi. (*Ils sortent tous.*) L'idée de ces affreux événements ne me laisse aucun repos. Rien ne peut me réjouir, rien ne peut me distraire; ces images, ces inquiétudes, sont toujours devant moi. Le roi va dire que ce sont les suites de ma bonté, de mon indulgence; et pourtant ma conscience me dit à chaque instant que j'ai fait ce qu'il y avait de plus sage et de meilleur à faire. Devais-je plutôt, avec l'orage de la colère, exciter ces flammes et les répandre de toutes parts? J'espérais les isoler et les étouffer sur elles-mêmes. Oui, ce que je me dis à moi-même, ce que je sais bien, me justifie à mes propres yeux; mais comment mon frère le prendra-t-il? Car peut-on le nier? l'orgueil des docteurs étrangers s'est accru de jour en jour : ils ont blasphémé contre notre sanctuaire, troublé la simplicité du peuple et soufflé chez lui l'esprit de vertige. Des esprits impurs se sont mêlés aux rebelles, et il s'est commis des actes effroyables, dont l'idée fait frémir, et dont je dois maintenant informer la cour, avec détail et promptement, afin que le bruit public ne me devance pas; afin que le roi ne pense pas que l'on veuille en cacher davantage encore. Je ne vois aucun moyen, amiable ou rigoureux, d'arrêter le mal. Oh! que sommes-nous, grands de la terre, sur le flot de l'humanité? Nous croyons le maîtriser, et il nous pousse en haut et en bas et de tous côtés. (*Entre Machiavel.*)

LA GOUVERNANTE.

Les lettres au roi sont-elles rédigées?

MACHIAVEL.

Vous pourrez les signer dans une heure.

LA GOUVERNANTE.

Avez-vous fait le rapport assez détaillé?

MACHIAVEL.

Détaillé et circonstancié, comme le roi les aime. J'expose comment la fureur iconoclaste se manifeste d'abord à Saint-Omer; comment une multitude forcenée, munie de bâtons, de haches, de marteaux, d'échelles et de cordes, accompagnée de peu de gens armés, attaque d'abord les chapelles, les églises et les couvents, expulse les fidèles, enfonce les portes, bouleverse tout, renverse les autels, brise les statues des saints, détruit tous les tableaux, fracasse, déchire, foule aux pieds tout ce qu'elle rencontre de saint et de consacré. Je rapporte comme la troupe grossit en chemin; comme les habitants d'Ypres lui ouvrent leurs portes; comme elle dévaste la cathédrale, avec une incroyable rapidité, et brûle la bibliothèque de l'évêque; comme une grande foule de peuple, saisie du même délire, se répand sur Menin, Comines, Werwick, Lille, ne trouve de résistance nulle part, et comme, en un moment, cette monstrueuse conjuration se déclare et s'accomplit dans la Flandre presque tout entière.

LA GOUVERNANTE.

Ah! comme en retraçant ce tableau tu réveilles ma douleur! Et il s'y joint la crainte de voir le mal grandir de plus en plus. Fais-moi part de tes idées, Machiavel.

MACHIAVEL.

Que Votre Altesse m'excuse : mes idées ressemblent à des chimères; et, quoique vous fussiez toujours contente de mes services, vous avez rarement voulu suivre mes conseils. Vous disiez souvent, par plaisanterie : « Tu vois trop loin, Machiavel! Tu devrais te faire historien : celui qui gouverne doit veiller au plus pressé. » Et pourtant n'ai-je pas raconté d'avance cette histoire? N'ai-je pas tout prévu?

LA GOUVERNANTE.

Moi aussi, je prévois bien des choses sans pouvoir les changer.

MACHIAVEL.

Un mot pour mille : vous n'étoufferez pas la nouvelle doctrine. Laissez-les vivre, séparez-les des orthodoxes, donnez-leur des églises, renfermez-les dans l'ordre civil, imposez-leur des bornes; et vous réduirez sur-le-champ les rebelles au repos. Tous les autres moyens sont inutiles, et vous ruinez le pays.

LA GOUVERNANTE.

As-tu oublié avec quelle horreur mon frère a repoussé la seule question de savoir si l'on pouvait tolérer la nouvelle doctrine? Ne sais-tu pas comme il me recommande vivement, dans chaque lettre, le maintien de la vraie foi? qu'il ne veut pas voir la tranquillité et l'unité rétablies aux dépens de la religion? N'entretient-il pas lui-même dans les provinces des espions, que nous ne connaissons pas, afin de savoir ceux qui inclinent aux nouvelles opinions? Ne nous a-t-il pas nommé, à notre grande surprise, tel et tel, qui se rendaient secrètement coupables d'hérésie dans notre voisinage? N'ordonne-t-il pas la sévérité et la rigueur? Et je serais indulgente? Je lui proposerais de fermer les yeux, de tolérer? Ne perdrais-je pas tout crédit, toute confiance auprès de lui?

MACHIAVEL.

Je le sais : le roi commande; il vous fait savoir ses intentions. Vous devez rétablir le repos et la paix par un moyen qui aigrit encore plus les esprits, qui allumera inévitablement la guerre de toutes parts. Songez bien à ce que vous ferez. Les plus gros marchands sont séduits, la noblesse, le peuple, les soldats. Que sert-il de persister dans nos idées, lorsque tout change autour de nous? Oh! si un bon génie pouvait persuader à Philippe qu'il sied mieux à un roi de régner sur des citoyens de deux croyances, que de les détruire les uns par les autres!

LA GOUVERNANTE.

Ne tiens plus de pareils discours! Je sais bien que la politique peut rarement respecter la bonne foi; qu'elle bannit de nos cœurs la franchise, la bonté, l'indulgence; dans les affaires humaines cela n'est, hélas! que trop vrai : mais devons-nous jouer avec Dieu comme entre nous? Devons-nous être indifférents à notre doctrine éprouvée, pour laquelle tant d'hommes ont sacrifié leur vie? Nous faudrait-il l'immoler à des nouveautés venues on ne sait d'où, incertaines, contradictoires?

MACHIAVEL.

N'en prenez pas de moi une idée plus défavorable.

LA GOUVERNANTE.

Je te connais, je connais ta fidélité, et je sais qu'on peut être un homme honorable et sage, quand même on a manqué le plus court, le meilleur chemin du salut de son âme. Machiavel, il est encore d'autres hommes, que je suis forcée d'estimer et de blâmer.

MACHIAVEL.

De qui voulez-vous me parler?

LA GOUVERNANTE.

Je puis l'avouer, Egmont m'a fait éprouver aujourd'hui un sensible et profond chagrin.

MACHIAVEL.

Comment?

LA GOUVERNANTE.

Par son insouciance et sa légèreté accoutumées. J'ai reçu l'affreuse nouvelle, à l'instant même où je sortais de l'église, avec une suite nombreuse, dont il faisait partie. Je n'ai pu contenir ma douleur; je me suis plainte hautement, et me suis écriée, en me tournant vers lui : « Voyez ce qui arrive dans votre province! Et vous souffrez cela, comte, vous dont le roi s'est tout promis! »

MACHIAVEL.

Et qu'a-t-il répondu?

LA GOUVERNANTE.

Comme s'il s'agissait d'une bagatelle, d'un rien, il a répliqué: « Si seulement les Néerlandais étaient d'abord tranquillisés sur leur constitution!... Le reste s'arrangerait aisément. »

MACHIAVEL.

Il a parlé peut-être avec plus de vérité que de sagesse et de piété. Comment la confiance peut-elle naître et subsister, si le Néerlandais voit qu'il s'agit plus de ses richesses que de son bien-être et du salut de son âme? Les nouveaux évêques ont-ils plus sauvé d'âmes qu'ils n'ont mangé de gras bénéfices, et la plupart ne sont-ils pas étrangers? Tous les gouvernements sont encore aux mains des Néerlandais; mais les Espagnols ne laissent-ils pas voir trop clairement le plus grand, le plus irrésistible désir d'occuper ces emplois? Un peuple n'aime-t-il pas mieux être gouverné à sa manière, par les siens, que par des étrangers, qui cherchent d'abord à acquérir des possessions dans le pays aux dépens de tous; qui apportent avec eux une règle étrangère, et commandent sans bienveillance et sans affection?

LA GOUVERNANTE.

Tu te ranges du côté de nos adversaires.

MACHIAVEL.

Non pas de cœur, assurément, et je voudrais que ma raison pût être entièrement du nôtre.

LA GOUVERNANTE.

S'il fallait t'écouter, j'en serais réduite à leur céder mon gouvernement; car Egmont et Orange se flattaient bien d'occuper cette place. Alors ils étaient rivaux; maintenant ils sont ligués contre moi; ils sont devenus amis, amis inséparables.

MACHIAVEL.

Couple dangereux!

LA GOUVERNANTE.

S'il faut parler sincèrement, je crains Orange et je crains pour Egmont. Orange ne médite rien de bon; ses pensées s'étendent au loin; il est secret, il semble accepter tout, ne contredit jamais, et, sous le plus profond respect, avec la plus grande prévoyance, il fait ce qu'il lui plaît.

MACHIAVEL.

Egmont, tout au contraire, marche d'un pas libre, comme si le monde lui appartenait.

LA GOUVERNANTE.

Il porte la tête aussi haute que si la main du souverain ne s'étendait pas sur lui.

MACHIAVEL.

Tous les regards du peuple sont dirigés sur lui, et les cœurs lui appartiennent.

LA GOUVERNANTE.

Jamais il n'a évité une apparence, comme si personne n'avait à lui demander compte. Il porte encore le nom d'Egmont; il aime à s'entendre appeler « comte d'Egmont, » comme s'il craignait d'oublier que ses ancêtres ont possédé la Gueldre.

Pourquoi ne se nomme-t-il pas prince de Gavre, comme il lui appartient? Pourquoi cette conduite? Veut-il faire revivre des droits éteints?

MACHIAVEL.

Je le tiens pour un fidèle serviteur du roi.

LA GOUVERNANTE.

S'il le voulait, comme il pourrait bien mériter du gouvernement, tandis qu'il nous a déjà causé, sans avantage pour lui, des chagrins inexprimables! Ses sociétés, ses festins et ses fêtes ont plus rapproché et relié la noblesse, que les plus dangereuses réunions secrètes. Les convives ont puisé dans les santés qu'il porte une ivresse continue, un vertige qui ne se dissipe jamais. Que de fois, par ses plaisanteries, met-il en mouvement les esprits du peuple! et comme la populace s'est ébahie devant les nouvelles livrées et les ridicules insignes de ses domestiques [1]!

MACHIAVEL.

Je suis persuadé que ce fut sans intention.

LA GOUVERNANTE.

C'était déjà assez fâcheux. Comme je le dis, il nous fait du mal et ne se fait aucun bien. Il prend le sérieux en plaisanterie, et nous, pour ne pas sembler inertes et négligents, nous devons prendre la plaisanterie au sérieux. Ainsi l'un provoque l'autre, et ce qu'on cherche à détourner est précisément ce qui s'accomplit. Il est plus dangereux que le chef décidé d'une conjuration; et je serais bien trompée, si, à la cour, on ne lui tient pas registre de tout. Je ne puis le nier, il se passe peu de jours où il ne me fasse quelque sensible et très-sensible chagrin.

MACHIAVEL.

Il me semble agir en tout selon sa conscience.

LA GOUVERNANTE.

Sa conscience a un miroir complaisant. Sa conduite est souvent offensante. Il a souvent l'air de vivre dans la pleine persuasion qu'il est le maître, et qu'il veut bien, par simple condescendance, ne pas nous le faire sentir; qu'il ne veut pas nous chasser tout uniment du pays; que cela se fera de soi-même.

---

[1]. Egmont et d'autres nobles avaient fait porter à leurs gens des livrées burlesques, pour tourner en dérision le cardinal Granvelle.

MACHIAVEL.

Je vous supplie de ne pas interpréter d'une manière trop sinistre sa franchise, son heureux caractère, qui traite légèrement toutes les affaires importantes. Vous ne faites que nuire et à vous et à lui.

LA GOUVERNANTE.

Je n'interprète rien; je ne parle que des suites inévitables, et je le connais : sa noblesse néerlandaise, et la Toison d'or qu'il porte sur sa poitrine, affermissent sa confiance, son audace. L'un et l'autre peuvent le protéger contre un subit et arbitraire mécontentement du roi. Considère avec soin la chose : il est seul coupable de tous les maux qui affligent la Flandre. Il a d'abord toléré les docteurs étrangers; il n'y a pas regardé de si près, et peut-être s'est-il secrètement réjoui de nous voir dans l'embarras. Laisse-moi faire! Ce que j'ai sur le cœur, je m'en déchargerai à cette occasion. Et je ne veux pas lancer mes flèches en vain; je sais où il est sensible : car il est sensible aussi!

MACHIAVEL.

Avez-vous convoqué le conseil? Orange y paraîtra-t-il?

LA GOUVERNANTE.

Je lui ai envoyé un message à Anvers. Je veux rejeter sur eux tout de bon le poids de la responsabilité; il faut qu'avec moi ils s'opposent sérieusement au mal, ou qu'ils se déclarent aussi rebelles. Hâte-toi de préparer les lettres, et me les apporte pour la signature; puis envoie promptement à Madrid le fidèle Vasca : il est infatigable et sûr. Que mon frère apprenne d'abord par lui la nouvelle, et que le public ne le devance pas. Je veux lui parler moi-même avant son départ.

MACHIAVEL.

Vos ordres seront promptement et fidèlement exécutés.

Une maison bourgeoise.

CLAIRE, LA MÈRE DE CLAIRE, BRACKENBOURG.

CLAIRE.

Ne voulez-vous pas me tenir mon écheveau, Brackenbourg?

BRACKENBOURG.

Je vous en prie, Claire, épargnez-moi.

CLAIRE.

Qu'avez-vous encore? Pourquoi me refusez-vous ce petit service d'amitié?

BRACKENBOURG.

Avec ce fil, vous m'enchaînez si bien devant vous, que je ne puis éviter vos yeux.

CLAIRE.

Folies! Venez et tenez-le-moi.

LA MÈRE, *assise et tricotant.*

Chantez donc quelque chose! Brackenbourg accompagne si joliment! Autrefois vous étiez gais, et j'avais toujours de quoi rire.

BRACKENBOURG.

Autrefois.

CLAIRE.

Chantons.

BRACKENBOURG.

Ce que vous voudrez.

CLAIRE.

Mais gaiement et vivement! C'est une chanson de soldat, ma chanson favorite. (*Elle dévide le fil et chante avec Brackenbourg.*)

> Le tambour bat,
> Le fifre résonne,
> Mon amant, armé,
> Commande la troupe;
> Il porte la lance,
> Il conduit la bande.
> Oh! le cœur me bat,
> Et mon sang bouillonne!
> Que n'ai-je pourpoint
> Et chausses et chapeau!
>
> Je le suivrais hors des portes,
> D'un pas courageux,
> J'irais par les provinces,
> J'irais partout avec lui.
> Déjà les ennemis reculent:
> Nous tirons dessus.
> Quel bonheur sans pareil
> Que d'être garçon!

(*Pendant qu'il chantait, Brackenbourg a souvent regardé Claire; enfin la voix lui manque, les larmes lui viennent aux yeux; il laisse tomber l'écheveau, et va se mettre à la fenêtre; Claire achève la chanson; la mère lui témoigne, par signes, un peu de mécontentement : elle se lève, fait quelques pas vers Brackenbourg, revient, comme indécise, et s'assied.*)

LA MÈRE.

Qu'y a-t-il dans la rue, Brackenbourg? J'entends marcher.

BRACKENBOURG.

C'est la garde de la gouvernante.

CLAIRE.

A cette heure? Qu'est-ce que cela veut dire? (*Elle se lève et va se mettre à la fenêtre, à côté de Brackenbourg.*) Ce n'est pas la garde ordinaire : ils sont beaucoup plus nombreux. Presque toutes leurs troupes! O Brackenbourg, allez, allez savoir ce que c'est. Ce doit être quelque chose de particulier. Allez, mon cher Brackenbourg; faites-moi ce plaisir.

BRACKENBOURG.

J'y vais, et je reviens à l'instant! (*A sa sortie, il lui tend la main; elle lui donne la sienne.*)

LA MÈRE.

Tu le renvoies déjà!

CLAIRE.

Je suis curieuse; et puis, ne vous en fâchez pas, sa présence me fait mal. Je ne sais jamais comment je dois agir avec lui. J'ai des torts à son égard, et cela me ronge le cœur, qu'il le sente si vivement.... Cependant je n'y puis rien changer!

LA MÈRE.

C'est un si honnête garçon!

CLAIRE.

Aussi ne puis-je m'empêcher de l'accueillir amicalement. Ma main se serre bien souvent par mégarde, quand la sienne me presse si doucement, si tendrement. Je me reproche de le tromper, de nourrir dans son cœur une vaine espérance. Cela me fait mal. Dieu sait que je ne le trompe pas. Je ne veux pas qu'il espère, et pourtant je ne puis le laisser se désespérer.

LA MÈRE.

Cela n'est pas bien.

CLAIRE.

Je le voyais avec plaisir, et je lui veux encore du bien dans mon âme. J'aurais pu l'épouser, et je crois que je n'eus jamais pour lui de l'amour.

LA MÈRE.

Tu aurais été toujours heureuse avec lui.

CLAIRE.

Je serais pourvue, et j'aurais une vie tranquille.

LA MÈRE.

Et tout cela est perdu par ta faute.

CLAIRE.

Je suis dans une singulière position. Quand je songe comme cela s'est passé, je le sais bien et ne le sais pas. Et puis je n'ai qu'à revoir Egmont, et tout s'explique pour moi parfaitement, et, fût-ce davantage, je le comprendrais encore. Ah! c'est là un homme! Toutes les provinces l'adorent, et je ne serais pas, dans ses bras, la plus heureuse du monde?

LA MÈRE.

Et que sera l'avenir?

CLAIRE.

Ah! je demande seulement s'il m'aime; et, s'il m'aime, est-ce une question?

LA MÈRE.

On n'a que des chagrins avec ses enfants. Comment cela finira-t-il? Toujours peine et souci! Cela ne finira pas bien! Tu as fait ton malheur.... Tu as fait le mien.

CLAIRE, *tranquillement*.

Cependant vous avez laissé faire, au commencement.

LA MÈRE.

Hélas! j'ai été trop bonne : je suis toujours trop bonne.

CLAIRE.

Quand Egmont passait à cheval et que je courais à la fenêtre, me grondiez-vous? Ne veniez-vous pas vous-même à la fenêtre? Quand il levait les yeux, souriait, faisait des signes, me saluait, en étiez-vous fâchée? Ne vous trouviez-vous pas honorée vous-même dans votre fille?

LA MÈRE.

Fais-moi encore des reproches!

CLAIRE, *émue*.

Et, lorsqu'il passa plus souvent par la rue, et que nous sentîmes bien que c'était pour moi qu'il passait, n'en fîtes-vous pas vous-même la remarque avec une secrète joie? Ne rappeliez-vous, quand je me tenais derrière les carreaux et que je l'attendais?

LA MÈRE.

Pensais-je que cela irait si loin?

CLAIRE, *d'une voix sanglotante et en retenant ses larmes.*

Et lorsqu'un soir, enveloppé de son manteau, il nous surprit auprès de notre lampe, qui s'empressa de le recevoir, tandis que je restais surprise et comme enchaînée sur ma chaise?

LA MÈRE.

Et pouvais-je craindre que ce malheureux amour entraînât sitôt la sage Claire? Maintenant il me faut souffrir que ma fille....

CLAIRE, *fondant en larmes.*

Ma mère, vous le voulez absolument! Vous prenez plaisir à me tourmenter!

LA MÈRE, *pleurant.*

Pleure, pleure à présent! Rends-moi encore plus malheureuse par ton chagrin. N'est-ce pas assez de douleur pour moi, que mon unique enfant soit une fille perdue?

CLAIRE, *debout et froidement.*

Perdue! L'amante d'Egmont, une fille perdue?... Quelle princesse n'envierait pas à la pauvre Claire la place qu'elle a dans son cœur? Oh! ma mère, ma mère, autrefois vous ne parliez pas ainsi! Chère maman, soyez bonne! Le peuple et ce qu'il pense, les voisines et ce qu'elles murmurent!... Cette chambre, cette petite maison est le ciel, depuis que l'amour d'Egmont y demeure.

LA MÈRE.

On ne peut s'empêcher de l'aimer, c'est vrai. Il est toujours si amical, franc et ouvert!

CLAIRE.

Il n'y a pas en lui une veine de fausseté. Voyez, ma mère, et c'est pourtant le grand Egmont! Et, lorsqu'il vient à moi, comme il est aimable! comme il est bon! Comme il me cacherait volontiers son rang, sa vaillance! Comme il s'empresse autour de moi! Ce n'est plus qu'un homme, un ami, un amant!

LA MÈRE.

Viendra-t-il peut-être aujourd'hui ?

CLAIRE.

Ne m'avez-vous pas vue aller souvent à la fenêtre? N'avez-vous pas remarqué comme j'écoute, s'il se fait du bruit à la porte?... Quand même je sais qu'il ne vient pas avant la nuit, je l'attends sans cesse, dès le matin, dès que je suis levée. Que ne suis-je un homme, pour le suivre toujours, à la cour et partout! Que ne puis-je porter le drapeau après lui dans la bataille!...

LA MÈRE.

Tu as toujours été une étourdie; déjà toute petite, tantôt folle, tantôt rêveuse. Ne fais-tu pas un peu de toilette?

CLAIRE.

Peut-être, ma mère, si je m'ennuie. Hier, pensez donc, quelques-uns de ses gens passaient, et chantaient ses louanges. Du moins son nom était dans leurs chansons. Le reste, je n'ai pu le comprendre. Le cœur me battait jusque-là! (*Elle porte la main à son cou.*) Je les aurais volontiers rappelés, si j'avais osé.

LA MÈRE.

Observe-toi. Ta vivacité gâtera tout : tu te trahis ouvertement devant le monde. Comme l'autre jour, chez notre cousin, lorsque tu trouvas cette image avec la légende, et que tu t'écrias : « Le comte d'Egmont!... » Je devins rouge comme le feu.

CLAIRE.

Pouvais-je ne pas crier? C'était la bataille de Gravelines, et je trouve au haut de l'image la lettre C, et je cherche en bas, dans la légende, le C; il y avait : « Le comte d'Egmont, ayant son cheval tué sous lui. » Cela me saisit; et, ensuite, il me fit bien rire cet Egmont en gravure, qui était aussi grand que la tour de Gravelines tout auprès, et les vaisseaux anglais à côté.... Quand je me souviens quelquefois comme je me représentais auparavant une bataille, et quelle idée je me faisais du comte d'Egmont, étant petite fille, lorsque vous faisiez des récits sur lui et sur tous les comtes et les princes.... et ce que j'éprouve à présent! (*Entre Brackenbourg.*)

CLAIRE.

Eh bien! que se passe-t-il?

BRACKENBOURG.

On ne sait rien de certain. Il doit avoir éclaté dernièrement des troubles en Flandre; la gouvernante doit craindre qu'ils ne s'étendent jusqu'ici. Le château est plein de troupes; les bourgeois sont aux portes en grand nombre; le peuple bourdonne dans les rues.... Je cours bien vite auprès de mon vieux père. (*Il va pour sortir.*)

CLAIRE.

Vous verra-t-on demain? Je vais m'habiller un peu. Notre cousin doit venir, et ma toilette est par trop négligée. Aidez-moi un instant, ma mère. Emportez ce livre, Brackenbourg, et rapportez-moi une histoire comme celle-là.

LA MÈRE.

Adieu.

BRACKENBOURG, *tendant la main à Claire.*

Votre main!

CLAIRE, *refusant la sienne.*

Quand vous reviendrez. (*La mère et la fille sortent.*)

BRACKENBOURG, *seul.*

J'avais résolu de ressortir tout de suite, et, parce qu'elle y consent et me laisse partir, me voilà furieux.... Malheureux! et tu n'es pas touché du sort de ta patrie? de ce tumulte croissant?... Espagnols et compatriotes, celui qui commande et celui qui a le bon droit sont égaux à tes yeux!... J'étais pourtant un autre gaillard à l'école!... Là, quand on donnait à faire une composition : « Discours de Brutus pour la liberté, exercice d'éloquence, » Fritz était pourtant toujours le premier; et le maître disait : « S'il y avait seulement plus d'ordre, et si tout n'était pas entassé l'un sur l'autre!... » Alors j'avais du feu et de l'entrain.... Maintenant je rampe sous les yeux d'une jeune fille. Je ne peux donc la quitter! Elle ne peut donc pas m'aimer! Ah!... Non.... Elle.... Elle ne peut m'avoir tout à fait rejeté.... Pas tout à fait.... et à moitié.... et rien.... Je ne le souffrirai pas plus longtemps.... Si c'était vrai, ce qu'un ami me disait l'autre jour à l'oreille, qu'elle reçoit, la nuit, secrètement un homme chez elle, après m'avoir décemment mis à la porte, toujours avant le soir! Non, ce n'est pas vrai, c'est un mensonge, un mensonge infâme, une calomnie! Claire est aussi innocente que je suis malheureux.... Elle m'a rejeté, elle m'a banni de son cœur.... Et je continuerais de vivre ainsi? Non, je ne peux, je ne peux le souffrir.... Déjà ma patrie est plus violemment agitée par la discorde intestine, et je ne fais que languir au milieu du tumulte!... Je ne le souffrirai pas!... Quand la trompette sonne, quand il part un coup d'arquebuse, cela me traverse les os et la moelle!... Hélas! cela ne m'excite pas! Cela ne me provoque pas à prendre aussi les armes, à me défendre avec les autres, à courir au danger!... Misérable, honteux état! Il vaut mieux en finir tout d'un coup. L'autre jour, je me jetai à l'eau; j'allai au fond, mais la nature en détresse fut la plus forte; je sentis que je pouvais nager, et je me sauvai malgré moi.... Si je pouvais oublier le temps où elle m'aimait, où elle semblait m'aimer! Pourquoi donc ce bonheur m'a-t-il pénétré jusqu'à la moelle? Pourquoi ces espérances ont-elles consumé chez moi toutes les jouissances de la vie, en me montrant de loin un paradis?... Et ce premier baiser! L'unique!... Ici.... (*Il pose la main sur la table.*) Ici, nous étions seuls.... Elle avait toujours été bonne et gracieuse pour moi.... alors elle parut s'attendrir.... elle me regarda.... tous mes sens se troublèrent, et je sentis ses lèvres sur les miennes.... Et.... et maintenant.... Meurs malheureux! Que tardes-tu? (*Il tire de sa poche une fiole.*) Poison salutaire, je ne veux pas t'avoir dérobé vainement dans la pharmacie de mon frère. Cette angoisse, ce vertige, ces sueurs de mort, tu vas tout engloutir, tout dissiper à la fois.

ACTE DEUXIÈME.

Place publique de Bruxelles.

JETTER, UN MAITRE CHARPENTIER. (*Ils s'avancent ensemble.*)

LE CHARPENTIER.

Ne l'avais-je pas prédit? Il n'y a que huit jours, je le disais dans notre communauté, qu'il y aurait de fâcheuses affaires.

JETTER.

Est-ce donc vrai qu'ils ont pillé les églises en Flandre?

LE CHARPENTIER.

Ils ont dévasté de fond en comble églises et chapelles. Ils n'ont rien laissé debout que les quatre murs. Pure canaille! Et cela gâte notre bonne cause. Avant cela, nous aurions exposé régulièrement et résolûment nos droits à la gouvernante, et nous les aurions soutenus. Si nous parlons à présent, si nous nous rassemblons, on dira que nous nous joignons aux rebelles.

JETTER.

Oui, c'est ce que chacun pense d'abord. Pourquoi mettre ton nez en avant?... Et pourtant le cou y tient de bien près.

LE CHARPENTIER.

Je suis inquiet, si le tapage commence une fois parmi la canaille, parmi le peuple qui n'a rien à perdre. Ils prennent pour prétexte ce que nous devons aussi réclamer, et entraînent le pays à sa perte. (*Arrive Sœst.*)

SOEST.

Bonjour, messieurs. Qu'y a-t-il de nouveau? Est-il vrai que les briseurs d'images marchent droit ici?

LE CHARPENTIER.

Ici ils ne toucheront à rien.

SOEST.

Un soldat est entré chez moi, pour acheter du tabac : je l'ai questionné. La gouvernante, si brave et si prudente femme qu'elle soit, est cette fois hors d'elle-même. Il faut qu'il y ait bien du mal, pour qu'elle se cache tout d'abord derrière sa garde. La citadelle est remplie de troupes. On croit même que la gouvernante veut s'enfuir de la ville.

LE CHARPENTIER.

Il ne faut pas qu'elle s'éloigne! Sa présence nous protége; nous lui procurerons plus de sûreté que ses moustaches. Et, si elle maintient nos droits et libertés, nous la porterons sur nos bras! (*Survient un fabricant de savon.*)

LE FABRICANT DE SAVON.

Vilaines affaires! Mauvaises affaires! Il y a du trouble et ça va de travers.... Gardez-vous de rester en place, qu'on ne vous prenne aussi pour des révoltés.

SOEST.

Voici les sept sages de la Grèce.

LE FABRICANT DE SAVON.

Je sais qu'il y en a beaucoup qui s'entendent secrètement avec les calvinistes; qui crient contre les évêques; qui ne craignent pas le roi. Mais un fidèle sujet, un vrai catholique....

(*Toute sorte de gens se joignent à eux insensiblement et prêtent l'oreille.*)

VANSEN.

Dieu vous garde, messieurs! Qu'y a-t-il de nouveau?

LE CHARPENTIER, *bas.*

N'ayez point d'affaire avec cet homme : c'est un mauvais drôle.

JETTER.

N'est-ce pas le secrétaire du docteur Wiets?

LE CHARPENTIER.

Il a eu déjà beaucoup de maîtres. Il a commencé par être écrivain, et, comme un maître le chassait après l'autre, à cause de ses friponneries, il se mêle de faire le notaire et l'avocat, et c'est un pilier de cabaret!

(*Le peuple afflue en plus grand nombre et se forme en groupes.*)

VANSEN.

Vous aussi vous êtes rassemblés : concertez-vous. Il vaut toujours la peine d'en parler.

SOEST.

C'est aussi mon avis.

VANSEN.

Si tel ou tel d'entre vous avait du cœur à présent, et si tel ou tel avait de la tête, nous pourrions tout d'un coup briser le joug espagnol.

SOEST.

Monsieur, ne parlez pas ainsi! Nous avons prêté serment au roi.

VANSEN.

Et le roi à nous. Songez-y bien!

JETTER.

C'est parler sagement! Dites votre avis.

QUELQUES VOIX.

Écoutez! Celui-là s'y entend. C'est un fin matois.

VANSEN.

J'avais un vieux maître, qui possédait des parchemins et des lettres d'anciennes fondations, des contrats et des chartes : il tenait aux écrits les plus rares. Dans un de ces papiers se trouvait toute notre constitution : comme, nous autres Néerlandais, nous fûmes d'abord gouvernés par des princes particuliers, toujours d'après nos droits, nos priviléges et nos coutumes héréditaires; comme nos ancêtres avaient un respect absolu pour leur prince, quand il les gouvernait selon son devoir, et comme ils prenaient leurs précautions, quand il voulait franchir les bornes. Les états étaient prêts aussitôt : car chaque province, si petite qu'elle fût, avait ses états, ses assemblées.

LE CHARPENTIER.

Tenez votre langue! On sait cela dès longtemps. Chaque honnête bourgeois connaît, de la constitution, tout ce qu'il lui en faut.

JETTER.

Laissez-le parler : on apprend toujours quelque chose.

SOEST.

Il a tout à fait raison.

ACTE II.

PLUSIEURS VOIX.

Parlez! parlez! On n'entend pas de ces choses-là tous les jours.

VANSEN.

Voilà comme vous êtes, vous autres bourgeois! Vous ne vivez qu'au jour la journée; et, quand vous avez hérité votre métier de vos pères, vous laissez le gouvernement disposer de vous à sa guise. Vous ne vous enquérez ni des coutumes, ni de l'histoire, ni du droit d'un prince; et, grâce à cette insouciance, les Espagnols vous ont jeté le filet sur les oreilles.

SOEST.

Qui songe à cela, pourvu qu'on ait le pain quotidien?

JETTER.

Que diable! Pourquoi aussi personne ne vient-il à propos nous dire ces choses-là?

VANSEN.

Je vous les dis à présent. Le roi d'Espagne, qui possède par hasard toutes les provinces à la fois, ne doit pas néanmoins les gouverner autrement que les petits princes qui les possédaient autrefois séparément. Comprenez-vous cela?

JETTER.

Expliquez-nous....

VANSEN.

C'est aussi clair que le jour. Ne devez-vous pas être jugés selon les lois de votre province? D'où viendrait cela?

UN BOURGEOIS.

Sans doute!

VANSEN.

L'habitant de Bruxelles n'a-t-il pas d'autres lois que celui d'Anvers? celui d'Anvers que celui de Gand? D'où viendrait donc cela?

UN AUTRE BOURGEOIS.

Par Dieu!

VANSEN.

Mais, si vous laissez ainsi les affaires aller à la dérive, on vous fera bientôt voir autre chose. Fi! ce que n'ont pu faire Charles le Hardi, Frédéric le Brave et Charles-Quint, Philippe le fait maintenant par les mains d'une femme!

SOEST.

Oui, oui, les anciens princes l'ont déjà essayé.

VANSEN.

Sans doute!... Nos ancêtres étaient sur leurs gardes. Quand ils étaient mécontents d'un prince, ils lui enlevaient son fils et son héritier, le retenaient chez eux, et ne le relâchaient que sous les meilleures conditions. Nos pères étaient des hommes! Ils savaient ce qui leur était bon! Ils savaient prendre leur avantage et le maintenir! C'étaient de braves gens! Et c'est pourquoi nos priviléges sont si clairs, nos libertés si bien garanties.

LE FABRICANT DE SAVON.

Que parlez-vous de libertés?

LE PEUPLE.

De nos libertés! de nos priviléges! Parlez encore un peu de nos priviléges.

VANSEN.

Nous autres Brabançons surtout, quoique toutes les provinces aient leurs priviléges, nous sommes le plus richement pourvus. J'ai lu tout cela.

SOEST.

Parlez.

JETTER.

Écoutons.

UN BOURGEOIS.

Je vous en prie.

VANSEN.

Premièrement, il est écrit : *Le duc de Brabant doit être pour nous un bon et fidèle seigneur.*

SOEST.

Bien! Est-ce écrit comme cela?

JETTER.

De bonne foi! Est-ce vrai?

VANSEN.

Comme je vous le dis. Il est obligé envers nous, comme nous envers lui. Deuxièmement : il ne doit montrer envers nous, ni laisser paraître, ni songer à permettre, en façon quelconque, aucun pouvoir ou volonté arbitraire.

JETTER.

Admirable! admirable! Il ne doit montrer....

SOEST.

Ni laisser paraître....

UN AUTRE.

Ni songer à permettre!... C'est le point essentiel : ne permettre à personne d'aucune façon.

VANSEN.

En termes formels.

JETTER

Procurez-nous le livre.

UN BOURGEOIS.

Oui, il nous le faut.

D'AUTRES.

Le livre! le livre!

UN AUTRE.

Nous irons à la gouvernante avec le livre.

UN AUTRE.

Vous porterez la parole, monsieur le docteur.

LE FABRICANT DE SAVON.

Oh! les imbéciles!

D'AUTRES.

Encore quelque chose du livre!

LE FABRICANT DE SAVON.

Je lui casse la mâchoire, s'il dit encore un mot.

LE PEUPLE.

Nous voudrions bien voir qui lui ferait quelque chose! Parlez-nous un peu des priviléges! Avons-nous encore d'autres priviléges?

VANSEN.

Plusieurs, et très-bons, très-salutaires. On y voit aussi que le prince ne peut réformer ni augmenter le clergé, sans le consentement de la noblesse et des états. Remarquez ceci : Il ne peut non plus changer le gouvernement du pays.

SOEST.

Est-ce comme cela?

VANSEN.

Je vous le montrerai, écrit depuis deux ou trois siècles.

PLUSIEURS BOURGEOIS.

Et nous souffrons les nouveaux évêques? Que la noblesse nous soutienne, nous commençons les affaires!

D'AUTRES.

Et nous nous laissons effrayer par l'inquisition?

VANSEN.

C'est votre faute.

LE PEUPLE.

Nous avons encore Egmont! Nous avons Orange! Ils veillent pour notre bien.

VANSEN.

Vos frères en Flandre ont commencé la bonne œuvre.

LE FABRICANT DE SAVON.

Ah! chien! (*Il le frappe.*)

D'AUTRES. *Ils s'y opposent et crient.*

Es-tu aussi un Espagnol?

UN AUTRE.

Quoi? Frapper ce digne homme?

UN AUTRE.

Ce docteur? (*Ils tombent sur le fabricant de savon.*)

LE CHARPENTIER.

Au nom du ciel, la paix! (*D'autres prennent part à la rixe.*) Bourgeois, que faites-vous? (*Des enfants sifflent, jettent des pierres, excitent les chiens; des bourgeois s'arrêtent et regardent bouche béante; des gens accourent, d'autres vont et viennent paisiblement; d'autres font toutes sortes de farces, crient et font éclater leur joie.*)

D'AUTRES.

Liberté et priviléges! priviléges et liberté! (*Arrive Egmont avec une suite.*)

EGMONT.

La paix! la paix, messieurs! Qu'y a-t-il? Qu'on les sépare!

LE CHARPENTIER.

Gracieux seigneur, vous venez comme un ange du ciel. (*A la foule.*) Silence! Ne voyez-vous rien?... Le comte d'Egmont! Respect au comte d'Egmont!

EGMONT.

Même ici! Qu'entreprenez-vous? Bourgeois contre bourgeois? Le voisinage même de notre royale gouvernante n'arrête pas cette frénésie? Séparez-vous; allez à vos affaires. C'est un mauvais signe, quand vous chômez les jours ouvriers. De quoi s'agissait-il? (*Le tumulte s'apaise par degrés, et ils se rangent tous autour d'Egmont.*)

LE CHARPENTIER.

Ils se battent pour leurs priviléges.

EGMONT.

Qu'ils détruisent étourdiment!... Et qui êtes-vous? Vous me paraissez d'honnêtes gens.

LE CHARPENTIER.

C'est notre ambition.

EGMONT.

Votre métier?

LE CHARPENTIER.

Charpentier et maître juré.

EGMONT.

Et vous?

SOEST.

Mercier.

EGMONT.

Et vous?

JETTER.

Tailleur.

EGMONT.

Je me souviens que vous avez travaillé aux livrées de mes gens : votre nom est Jetter.

JETTER.

Je vous rends grâce de vous en souvenir.

EGMONT.

Je n'oublie guère ceux que j'ai vus et à qui j'ai parlé une fois.... Autant que la chose dépend de vous, mes amis, maintenez la paix : vous êtes assez mal notés. Ne provoquez plus le roi : il a finalement toujours la force en main. Un bourgeois rangé, qui gagne sa vie honorablement et diligemment, a partout autant de liberté qu'il lui en faut.

LE CHARPENTIER.

Ah! oui, c'est là justement notre mal! Ces fainéants, ces ivrognes, ces paresseux, avec la permission de Votre Grâce, qui fouillent, par ennui, et déterrent, par famine, des privilèges, et vont dire des mensonges aux gens curieux et crédules, et, pour se faire payer un pot de bière, commencent des querelles qui rendent des milliers d'hommes malheureux ! C'est précisément ce qu'ils veulent. Nous tenons nos maisons et nos coffres trop bien fermés : ils voudraient nous en chasser avec des tisons.

EGMONT.

Vous trouverez toute protection ; on a pris des mesures pour réprimer vigoureusement le mal. Tenez ferme contre les doctrines étrangères, et ne croyez pas qu'on affermisse les privilèges par la révolte. Restez chez vous; ne souffrez pas que l'on s'attroupe dans les rues. Les gens sages peuvent beaucoup.

(*Pendant qu'Egmont parle, l'attroupement se disperse.*)

LE CHARPENTIER.

Nous rendons grâce à Votre Excellence, nous lui rendons grâce de la bonne opinion. Tout ce qui dépendra de nous. (*Egmont se retire.*) Le gracieux seigneur! le vrai Néerlandais! rien, absolument rien d'espagnol !

JETTER.

Si nous l'avions pour gouverneur !... On lui obéit volontiers.

SOEST.

Le roi ne l'entend pas ainsi. C'est toujours aux siens qu'il donne la place.

JETTER.

As-tu vu son habit ? C'est la nouvelle façon, la coupe espagnole.

LE CHARPENTIER.

Le bel homme !

JETTER.

Son cou serait un vrai gibier de bourreau.

SOEST.

Es-tu fou ? Quelle idée !

JETTER.

Oui, bien sot qui a des idées pareilles !... Je suis comme ça maintenant. Si je vois un beau long cou, il faut, malgré moi, que je me dise : « Celui-là serait bon à couper.... » Maudites exécutions ! On ne se les arrache pas de l'esprit. Lorsque les jeunes garçons nagent, et que je vois un dos nu, aussitôt me reviennent par douzaines ceux que j'ai vu battre de verges. S'il se présente à moi un gros ventre, il me semble que je le vois déjà rôtir au poteau. La nuit, en songe, je me sens tenailler dans tous les membres : on n'a pas une heure de joie. J'aurai bientôt oublié toute gaieté, toute bonne humeur; ces horribles images me sont comme imprimées sur le front avec un fer chaud.

La demeure d'Egmont.

RICHARD. *Il est assis devant une table couverte de papiers; il se lève avec agitation.*

Il ne vient pas! Et j'attends depuis deux heures, la plume à la main, les papiers devant moi; et justement aujourd'hui j'aimerais tant à le quitter de bonne heure! Les pieds me brûlent. Je peux à peine y tenir d'impatience. « Sois ici à l'heure! » Tels ont été ses ordres au moment de partir : maintenant il ne vient pas. Il y a tant à faire, que je n'aurai pas achevé avant minuit. A la vérité, il est plein d'indulgence: mais j'aimerais mieux qu'il fût sévère, et qu'il laissât les gens libres au temps fixé. On pourrait prendre ses arrangements. Voilà deux heures qu'il est sorti de chez la gouvernante : qui sait avec quelle personne il s'arrête en chemin? (*Entre Egmont.*)

EGMONT.

Quelles affaires aujourd'hui?

RICHARD.

Je suis prêt, et trois messagers attendent.

EGMONT.

Tu trouves que j'ai tardé trop longtemps; tu as l'air de mauvaise humeur.

RICHARD.

Pour obéir à vos ordres, je suis là depuis longtemps. Voici les papiers.

EGMONT.

Doña Elvire sera fâchée contre moi, quand elle saura que je t'ai retenu.

RICHARD.

Vous plaisantez.

EGMONT.

Non, non, ne rougis pas : tu fais preuve de bon goût. Elle est belle, et je suis charmé, pour moi, que tu aies une amie au château. Que disent les lettres?

RICHARD.

Diverses choses et peu de réjouissantes.

EGMONT.

Alors c'est heureux que nous ayons la joie chez nous, et que nous n'ayons pas besoin de l'attendre du dehors. Est-il venu beaucoup d'affaires?

RICHARD.

Assez, et, je vous l'ai dit, trois messagers attendent.

EGMONT.

Fais ton rapport. Voyons le plus nécessaire.

RICHARD.

Tout est nécessaire.

EGMONT.

Une chose après l'autre, mais vite.

RICHARD.

Le capitaine Breda envoie la relation de ce qui s'est passé de nouveau à Gand et aux environs. Les troubles sont presque entièrement apaisés....

EGMONT.

Il signale sans doute encore çà et là quelques incongruités et quelques folies?

RICHARD.

Oui, plusieurs encore.

EGMONT.

Épargne-les-moi.

RICHARD.

On a encore emprisonné six misérables, qui ont brisé, près de Werwick, l'image de la Vierge. Il demande s'il doit les faire pendre comme les autres.

EGMONT.

Je suis fatigué de la pendaison. Qu'on les fouette, et qu'ils s'en aillent.

RICHARD.

Il y a deux femmes dans le nombre : faut-il aussi les fouetter?

EGMONT.

Il pourra les admonester et les laisser courir.

RICHARD.

Brinck, de la compagnie de Breda, veut se marier. Le capitaine espère que vous le lui refuserez. Il y a, dit-il, tant de femmes avec l'armée, que, si nous entrons en campagne, nous ne semblerons pas une troupe de soldats, mais une bande de bohémiens.

EGMONT.

Passe encore pour celui-là! C'est un beau jeune garçon; il m'en conjurait encore moi-même avec instance, avant mon départ. Mais dorénavant qu'on ne le permette plus à personne, si fâché que je sois de refuser à ces pauvres diables, d'ailleurs assez tourmentés, leur plus doux passe-temps.

RICHARD.

Deux de vos gens, Seter et Hart, ont joué un mauvais jeu avec la fille d'un aubergiste. Ils l'ont surprise seule, et la malheureuse n'a pu se défendre.

EGMONT.

Si c'est une honnête fille, et s'ils ont employé la violence, qu'il les fasse passer par les verges trois jours de suite, et, s'ils possèdent quelque chose, qu'il en prélève de quoi faire une dot à la jeune fille.

RICHARD.

Un des docteurs étrangers a passé secrètement par Comines, et on l'a surpris. Il jure que son intention était d'aller en France. D'après l'ordre, il doit être décapité.

EGMONT.

Il faut le conduire sans bruit à la frontière, et lui déclarer qu'il ne s'en tirera pas ainsi la seconde fois.

RICHARD.

Une lettre de votre receveur. Il écrit qu'il lui rentre peu d'argent; qu'il pourra difficilement envoyer, cette semaine, la somme demandée; que la révolte a mis en toutes choses la plus grande confusion.

EGMONT.

Il me faut cet argent! Qu'il voie comment il pourra le recueillir.

RICHARD.

Il dit qu'il fera tout son possible, et qu'enfin il poursuivra juridiquement et fera mettre en prison ce Raymond, qui est depuis si longtemps votre débiteur.

EGMONT.

Mais il a promis de payer!

RICHARD.

La dernière fois, il s'est fixé à lui-même quinze jours.

EGMONT.

Eh bien, qu'on lui donne encore quinze jours; après quoi, on pourra procéder contre lui.

RICHARD.

Vous faites bien : ce n'est pas faute de ressources ; c'est mauvaise volonté. Il agira sans doute sérieusement, quand il verra que vous ne plaisantez pas.... Le receveur dit encore qu'il veut retenir aux vieux soldats, aux veuves et à quelques autres personnes, à qui vous faites des pensions, un demi-mois de ce qui leur est dû : on avisera en attendant; à eux de s'arranger.

EGMONT.

Comment s'arranger? Ces gens ont plus besoin de cet argent que moi. Qu'il ne touche pas à cela.

RICHARD.

Où donc ordonnez-vous qu'il prenne de l'argent?

EGMONT.

C'est à lui d'y penser : on le lui a déjà dit dans la lettre précédente.

RICHARD.

C'est pourquoi il présente des projets.

EGMONT.

Qui ne valent rien : il devra chercher autre chose, présenter des projets acceptables, et, avant tout, procurer de l'argent.

RICHARD.

Je vous représente ici la lettre du comte Oliva. Pardonnez-moi de vous en faire souvenir. Ce vieux seigneur mérite, avant tous les autres, une réponse détaillée. Vous vouliez lui écrire vous-même. Assurément, il vous aime comme un père.

EGMONT.

Je ne puis; et, de tout ce qui m'est odieux, écrire l'est plus que tout le reste. Tu imites si bien ma main! écris en mon nom. J'attends Orange. Je ne peux m'y mettre, mais je souhaiterais qu'on lui écrivît, sur ses inquiétudes, quelque chose de fort tranquillisant.

RICHARD.

Dites-moi à peu près votre idée : je rédigerai la réponse, et vous la soumettrai. Elle sera écrite de manière à pouvoir passer en justice pour être de votre main.

EGMONT.

Donne-moi la lettre. (*Après y avoir jeté les yeux.*) Vénérable et bon vieillard! Étais-tu bien aussi circonspect dans ta jeunesse? N'as-tu jamais escaladé un rempart? Dans la bataille, restais-tu en arrière, où la prudence le conseille?... Fidèle sollicitude! Il veut ma vie et mon bonheur, et ne sent pas que c'est être déjà mort, de vivre pour sa sûreté.... Écris-lui qu'il peut être sans inquiétude; que je fais comme je dois; que je serai sur mes gardes; qu'il emploie en ma faveur son crédit à la cour, et soit assuré de ma parfaite reconnaissance.

RICHARD.

Rien de plus? Oh! il attend davantage.

EGMONT.

Que dois-je dire de plus? Si tu veux employer plus de paroles, il ne tient qu'à toi. Ce qu'il me dit tourne sans cesse autour du même point : il faudrait que je vécusse comme je ne saurais vivre. Être joyeux, prendre les choses légèrement, vivre à la course : voilà mon bonheur; et je ne l'échangerais pas contre la sécurité d'un caveau funèbre. Il n'y a pas dans mes veines une goutte de sang pour la vie espagnole; je n'ai nulle envie de régler mes pas sur la nouvelle et grave cadence de la cour. Ne vivrai-je que pour penser à la vie? Dois-je renoncer à jouir du moment présent, pour être assuré de celui qui va suivre, et, celui-ci, le consumer encore dans les rêves et les soucis?

RICHARD.

Je vous en prie, monseigneur, ne soyez pas si sévère et si dur envers cet excellent homme, vous qui êtes d'ailleurs affable avec tout le monde. Dites-moi une parole obligeante, qui tranquillise ce noble ami. Voyez comme il use de précaution, comme il vous touche légèrement.

EGMONT.

Mais il touche toujours cette corde. Il sait, de longue date, combien ces exhortations me sont odieuses; elles ne font qu'égarer; elles ne sont d'aucun secours. Et, si j'étais somnambule, et que je me promenasse sur le faîte dangereux d'une maison, serait-ce d'un ami de m'appeler par mon nom et de m'avertir, de m'éveiller et de me tuer? Laissez les gens suivre leur sentier : c'est à eux de s'observer.

RICHARD.

Il ne vous sied pas de craindre, mais celui qui vous connaît et qui vous aime....

EGMONT, *jetant les yeux sur la lettre.*

Il revient ici sur les vieilles histoires, sur ce que nous avons fait, ce que nous avons dit, un soir, dans le joyeux entraînement de l'intimité et du vin, et sur les conséquences et les preuves qu'on en a déduites et colportées dans tout le royaume.... Eh bien, soit! nous avons fait broder sur les manches de nos laquais des marottes et des habits de fous, et nous avons ensuite remplacé ces ornements ridicules par un faisceau de flèches : symbole encore plus dangereux pour tous ceux qui veulent trouver un sens à ce qui n'en a point. Dans un moment de gaieté, nous avons conçu et enfanté mainte folie. C'est notre faute, si toute une noble troupe, portant la besace du mendiant et un sobriquet choisi par elle-même[1], a rappelé, avec une humilité railleuse, ses devoirs au monarque; c'est notre faute.... Qu'y a-t-il de plus? Un divertissement de carnaval est-il un crime de haute trahison? Faut-il nous reprocher quelques haillons bariolés dont une hardiesse juvénile et une imagination excitée se plaisent à couvrir la misérable nudité de notre vie? Si vous prenez trop sérieusement la vie, qu'y trouverez-vous? Si le matin ne nous éveille pas pour de nouvelles joies; si, le soir, nous n'avons plus à espérer aucun plaisir : est-ce bien la peine de mettre et d'ôter ses habits? Le soleil m'éclaire-t-il aujourd'hui pour

---

1. Les Gueux.

que je rêve à ce qui était hier? pour deviner et arranger ce qui ne se devine ni ne s'arrange, le hasard d'un lendemain? Fais-moi grâce de ces réflexions; nous les laisserons aux écoliers et aux courtisans. Qu'ils pensent et qu'ils imaginent; qu'ils aillent et qu'ils s'insinuent; qu'ils arrivent où ils pourront; qu'ils attrapent ce qu'ils pourront.... Si tu peux tirer parti de tout cela, sans que ton épître devienne un volume, j'en suis charmé. Ce bon vieillard met trop d'importance à tout. C'est ainsi qu'un ami, qui a tenu longtemps notre main, la serre encore une fois, avec plus de force, lorsqu'il va la quitter.

RICHARD.

Pardonnez-moi! Un piéton a le vertige, lorsqu'il voit passer un homme en voiture avec une bruyante vitesse.

EGMONT.

Enfant! enfant! assez! Comme aiguillonnés par des esprits invisibles, les chevaux du soleil emportent le char léger de notre destinée, et il ne nous reste qu'à tenir bravement les rênes d'une main ferme et à détourner les roues, tantôt à droite, tantôt à gauche, ici d'une pierre, là d'un précipice. Où nous allons, qui le sait? A peine se souvient-on d'où l'on est venu.

RICHARD.

Monseigneur!...

EGMONT.

Je suis placé bien haut, et je puis et je dois monter plus haut encore : je sens en moi l'espérance, le courage et la force. Je n'ai pas encore atteint le faîte de ma croissance; et, si j'y parviens une fois, je veux m'y tenir ferme, et non en tremblant. Si je dois tomber, que ce soit un coup de tonnerre, un tourbillon, et même un faux pas, qui me précipite dans l'abîme. J'y serai couché avec des milliers d'hommes. Je n'ai jamais dédaigné, avec mes braves camarades, le jeu sanglant des combats pour un faible avantage; et je pourrais chanceler, quand il s'agit de l'entière et franche valeur de la vie?

RICHARD.

O monseigneur, vous ne savez pas quelles paroles vous prononcez. Que Dieu vous garde!

EGMONT.

Rassemble tes papiers. Voici Orange. Expédie le plus nécessaire, afin que les messagers partent avant que les portes soient fermées. Le reste peut attendre. Laisse jusqu'à demain la lettre au comte; ne manque pas d'aller voir Elvire, et salue-la de ma part.... Sache des nouvelles de la gouvernante : elle doit être indisposée, quoiqu'elle n'en laisse rien paraître.

(*Richard sort; Orange paraît.*)

ÉGMONT.

Orange, soyez le bienvenu! Vous me semblez un peu préoccupé.

ORANGE.

Que dites-vous de notre conversation avec la gouvernante?

EGMONT.

Je n'ai rien trouvé d'extraordinaire dans l'accueil qu'elle nous a fait. Je l'ai déjà vue souvent comme cela. Elle m'a paru indisposée.

ORANGE.

N'avez-vous pas remarqué qu'elle était plus réservée? Elle a voulu d'abord approuver doucement notre conduite dans la nouvelle révolte du petit peuple; ensuite elle a signalé la fausse lumière qui peut être jetée sur ces événements; puis elle a ramené peu à peu la conversation à ses anciens discours d'habitude : qu'on n'a jamais assez reconnu, qu'on a traité trop légèrement, ses manières affables et bienveillantes, son amitié pour nous autres Néerlandais; que rien ne voulait se terminer à son gré; qu'elle pourrait bien se lasser à la fin et le roi se résoudre à d'autres mesures. L'avez-vous entendu?

EGMONT.

Pas tout : je pensais alors à autre chose. Elle est femme, mon cher Orange, et les femmes seraient toujours charmées que tout se courbât doucement sous leur joug aimable; que tout Hercule quittât la peau de lion et augmentât leur cercle de fileuses; parce qu'elles sont d'un caractère paisible, elles voudraient que la fermentation qui s'empare d'un peuple, l'orage que de puissants rivaux soulèvent les uns contre les autres, pût s'apaiser par l'effet d'une seule parole gracieuse, et que les éléments les plus contraires s'unissent à leurs pieds dans une douce harmonie. Voilà ce qu'elle voudrait; et, comme elle ne peut l'obtenir, elle en est réduite à montrer de l'humeur, à se plaindre de l'ingratitude et de l'imprudence ; à menacer, pour l'avenir, de perspectives terribles, et à menacer.... de son départ.

ORANGE.

Ne croyez-vous pas cette fois qu'elle accomplira sa menace ?

EGMONT.

Jamais ! Combien de fois l'ai-je déjà vue prête à partir ! Où irait-elle ? Ici gouvernante, reine : crois-tu qu'elle se résigne à filer des jours insignifiants à la cour de son frère, ou à passer en Italie et à se traîner dans le cercle de sa vieille parenté ?

ORANGE.

On ne la croit pas capable de cette détermination, parce qu'on l'a vue hésiter, parce qu'on l'a vue reculer : cependant cela dépend d'elle seule. De nouvelles circonstances peuvent la pousser à cette résolution longtemps différée. Si elle partait, et si le roi envoyait quelqu'un d'autre?...

EGMONT.

Eh bien, il viendrait, et trouverait aussi de quoi s'occuper. Il viendrait avec de vastes plans, des projets et des pensées pour tout arranger, tout soumettre et tout contenir ; et il aurait à s'occuper aujourd'hui d'un détail, demain d'un autre ; après-demain il rencontrerait quelque difficulté ; il passerait un mois à faire des projets, un autre à s'affliger de ses entreprises avortées, la moitié d'une année à veiller sur une seule province. Pour lui aussi le temps passera, la tête lui tournera, et les choses suivront leur premier cours ; si bien qu'au lieu de cingler sur de vastes mers vers un point marqué, il pourra bénir Dieu, si, dans cette tempête, il sauve son navire de l'écueil.

ORANGE.

Mais si l'on conseillait au roi une tentative?

EGMONT.

Qui serait?

ORANGE.

De voir ce que pourrait entreprendre le tronc sans la tête.

EGMONT.

Comment?

ORANGE.

Egmont, voici bien des années que je m'intéresse à toutes nos affaires ; je suis toujours comme devant un échiquier, et ne regarde comme insignifiant aucun coup de l'adversaire; et, de même que des hommes oisifs s'occupent avec le plus grand soin des secrets de la nature, je regarde comme le devoir, comme la vocation d'un prince de connaître les sentiments, les desseins de tous les partis. J'ai sujet de craindre un éclat. Le roi a longtemps agi d'après certains principes; il voit que par là il n'atteint pas son but : quoi de plus vraisemblable que de le voir essayer un autre chemin?

EGMONT.

Je ne crois pas. Lorsqu'on vieillit, et qu'on a essayé tant de choses, sans pouvoir jamais régler le monde, on doit enfin en avoir bien assez.

ORANGE.

Il est une chose qu'il n'a pas encore tentée.

EGMONT.

Quoi donc?

ORANGE.

D'épargner le peuple et de frapper les princes.

EGMONT.

Que de gens ont eu dès longtemps cette crainte! Vaine inquiétude!

ORANGE.

Autrefois c'était une inquiétude : peu à peu elle est devenue pour moi une conjecture, et enfin une certitude.

EGMONT.

Et le roi a-t-il de plus fidèles serviteurs que nous?

ORANGE.

Nous le servons à notre manière; et nous pouvons avouer entre nous que nous savons bien peser les droits du prince et les nôtres.

EGMONT.

Qui n'en fait pas autant? Nous lui sommes dévoués et soumis en ce qui lui appartient.

ORANGE.

Mais s'il s'arrogeait davantage, et s'il nommait trahison ce que nous appelons maintien de nos droits?

EGMONT.

Nous pourrons nous défendre. Qu'il assemble les chevaliers de la Toison et qu'on nous juge.

ORANGE.

Et que serait un jugement avant l'enquête? Une condamnation avant le jugement?

EGMONT.

Une injustice, dont Philippe ne se rendra jamais coupable, et une folie, que je n'imputerai ni à lui ni à ses conseillers.

ORANGE.

Et s'ils étaient injustes et fous?

EGMONT.

Non, Orange, c'est impossible. Qui oserait porter la main sur nous?... Nous jeter en prison serait une entreprise vaine et désespérée. Non, ils n'oseront pas lever si haut l'étendard de la tyrannie. Le souffle d'orage qui répandrait cette nouvelle dans le pays allumerait un vaste embrasement. Et quel serait leur but? Le roi ne peut juger et condamner seul : voudraient-ils attenter par le meurtre à notre vie?... Ils ne peuvent le vouloir. Une ligue formidable unirait le peuple en un moment; la haine et la séparation éternelle du nom espagnol éclateraient violemment.

ORANGE.

C'est sur notre tombeau que se déchaînerait l'incendie, et le sang de nos ennemis coulerait comme inutile sacrifice expiatoire. Egmont, il faut y songer.

EGMONT.

Mais comment pourraient-ils...?

ORANGE.

Albe est en chemin.

EGMONT.

Je ne le crois pas.

ORANGE.

Je le sais.

EGMONT.

La gouvernante prétendait n'en rien savoir.

ORANGE.

J'en suis d'autant plus convaincu. La gouvernante va lui faire place. Je connais l'homme et son humeur sanguinaire, et il amène une armée avec lui.

EGMONT.

Pour écraser de nouveau les provinces?... Le peuple sera fort mécontent.

ORANGE.

On s'assurera des chefs.

EGMONT.

Non, non!

ORANGE.

Retournons chacun dans notre province. Là il faudra nous fortifier; il ne commencera pas par la force ouverte.

EGMONT.

Ne devrons-nous pas le saluer à son arrivée?

ORANGE.

Nous tarderons.

EGMONT.

Et si, une fois arrivé, il nous mande au nom du roi?

ORANGE.

Nous chercherons des défaites.

EGMONT.

Et s'il nous presse?

ORANGE.

Nous nous excuserons.

EGMONT.

Et s'il persiste?

ORANGE.

Nous irons d'autant moins.

EGMONT.

Et la guerre est déclarée, et nous sommes des rebelles. Orange, ne te laisse pas séduire par la prudence. Je sais que la crainte ne te fait pas reculer. Réfléchis à cette démarche.

ORANGE.

J'ai réfléchi.

EGMONT.

Songe, si tu te trompes, de quoi tu es coupable : de la plus funeste guerre qui ait jamais désolé un pays. Ton refus est le signal qui appelle tout d'un coup les provinces aux armes; qui justifie toutes les cruautés dont l'Espagnol s'est toujours empressé de saisir le prétexte. Ce que nous avons contenu longtemps avec mille peines, un signe de toi le soulèvera jusqu'à la plus horrible confusion. Songe aux villes, à la noblesse, au peuple, au commerce, à l'agriculture, aux métiers! Songe aux dévastations, aux meurtres!... Le soldat voit, il est vrai, d'un œil tranquille son camarade tomber à ses côtés sur le champ de bataille; mais le courant des fleuves t'amènera les cadavres des citoyens, des enfants, des jeunes filles, en sorte que tu seras glacé d'horreur, et que tu ne sauras plus de qui tu défends la cause: car ils auront péri, ceux pour la liberté desquels tu prends les armes. Et qu'éprouveras-tu, quand tu devras te dire en secret : « C'est pour ma sûreté que je les ai prises ? »

ORANGE.

Egmont, nous ne sommes pas de simples particuliers: si notre devoir est de nous immoler pour des milliers d'hommes, notre devoir est aussi de nous épargner pour eux.

EGMONT.

Qui s'épargne doit devenir suspect à soi-même.

ORANGE.

Qui se connaît peut avancer ou reculer avec assurance.

EGMONT.

Le mal que tu redoutes devient certain par ta démarche.

ORANGE.

Il est sage et hardi d'aller au-devant d'un mal inévitable.

EGMONT.

Dans un si grand péril, la plus légère espérance est à considérer.

ORANGE.

Nous n'avons plus de place pour le moindre pas : l'abîme est là devant nous.

EGMONT.

La faveur du roi est-elle un terrain si étroit?

ORANGE.

Non pas si étroit, mais glissant.

EGMONT.

Par Dieu, on lui fait injure. Je ne puis souffrir qu'on pense mal de lui. Il est fils de Charles et incapable d'une bassesse.

ORANGE.

Les rois ne font rien de bas.

EGMONT.

Il faudrait apprendre à le connaître.

ORANGE.

C'est précisément cette connaissance qui nous conseille de ne pas attendre une épreuve dangereuse.

EGMONT.

Aucune épreuve n'est dangereuse quand on a le courage de l'affronter.

ORANGE.

Egmont, tu t'emportes!

EGMONT.

Il faut que je voie par mes yeux.

ORANGE.

Oh! que ne peux-tu voir cette fois par les miens! Ami, parce que tes yeux sont ouverts, tu t'imagines que tu vois! Je pars. Attends l'arrivée d'Albe, et que Dieu te garde! Peut-être mon refus te sauvera-t-il; peut-être le dragon croira-t-il ne rien tenir, s'il ne nous dévore pas tous deux à la fois; peut-être tardera-t-il, pour exécuter plus sûrement son projet, et peut-être, dans l'intervalle, verras-tu la chose sous son vrai jour. Mais alors, vite, vite, sauve-toi!... Adieu!... Que rien n'échappe à ton attention : combien de soldats il amène, comment il occupe la ville, quel pouvoir conserve la gouvernante, quelle est la contenance de tes amis.... Donne-moi des nouvelles.... Egmont....

EGMONT.

Que veux-tu?

ORANGE, *le prenant par la main.*

Laisse-toi persuader! Viens avec moi!

EGMONT.

Que vois-je? Orange, des larmes!

ORANGE.

Pleurer un ami perdu sied même à un homme de courage.

EGMONT.

Tu me crois perdu?

ORANGE.

Oui, je le crois. Songes-y! Il ne te reste qu'un temps bien court. Adieu!

EGMONT, *seul.*

Se peut-il que les idées des autres hommes aient sur nous

une telle influence!... Jamais je ne l'aurais imaginé.... Et cet homme fait passer en moi son inquiétude.... Arrière!.... C'est dans mes veines une goutte de sang étranger. Bonne nature, rejette-la! Et, pour effacer de mon front les rides soucieuses, il est encore un doux moyen!

ACTE TROISIÈME.

Le palais de la gouvernante.

MARGUERITE DE PARME.

J'aurais dû m'y attendre. Ah! lorsqu'on passe sa vie dans la peine et le travail, on croit toujours faire tout ce qui est possible : et celui qui observe et commande de loin croit ne demander que ce qui se peut faire.... Oh! les rois!... Je n'aurais jamais cru que cela pût m'affliger autant. Il est si beau de régner!... Et abdiquer? Je ne sais comment mon père put s'y résoudre, mais je veux faire comme lui. (*Machiavel paraît dans le fond.*)

MARGUERITE.

Approchez, Machiavel. Je songe ici à la lettre de mon frère.

MACHIAVEL.

Puis-je savoir ce qu'elle contient?

MARGUERITE.

Autant d'affectueuses attentions pour moi que de vigilance pour ses États. Il exalte la fermeté, le zèle et la fidélité avec lesquels j'ai veillé jusqu'à présent dans ces provinces pour les droits de Sa Majesté; il me plaint de la peine que me donne ce peuple indomptable; il est si pleinement convaincu de la profondeur de mes vues, la sagesse de ma conduite lui donne une satisfaction si extraordinaire, que, je dois presque le dire, la lettre est trop bien écrite pour un roi, et assurément pour un frère!

MACHIAVEL.

Ce n'est pas la première fois qu'il vous témoigne son juste contentement.

MARGUERITE.

Mais la première fois que c'est une figure de rhétorique.

MACHIAVEL.

Je ne vous comprends pas.

MARGUERITE.

Vous allez me comprendre.... car, après ce début, il estime que sans troupes, sans une petite armée, je jouerai toujours ici un triste personnage. Nous avons eu tort, dit-il, de retirer, sur les plaintes des habitants, nos soldats des provinces. Il pense qu'une garnison, qui pèse sur les épaules des bourgeois, est un fardeau qui les empêche de faire de trop grands écarts.

MACHIAVEL.

Cela soulèverait les esprits au dernier point.

MARGUERITE.

Mais le roi estime, entends-tu?... il estime qu'un bon général, un général qui n'entende aucune raison, pourrait bientôt venir à bout du peuple et de la noblesse, des bourgeois et des paysans; et, en conséquence, il envoie avec une forte armée.... le duc d'Albe.

MACHIAVEL.

Albe?

MARGUERITE.

Cela t'étonne?

MACHIAVEL.

Vous dites : « Il envoie; » il demande peut-être s'il doit envoyer?

MARGUERITE.

Le roi ne demande pas : il envoie.

MACHIAVEL.

Eh bien, vous aurez à votre service un guerrier expérimenté.

MARGUERITE.

A mon service? Parle franchement, Machiavel.

MACHIAVEL.

Je voudrais ne pas anticiper sur vous.

MARGUERITE.

Et je voudrais dissimuler! Cela m'est sensible, très-sensible. J'aimerais mieux que mon frère me dit ce qu'il pense, au lieu de signer des épîtres cérémonieuses, que rédige un secrétaire d'État.

MACHIAVEL.

Ne pourrait-on pénétrer?...

MARGUERITE.

Je les connais de cœur et de visage. Ils voudraient faire place nette, et, parce qu'ils ne se mettent pas eux-mêmes à l'œuvre, quiconque se présente le balai à la main gagne leur confiance. Oh! c'est comme si je voyais le roi et son conseil brodés sur ce tapis!

MACHIAVEL.

Aussi vivement?...

MARGUERITE.

Il n'y manque pas un trait. Il y a d'honnêtes gens dans le nombre : l'honorable Rodrigue, qui est si habile et si mesuré, qui ne vise pas trop haut, et qui pourtant ne laisse rien tomber; le loyal Alonzo, le laborieux Freneda, le ferme Las Vargas et quelques autres encore, qui marchent avec eux quand le bon parti l'emporte. Mais là siége l'archevêque de Tolède, à l'œil cave, au front d'airain, au regard profond et enflammé; il murmure entre ses dents contre l'indulgence des femmes, leur condescendance inopportune; que les femmes se font bien porter par des chevaux dressés, mais qu'elles sont elles-mêmes de mauvais écuyers, et semblables railleries, que j'ai dû essuyer autrefois des hommes d'État.

MACHIAVEL.

Vous avez choisi pour ce tableau une bonne palette.

MARGUERITE.

Avouez seulement, Machiavel, qu'il n'y a point, dans toutes les nuances dont je pourrais me servir, de ton aussi sombre, aussi noir que la figure d'Albe, et que la couleur qu'il emploie lui-même. Chez lui, tout homme est d'abord un blasphémateur, un criminel de lèse-majesté, parce qu'à ce titre, on peut sur-le-champ rouer, empaler, écarteler, brûler tout le monde.... Le bien que j'ai fait ici paraît sans doute comme nul dans le lointain, précisément parce qu'il est bien.... Albe s'attache à toute insubordination qui est passée; il rappelle chaque trouble qui est apaisé, et le maître a devant les yeux tant de mutineries, de révoltes et de licence, qu'il se figure qu'on se mange ici l'un l'autre, quand une incartade passagère d'un peuple grossier est chez nous depuis longtemps oubliée. Alors il prend une haine profonde pour ces pauvres gens; ils lui paraissent abominables, et comme des brutes et des monstres. Il appelle à son aide le fer et le feu, et s'imagine que l'on dompte ainsi les hommes.

MACHIAVEL.

Vous me semblez trop animée; vous prenez la chose trop vivement. Ne restez-vous pas gouvernante?

MARGUERITE.

Je connais cela. Il apportera des instructions.... J'ai une assez longue expérience des affaires d'État pour savoir comme on écarte quelqu'un sans lui enlever son office.... Il présentera d'abord des instructions, qui seront vagues et obscures; il empiétera, car il aura la force; et, si je me plains, il alléguera des instructions secrètes; si je demande à les voir, il me promènera: si j'insiste, il me montrera un papier qui renfermera tout autre chose; et, si je ne m'en contente pas, il n'en fera pas plus que si je parlais en l'air.... Cependant il aura fait ce que je crains, et rejeté bien loin ce que je désire.

MACHIAVEL.

Je voudrais pouvoir contester ce que vous dites.

MARGUERITE.

Ce que j'ai assoupi avec une indicible patience, il le réveillera par la rigueur et les cruautés; je verrai sous mes yeux périr mon ouvrage, et j'aurai de plus à répondre de ses fautes.

MACHIAVEL.

Votre Altesse peut s'y attendre.

MARGUERITE.

J'ai sur moi assez d'empire pour me contenir. Qu'il vienne: je lui céderai la place de la meilleure grâce du monde, avant qu'il me chasse.

MACHIAVEL.

Si vite, cette démarche importante!

MARGUERITE.

Il m'en coûte plus que tu ne penses. Celui qui est accoutumé à commander, qui a pris l'habitude de voir chaque jour le sort de milliers d'hommes reposer dans sa main, descend du trône comme dans le tombeau. Mais plutôt cela que de rester comme une ombre parmi les vivants, et de vouloir conserver, avec la vaine apparence, une place qu'un autre a déjà héritée de nous, qu'il possède, et dont il jouit désormais.

Le logement de Claire.

CLAIRE, SA MÈRE.

LA MÈRE.

Je n'ai jamais vu un amant comme Brackenbourg; je croyais qu'il ne s'en trouvait de pareils que dans les histoires de héros.

CLAIRE. *Elle va et vient dans la chambre, en chantant à demi-voix.*

> Oh! seule fortunée,
> L'âme qui sait aimer!

LA MÈRE.

Il soupçonne ta liaison avec Egmont, et je crois, si tu lui montrais un peu d'amitié, si tu voulais, qu'il t'épouserait encore.

CLAIRE, *chante.*

> Être joyeuse,
> Et souffrante,
> Et rêveuse,
> Désirer
> Et trembler
> Dans la peine inquiète;
> Jusqu'au ciel ravie,
> Jusqu'à la mort navrée....
> Oh! seule fortunée,
> L'âme qui sait aimer!

LA MÈRE.

Laisse là cette ritournelle.

CLAIRE.

Ne m'en dites pas de mal : c'est une chanson magique.... Avec elle, j'ai déjà maintes fois endormi un grand enfant.

LA MÈRE.

Tu n'as en tête que ton amour. N'oublie donc pas tout pour une seule chose! Tu devrais, te dis-je, avoir des égards pour Brackenbourg. Un jour il peut encore te rendre heureuse.

CLAIRE.

Lui?

LA MÈRE.

Eh! oui.... Il vient un temps.... Vous autres enfants, vous ne prévoyez rien, et vous n'en croyez pas notre expérience. La jeunesse et les belles amours, tout prend fin; et il vient un temps où l'on rend grâce à Dieu, si l'on peut se mettre quelque part à couvert.

CLAIRE. *Elle frémit, se tait et tressaille.*

Ma mère, laissez venir le temps comme la mort. Y songer d'avance est horrible! Et quand elle viendra.... quand nous devrons.... alors.... il faudra s'évertuer comme on pourra.... Egmont, me passer de toi!... (*Elle pleure.*) Non, c'est impossible c'est impossible. (*Egmont paraît, en manteau de cavalier, le chapeau rabattu sur les yeux.*)

EGMONT.

Claire!

CLAIRE. *Elle jette un cri et recule.*

Egmont! (*Elle s'élance vers lui.*) Egmont! (*Elle l'embrasse et le presse sur son cœur.*) Oh! bon, cher, doux ami! Viens-tu? Es-tu là?

EGMONT.

Bonsoir, mère!

LA MÈRE.

Dieu vous garde, noble seigneur. Ma petite est presque morte, de ce que vous avez tardé si longtemps; elle n'a tout le jour parlé et chanté que de vous.

EGMONT.

Vous me donnerez bien à souper?

LA MÈRE.

C'est trop d'honneur.... Si seulement nous avions quelque chose!...

CLAIRE.

Certainement! Soyez tranquille, ma mère. J'ai tout arrangé; j'ai préparé quelque chose. Ne me trahissez pas ma mère.

LA MÈRE.

Un pauvre souper!...

CLAIRE.

Attendez seulement! Et puis je me dis : « Quand il est près de moi, je n'ai pas faim du tout : il ne doit donc pas non plus avoir grand appétit, quand je suis près de lui. »

EGMONT.

Tu crois?... (*Claire frappe du pied et se détourne avec humeur.*) Qu'as-tu donc?

CLAIRE.

Comme vous êtes froid aujourd'hui! Vous ne m'avez pas encore embrassée une seule fois! Pourquoi avez-vous les bras entortillés dans ce manteau, comme un enfant au maillot? Il ne sied ni aux soldats ni aux amants d'avoir les bras emmaillottés.

EGMONT.

Quelquefois, ma chère, quelquefois. Quand le soldat est en embuscade, et qu'il songe à surprendre l'ennemi, il se blottit, se croise les bras et rumine son dessein; et un amant....

LA MÈRE.

Ne voulez-vous pas vous asseoir, vous mettre à votre aise? Il faut que j'aille à la cuisine : Claire ne pense à rien quand vous êtes là. Il faudra vous contenter ainsi....

EGMONT.

Votre bonne volonté est le meilleur assaisonnement.... (*La mère sort.*)

CLAIRE.

Et mon amour, que serait-il?

EGMONT.

Tout ce que tu voudras.

CLAIRE.

Comparez-le, si vous en avez le cœur.

EGMONT.

Ainsi donc, avant tout.... (*Il rejette son manteau, et paraît dans un costume magnifique.*)

CLAIRE.

O ciel!

EGMONT.

Maintenant j'ai les bras libres. (*Il l'embrasse.*)

CLAIRE.

Laissez!... Vous gâterez vos habits. (*Elle recule de quelques pas.*) Que c'est magnifique! Je n'ose vous toucher.

EGMONT.

Es-tu satisfaite? Je t'ai promis de venir un jour en costume espagnol.

CLAIRE.

Depuis longtemps je ne vous le demandais plus. Je pensais que vous ne vouliez pas.... Ah! et la Toison d'or!

EGMONT.

Tu la vois à présent.

CLAIRE.

C'est l'empereur qui t'a pendu cela au cou?

EGMONT.

Oui, mon enfant, et cette chaîne et cette décoration donnent à celui qui les porte les plus nobles priviléges. Je ne reconnais sur la terre aucun juge de mes actions que le grand maître de l'ordre avec le chapitre des chevaliers.

CLAIRE.

Ah! tu pourrais te faire juger par le monde entier!... Le velours est trop magnifique; et les dorures! et la broderie!... On ne sait par où commencer.

EGMONT.

Examine tout à souhait.

CLAIRE.

Et la Toison d'or! Vous me racontiez l'histoire et vous me disiez que c'était un signe de tout ce qui est grand et précieux, qu'on mérite et qu'on obtient avec peine et travail. Il est de grand prix.... Je peux le comparer à ton amour.... Je le porte aussi sur mon cœur.... et après....

EGMONT.

Que veux-tu dire?

CLAIRE.

Après, on ne peut plus les comparer.

EGMONT.

Pourquoi donc?

CLAIRE.

Je ne l'ai pas obtenu avec peine et travail; je ne l'ai pas mérité.

EGMONT.

En amour, c'est autre chose. Tu le mérites, parce que tu ne l'as pas recherché.... Et ceux-là seulement l'obtiennent d'ordinaire, qui ne le pourchassent pas.

CLAIRE.

As-tu pris cela de toi? As-tu fait cette fière observation sur toi-même, toi que tout le peuple chérit?

EGMONT.

Si j'avais fait seulement quelque chose pour eux! Si je pouvais faire quelque chose! C'est pure bonne volonté, s'ils m'aiment.

CLAIRE.

Tu as été sans doute aujourd'hui chez la gouvernante?

EGMONT.

Oui.

CLAIRE.

Es-tu bien avec elle?

EGMONT.

Il le semble. Nous sommes gracieux et empressés l'un pour l'autre.

CLAIRE.

Et dans le fond du cœur?

EGMONT.

Je lui suis attaché. Chacun a ses vues particulières. Cela ne fait rien à la chose. C'est une excellente femme, qui connaît son monde, et serait assez pénétrante quand même elle ne serait pas soupçonneuse. Je lui donne beaucoup à faire, parce qu'elle cherche toujours des mystères derrière ma conduite, et que je n'en ai aucun.

CLAIRE.

Aucun absolument?

EGMONT.

C'est à dire, une petite réserve : avec le temps, tous les vins déposent du tartre dans les tonneaux. Cependant Orange est pour elle une préoccupation plus grande encore, et une énigme toujours nouvelle. Il s'est fait la réputation d'avoir toujours quelque secret, et maintenant elle cherche constamment sur son front ce qu'il peut méditer; sur ses pas, la direction qu'il va prendre.

CLAIRE.

Est-elle dissimulée?

EGMONT.

Elle est gouvernante, et tu le demandes!

CLAIRE.

Pardon, je voulais dire : est-elle fausse?

EGMONT.

Ni plus ni moins que toute personne qui veut parvenir à ses fins.

CLAIRE.

Je ne saurais me retrouver dans le monde.... Mais elle a aussi un esprit viril; c'est une autre femme que nous, couturières et cuisinières. Elle est grande, courageuse, résolue.

EGMONT.

Oui, quand les affaires ne sont pas trop embrouillées. Cependant, cette fois, elle est un peu déconcertée.

CLAIRE.

Comment donc?

EGMONT.

Elle a aussi une petite moustache et quelquefois une attaque de goutte. C'est une vraie amazone.

CLAIRE.

Une femme majestueuse! J'aurais peur de paraître devant elle.

EGMONT.

Tu n'es pourtant pas peureuse.... Et ce ne serait pas frayeur, mais seulement pudeur de jeune fille. (*Claire baisse les yeux, prend la main d'Egmont et se penche vers lui.*) Je te comprends, chère enfant! Tu peux lever les yeux. (*Il lui donne un baiser sur les yeux.*)

CLAIRE.

Laisse-moi me taire! Laisse-moi te posséder! Laisse-moi fixer mes yeux sur les tiens, y trouver tout, consolation, espérance, joie et douleur. (*Elle l'embrasse et le regarde fixement.*) Dis-moi, dis, je ne puis comprendre.... Es-tu Egmont? le comte d'Egmont? le grand Egmont, qui fait tant de bruit, de qui l'on parle dans les gazettes, auquel s'attendent les provinces?

EGMONT.

Non, Claire, je ne suis pas cet Egmont.

CLAIRE.

Comment?

EGMONT.

Vois-tu, ma petite Claire.... Que je m'asseye. (*Il s'assied; elle se met à genoux devant lui sur un tabouret, s'appuie sur Egmont et le regarde.*) Cet autre Egmont est un Egmont chagrin, contraint, glacé, obligé de s'observer, de prendre tantôt un visage tantôt un autre; tourmenté, méconnu, embarrassé, tandis que les gens le croient joyeux et content; aimé par un peuple qui ne sait ce qu'il veut ; honoré et exalté par une foule avec laquelle on ne peut rien entreprendre ; entouré d'amis auxquels il n'ose se confier; observé par des hommes qui voudraient, par tous les moyens, avoir prise sur lui ; travaillant et se fatiguant, souvent sans but, presque toujours sans récompense.... Oh ! laisse-moi te taire ce qu'il éprouve, ce qu'il sent. Mais celui-ci, mon enfant, il est tranquille, ouvert, heureux, aimé et connu du cœur le plus excellent, qu'il connaît aussi tout entier, et qu'avec un amour et une confiance sans réserve il presse contre le sien. (*Il l'embrasse.*) C'est là ton Egmont.

CLAIRE.

Oh! laisse-moi mourir!... Le monde n'a plus de joies après celle-là.

ACTE QUATRIÈME.

Une rue.

JETTER, LE CHARPENTIER.

LE JETTER.

Hé! Pst! Voisin, un mot.

LE CHARPENTIER.

Va ton chemin, et reste tranquille.

JETTER.

Un mot seulement. Rien de nouveau?

LE CHARPENTIER.

Rien, si ce n'est qu'il nous est de nouveau défendu de parler.

JETTER.

Comment?

LE CHARPENTIER.

Ici, approchez-vous de la maison. Soyez sur vos gardes! Dès son arrivée, le duc d'Albe a publié un édit par lequel sont déclarés, sans enquête, coupables de haute trahison, deux ou trois personnes qui parleront ensemble dans la rue.

JETTER.

O malheur!

LE CHARPENTIER.

Il est défendu, sous peine de prison perpétuelle, de parler des affaires d'État.

JETTER.

O notre liberté!

LE CHARPENTIER.

Et, sous peine de mort, nul ne doit blâmer les actes du gouvernement.

JETTER.

O nos têtes!

LE CHARPENTIER.

Et les pères, mères, enfants, parents, amis, domestiques sont invités, avec de grandes promesses, à dénoncer, devant le tribunal établi pour cela, ce qui se passe dans l'intérieur de la maison.

JETTER.

Allons chez nous!

LE CHARPENTIER.

Et à ceux qui obéiront il est promis qu'ils n'auront à souffrir aucun mauvais traitement ni dans leur corps ni dans leurs biens.

JETTER.

Quelle grâce! Je me suis senti mal à mon aise, aussitôt que le duc fut entré dans la ville. Depuis ce moment, il me semble que le ciel s'est voilé d'un crêpe noir, et qu'il pend si bas, qu'on est obligé de se courber pour ne pas donner contre.

LE CHARPENTIER.

Et comment te plaisent ses soldats? N'est-ce pas!... Ce sont d'autres gaillards que ceux auxquels nous étions accoutumés.

JETTER.

Fi! Ça vous serre le cœur, quand on en voit défiler une troupe dans les rues. Droits comme des cierges, le regard fixe, un même pas, si nombreux qu'ils soient! Et, lorsqu'ils sont en faction, et que tu passes devant l'un d'eux, c'est comme s'il voulait voir au travers de ton corps; il a l'air si roide et si bourru, qu'à tous les coins de rue tu crois voir un geôlier. Ils ne me vont pas du tout. Mais notre milice, c'était là une joyeuse troupe! Ils prenaient un peu leurs libertés; ils se tenaient les jambes écartées, le chapeau sur l'oreille; ils vivaient et laissaient vivre. Quant à ces drôles, ils sont comme des machines qui ont un diable dans le corps.

LE CHARPENTIER.

Si l'un d'eux crie : « Halte-là. » et couche en joue, crois-tu qu'on s'arrête?

JETTER.

Je serais un homme mort.

LE CHARPENTIER.

Rentrons chez nous.

ACTE IV.

JETTER.

Ça ne va pas bien. Adieu. (*Arrive Sœst.*)

SOEST.

Amis! camarades!...

LE CHARPENTIER.

Silence! Passons.

SOEST.

Savez-vous?

JETTER.

Nous ne savons que trop.

SOEST.

La gouvernante est partie.

JETTER.

Alors, que Dieu ait pitié de nous!

LE CHARPENTIER.

Elle nous soutenait encore.

SOEST.

Tout à coup et sans bruit. Elle ne pouvait s'accorder avec le duc. Elle a fait dire à la noblesse qu'elle reviendra : personne ne le croit.

LE CHARPENTIER.

Que Dieu pardonne à la noblesse de nous avoir laissé mettre sur le cou ce nouveau joug! Ils auraient pu l'empêcher. Nos priviléges sont perdus.

JETTER.

Au nom de Dieu, ne parlez pas de priviléges! Je flaire l'odeur d'un jour d'exécution; le soleil ne veut pas se montrer : les brouillards puent.

SOEST.

Orange est aussi parti.

LE CHARPENTIER.

Nous sommes donc tout à fait abandonnés!

SOEST.

Le comte d'Egmont est encore là.

JETTER.

Dieu soit loué! Que tous les saints le fortifient, pour qu'il fasse de son mieux! Lui seul y peut quelque chose. (*Survient Vansen.*)

VANSEN.

Enfin j'en trouve une couple qui ne sont pas encore allés se cacher.

JETTER.

Faites-nous le plaisir de passer votre chemin.

VANSEN.

Vous n'êtes pas poli !

LE CHARPENTIER.

Ce n'est pas du tout le moment de faire des cérémonies. Le dos vous démange-t-il encore? Êtes-vous déjà guéri?

VANSEN.

Parlez à un soldat de ses blessures ! Si j'avais pris garde aux coups, je ne serais de mes jours parvenu à rien.

JETTER.

Cela peut devenir plus sérieux.

VANSEN.

A ce qu'il paraît, vous sentez dans vos membres, par l'effet de l'orage qui s'avance, un pitoyable engourdissement.

LE CHARPENTIER.

Tes membres iront bientôt se dégourdir autre part, si tu ne restes en repos.

VANSEN.

Misérables souris, qui d'abord désespèrent, quand le maître de la maison prend un nouveau chat ! C'est un peu autrement, voilà tout; mais nous irons notre petit train comme auparavant: soyez tranquilles.

LE CHARPENTIER.

Tu es un effronté vaurien !

VANSEN.

Pauvre imbécile! Laisse seulement faire le duc. Le vieux matou a l'air d'avoir avalé des diables au lieu de souris et de ne pouvoir les digérer. Laisse-le seulement : il faudra bien aussi qu'il mange, qu'il boive, qu'il dorme, comme les autres hommes. Je ne suis pas en peine, si nous prenons bien notre temps. D'abord cela ira rondement : ensuite il trouvera aussi qu'il vaut mieux vivre à l'office autour des flèches de lard et dormir la nuit, que d'attraper au grenier quelques souris. Allez donc, je connais les gouverneurs.

LE CHARPENTIER.

Que de choses peuvent passer par la tête de cet homme! Si, de ma vie, j'avais dit quelque chose de pareil, je ne me croirais pas une minute en sûreté.

VANSEN.

Soyez donc tranquilles! Le Dieu du ciel ne sait rien de vous autres vers de terre, et bien moins le gouverneur.

JETTER.

Langue maudite!

VANSEN.

J'en sais d'autres, auxquels il vaudrait mieux d'avoir dans les veines du sang de tailleur que leur courage héroïque.

LE CHARPENTIER.

Que voulez-vous dire par là?

VANSEN.

Hem! c'est le comte que j'entends.

JETTER.

Egmont! Qu'a-t-il à craindre?

VANSEN.

Je suis un pauvre diable, et je pourrais vivre toute une année de ce qu'il perd dans une soirée; et pourtant il pourrait me donner son revenu de toute une année, pour avoir ma tête un quart d'heure.

JETTER.

Tu te crois quelque merveille : les cheveux d'Egmont sont plus sensés que ta cervelle.

VANSEN.

Vous le dites!... Mais pas plus fins. Les seigneurs se trompent les premiers. Il ne devrait pas s'y fier.

JETTER.

Que bavarde-t-il! Un tel homme!...

VANSEN.

Justement parce qu'il n'est pas un tailleur.

JETTER.

Mauvaise langue!

VANSEN.

Je lui souhaiterais, seulement une heure, votre courage dans le corps, pour l'inquiéter, le harceler et le picoter, jusqu'à ce qu'il eût quitté la ville.

JETTER.

Vous parlez très-follement : il est aussi en sûreté qu'une étoile au ciel.

VANSEN.

N'en as-tu jamais vu filer une ?... La voilà passée !

LE CHARPENTIER.

Qui donc lui fera quelque chose ?

VANSEN.

Qui ?... L'empêcheras-tu, peut-être ? Exciteras-tu une révolte s'ils le mettent en prison ?

JETTER.

Ah !

VANSEN.

Risquerez-vous vos côtes pour lui ?

SOEST.

Eh !

VANSEN, *les contrefaisant.*

Eh ! oh ! ah ! Exclamez-vous par tout l'alphabet ! C'est comme cela, et cela subsiste. Que Dieu le garde !

JETTER.

Je m'effraye de votre impudence. Un si noble, un si honnête homme aurait quelque chose à craindre ?

VANSEN.

Le coquin a partout l'avantage. Sur le tabouret du misérable accusé, il se moque de son juge ; sur le fauteuil du juge, il se plaît à faire de l'accusé un coupable. J'ai eu, comme cela, un procès-verbal à copier, pour lequel le commissaire reçut de la cour tout plein de louanges et d'argent, pour avoir fait, par son interrogatoire, un coquin d'un honnête pauvre diable, à qui l'on voulait du mal.

LE CHARPENTIER.

Encore un hardi mensonge. Que voulez-vous faire sortir d'un interrogatoire, quand on est innocent ?

VANSEN.

O tête de moineau ! S'il n'y a rien à tirer d'un interrogatoire, on y met ce qu'il faut. L'honnêteté rend imprudent et même hautain. On commence donc par interroger tout doucement ; et le prisonnier est, comme on dit, fier de son innocence, et dit tout franchement ce qu'un homme habile cacherait. Puis l'inquisiteur fait, au moyen des réponses, de nouvelles questions, et guette le moment où quelque petite contradiction vient à paraître : alors il tend son piége, et, si le pauvre diable se laisse troubler, parce qu'il a dit ici un peu trop, là trop peu, ou que, Dieu sait par quelle fantaisie, il a tu une circonstance, ou s'est peut-être laissé intimider en quelque endroit, nous voilà sur le bon chemin ! Et je vous certifie que les chiffonnières ne cherchent pas avec plus de soin les guenilles dans les balayures, qu'un de ces fabricateurs de scélérats ne se compose enfin, au moyen de présomptions et de circonstances minimes, équivoques, détournées, déplacées, interverties, déduites, niées, confessées, un épouvantail d'oiseaux, aux guenilles empaillées, afin de pouvoir du moins pendre son accusé en effigie. Et le pauvre diable doit rendre grâce à Dieu, s'il peut encore se voir pendre.

JETTER.

Voilà une langue bien affilée.

LE CHARPENTIER.

Avec les moucherons cela peut aller : les guêpes se moquent de vos toiles d'araignées.

VANSEN.

C'est selon les araignées. Voyez-vous, ce duc, avec sa longue stature, vous a toute la mine d'une araignée porte-croix, non de celles à gros ventre, qui sont moins méchantes, mais de celles aux longs pieds, au corps mince, qui, pour manger, n'en deviennent pas plus grasses, et tendent des fils fort menus, mais d'autant plus tenaces.

JETTER.

Egmont est chevalier de la Toison d'or : qui oserait mettre la main sur lui ? Il ne peut être jugé que par ses pairs, par l'ordre assemblé. C'est ta langue effrénée, ta mauvaise conscience, qui te poussent à un pareil bavardage.

VANSEN.

Lui veux-je du mal pour cela ? Moi, je peux être tranquille. C'est un excellent seigneur. Une couple de mes bons amis, que partout ailleurs on aurait pendus, ont été par lui congédiés avec une volée de coups de bâton.... Partez, partez maintenant :

je vous le conseille moi-même. Je vois là-bas s'avancer une ronde; et ils n'ont pas l'air disposés à boire de sitôt en frères avec nous. Attendons.... et observons tout doucement les choses. J'ai une couple de nièces et un compère cabaretier : quand ils en auront tâté une fois, s'ils ne s'apprivoisent pas, ce sont de vrais loups-garous.

Le palais de Culembourg, demeure du duc d'Albe.

SILVA, GOMEZ. *Ils se rencontrent.*

SILVA.

As-tu exécuté les ordres du duc?

GOMEZ.

Ponctuellement. Toutes les rondes ordinaires ont reçu l'ordre de se rendre, à un moment fixé, dans divers lieux, que je leur ai désignés. En attendant, elles parcourent la ville, comme d'ordinaire, pour maintenir la tranquillité. Nul ne sait rien des autres; chacun croit que l'ordre est pour lui seul, et, en un moment, le cordon peut être formé, et toutes les avenues du palais peuvent être occupées. Sais-tu le motif de cet ordre?

SILVA.

Je suis accoutumé à obéir aveuglément. Et à qui obéit-on plus aisément qu'au duc? L'événement ne tarde pas à montrer qu'il avait bien commandé.

GOMEZ.

Bon! bon! Je ne vois rien de merveilleux à ce que tu sois aussi renfermé et taciturne que lui-même, toi qui dois être sans cesse autour de lui. Pour moi, cela me semble étrange, étant accoutumé, en Italie, à un service plus facile. Pour la fidélité et l'obéissance, je suis toujours le même : mais je me suis habitué à jaser et à raisonner. Vous restez tous bouche close, et ne vous donnez jamais carrière. Le duc me semble une tour d'airain, sans porte, dont la garnison aurait des ailes. Naguère, à table, je l'ai entendu dire d'un homme affable et joyeux, qu'il était comme un mauvais cabaret, dont l'enseigne annonce un débit d'eau-de-vie, pour attirer les oisifs, les mendiants et les voleurs.

SILVA.

Et n'est-ce pas en gardant le silence qu'il nous a conduits ici?

GOMEZ.

A cela il n'y a rien à dire. Certes, il a vu quelque chose, celui qui a été témoin de sa prudence; comme il a conduit l'armée depuis l'Italie jusqu'ici; comme il s'est glissé, en quelque sorte, entre amis et ennemis, entre les Français, royalistes et hérétiques, entre les Suisses et confédérés; a maintenu la plus rigoureuse discipline, et a su conduire aisément et sans coup férir une marche qu'on jugeait si périlleuse!... Nous avons vu quelque chose qui a pu nous instruire.

SILVA.

Ici même, tout n'est-il pas calme et tranquille, comme s'il n'y avait eu aucune sédition?

GOMEZ.

Mais la tranquillité régnait déjà presque partout, quand nous arrivâmes.

SILVA.

Elle est devenue bien plus grande dans les provinces; et, si quelqu'un remue encore, c'est pour s'enfuir; mais bientôt, je pense, il leur fermera aussi les chemins.

GOMEZ.

C'est alors qu'il gagnera tout de bon la faveur du roi.

SILVA.

Et il ne nous reste rien de mieux à faire que de conserver la sienne. Si le roi vient ici, certainement le duc restera, et les hommes qu'il aura recommandés ne demeureront pas sans récompense.

GOMEZ.

Crois-tu que le roi vienne?

SILVA.

On fait tant de préparatifs, que la chose me paraît très-vraisemblable.

GOMEZ.

Ils ne me persuadent point.

SILVA.

Tout au moins, n'en parle pas; car, si l'intention du roi

n'est pas de venir, assurément elle est du moins qu'on le croie. (*Entre Ferdinand.*)

FERDINAND.

Mon père n'est-il pas encore sorti?

SILVA.

Nous l'attendons.

FERDINAND.

Les princes seront bientôt ici.

GOMEZ.

Viennent-ils aujourd'hui?

FERDINAND.

Orange et Egmont.

GOMEZ, *bas à Silva.*

Je commence à comprendre.

SILVA.

Eh bien, garde-le pour toi. (*Entre le duc d'Albe. A son entrée, les autres personnages se retirent un peu en arrière.*)

ALBE.

Gomez!

GOMEZ, *s'avançant.*

Monseigneur?

ALBE.

Tu as distribué les gardes et donné les ordres?

GOMEZ.

Avec le plus grand soin. Les patrouilles de service....

ALBE.

Il suffit. Tu attendras dans la galerie. Silva te dira le moment où tu devras les rassembler et occuper les avenues du palais. Tu sais le reste.

GOMEZ.

Oui, monseigneur. (*Il sort.*)

ALBE.

Silva!

SILVA.

Me voici.

ALBE.

Tout ce que j'ai dès longtemps apprécié chez toi, le courage, la résolution, l'exécution irrésistible, montre-le aujourd'hui.

SILVA.

Je vous remercie de me donner l'occasion de montrer que je suis toujours le même.

ALBE.

Aussitôt que les princes seront entrés chez moi, cours arrêter le secrétaire d'Egmont. Tu as pris toutes les mesures pour saisir le reste de ceux qui sont désignés?

SILVA.

Reposez-vous sur nous. Leur sort les atteindra, ponctuel et terrible, comme une éclipse de soleil bien calculée.

ALBE.

Les as-tu fait surveiller exactement?

SILVA.

Tous; Egmont plus que les autres. Il est le seul qui, depuis ton arrivée, n'a pas changé de conduite. Toute la journée, il passe d'un cheval sur un autre; il s'entoure de convives; à table, il est toujours joyeux et divertissant; il joue aux dés; il tire au blanc, et se glisse la nuit chez sa maîtresse. Les autres ont fait, au contraire, une pause remarquable dans leur façon de vivre; ils restent chez eux : à voir le dehors, il semble qu'il y ait un malade dans la maison.

ALBE.

Eh bien, vite à l'ouvrage, avant qu'ils guérissent malgré nous!

SILVA.

J'en réponds. D'après tes ordres, nous les accablons de prévenances. Ils frémissent; ils nous adressent, par politique, un remercîment forcé; ils sentent que le plus sage serait de s'enfuir; nul ne hasarde un pas; ils balancent; ils ne peuvent se réunir, et l'esprit de corps les détourne de faire seuls quelque chose de hardi. Ils voudraient se dérober à tout soupçon et se rendent toujours plus suspects. Déjà je vois avec joie tout ton projet exécuté.

ALBE.

Je me réjouis seulement de ce qui est accompli, et, même alors, ce n'est pas à la légère, car il reste toujours quelque chose qui nous donne à penser et à craindre. Le sort est capricieux: il glorifie souvent ce qui est commun et sans mérite, et déshonore par une issue vulgaire les entreprises bien concertées. Attends que les princes soient arrivés; puis donne l'ordre à Gomez d'occuper les rues, et cours toi-même arrêter le secrétaire d'Egmont et les autres qui te sont désignés. Cela fait, reviens ici, et l'annonce à mon fils, afin qu'il m'en apporte la nouvelle dans le conseil.

SILVA.

J'espère que j'oserai ce soir me présenter devant toi. (*Albe s'approche de son fils, qui s'est tenu jusque-là dans la galerie. Silva se parle à lui-même.*) Je n'ose me l'avouer, mais mon espérance chancelle. Je crains que les choses ne tournent pas comme il pense. Je vois devant moi des esprits, qui, silencieux et pensifs, pèsent dans de noires balances la destinée des princes et d'un peuple nombreux : la languette vacille avec lenteur; les juges semblent méditer profondément; enfin l'un des plateaux s'abaisse, l'autre s'élève, par un souffle capricieux du sort, et l'arrêt est prononcé. (*Il se retire.*)

ALBE, *s'avançant avec Ferdinand.*

En quel état as-tu trouvé la ville ?

FERDINAND.

Tout est dans le devoir. Je me suis promené à cheval de rue en rue, comme par passe-temps. Vos patrouilles, bien distribuées, inspirent une si vive frayeur, que l'on n'ose pas chuchoter. La ville est semblable à un champ, quand les feux de l'orage brillent de loin: on ne voit pas un oiseau, pas un animal, que ceux qui se hâtent de chercher un asile.

ALBE.

N'as-tu rien rencontré de plus ?

FERDINAND.

Egmont est arrivé à cheval sur la place avec une suite; nous nous sommes salués. Il avait un cheval fougueux, dont je n'ai pu m'empêcher de lui faire compliment. « Hâtons-nous de dresser des chevaux, m'a-t-il crié au passage, nous en aurons bientôt besoin. » Il me reverra aujourd'hui, a-t-il ajouté, et viendra, sur votre invitation, délibérer avec vous.

ALBE.

Il te reverra.

ACTE IV.

FERDINAND.

De tous les gentilshommes que je connais ici, c'est lui qui me plaît le mieux. Je crois que nous deviendrons amis.

ALBE.

Tu es toujours trop prompt et trop peu réservé; je reconnais toujours en toi cette légèreté de ta mère, qui la mit sans condition dans mes bras. L'apparence t'a engagé précipitamment dans mainte liaison dangereuse.

FERDINAND.

Votre volonté me trouve docile.

ALBE.

Je pardonne à ton jeune sang cette bienveillance étourdie, cet enjouement inconsidéré; mais n'oublie pas pour quelle œuvre je suis envoyé, et quelle part je voudrais t'en remettre.

FERDINAND.

Faites m'en souvenir, et ne m'épargnez pas, où vous le jugerez nécessaire.

ALBE, *après une pause.*

Mon fils!

FERDINAND.

Mon père!

ALBE.

Les princes viendront bientôt; Orange et Egmont viendront. Ce n'est pas défiance, si je te révèle seulement à cette heure ce qui doit arriver : ils ne sortiront plus d'ici.

FERDINAND.

Quel est ton dessein?

ALBE.

Il est résolu qu'on les retiendra.... Cela te surprend!... Écoute ce que tu as à faire : les motifs, tu les sauras après. Maintenant le temps manque pour te les expliquer. Je voudrais ne conférer qu'avec toi des plus grandes affaires, des plus secrètes. Un puissant lien nous unit; tu m'es cher et précieux : je voudrais tout accumuler sur toi; je ne voudrais pas seulement t'inculquer l'habitude d'obéir; j'aimerais encore à te transmettre le talent d'exprimer, de commander, d'exécuter; te laisser à toi un grand héritage, au roi le plus utile serviteur; te léguer ce que j'ai de plus précieux, afin que tu n'aies point à rougir de paraître au milieu de tes frères.

FERDINAND.

Combien ne te suis-je pas redevable pour cet amour que tu m'accordes à moi seul, quand tout un royaume tremble devant toi!

ALBE.

Écoute à présent de quoi il s'agit. Aussitôt que les princes seront entrés, toutes les issues du palais seront occupées. Gomez en a reçu l'ordre. Silva se hâtera d'arrêter le secrétaire d'Egmont avec les plus suspects. Toi, tu tiendras en bon ordre la garde à la porte et dans les cours. Avant toutes choses, fais occuper ces chambres voisines par les gens les plus sûrs; attends ensuite dans la galerie jusqu'au retour de Silva, et apporte-moi quelque papier insignifiant, comme indice que sa commission est remplie; puis, demeure dans la salle d'attente jusqu'au départ d'Orange. Suis-le. Je retiendrai ici Egmont, comme si j'avais encore quelque chose à lui dire. Au bout de la galerie, demande à Orange son épée; appelle la garde; assure-toi promptement de cet homme dangereux, et j'arrête ici Egmont.

FERDINAND.

J'obéirai, mon père...., pour la première fois, avec tristesse et douleur.

ALBE.

Je te pardonne : c'est le premier grand jour de ta vie. (*Entre Silva.*)

SILVA.

Un messager d'Anvers. Voici une lettre d'Orange! Il ne vient pas.

ALBE.

Le messager le dit-il?

SILVA.

Non, c'est le cœur qui me le dit.

ALBE.

Mon mauvais génie parle par ta bouche. (*Après avoir lu la lettre, il fait un signe à Ferdinand et à Silva, qui se retirent dans la galerie. Il reste seul sur l'avant-scène.*) Il ne vient pas! Il diffère jusqu'au dernier moment pour se déclarer! Il ose ne pas venir! Donc, cette fois, contre toute apparence, le sage a été assez sage pour être téméraire!... L'heure approche! Encore quelques pas de l'aiguille, et un grand acte est accompli ou laissé sans exécution, laissé irrévocablement; car on ne peut y revenir ni le cacher. J'avais longtemps et mûrement pesé tout cela, et j'avais aussi prévu ce cas; j'avais arrêté en moi-même ce qu'il y aurait à faire s'il se présentait : et maintenant qu'il faut agir, je me défends à peine de balancer encore dans mon âme le pour et le contre.... Est-il sage d'arrêter les autres, quand celui-là m'échappe? Faut-il différer et laisserai-je échapper Egmont avec les siens, avec tant d'autres, qui sont maintenant dans mes mains, et peut-être ce seul jour encore? Le sort t'a donc aussi vaincu, toi, l'invincible? Un coup si longuement médité! si bien préparé! Un plan si beau!... si grand!... L'espérance si proche du terme!... Et maintenant, au moment décisif, te voilà placé entre deux maux; comme dans l'urne, ta main puise dans l'obscur avenir; le billet que tu prends est encore plié, inconnu, noir ou blanc!... (*Il paraît tout à coup attentif, comme ayant entendu quelque bruit, et s'avance vers la fenêtre.*) C'est lui!... Egmont!... Ton cheval t'a porté lestement chez moi, et n'a pas reculé à l'odeur du sang, et devant le spectre, armé du glaive étincelant, qui te reçoit à la porte!... Descends.... Tu mets un pied dans la fosse!... En voilà deux!... Oui, oui, fais-lui des caresses; et, pour la dernière fois, frappe doucement sur son encolure, pour son vaillant service! Je n'ai plus le choix. Egmont ne peut se livrer à nous une seconde fois, aveuglé comme il vient aujourd'hui.... Holà! (*Ferdinand et Silva accourent.*) Faites ce que j'ai commandé : je ne change pas de résolution. Quoi qu'il arrive, je retiens Egmont, jusqu'à ce que tu m'aies apporté des nouvelles de Silva. Ensuite ne t'éloigne pas. A toi aussi le sort te dérobe l'insigne mérite d'avoir arrêté de ta propre main le plus grand ennemi du roi. (*A Silva.*) Hâte-toi! (*A Ferdinand.*) Va au-devant de lui. (*Albe reste seul quelques moments; il va et vient en silence; Egmont paraît.*)

EGMONT.

Je viens recevoir les ordres du roi, et savoir quel service il demande à notre fidélité, qui lui reste dévouée à jamais.

ALBE.

Il désire, avant toute chose, entendre vos avis.

EGMONT.

Sur quel objet? Orange vient-il aussi? Je le croyais chez vous.

ALBE.

Je regrette qu'il nous manque justement à cette heure importante. Le roi demande vos conseils, votre opinion, sur les moyens de pacifier ce pays. Il espère même votre concours énergique, pour calmer ces troubles, et pour établir l'ordre dans les provinces d'une manière durable et complète.

EGMONT.

Vous pouvez savoir mieux que moi que tout est déjà bien calmé, et l'était même encore davantage, avant que l'apparition des nouveaux soldats agitât derechef les esprits par l'inquiétude et la crainte.

ALBE.

Vous voulez, je crois, faire entendre qu'il eût été plus sage que le roi ne me mît pas en état de vous interroger?

EGMONT.

Pardon! Si le roi aurait dû envoyer l'armée, ou si l'autorité de son auguste présence n'aurait pas, à elle seule, produit plus d'effet, ce n'est pas à moi d'en juger. L'armée est ici; le roi n'y est pas. Mais nous serions bien ingrats, bien légers, d'oublier ce que nous devons à la gouvernante. Avouons-le, par sa conduite aussi courageuse que sage, elle a su, avec force et autorité, avec la persuasion et l'adresse, réduire les révoltés au repos; et, à l'étonnement du monde, elle a ramené, en peu de mois, au devoir un peuple rebelle.

ALBE.

Je ne veux pas le nier. Le tumulte est apaisé, et chacun semble rangé dans les limites de l'obéissance. Mais chacun n'est-il pas le maître d'en sortir? Qui empêchera le peuple d'éclater? Où est la puissance qui le contiendra? Qui nous garantit qu'il se montrera toujours fidèle et soumis? Nous n'avons d'autre gage que sa bonne volonté.

EGMONT.

Et la bonne volonté d'un peuple n'est-elle pas le plus sûr et le plus noble gage? Pour Dieu! quand un roi peut-il se croire plus en sûreté que lorsque tous vivent pour un et un pour tous? Quand sera-t-il plus en sûreté contre les ennemis intérieurs et étrangers?

ACTE IV.

ALBE.

Nous ne saurions cependant nous persuader qu'il en soit ainsi dans ces provinces.

EGMONT.

Que le roi publie un pardon général, qu'il tranquillise les esprits, et l'on verra bientôt comme l'amour et la fidélité renaîtront avec la confiance.

ALBE.

Et quiconque aurait outragé la majesté du roi et le sanctuaire de la religion irait et viendrait, libre et sans gêne; vivrait, pour offrir aux autres la preuve toute prête que des crimes abominables sont impunis!

EGMONT.

Le crime de la démence, de l'ivresse, ne faut-il pas l'excuser plutôt que le punir cruellement, surtout quand on a une si ferme espérance, quand on a la certitude que le mal ne renaîtra pas? N'étaient-ils pas plus en sûreté, ne sont-ils pas célébrés par leurs contemporains et par les derniers âges, les rois qui ont su pardonner, plaindre et mépriser une offense à leur dignité? Ne seront-ils pas, par cela même, comparés à Dieu, qui est trop grand pour que chaque insulte puisse l'atteindre?

ALBE.

C'est justement pourquoi le monarque doit combattre pour la gloire de Dieu et de la religion, et nous pour la majesté du monarque. Ce que le souverain dédaigne de réprimer, notre devoir est d'en tirer vengeance. Si l'on veut m'en croire, nul coupable ne doit jouir de l'impunité.

EGMONT.

Crois-tu pouvoir tous les atteindre? N'apprend-on pas chaque jour que la peur les chasse de lieux en lieux, les fait sortir du pays? Les plus riches se déroberont avec leurs biens, leurs enfants et leurs amis; les pauvres porteront au voisin leurs mains industrieuses.

ALBE.

Oui, si l'on ne peut les empêcher. C'est pourquoi le roi demande conseil et secours à chaque province, sévérité à chaque gouverneur, et non pas seulement des rapports sur ce qui se passe, sur ce qui pourrait arriver, si on laissait tout aller comme il va. Voir sous ses yeux un grand mal, se bercer d'espérances, s'en remettre au temps, une fois peut-être frapper de grands coups, comme dans une fête de carnaval, pour que cela retentisse et pour sembler faire quelque chose, quand on voudrait ne rien faire, n'est-ce pas se rendre suspect de voir avec plaisir la révolte, qu'on ne voudrait pas exciter mais bien entretenir?

EGMONT, *sur le point de s'emporter, se contient, et, après une courte pause, il reprend d'un ton calme:*

Toutes les intentions ne sont pas manifestes, et celles de bien des gens peuvent être mal interprétées. Mais on entend dire de tous côtés que l'intention du roi est bien moins de gouverner les provinces d'après des lois uniformes et claires, d'assurer la majesté de la religion et de donner à son peuple une paix générale, que de le subjuguer absolument, de lui ravir ses anciens droits, de s'emparer de ses biens, de restreindre les belles prérogatives de la noblesse, pour lesquelles seulement le gentilhomme veut servir le prince, lui consacrer son bras et sa vie. On dit que la religion n'est qu'une magnifique tenture, derrière laquelle on prépare plus aisément tous les projets funestes. Le peuple est à genoux; il adore les saintes figures qui y sont tracées, et derrière se tient aux aguets l'oiseleur, qui veut les attraper.

ALBE.

Me faut-il entendre cela de toi?

EGMONT.

Ce ne sont pas mes sentiments : c'est seulement ce que disent, ce que répandent hautement, en divers lieux, les grands et les petits, les fous et les sages. Les Néerlandais craignent un double joug, et quel garant ont-ils de leur liberté?

ALBE.

La liberté! C'est un beau mot, pour qui l'entend bien. Quelle liberté veulent-ils? Qu'est-ce que la liberté de l'homme le plus libre?... C'est de bien faire!... Et, en cela, le roi ne les gênera nullement. Non, non, ils ne se croient pas libres, s'ils ne peuvent nuire à eux-mêmes et aux autres. Ne vaudrait-il pas mieux abdiquer, que de gouverner un tel peuple? Si des ennemis extérieurs nous menacent, auxquels nul bourgeois ne pense, parce qu'il est tout occupé de ce qui l'entoure, et, si le roi demande assistance, alors ils se divisent entre eux, et se liguent en quelque sorte avec leurs ennemis. Il vaut beaucoup mieux les contraindre, afin de pouvoir les tenir comme des enfants, les mener, comme des enfants, à leur plus grand bien. Crois-moi, un peuple ne devient ni vieux ni sage; un peuple reste toujours enfant.

EGMONT.

Comme un roi atteint rarement l'âge de raison! Et plusieurs n'aimeront-ils pas mieux se fier à plusieurs qu'à un seul? Et non pas même à un seul, mais au petit nombre qui dépend de lui, à ces gens qui vieillissent sous les yeux de leur maître. Eux seuls, apparemment, ont le droit de devenir sages.

ALBE.

Peut-être justement parce qu'ils ne sont pas livrés à eux-mêmes.

EGMONT.

Et c'est pourquoi personne ne se livrerait à eux volontiers. Que l'on fasse ce qu'on voudra, j'ai répondu à ta question, et je répète : cela ne va pas! cela ne peut aller! Je connais mes compatriotes : ce sont des hommes dignes de fouler la terre de Dieu; chacun s'appartient tout entier; est un petit roi, ferme, alerte, habile, fidèle, attaché aux vieux usages. Il est difficile de mériter leur confiance; facile de la conserver. Obstinés et braves!... On peut les comprimer mais non les opprimer.

ALBE, *après avoir jeté plusieurs fois les yeux autour de lui.*

Redirais-tu tout cela en présence du roi?

EGMONT.

Ce serait un malheur si sa présence m'intimidait! Un bonheur pour lui, pour son peuple, s'il m'encourageait, s'il m'inspirait la confiance d'en dire encore davantage!

ALBE.

Ce qui est utile, je puis l'entendre comme lui.

EGMONT.

Je lui dirais : Le berger peut aisément chasser devant lui tout un troupeau de moutons; le bœuf traîne sa charrue sans résistance : mais le noble coursier que tu veux monter, il te faut étudier ses penchants, ne lui rien demander que de sage, le demander sagement. C'est pourquoi le bourgeois désire de conserver son ancienne constitution, et d'être gouverné par ses compatriotes, parce qu'il sait comment il est conduit, parce qu'il peut en espérer du dévouement et de l'intérêt pour son sort.

ALBE.

Et le prince n'aurait pas le pouvoir de changer ces anciennes coutumes? Ce ne serait pas justement sa plus belle prérogative? Qu'y a-t-il de stable en ce monde? Et une organisation politique devrait l'être? Tous les rapports ne doivent-ils pas changer avec le temps, et, par là même, une vieille constitution ne devient-elle pas la source de mille maux, parce qu'elle ne satisfait plus à l'état présent du peuple? Je crains que ces anciens droits ne soient si agréables, parce qu'ils offrent des retraites, dans lesquelles l'homme habile, l'homme puissant, peut se cacher ou s'échapper, au détriment du peuple, au détriment de l'État.

EGMONT.

Et ces changements arbitraires, ces envahissements illimités de l'autorité souveraine, ne présagent-ils pas qu'un homme veut faire ce que ne doivent pas faire des milliers? Il veut se rendre lui seul indépendant, afin de pouvoir satisfaire chacun de ses désirs, réaliser chacune de ses pensées. Et, si nous nous fions entièrement à lui, bon et sage roi, nous répond-il de ses successeurs? Nous répond-il que nul ne régnera sans égards et sans ménagements? Alors, qui nous sauvera d'un complet arbitraire, s'il nous envoie ses serviteurs, ses proches, qui, sans connaissance du pays et de ses besoins, gouverneront à leur guise, ne trouveront aucune résistance, et se sentiront affranchis de toute responsabilité?

ALBE, *qui, dans l'intervalle,* **a de nouveau jeté les yeux** *autour de lui.*

Il est fort naturel qu'un roi songe à régner par lui-même, et qu'il charge plus volontiers de ses ordres ceux qui le comprennent le mieux, qui veulent le comprendre, et qui exécutent sans réserve sa volonté.

EGMONT.

Et il n'est pas moins naturel que le bourgeois veuille être gouverné par celui qui reçut le jour, qui fut élevé au même lieu que lui, qui s'est fait les mêmes idées que lui du juste et de l'injuste, et qu'il peut considérer comme son frère.

ALBE.

Et pourtant la noblesse a partagé avec ses frères d'une manière très-inégale.

EGMONT.

Cela est arrivé il y a bien des siècles, et on le souffre maintenant sans envie. Mais, que, sans nécessité, d'autres hommes fussent envoyés, qui voudraient une seconde fois s'enrichir aux dépens de la nation; que l'on se vît exposé à une impitoyable, audacieuse, effrénée cupidité, cela produirait une fermentation, qui ne s'apaiserait pas d'elle-même aisément.

ALBE.

Tu me dis des choses que je ne devrais pas entendre : moi aussi, je suis étranger.

EGMONT.

Te les dire, c'est te montrer que je ne t'ai pas en vue.

ALBE.

Et néanmoins je voudrais ne pas les entendre de toi. Le roi m'a envoyé avec l'espérance que je trouverais ici l'appui de la noblesse. Le roi veut ce qu'il veut. Après un profond examen, le roi a vu ce qui convient au peuple; les choses ne peuvent subsister et marcher comme jusqu'à ce jour. L'intention du roi est de contraindre ses sujets pour leur propre avantage; de leur imposer, s'il le faut, leur propre salut; de sacrifier les citoyens dangereux, afin que les autres puissent trouver le repos, et goûter le bonheur d'un gouvernement sage. Telle est sa résolution; j'ai l'ordre de la faire savoir à la noblesse; et je demande conseil, au nom du roi, sur les moyens d'agir, non sur ce qu'il faut faire, car, cela, il l'a résolu.

EGMONT.

Hélas! tes paroles justifient la crainte du peuple, la crainte générale! Il a donc résolu ce qu'aucun prince ne devrait résoudre. Afin de pouvoir gouverner le peuple à son aise, il veut affaiblir, écraser, détruire sa vigueur, son caractère, le sentiment qu'il a de lui-même. Il veut altérer l'essence de sa nationalité, sans doute dans la pensée de le rendre plus heureux. Pour en faire quelque chose, autre chose, il veut l'anéantir. Oh! si son intention est bonne, elle est mal dirigée! On ne s'oppose point au roi; on se présente seulement devant le roi, qui fait les premiers pas funestes, pour s'avancer dans une fausse route.

ALBE.

Si telles sont tes pensées, ce serait, semble-t-il, une vaine tentative de vouloir nous accorder. Tu estimes peu le roi et tu méprises ses conseillers, si tu doutes que l'on ait déjà considéré, pesé, examiné toutes ces choses. Je n'ai pas mission de discuter encore une fois le pour et le contre : je demande au peuple obéissance, et à vous, chefs de la noblesse, vos conseils et vos bras, comme garants de ce devoir absolu.

EGMONT.

Demande nos têtes, pour en finir d'un seul coup! Qu'il faille courber le front sous ce joug ou devant la hache, pour une âme généreuse, la chose est égale. C'est en vain que j'ai fait tous ces discours; ils n'ont ébranlé que l'air : je n'ai rien gagné de plus. (*Ferdinand paraît.*)

FERDINAND.

Excusez-moi si j'interromps votre entretien. Voici une lettre, dont le porteur demande instamment la réponse.

ALBE.

Permettez-moi de voir ce qu'elle contient. (*Il se retire à l'écart.*)

FERDINAND, à *Egmont*.

Il est beau le cheval que vos gens ont amené pour vous chercher.

EGMONT.

Il n'est pas des plus mauvais. Voici déjà quelque temps que je l'ai; je songe à m'en défaire : s'il vous plaît, nous ferons peut-être marché ensemble.

FERDINAND.

Bien, nous verrons. (*Albe fait un signe à son fils, qui se retire dans le fond.*)

EGMONT.

Adieu. Donnez-moi congé, car, en vérité, je ne saurais plus que dire.

ALBE.

Le hasard t'a heureusement empêché de trahir encore plus ta pensée. Tu développes imprudemment les replis de ton cœur, et tu t'accuses toi-même bien plus sévèrement qu'un ennemi ne pourrait le faire.

EGMONT.

Ce reproche ne me touche point ; je me connais assez moi-même, et je sais combien je suis attaché au roi : bien plus que beaucoup de gens, qui, en le servant, se servent eux-mêmes. C'est à regret que j'abandonne ce débat sans le voir terminé, et tout mon désir est que le service du maître, le bien du pays, puissent bientôt nous réunir. Peut-être un nouvel entretien, la présence des autres princes, qui manquent aujourd'hui, feront-ils, dans un moment plus favorable, ce qui semble impossible à présent. C'est avec cette espérance que je me retire.

ALBE, *faisant un signe à Ferdinand.*

Un moment, Egmont!... Ton épée! (*La porte du fond s'ouvre : on voit la galerie pleine de gardes qui se tiennent immobiles.*)

EGMONT, *surpris, après un moment de silence.*

C'était là ton dessein? C'est pour cela que tu m'as appelé? (*Mettant la main sur son épée, comme pour se défendre.*) Suis-je donc sans armes?

ALBE.

Le roi l'ordonne : tu es mon prisonnier. (*Des gens armés entrent des deux côtés.*)

EGMONT, *après un moment de silence.*

Le roi?... Orange! Orange! (*Après une pause, rendant son épée.*) Prends-la donc! Elle a bien plus souvent défendu la cause du roi, qu'elle n'a protégé cette poitrine. (*Il sort par la porte du fond ; les soldats qui sont dans la salle le suivent ; Ferdinand sort pareillement. Albe reste immobile. Le rideau tombe.*)

ACTE CINQUIÈME.

Une rue. Crépuscule.

CLAIRE, BRACKENBOURG, BOURGEOIS.

BRACKENBOURG.

Ma chère amie, au nom de Dieu, que veux-tu faire?

CLAIRE.

Suis-moi, Brackenbourg! Il faut que tu ne connaisses pas les hommes. Nous le délivrerons certainement. Car, qu'est-ce qui égale leur amour pour lui? Chacun sent, je le jure, le brûlant désir de le sauver, de détourner le danger d'une vie si précieuse, et de rendre la liberté au plus libre des hommes. Viens! Il ne manque rien qu'une voix pour les rassembler. Ce qu'ils lui doivent est aussi vivant que jamais dans leur âme. Ils savent que son bras puissant les préserve seul de la ruine. Pour eux et pour lui ils doivent tout risquer. Et que risquons-nous? Tout au plus notre vie, et ce n'est pas la peine de la conserver, s'il périt.

BRACKENBOURG.

Malheureuse! Tu ne vois pas la puissance qui nous a enchaînés avec des liens de fer?

CLAIRE.

Elle ne me paraît pas invincible. N'échangeons pas plus longtemps des paroles inutiles. Voici de nos anciens, des hommes honnêtes et braves! Écoutez, amis! Voisins, écoutez!... Dites, qu'est devenu Egmont?

LE CHARPENTIER.

Que veut cette enfant? Fais-la taire.

CLAIRE.

Approchez, que nous parlions bas, jusqu'à ce que nous soyons d'accord ensemble et plus forts. Nous n'avons pas un moment à perdre. Déjà l'insolente tyrannie, qui ose l'enchaîner, agite le poignard pour l'égorger. O mes amis, à chaque pas du crépuscule, je suis plus angoissée. Je crains cette nuit. Venez, partageons-nous; courons vite, de quartier en quartier, appeler les bourgeois. Que chacun prenne ses vieilles armes. Nous nous rencontrerons sur la place, et notre torrent entraîne tout avec lui. Les ennemis se voient enveloppés, inondés et sont écrasés! Que peut contre nous une poignée de valets? Et lui, il revient au milieu de nous, il se voit délivré, et peut une fois nous remercier, nous qui lui avons été si redevables! Il reverra peut-être.... oui, sans doute, il reverra l'aurore dans le ciel ouvert.

LE CHARPENTIER.

Que veux-tu donc, jeune fille?

CLAIRE.

Pouvez-vous ne pas me comprendre? Je parle du comte! Je parle d'Egmont!

JETTER.

Ne prononcez pas ce nom : il tue.

CLAIRE.

Ce nom?... Quoi?... Ne pas prononcer ce nom? Qui ne l'a pas à la bouche en toute occasion? Où n'est-il pas écrit? Dans ces étoiles je l'ai souvent lu en toutes lettres! Ne pas le prononcer? Qu'est-ce à dire? Amis, bons et chers voisins, vous rêvez; remettez-vous. Ne me regardez pas ainsi fixement, avec angoisse. Ne détournez pas çà et là vos yeux effrayés. Je ne fais que vous rappeler ce que chacun désire. Ma voix n'est-elle pas la propre voix de votre cœur? Qui de vous, dans cette nuit troublée, avant de se jeter sur sa couche pleine d'alarmes, ne tomberait pas à genoux, pour obtenir du ciel notre Egmont par une fervente prière? Interrogez-vous l'un l'autre! Que chacun s'interroge lui-même! Et qui ne s'écriera pas avec moi : « La liberté d'Egmont! sa liberté ou la mort! »

JETTER.

Dieu nous garde! Il arrivera malheur.

CLAIRE.

Restez, restez, et ne reculez pas à son nom, au-devant duquel vous vous pressiez autrefois avec tant de joie!... Quand le bruit public l'annonçait, quand on disait : « Egmont vient! Il vient de Gand ! » Alors ils s'estimaient heureux les habitants des rues par lesquelles il devait passer ; et, quand vous entendiez le bruit de ses chevaux, chacun jetait là son ouvrage, et sur les figures chagrines, que vous avanciez aux fenêtres, passait de son visage, comme un rayon de soleil, un reflet de joie et d'espérance. Alors vous leviez vos enfants dans vos bras sur le seuil de vos portes, et, le leur montrant, vous disiez : « Regarde, voilà Egmont, le plus grand, là ! C'est lui ! C'est lui, de qui vous pouvez attendre des temps meilleurs que n'en ont vu vos pauvres pères. » Ne faites pas que vos enfants vous disent un jour : « Qu'est-il devenu ? Où sont les temps que vous nous avez promis ?... » Et nous parlons encore ! Nous n'agissons pas ! Nous le trahissons !

SOEST.

C'est une honte à vous, Brackenbourg. Ne la laissez pas faire. Prévenez un malheur.

BRACKENBOURG.

Bonne Claire, allons-nous-en ! Que va dire ta mère ? Peut-être....

CLAIRE.

Crois-tu que je sois un enfant ou une folle ? Que sert-il ce *peut-être ?...* Tu ne peux m'arracher à cette affreuse certitude par aucune espérance... Il faut que vous m'entendiez, et vous m'entendrez ; car, je le vois, vous êtes troublés, et ne pouvez vous retrouver vous-mêmes dans votre cœur. Au milieu du danger présent, jetez seulement un regard sur le passé, le passé d'hier. Tournez vos pensées vers l'avenir. Pouvez-vous donc vivre ? le pouvez-vous, s'il périt ? Avec sa vie s'exhale le dernier souffle de la liberté. Que n'était-il pour vous ? Pour qui s'exposa-t-il au plus pressant danger ? Ses blessures n'ont saigné, n'ont guéri que pour vous. La grande âme qui vous portait tous, un cachot la resserre, et l'horreur du meurtre perfide plane autour d'elle. Il pense à vous peut-être, il espère en vous, lui qui ne savait que donner et combler vos souhaits.

LE CHARPENTIER.

Venez, compère.

CLAIRE.

Et je n'ai pas des bras, des forces, comme vous ! Mais j'ai ce qui manque à vous tous, le courage et le mépris du danger. Ah! si mon souffle pouvait vous enflammer! Si je pouvais, en vous pressant sur mon sein, vous échauffer et vous animer! Venez! Je marcherai au milieu de vous!... Comme, sans défense, un étendard flottant conduit une noble troupe de guerriers, mon esprit luira sur vos têtes; et l'amour et le courage réuniront en une formidable armée un peuple chancelant et dispersé!

JETTER.

Emmène-la : elle me fait pitié. (*Les bourgeois s'éloignent.*)

BRACKENBOURG.

Claire, ne vois-tu pas où nous sommes?

CLAIRE.

Où? Sous le ciel, qui si souvent sembla se courber avec plus de magnificence, au passage du noble Egmont. De ces fenêtres, ils regardaient, quatre, cinq têtes l'une sur l'autre; à ces portes, ils trépignaient et saluaient, quand il jetait un regard sur les lâches. Oh! je les aimais tant, lorsqu'ils l'honoraient! S'il eût été un tyran, ils auraient pu se détourner de lui dans sa chute : mais ils le chérissaient!... Oh! ces mains, qui savaient prendre le bonnet, ne sauraient-elles prendre l'épée!... Brackenbourg, et nous?... Nous leur faisons des reproches?... Ces bras, qui l'ont pressé tant de fois, que font-ils pour lui?... La ruse a fait tant de choses dans le monde!... Tu connais les passages, tu connais le vieux château. Il n'est rien d'impossible : donne-moi un conseil.

BRACKENBOURG.

Si nous allions à la maison!

CLAIRE.

Bien!

BRACKENBOURG

Là-bas, au coin de la rue, je vois la garde d'Albe; laisse donc la voix de la raison pénétrer dans ton cœur. Me prends-tu pour un lâche? Ne crois-tu pas que je saurais mourir pour toi? Ici nous sommes tous deux insensés, moi aussi bien que toi. Ne vois-tu pas l'impossible?... Si tu te possédais!... Tu es hors de toi.

CLAIRE.

Hors de moi! Horreur!... Brackenbourg, c'est vous-mêmes

qui êtes hors de vous. Quand vous rendiez à ce héros de bruyants honneurs; quand vous l'appeliez votre ami, votre soutien, votre espérance; que vous criiez vivat à son arrivée, je me tenais dans mon coin, j'entr'ouvrais la fenêtre; je me cachais pour le guetter, et le cœur me battait plus fort qu'à vous tous. A cette heure encore, il me bat plus fort qu'à vous tous ! Vous vous cachez, quand vient le péril, vous le reniez, et ne sentez pas que vous périssez s'il succombe.

BRACKENBOURG.

Viens à la maison.

CLAIRE.

A la maison ?

BRACKENBOURG.

Veuille donc te reconnaître. Regarde autour de toi ! Voici les rues où tu ne passais que le dimanche; par lesquelles tu te rendais modestement à l'église, où tu te fâchais, dans ton excessive modestie, si je t'abordais avec une salutation amicale. Et tu t'arrêtes et tu parles, tu agis aux yeux de tout le monde ! Reviens à toi, mon amie ! De quoi cela nous sert-il ?

CLAIRE.

A la maison ! Oui, je me reconnais. Viens, Brackenbourg, à la maison ! Sais-tu où elle est ma demeure ? (*Ils s'éloignent.*)

Une prison. Elle est éclairée par une lampe; un lit de repos est dans le fond.

EGMONT, *seul.*

Vieil ami, sommeil toujours fidèle, veux-tu me fuir à ton tour, comme mes autres amis ? Que volontiers tu descendais sur ma tête libre, et répandais la fraîcheur sur mes tempes, comme une belle couronne de myrte tressée par l'amour ! Au milieu des armes, sur le flot de la vie, je reposais dans tes bras, avec la respiration légère de l'enfance épanouie. Quand les orages grondaient à travers les rameaux et le feuillage; quand les branches et le faîte s'agitaient en mugissant, le cœur de l'arbre demeurait toujours immobile. Qu'est-ce qui t'ébranle maintenant ? Qui trouble ta raison ferme et fidèle ? Je le sens, c'est le bruit de la hache meurtrière, qui attaque mes racines. Je suis encore debout, et un frisson secret me saisit. Oui, elle triomphe la force perfide ; elle mine le tronc grand et robuste, et, avant que l'écorce ne sèche, ta couronne tombe et se brise avec fracas.

Pourquoi donc aujourd'hui, toi qui, si souvent, as chassé loin de ton esprit, comme des bulles de savon, les violents soucis, pourquoi ne peux-tu écarter le pressentiment qui, de mille manières se lève et retombe dans ton cœur? Depuis quand la mort te semble-t-elle redoutable, à toi, qui vivais tranquille avec ses changeantes images, comme avec les autres figures de la terre accoutumée?... Aussi n'est-elle plus le rapide ennemi, au devant duquel, en disputant la victoire, s'élance avec ardeur le cœur intrépide : c'est la prison, image de la tombe, horrible au héros comme au lâche. Je ne pouvais déjà me souffrir sur mon siége moelleux, lorsque, dans une imposante assemblée, les princes délibéraient, avec d'interminables discours, sur une chose facile à décider, et qu'entre les murs sombres d'une salle, les poutres du plafond m'étouffaient. Je m'échappais, dès qu'il était possible, et vite à cheval, je respirais à pleine poitrine! Et je courais où nous sommes à notre place!... dans les campagnes, où, s'exhalant de la terre, tous les plus proches bienfaits de la nature, et, traversant les cieux, toutes les bénédictions des étoiles répandent sur nous leurs influences; où, semblables aux géants que la terre enfanta, quand nous avons touché notre mère, nous nous relevons plus robustes; où nous sentons l'humanité tout entière, et, dans toutes nos veines, les désirs de l'homme; où l'ardeur de courir en avant, de vaincre, de saisir, d'employer la force de ses mains, de posséder, de conquérir, brûle dans l'âme du jeune chasseur; où, dans sa marche rapide, le soldat fait valoir son droit natif sur la terre entière, et, dans sa terrible liberté, pareil à un orage de grêle, parcourt, en les dévastant, prairies, champs et forêts, sans reconnaître aucune des limites que la main de l'homme a tracées.

Tu n'es qu'une image, vain rêve du bonheur que j'ai si longtemps possédé. Où le sort perfide t'a-t-il entraîné? La mort, que je ne craignis jamais, refuse-t-il de te l'accorder soudaine, à la face du soleil, pour te préparer dans l'infecte pourriture l'avant-goût du sépulcre? Comme elle exhale de ces pierres une vapeur empestée! Déjà la vie s'arrête glacée; le pied recule devant ce lit comme devant la tombe.

Angoisses, angoisses, qui commencez le meurtre avant le temps, laissez-moi!... Depuis quand Egmont est-il donc seul, si entièrement seul dans ce monde? C'est le doute qui te rend insensible, ce n'est pas le bonheur. La justice du roi, à laquelle tu te confias toujours, l'amitié de la gouvernante, qui, tu peux te l'avouer, était presque de l'amour, se sont-elles tout à coup évanouies, comme un brillant météore de la nuit, et te laisseront-elles seul dans ce sentier ténébreux? Orange, à la tête de ses amis, ne fera-t-il pas quelque tentative? Le peuple ne s'assemblera-t-il pas pour délivrer, avec des forces croissantes, son ancien ami?

Murailles, qui m'enfermez, n'empêchez pas tant de cœurs bienveillants de pénétrer jusqu'à moi. Le courage, qui de mes regards se répandit sur eux autrefois, qu'il revienne maintenant de leurs cœurs dans le mien! Oui, ils se lèvent par milliers! ils viennent! ils sont à mes côtés! Leur pieux désir s'élance dans le ciel; il implore un miracle. Et, si un ange ne descend pas pour me sauver, je les vois saisir leurs lances et leurs épées! Les portes volent en éclats, les grilles sont forcées, la muraille s'écroule sous leurs mains; Egmont marche avec joie au-devant du jour libre, qui pénètre jusqu'à lui. Que de visages connus m'accueillent avec allégresse! Ah! Claire, si tu étais un homme, je te verrais sans doute ici la première, et je te devrais, ce qu'il est dur de devoir à un roi, la liberté!

Le logement de Claire.

CLAIRE, seule. (*Elle sort de la chambre voisine, portant une lampe et un verre d'eau; elle place le verre sur la table et s'approche de la fenêtre.*)

Brackenbourg, est-ce vous? Qu'ai-je donc entendu? Personne encore? Ce n'était personne. Je veux placer la lampe sur la fenêtre, pour qu'il voie que je veille encore, que je l'attends toujours. Il m'a promis des nouvelles. Des nouvelles?... Horrible certitude!... Egmont condamné!... Quel tribunal ose le citer devant lui? Et ils le condamnent! Est-ce le roi qui le condamne, ou le duc? Et la gouvernante se retire! Orange balance, et tous ses amis?... Est-ce là le monde, dont j'entendis souvent publier, sans l'avoir jamais éprouvée, l'inconstance, l'infidélité? Est-ce là le monde?... Qui serait assez méchant pour vouloir du mal à cet homme chéri? La méchanceté serait-elle assez puissante, pour abattre soudain celui que tous honorent? Cependant il en est ainsi.... oui, il en est ainsi.... Egmont, je te croyais en sûreté devant Dieu et devant les hommes autant que dans mes bras. Qu'étais-je pour toi? Tu m'as appelée tienne; j'avais consacré toute ma vie à ta vie.... Que suis-je maintenant? Vainement j'étends la main vers le filet qui t'enlace. Toi sans ressource, et moi libre! Voici la clef de ma porte; je puis à mon gré entrer et sortir, et je te suis inutile!... Oh! enchaînez-moi, pour me sauver du désespoir, et jetez-moi dans le cachot le plus profond, afin que je me frappe la tête contre les murs humides, que je soupire après la liberté, que je rêve comment je voudrais le délivrer, comment je le délivrerais, si je n'étais enchaînée!... Maintenant je suis libre, et, dans la liberté, j'éprouve l'angoisse de l'impuissance.... Avec le sentiment de moi-même, je suis incapable de faire un pas pour le secourir. Hélas! la plus faible portion de ton être, ta Claire, est captive comme toi, et, loin de toi, elle épuise ses dernières forces dans les convulsions de l'agonie.... J'entends marcher, tousser.... Brackenbourg.... C'est lui.... Homme malheureux et bon, ton sort est toujours le même: ton amie t'ouvre de nuit sa porte, hélas! et pour quel funeste rendez-vous! (*Entre Brackenbourg.*)

CLAIRE.

Comme te voilà pâle et tremblant, Brackenbourg! Qu'y a-t-il?

BRACKENBOURG.

Je te cherche à travers les détours et les dangers. Les grandes rues sont occupées; je me suis glissé jusqu'à toi par les ruelles et les secrets passages.

CLAIRE.

Parle, que sais-tu?

BRACKENBOURG. *Il s'assied.*

Ah! Claire, laisse-moi pleurer. Je ne l'aimais pas. C'était

l'homme rich[...] il attirait vers de meilleurs pâturages l'unique brebis du pauvre. Je ne l'ai jamais maudit; Dieu m'a créé tendre et fidèle. Ma vie s'écoulait dans la douleur, et chaque jour j'espérais de me consumer.

CLAIRE.

Oublie cela, Brackenbourg, et t'oublie toi-même!... Parle-moi de lui! Est-ce vrai? Est-il condamné?

BRACKENBOURG.

Oui, je le sais parfaitement.

CLAIRE.

Et vit-il encore?

BRACKENBOURG.

Oui, il vit encore.

CLAIRE.

Comment peux-tu l'assurer?... La tyrannie égorge dans la nuit l'homme généreux. Son sang coule loin de tous les yeux. Le peuple, abusé, se plonge dans un sommeil d'angoisse, et rêve la délivrance; il rêve l'accomplissement de ses vœux impuissants : cependant, indignée contre nous, l'âme du héros quitte ce monde.... Il n'est plus!... Ne m'abuse pas! Ne t'abuse pas toi-même.

BRACKENBOURG.

Non, te dis-je, il vit!... Hélas! et l'Espagnol prépare au peuple, qu'il veut opprimer, un affreux spectacle, pour briser violemment et à jamais tous les cœurs qui soupirent après la liberté.

CLAIRE.

Poursuis, et, sans t'émouvoir, prononce aussi ma sentence de mort! Je m'approche toujours davantage des campagnes bienheureuses; déjà de ces paisibles contrées m'arrive un souffle consolateur. Parle.

BRACKENBOURG.

J'ai pu reconnaître, à la présence des gardes, aux paroles qui tombaient çà et là, qu'on préparait mystérieusement, sur la place du marché, une chose horrible. Je me glissai par des chemins détournés, des passages connus, dans la maison de mon cousin, et, par une fenêtre de derrière, je regardai du côté de la place. Des flambeaux flottaient çà et là dans un vaste cercle de soldats espagnols. A force de regarder, ma vue, d'abord confuse, devint plus perçante, et, du sein de la nuit, monta devant mes yeux un noir échafaud, vaste, colossal. Je frémis à cette vue. Beaucoup de gens étaient occupés alentour, à recouvrir de drap noir ce qu'il y avait encore de charpente blanche et visible. Enfin ils tendirent aussi en noir les degrés; je le vis bien. Ils semblaient préparer la solennité d'un horrible sacrifice. Un crucifix blanc, qui brillait dans la nuit comme de l'argent, fut érigé d'un côté. Je voyais et voyais toujours plus certaine l'affreuse vérité. Çà et là des flambeaux vacillaient encore alentour; peu à peu je les vis pâlir et s'éteindre. Tout à coup l'horrible enfantement de la nuit était rentré dans le sein de sa mère.

CLAIRE.

Silence, Brackenbourg, silence à présent! Laisse reposer ce voile sur mon âme. Les fantômes sont évanouis, et toi, nuit secourable, prête ton manteau à la terre, qui fermente en elle-même. Elle ne portera pas plus longtemps cet abominable fardeau; elle ouvre en frémissant ses profondes cavernes; elle brise, elle engloutit l'appareil de mort. Et Dieu, qu'ils ont outragé en faisant de lui le signal de leur rage, Dieu envoie un de ses anges : touchés par le message céleste, les verrous, les chaînes se brisent; il environne son ami d'une lumière propice, et, d'une marche douce et tranquille, le mène à travers la nuit à la liberté. Et moi aussi je marche secrètement à sa rencontre dans ce chemin ténébreux.

BRACKENBOURG, *la retenant.*

Mon enfant, où vas-tu? Que veux-tu faire?

CLAIRE.

Doucement, mon ami, n'éveillons personne; nous-mêmes ne nous réveillons pas! Connais-tu cette fiole, Brackenbourg? Je te la pris en badinant, un jour que tu menaçais, comme souvent, avec impatience, d'abréger ta vie. Et maintenant, mon ami....

BRACKENBOURG.

Au nom de tous les saints....

CLAIRE.

Tu n'y peux rien changer. La mort est mon partage! Et ne

m'envie pas la douce et prompte mort que tu avais préparée pour toi-même. Donne-moi ta main.... Au moment où j'ouvre la porte sombre, d'où l'on ne revient pas, puissé-je te dire, par ce serrement de main, combien je t'aimai, combien je te plaignis.... Mon frère mourut jeune; je t'avais choisi pour le remplacer : ton cœur s'y refusa, et nous tourmenta tous les deux; tu demandais ardemment, toujours plus ardemment, ce qui ne t'était pas destiné. Pardonne-moi et sois heureux! Laisse-moi t'appeler mon frère! C'est un nom qui comprend bien des noms. Cueille, d'un cœur fidèle, la dernière, la belle fleur de ceux qui se séparent.... Prends ce baiser.... La mort réunit tout, Brackenbourg : elle nous unira.

BRACKENBOURG.

Laisse-moi donc mourir avec toi. Partage! partage! Il y en a de quoi trancher deux vies.

CLAIRE.

Arrête! tu dois vivre; tu peux vivre.... Assiste ma mère, qui sans toi se consumerait dans l'indigence. Sois pour elle ce que je ne puis plus être; vivez ensemble et pleurez-moi. Pleurez la patrie et celui qui seul pouvait la sauver. La génération présente ne verra pas la fin de cette calamité; la fureur même de la vengeance ne pourra la faire disparaître. Vous, malheureux, vivez, traversez ce temps d'incomparables souffrances. Aujourd'hui le monde s'arrête soudain; sa course est enchaînée; quelques minutes à peine, et les battements de mon cœur auront cessé. Adieu!

BRACKENBOURG.

Oh! tu vivras avec nous, comme nous pour toi seule! Ta mort est la nôtre : consens à vivre et à souffrir. Nous serons incessamment à tes côtés, et, toujours attentif, l'amour saura te préparer, dans ses vives étreintes, la plus belle consolation. Sois à nous.... à nous! Je n'ose dire à moi.

CLAIRE.

Doucement, Brackenbourg! Tu ne sens pas où tu me blesses.... Où tu vois l'espérance, je vois le désespoir.

BRACKENBOURG.

Partage avec les vivants l'espérance! Arrête-toi au bord de l'abîme; regarde au fond, et reporte les yeux sur nous.

ACTE V.

CLAIRE.

J'ai vaincu : ne me rappelle pas au combat.

BRACKENBOURG.

Tu es égarée ; enveloppée de la nuit, tu cherches le précipice. Toute lumière n'est pas encore éteinte ; plus d'un jour encore.....

CLAIRE.

Malheur ! malheur à toi !... Ta main cruelle déchire le voile devant mes yeux. Oui, il poindra le jour ! Vainement il s'enveloppera de tous les nuages ; il poindra malgré lui ! Le bourgeois regarde avec crainte par sa fenêtre ; la nuit laisse après elle une ombre noire ; il regarde, et l'échafaud se dresse terrible, aux rayons du jour. Crucifiée une seconde fois, l'image profanée du Sauveur lève son œil suppliant vers son père. Le soleil n'ose se montrer ; il ne veut pas marquer l'heure où Egmont doit mourir. Les aiguilles font lentement leur course, et une heure sonne après l'autre. Arrêtez ! arrêtez ! voici le moment ! L'approche du matin me chasse dans le tombeau. (*Elle s'avance à la fenêtre, comme pour voir ce qui se passe, et boit furtivement.*)

BRACKENBOURG.

Claire ! Claire !

CLAIRE. (*Elle s'approche de la table et boit le verre d'eau.*)

Voici le reste ! Je ne t'invite pas à me suivre. Fais ce que ton cœur t'inspire. Adieu. Éteins cette lampe sans bruit et sans hésiter : je vais dormir. Éloigne-toi d'ici doucement ; tire la porte après toi. Silence ! N'éveille pas ma mère ! Va, sauve-toi ! sauve-toi, si tu ne veux passer pour mon assassin ! (*Elle sort.*)

BRACKENBOURG.

Elle me laisse pour la dernière fois, comme toujours ! Oh ! qui pourrait sentir comme elle sait déchirer un cœur aimant ! Elle me laisse, abandonné à moi-même ; et la vie et la mort me sont également odieuses.... Mourir seul !... Pleurez, vous qui savez aimer ! Il n'est point de sort plus cruel que le mien. Elle partage avec moi le breuvage mortel, et me congédie, me chasse loin d'elle ! Elle m'entraîne sur ses pas, et me repousse vers la vie ! Egmont, quel sort glorieux est ton partage ! Elle te précède; tu recevras de sa main la couronne de la victoire; elle amène tout le ciel au-devant de toi.... Et dois-je la suivre? me tenir encore à l'écart? porter dans ces demeures l'incurable envie?... Rien ne me retient plus sur la terre, et l'enfer et le ciel m'offrent les mêmes tourments. Que l'horrible main du néant serait bienvenue pour le malheureux! (*Brackenbourg se retire; la scène reste quelque temps la même. Une musique commence, qui exprime la mort de Claire; la lampe, que Brackenbourg a oublié de souffler, jette encore quelques lueurs et s'éteint. Bientôt la scène change et le théâtre représente la prison. — Egmont est couché sur le lit. Il dort. On entend un bruit de clefs et la porte s'ouvre. Des domestiques entrent, portant des flambeaux : ils sont suivis de Ferdinand et de Silva, entourés de soldats. Egmont s'éveille en sursaut.*)

EGMONT.

Qui êtes-vous, vous qui interrompez brusquement mon sommeil? Que m'annoncent vos regards hautains et farouches? Pourquoi cet affreux appareil? Quel rêve effroyable venez-vous conter à l'âme à peine éveillée?

SILVA.

Le duc nous envoie te notifier ta sentence?

EGMONT.

Amènes-tu aussi le bourreau pour l'exécuter?

SILVA.

Écoute-la, tu sauras ce qui t'attend.

EGMONT.

Cela est bien digne de vous et de votre infâme entreprise! Conçue dans la nuit et accomplie dans la nuit. Cette œuvre insolente de l'injustice fait bien de se cacher!... Avance-toi hardiment, toi qui portes le glaive enveloppé sous le manteau. Voici ma tête, la plus libre que la tyrannie ait jamais abattue.

SILVA.

Tu es dans l'erreur. Ce que des juges intègres ont décidé, ils ne le cacheront pas à la face du jour.

EGMONT.

Ainsi l'effronterie surpasse toute idée et toute imagination!

SILVA. (*Il prend la sentence des mains d'un assistant, déplie le papier et lit:*)

« Au nom du roi, et en vertu du pouvoir spécial, à nous transmis par Sa Majesté, de juger tous ses sujets, de quelque condition qu'ils soient, y compris les chevaliers de la Toison d'or, nous te déclarons.... »

EGMONT.

Ce pouvoir, le roi peut-il le transmettre?

SILVA.

« Nous te déclarons, après une préalable, attentive et légitime enquête, toi, Henri, comte d'Egmont, prince de Gavre, coupable de haute trahison, et nous prononçons la sentence : savoir qu'au point du jour, tu seras conduit de la prison sur la place du marché, et là, en présence du peuple, pour l'exemple de tous les traîtres, mis à mort par le glaive. Donné à Bruxelles, le.... (*Le jour et le millésime sont lus confusément, et ne sont pas entendus des spectateurs.*) Signé, Ferdinand, duc d'Albe, président du tribunal des Douze. » Maintenant tu connais ton sort; il te reste peu de temps pour t'y préparer, régler tes affaires et prendre congé des tiens. (*Silva se retire avec l'escorte; Ferdinand reste. Deux flambeaux seulement éclairent la scène.*)

EGMONT. (*Absorbé en lui-même, il est demeuré quelque temps immobile, et a laissé sortir Silva sans regarder autour de lui. Il se croit seul, et, en levant les yeux, il voit Ferdinand.*)

Eh quoi? tu restes!... Veux-tu augmenter encore mon étonnement, mon horreur, par ta présence? Veux-tu peut-être encore porter à ton père l'agréable nouvelle que je me désespère lâchement? Va, va lui dire qu'il ne trompe ni moi ni le monde. A lui, à l'ambitieux, on dira d'abord tout bas, par derrière, et puis hautement et plus hautement, et, lorsqu'une fois il sera tombé de ce faîte, mille voix lui crieront en face : « Ce n'est pas le bien de l'État, ce n'est pas la dignité du roi, ce n'est pas le repos des provinces, qui l'ont conduit ici. C'est pour son propre intérêt qu'il a conseillé la guerre, afin de faire valoir le guerrier. Il a excité ce trouble affreux, afin qu'on eût besoin de lui. » Et je tombe victime de sa basse haine, de sa petite envie. Oui, je le sais, et j'ose le dire; à l'heure suprême, blessé à mort, je peux le dire : le présomptueux me portait envie; il a longtemps rêvé et médité ma perte. Dès notre jeunesse, dans nos parties de dés, quand les monceaux d'or s'écoulaient, l'un après l'autre, de son côté vers moi, il était là furieux; il affectait l'insouciance, et, au dedans, la colère le dévorait, à cause de mon bonheur plutôt que de sa perte. Je me rappelle encore son regard étincelant, sa pâleur perfide, dans cette fête publique où nous disputâmes, devant des milliers d'hommes, le prix du tir. Il me provoqua, et les deux peuples étaient là; les Espagnols et les Néerlandais faisaient des paris et des vœux. J'eus l'avantage sur lui; sa balle manqua le but, la mienne l'atteignit : un grand cri de joie de mes compatriotes traversa les airs. Maintenant sa balle me frappe. Dis-lui que je le sais, que je le connais, que le monde méprise tout trophée qu'un petit esprit s'est érigé par la ruse. Et toi, s'il est possible qu'un fils s'éloigne des mœurs de son père, apprends à rougir, il en est temps, en rougissant de celui que tu voudrais de tout ton cœur pouvoir honorer!

FERDINAND.

Je t'écoute sans t'interrompre! Tes reproches pèsent, comme des coups de massue sur un casque : je sens la secousse, mais je suis armé. Tu me frappes, tu ne me blesses pas. Je ne sens que la douleur qui me déchire le sein. Malheur à moi! malheur! C'est pour une telle scène que j'ai grandi! C'est à un pareil spectacle que je suis envoyé!

EGMONT.

Tu éclates en plaintes! Qu'est-ce qui t'émeut? Qu'est-ce qui t'afflige? Est-ce un tardif repentir d'avoir prêté ton service pour cet infâme complot? Tu es jeune, et tu as une heureuse physionomie. Tu étais confiant, amical avec moi. Tant que je te voyais, j'étais réconcilié avec ton père. Et, aussi trompeur, plus trompeur que lui, tu m'attires dans le piège?... Tu es un misérable! Qui se confie à lui peut le faire à ses risques : mais qui croyait dangereux de se fier à toi? Va, va, ne me dérobe pas ce peu d'instants! Va, que je me recueille, que j'oublie le monde et toi le premier!...

FERDINAND.

Que dois-je te dire? Je suis là et te regarde, et ne te vois pas, et ne me sens pas moi-même. Dois-je m'excuser? Dois-je t'assurer que j'ai su bien tard, au dernier moment, les intentions de mon père; que, j'agissais comme un servile et machinal instrument de sa volonté? Que sert l'opinion que tu peux avoir de moi? Tu es perdu, et moi, malheureux, je ne suis là que pour te l'assurer et pleurer sur toi.

EGMONT.

Quelle voix étrange, quelle consolation inattendue se présente à moi sur le chemin du tombeau? Toi, le fils de mon premier, peut-être de mon unique ennemi, tu me pleures, tu n'es pas du nombre de mes assassins? Parle, parle! Qui dois-je voir en toi?

FERDINAND.

Père barbare! Oui, je te retrouve dans cet ordre. Tu connaissais mon cœur, mes sentiments, que tu m'as si souvent reprochés, comme l'héritage d'une tendre mère. Tu m'as envoyé ici pour me rendre semblable à toi. Tu me forces de contempler cet homme au bord de la fosse béante, au pouvoir d'une mort imposée par la tyrannie, afin que j'éprouve la douleur la plus profonde, que mon cœur se ferme à toute autre infortune, que je devienne insensible, quoi qu'il me puisse arriver.

EGMONT.

Quelle surprise! Sois maître de toi! Courage, parle en homme!

FERDINAND.

Oh! que ne suis-je une femme! Que ne peut-on me dire: « Qu'est-ce qui t'émeut? Qu'est-ce qui te blesse? » Dis-moi une plus grande, une plus horrible souffrance; représente-toi quelque chose de plus affreux : je te rendrai grâce; je dirai : ce n'était rien.

EGMONT.

Tu t'égares. Où es-tu?

FERDINAND.

Laisse cette passion se déchaîner! Laisse un libre cours à mes plaintes! Je ne veux pas sembler impassible, lorsque tout mon cœur est déchiré. Dois-je te voir ici?... Toi!... C'est horrible! Tu ne me comprends pas! Et tu dois pourtant me comprendre! Egmont! Egmont! (*Il se jette à son cou.*)

EGMONT.

Explique-moi ce mystère.

FERDINAND.

Ce n'est pas un mystère.

EGMONT.

Comment peut t'émouvoir si profondément le sort d'un homme étranger?

FERDINAND.

Non pas étranger! Tu ne m'es pas étranger. Ce fut ton nom qui, dans ma première jeunesse, brilla devant moi comme une étoile du ciel. Que de récits j'ai entendu faire sur toi! que de questions j'ai faites! Le jeune homme est l'espoir de l'enfant; l'homme fait est celui du jeune homme. Tu marchais ainsi devant moi, toujours devant, et je te voyais sans jalousie me précéder, et je marchais sur ta trace, toujours, toujours. J'eus enfin l'espérance de te voir, et je te vis, et mon cœur vola au-devant de toi. Je t'avais déjà destiné pour moi, et, quand je te vis, je te choisis de nouveau. Alors enfin j'espérai d'être avec toi, de vivre avec toi, de m'attacher à toi.... Maintenant tout est retranché, et je te vois ici!

EGMONT.

Mon ami, si cela peut te faire quelque bien, reçois l'assurance qu'au premier instant mon cœur s'est donné à toi. Mais écoute-moi! Échangeons quelques paroles tranquilles. Dis-moi, est-ce la ferme et sérieuse volonté de ton père de me faire mourir?

FERDINAND.

Oui.

EGMONT.

Cette sentence ne serait-elle pas un vain épouvantail, pour me tourmenter, me punir par la peur et la menace, m'abaisser et me relever ensuite par la grâce royale?

FERDINAND.

Non, hélas non! D'abord je me flattai moi-même de cette trompeuse espérance, et pourtant j'éprouvais angoisse et douleur de te voir dans cet état. Mais la chose est réelle, certaine. Non, je ne suis plus maître de moi. Qui me donnera un moyen, un conseil, pour échapper au mal inévitable?

EGMONT.

Écoute-moi : si ton cœur te presse avec tant de force de me sauver, si tu abhorres la tyrannie qui me tient enchaîné, sauve-moi!.. Les moments sont précieux. Tu es le fils de l'homme tout-puissant, et tu peux beaucoup toi-même.... Fuyons! Je connais les chemins; les moyens ne peuvent t'être inconnus. Ces murailles seulement et quelques milles me séparent de mes amis. Brise ces chaînes, conduis-moi auprès d'eux et sois à nous. Certainement le roi te saura gré quelque jour de ma délivrance. Maintenant il est surpris, et peut-être il ignore tout. Ton père hasarde la chose; et le monarque devra approuver le fait accompli, bien qu'il lui fasse horreur. Tu réfléchis!... Oh! trouve-moi le chemin de la liberté! Parle et nourris l'espérance de l'âme vivante.

FERDINAND.

Silence! ô silence! A chaque parole, tu augmentes mon désespoir. Il n'est aucune issue, aucun moyen, aucune fuite. Cela me torture, cela me saisit et me déchire le cœur comme avec des griffes. J'ai tendu moi-même le filet; j'en connais les étroits, les solides nœuds; je sais comme les chemins sont fermés à toute audace, à toute ruse; je me sens enchaîné avec toi et avec tous les autres. Ferais-je des plaintes, si je n'avais tout essayé? Je me suis jeté à ses pieds, j'ai parlé et prié. Il m'a envoyé ici, pour détruire dans ce moment tout ce qui me reste de joie et d'attachement à la vie.

EGMONT.

Aucun salut!

FERDINAND.

Aucun.

EGMONT, *frappant du pied*.

Aucun salut!... Douce vie, charmante, aimable habitude d'être et d'agir, il faut me séparer de toi, m'en séparer tranquillement! Ce n'est pas dans le tumulte de la bataille, parmi le bruit des armes, dans l'entraînement de la mêlée, que tu m'adresses un adieu rapide; tu ne prends pas un congé soudain; tu n'abréges pas l'instant de la séparation : il me faut prendre ta main, arrêter encore une fois mes yeux sur les tiens, sentir vivement ta beauté, ton prix, et puis m'arracher à toi résolûment et te dire : adieu!

FERDINAND.

Et il faut que je reste auprès de toi, que je sois témoin....

sans pouvoir t'arrêter, te retenir! Oh! quelle voix suffirait pour ces plaintes? Quel cœur ne serait brisé par cette infortune?

EGMONT.

Du courage!

FERDINAND.

C'est toi qui peux montrer du courage! Tu peux renoncer, et, t'appuyant sur le bras de la nécessité, franchir comme un héros ce pas difficile. Que puis-je, que dois-je faire? Tu triomphes de toi-même et de nous : tu l'emportes; je te survis, je me survis à moi-même. J'ai perdu ma lumière dans la joie du festin, mon étendard dans le tumulte du combat. L'avenir me paraît triste, orageux et sombre.

EGMONT.

Jeune ami, que, par un sort étrange, je gagne et je perds à la fois; qui ressens pour moi les douleurs de la mort; qui souffres pour moi : observe-moi dans ces instants. Tu ne me perdras point. Si ma vie fut pour toi un miroir, dans lequel tu aimas à te contempler, qu'il en soit de même de ma mort. Les hommes ne sont pas réunis seulement lorsqu'ils sont rapprochés; les absents, les morts, vivent aussi pour nous. Je vivrai pour toi; pour moi j'ai assez vécu. J'ai joui de chaque jour; chaque jour j'ai fait mon devoir avec une prompte ardeur, comme ma conscience me le montrait. Aujourd'hui finit ma vie, comme il y a longtemps, longtemps, elle aurait pu déjà finir sur les sables de Gravelines. Je cesse de vivre, mais j'ai vécu. Sache vivre de même, mon ami, avec plaisir, avec joie, et ne crains pas la mort.

FERDINAND.

Tu pouvais te conserver pour nous, tu le devais. C'est toi-même qui t'es donné la mort. J'écoutai souvent, quand les hommes sages parlaient de toi : amis, ennemis, ils disputaient longtemps sur ton mérite; mais enfin ils s'accordaient; nul n'osait contester; chacun en venait à dire : oui, il suit un dangereux chemin. Que de fois j'ai désiré de pouvoir t'avertir! N'avais-tu donc point d'amis?

EGMONT.

Je fus averti.

FERDINAND.

Et comme j'ai retrouvé ponctuellement, dans l'accusation, tou-

tes ces charges, ainsi que tes réponses!... assez bonnes pour
t'excuser, pas assez concluantes pour te justifier.

EGMONT.

Laissons cela.... L'homme croit diriger sa vie, se conduire
lui-même, et le fond de son être est entraîné irrésistiblement
vers sa destinée. Ne méditons pas là-dessus; je me décharge
aisément de ces pensées.... plus difficilement de mes alarmes
pour ce pays; cependant il y sera aussi pourvu. Si mon sang
peut couler pour plusieurs, donner la paix à mon peuple, il
coulera volontiers. Hélas! il n'en sera pas ainsi. Mais il convient que l'homme ne s'inquiète plus, quand il ne doit plus
agir. Si tu peux arrêter, diriger, le funeste pouvoir de ton père,
n'y manque pas. Mais qui le pourra?... Adieu!

FERDINAND.

Je ne puis te quitter!

EGMONT.

Je te recommande mes gens avec instance. J'ai de bons serviteurs : qu'ils ne soient pas dispersés et malheureux! Qu'est
devenu Richard, mon secrétaire?

FERDINAND.

Il t'a précédé. Ils l'ont décapité comme complice de haute
trahison.

EGMONT.

Infortuné!... Encore un mot, et je te laisse aller, je n'en puis
plus. Si violemment que l'esprit soit occupé, la nature réclame
enfin irrésistiblement ses droits, et, comme, enveloppé du serpent, un enfant goûte le sommeil réparateur, l'homme fatigué
se couche encore une fois devant la porte de la mort, et repose
profondément, comme s'il avait à parcourir un long chemin....
Encore un mot! Je connais une jeune fille : tu ne la mépriseras
point parce qu'elle était à moi. Eh bien, je te la recommande,
et je meurs tranquille. Tu es un homme généreux : une femme
qui en trouve un pareil est en sûreté. Mon vieil Adolphe vit-il
encore? Est-il libre?

FERDINAND.

Le joyeux vieillard qui vous accompagnait toujours à cheval?

EGMONT.

Oui.

FERDINAND.

Il vit, il est libre.

EGMONT.

Il connaît sa demeure. Fais-toi conduire par lui, et récompense-le jusqu'à la fin de ses jours de t'avoir guidé vers ce trésor.... Adieu!

FERDINAND.

Je ne partirai pas!

EGMONT, *le poussant vers la porte.*

Adieu!

FERDINAND.

Oh! laisse-moi encore....

EGMONT.

Ami, point d'adieux. (*Il accompagne Ferdinand jusqu'à la porte, et s'arrache de ses bras. Ferdinand, troublé, s'éloigne précipitamment.*)

EGMONT, *seul.*

Homme cruel! Tu ne croyais pas me faire ce bien par ton fils. Par lui je suis délivré des soucis et des douleurs, de la crainte et de tout sentiment pénible. La nature réclame avec douceur et avec force son dernier tribut. C'en est fait, c'est résolu! Et ce qui, la nuit dernière, me tenait dans le doute, éveillé sur ma couche, assoupit maintenant mes sens avec l'irrévocable certitude. (*Il se place sur le lit. Musique.*) Doux sommeil, tu viens avec le plus aimable empressement, comme un bonheur pur, sans être imploré, sans être invoqué. Tu délies les nœuds des sombres pensées; tu mêles toutes les images de la joie et de la douleur; le flot des intimes harmonies coule sans obstacle, et, plongés dans un délicieux égarement, nous nous sentons défaillir et nous cessons d'être. (*Il s'endort; la musique accompagne son sommeil. Derrière son lit la muraille semble s'ouvrir; une brillante apparition se montre. La Liberté, en vêtements célestes, environnée d'une clarté, repose sur un nuage. Elle a les traits de Claire, et se penche vers le héros endormi. Elle exprime un sentiment de pitié; elle paraît gémir sur lui. Bientôt elle se remet, et, d'un geste encourageant, elle lui montre le faisceau de flèches, puis le sceptre et le bonnet. Elle l'invite à la joie, et, en lui annonçant que sa mort donnera la liberté aux provinces, elle le déclare vainqueur, et lui présente une couronne de laurier. Comme elle approche la couronne de la tête d'Egmont, il fait le mouvement d'un homme qui s'agite dans le sommeil, en sorte que son visage se trouve tourné du côté de l'apparition. Elle tient la couronne suspendue sur la tête du Comte. On entend de fort loin une musique guerrière de fifres et de tambours : aux premiers sons de cette musique, l'apparition s'évanouit. Le bruit devient plus fort. Egmont s'éveille. La prison est faiblement éclairée par l'aurore. Le premier mouvement du prisonnier est de porter la main à sa tête. Il se lève et regarde autour de lui, en tenant toujours la main à son front.)* La couronne a disparu ! Belle image, la clarté du jour t'a fait évanouir ! Oui, elles étaient là ; elles étaient réunies les deux plus douces joies de mon cœur. La divine liberté avait emprunté les traits de ma bien-aimée ; la ravissante jeune fille avait pris les habits célestes de mon amie. Dans le premier instant, elles paraissent unies, plus sérieuses que souriantes. Elle marchait devant moi, les pieds teints de sang, le bord de sa robe flottante souillé de sang. C'était mon sang et le sang de bien des héros. Non, il n'a pas été versé en vain. Passez au travers ! Brave peuple, la déesse de la victoire te conduit. Et, comme la mer perce vos digues, percez, renversez le boulevard de la tyrannie ; emportez-la, submergée, loin du sol qu'elle ose envahir. *(Les tambours approchent.)* Écoutez ! écoutez ! Que de fois ce bruit m'appela à marcher d'un pas libre au champ du combat et de la victoire ! Que mes compagnons s'avançaient joyeux dans la périlleuse, la glorieuse carrière ! Moi aussi, je marche de cette prison au-devant d'un glorieux trépas : je meurs pour la liberté, pour laquelle j'ai vécu et combattu, et à laquelle aujourd'hui je me livre en sacrifice. *(Le fond du théâtre est occupé par une file de soldats espagnols, portant des hallebardes.)* Oui, amenez-les tous ensemble ! Serrez vos rangs : vous ne m'effrayez pas. Je suis accoutumé à marcher devant les lances et contre les lances, environné de la mort menaçante, à sentir soudain redoubler en moi la courageuse ardeur. *(Tambours.)* L'ennemi t'enveloppe de toutes parts. Les épées brillent. Amis, que votre courage s'élève ! Vous avez derrière vous vos pères, vos femmes, vos enfants ! *(Montrant du doigt les Espagnols.)* Et ceux-là, ce n'est qu'une vaine parole du maître qui les pousse, ce n'est pas leur cœur. Défendez vos biens! Et, pour sauver ce que vous avez de plus cher, tombez avec joie, comme je vous en donne l'exemple! (*Tambours. Il marche aux Espagnols d'un pas ferme, et s'avance vers la porte du fond : le rideau tombe. La musique reprend, et termine la pièce par une fanfare.*)

FIN D'EGMONT.

CLAVIJO

TRAGÉDIE

PERSONNAGES.

CLAVIJO, archiviste du Roi.
CARLOS, ami de Clavijo.
BEAUMARCHAIS.
MARIE BEAUMARCHAIS.
SOPHIE GUILBERT, née Beaumarchais.
GUILBERT, son mari.
BUENCO.
SAINT-GEORGE.

La scène est à Madrid.

CLAVIJO.

TRAGÉDIE[1].

ACTE PREMIER.

L'appartement de Clavijo.

CLAVIJO, CARLOS.

CLAVIJO, *se levant de son secrétaire.*

Cette feuille produira un bon effet; elle enchantera toutes les femmes. Dis-moi, Carlos, ne crois-tu pas que mon journal est à présent un des premiers de l'Europe?

CARLOS.

Nous n'avons du moins en Espagne aucun auteur moderne qui unisse autant de force de pensée, une imagination aussi fleurie, à un style aussi brillant et léger.

CLAVIJO.

Laisse-moi faire! Je veux être encore dans ce pays le créateur du bon goût. Les hommes sont disposés à recevoir toute sorte d'impressions; j'ai un nom et du crédit chez mes concitoyens, et, soit dit entre nous, mes connaissances s'étendent tous les jours; mes sentiments se développent, et mon style acquiert toujours plus de force et de vérité.

---

1. Gœthe a écrit cette pièce en prose. Le sujet est emprunté aux Mémoires de Beaumarchais.

CARLOS.

Fort bien, Clavijo. Cependant, si je puis le dire sans te fâcher, tes ouvrages me plaisaient beaucoup mieux, quand tu les écrivais encore aux pieds de Marie; quand l'aimable et vive jeune fille avait encore sur toi de l'influence. Je ne sais, mais l'ensemble avait un air plus jeune et plus brillant.

CLAVIJO.

C'étaient d'heureux jours, Carlos, qui sont passés maintenant. Je me plais à te l'avouer, j'écrivais alors d'un cœur plus ouvert, et il est certain que Marie eut beaucoup de part aux applaudissements que le public me donna d'abord. Mais, Carlos, à la longue on se lasse des femmes; et n'as-tu pas, le premier, approuvé ma résolution, quand je formai le projet de la quitter?

CARLOS.

Tu te serais rouillé! Les femmes sont beaucoup trop uniformes. Mais le moment est revenu, ce me semble, où tu devrais te tracer quelque nouveau plan; car on n'avance pas, quand on est ainsi enfoncé dans le sable.

CLAVIJO.

Mon plan, c'est la cour, et là il ne s'agit pas de chômer. Pour un étranger, venu ici sans état, sans nom, sans fortune, n'ai-je pas fait assez de progrès?... Ici, dans une cour, au milieu de la presse, où il est difficile de se faire remarquer? Avec quelle satisfaction je jette les yeux sur le chemin que j'ai parcouru! Aimé des premiers du royaume! honoré pour ma science, mon rang! archiviste du roi! Carlos, tout cela m'aiguillonne; je ne serais rien, si je restais ce que je suis. En avant! en avant! Il en coûte de la peine et de la ruse; on a besoin de toute sa tête; et les femmes, les femmes!... On gaspille trop de temps avec elles.

CARLOS.

Quelle folie! C'est ta faute. Je ne puis vivre sans les femmes, et elles ne me gênent en rien. Aussi ne leur dis-je pas tant de belles choses, et ne m'amusé-je pas des mois entiers aux sentiments et pareilles sornettes. C'est pourquoi je n'aime point du tout avoir affaire avec les femmes honnêtes. On a bientôt tout dit avec elles; ensuite on tourne quelque temps alentour, et, à peine ont-elles un faible pour vous, que le diable leur inspire aussitôt des idées et des propositions de mariage, que je crains comme la peste.... Te voilà rêveur, Clavijo?

CLAVIJO.

Je ne puis chasser de mon souvenir que j'ai abandonné Marie.... que je l'ai trompée : appelle cela comme tu voudras.

CARLOS.

Je t'admire! Il me semble pourtant qu'on ne vit qu'une fois dans ce monde; qu'on n'a qu'une fois ces forces, ces perspectives; et celui qui n'en tire pas le meilleur parti, qui ne se pousse pas aussi loin que possible, est un fou. Et se marier, se marier, justement à l'âge où la vie doit prendre tout son essor! Se mettre en ménage, se claquemurer, quand on n'a pas encore parcouru la moitié de son pèlerinage! pas fait encore la moitié de ses conquêtes! Que tu l'aies aimée, c'était naturel; que tu lui aies promis le mariage, ce fut une folie, et, si tu lui avais tenu parole, c'eût été le dernier délire.

CLAVIJO.

Vois-tu, je ne puis comprendre l'homme. Je l'aimais véritablement : elle m'attira, elle me captiva, et, quand je fus à ses pieds, je lui jurai, je me jurai à moi-même, qu'il en serait ainsi éternellement, que je serais son époux, aussitôt que j'aurais un emploi, une position.... Et maintenant, Carlos....

CARLOS.

Eh! quand tu seras un homme fait, quand tu auras atteint le but souhaité, il sera toujours temps, pour couronner alors et pour affermir ton bonheur, de chercher à t'unir, par un mariage raisonnable, avec une maison riche et considérée.

CLAVIJO.

Elle est effacée, absolument effacée de mon cœur, et, si son malheur ne me traversait pas quelquefois l'esprit...: Que l'on est donc changeant!

CARLOS.

Si l'on était constant, je m'étonnerais. Vois donc, tout ne change-t-il pas dans le monde? Pourquoi nos passions subsisteraient-elles? Sois tranquille : elle n'est pas la première jeune fille abandonnée, ni la première qui se soit consolée. S'il faut te donner un conseil, vis-à-vis est une jeune veuve....

CLAVIJO.

Tu sais que je tiens peu à ces propositions. Un roman qui ne naît pas entièrement de lui-même n'est pas fait pour me séduire.

CARLOS.

Diantre soit des gens délicats!

CLAVIJO.

Laissons cela, et n'oublie pas que notre affaire principale doit être à présent de nous rendre nécessaires au nouveau ministre. Il est toujours fâcheux pour nous que Whal résigne le gouvernement des Indes. A la vérité, je ne suis plus inquiet : il garde son influence.... Il est ami de Grimaldi, et nous savons parler et faire la révérence....

CARLOS.

Et penser et faire ce qu'il nous plaît.

CLAVIJO.

C'est l'essentiel dans le monde. (*Il sonne : vient un domestique.*) Portez cette feuille à l'imprimeur.

CARLOS.

Vous verra-t-on ce soir?

CLAVIJO.

Je ne crois pas. Vous pourrez demander après moi.

CARLOS.

Je voudrais bien, ce soir, faire quelque partie qui me réjouit le cœur : je dois écrire encore toute l'après-midi. Cela ne finit pas.

CLAVIJO.

Patience. Si nous ne travaillions pas pour tant de monde, nous n'aurions pas laissé tant de monde au-dessous de nous. (*Ils sortent.*)

La demeure de Guilbert.

SOPHIE GUILBERT, MARIE BEAUMARCHAIS, DON BUENCO.

BUENCO, *à Marie, qui est assise.*

Vous avez passé une mauvaise nuit?

SOPHIE.

Je le lui ai prédit hier au soir. Elle était d'une gaieté folle, et a babillé jusqu'à onze heures : elle s'est échauffée, elle n'a pu dormir, et maintenant elle est de nouveau sans haleine, et pleure toute la matinée.

MARIE.

Notre frère n'arrive pas! Il y a deux jours qu'il devrait être ici.

SOPHIE.

Patience : il viendra sans doute.

MARIE, *se levant.*

Que je désire le voir, ce frère, mon juge et mon sauveur. Je me souviens à peine de lui.

SOPHIE.

Moi, je me le rappelle fort bien. C'était un ardent et sincère et brave garçon de treize ans, quand notre père nous envoya ici.

MARIE.

Une âme grande et généreuse. Vous avez lu la lettre qu'il écrivit, lorsqu'il apprit mon affliction. Chaque syllabe en est gravée dans mon cœur. « Si tu es coupable, écrit-il, n'attends « point de pardon; dans ton infortune, tu subiras encore le mé- « pris d'un frère et la malédiction d'un père. Si tu es innocente, « oh! alors, vengeance, vengeance furieuse sur ce traître! »... Je tremble! Il viendra. Je tremble.... non pas pour moi : Dieu, qui me voit, sait mon innocence.... Mes amis, il faut que vous.... Je ne sais ce que je veux. Ah Clavijo!

SOPHIE.

Tu ne m'écoutes pas! Tu vas te tuer!

MARIE.

Je serai tranquille. Oui, je cesserai de pleurer. Il me semble aussi que je n'ai plus de larmes. Et pourquoi des larmes? Je regrette seulement de vous rendre la vie amère. Car, au fond, de quoi puis-je me plaindre? J'ai eu bien des jouissances, aussi longtemps que notre vieil ami vivait encore. L'amour de Clavijo m'a rendue très-heureuse, plus peut-être qu'il ne l'a été par le mien. Et maintenant.... Que reste-t-il encore?... Qu'importe ma personne? qu'importe si le cœur d'une jeune fille est brisé; si elle se consume, et si elle abreuve de tourments sa malheureuse jeunesse?

BUENCO.

Au nom du ciel, mademoiselle!...

MARIE.

Mais lui est-il bien indifférent.... de ne plus m'aimer?... Hélas! pourquoi ne suis-je plus aimable?... Du moins il devrait me plaindre, oui, me plaindre de ce que l'infortunée, à laquelle il s'était rendu si nécessaire, doit maintenant passer sans lui sa vie dans la langueur et dans les larmes. Me plaindre?... Je ne veux pas que cet homme me plaigne.

SOPHIE.

Si je pouvais t'apprendre à le mépriser l'infâme, le méchant!

MARIE.

Non, ma sœur, ce n'est pas un infâme; et me faut-il donc mépriser celui que je hais? Le haïr? Oui, quelquefois je puis le haïr, quand l'esprit espagnol s'empare de moi. Dernièrement, quand nous le rencontrâmes, sa vue réveilla tout mon amour, mon ardent amour! Et, quand je fus revenue à la maison, et me rappelai sa conduite et le tranquille et froid regard qu'il avait jeté sur moi, en passant avec cette doña si brillante, alors je devins Espagnole au fond du cœur; je saisis mon poignard; je me pourvus de poison et me travestis.... Vous êtes surpris, Buenco?... Tout cela en idée, vous entendez?

SOPHIE.

Jeune folle!

MARIE.

Mon imagination me conduisit sur ses pas; je le vis qui prodiguait, aux pieds de sa nouvelle amante, toute la grâce, toute la soumission, avec lesquelles il m'a perdue.... J'allais percer le cœur du traître.... Ah! Buenco!... tout à coup je redevins la sensible et bonne Française, qui ne sait rien de poisons et de poignards pour sa vengeance. Nous sommes bien à plaindre.... Des vaudevilles, pour amuser nos amants; des éventails, pour les punir, et, quand ils sont infidèles.... Dis-moi, ma sœur, que fait-on en France, quand les amants sont infidèles?

SOPHIE.

On les maudit.

MARIE.

Et puis?

SOPHIE.

On les laisse courir.

MARIE.

Courir? Et pourquoi donc ne laisserais-je pas aussi courir Clavijo? Si c'est la mode en France, pourquoi pas en Espagne? Pourquoi une Française en Espagne ne serait-elle plus Française? Laissons-le courir et prenons-en un autre : il me semble que chez nous c'est aussi l'usage.

BUENCO.

Il a violé une promesse solennelle et non une frivole fantaisie, un attachement de société. Mademoiselle, vous êtes outragée, blessée jusqu'au fond du cœur. Ah! ma condition de chétif et paisible bourgeois de Madrid ne me fut jamais aussi pénible, aussi douloureuse qu'à cette heure, où je me sens si faible, si incapable de vous faire justice d'un perfide courtisan.

MARIE.

Lorsqu'il était encore Clavijo, et non archiviste du roi; étranger, nouveau venu, nouvel hôte de notre maison, comme il était aimable! Comme il était bon! Comme toute son ambition, tous ses efforts, semblaient naître de son amour! C'était pour moi qu'il voulait conquérir gloire, état, fortune.... Il a tout obtenu.... et moi.... (*Entre Guilbert.*)

GUILBERT, *bas à sa femme.*

Voici notre frère.

MARIE.

Mon frère! (*Elle tremble, on la fait asseoir.*) Où est-il? où est-il? Amenez-le.... Conduisez-moi.... (*Entre Beaumarchais.*)

BEAUMARCHAIS. *Il court de l'aînée à la cadette.*

Ma sœur! Mes amis! O ma sœur!

MARIE.

Es-tu là? Dieu soit loué, te voilà!

BEAUMARCHAIS.

Laissez-moi me remettre.

MARIE.

Mon cœur, mon pauvre cœur!

SOPHIE.

Calmez-vous! Cher frère, j'espérais te voir plus tranquille.

BEAUMARCHAIS.

Plus tranquille! Êtes-vous donc tranquilles? Ne vois-je pas, à la figure altérée de cette chère sœur, à tes yeux gonflés de larmes, à cette pâleur du chagrin, au morne silence de vos amis, que vous êtes malheureuses, comme vous me l'êtes apparues pendant tout ce long voyage? Et plus malheureuses encore..... car je vous vois; je vous presse dans mes bras; la présence redouble mes sentiments, ô ma sœur!

SOPHIE.

Et notre père?

BEAUMARCHAIS.

Il vous bénit et me bénit moi-même, si je vous sauve.

BUENCO.

Monsieur, permettez à un inconnu, qui reconnaît en vous, au premier coup d'œil, l'homme noble et brave, de vous témoigner le profond intérêt qu'il prend à toute cette affaire. Monsieur, vous faites ce long voyage pour sauver, pour venger votre sœur. Soyez le bienvenu, le bienvenu, comme un ange, quoique vous nous fassiez tous rougir!

BEAUMARCHAIS.

J'espérais, monsieur, trouver en Espagne des cœurs tels que le vôtre : c'est ce qui m'a encouragé à faire cette démarche. Nulle part, nulle part dans le monde il ne manque de ces âmes compatissantes et favorables, pourvu qu'un homme se présente, à qui sa position laisse l'entière liberté de s'abandonner à son courage. Et j'ai la ferme espérance, ô mes amis, qu'il se trouve partout des hommes généreux parmi les puissants et les grands, et que l'oreille des rois est rarement sourde : seulement notre voix est le plus souvent trop faible pour atteindre si haut.

SOPHIE.

Viens, ma sœur, viens te reposer un moment. Elle est tout à fait hors d'elle-même. (*On l'emmène.*)

MARIE.

Mon frère!

BEAUMARCHAIS.

Dieu veuille que tu sois innocente! Et alors vengeance, vengeance sur ce traître! (*Marie et Sophie sortent.*) Mon frère! mes amis!... Je lis dans vos regards que vous l'êtes. Laissez-moi revenir à moi-même, et puis faites-moi de toute l'affaire un récit impartial et fidèle, qui puisse régler ma conduite. Il faut que le sentiment d'une bonne cause affermisse ma résolution, et, croyez-le, si nous avons le bon droit, nous obtiendrons justice.

ACTE DEUXIÈME.

La demeure de Clavijo.

CLAVIJO, *seul.*

Qui peuvent être ces Français, qui se sont fait annoncer à ma porte? Des Français!... Ils étaient autrefois bienvenus chez Clavijo.... Et pourquoi pas à présent? C'est singulier, qu'un homme qui se met au-dessus de mille choses, se laisse arrêter par le moindre obstacle. Arrière!... Dois-je plus à Marie qu'à moi-même? Et suis-je obligé de me rendre malheureux, parce qu'une jeune fille est amoureuse de moi? (*Entre un domestique.*)

LE DOMESTIQUE.

Les étrangers, monsieur.

CLAVIJO.

Fais-les entrer.... As-tu dit à leur domestique que je les attends pour déjeuner?

LE DOMESTIQUE.

Comme vous l'avez ordonné.

CLAVIJO.

Je reviens à l'instant. (*Il sort. Entrent Beaumarchais et Saint-George. Le domestique leur donne des sièges et sort.*)

BEAUMARCHAIS.

Ah! mon ami, quel soulagement, quelle satisfaction pour moi d'être enfin ici! de le tenir!... Il ne peut m'échapper. Soyez calme; montrez-lui du moins le visage le plus tranquille. Ma sœur! ma sœur! Qui croirait que tu es aussi innocente que malheureuse? Il faut que cela paraisse au grand jour; il faut que tu sois vengée de la manière la plus terrible. Et toi, bon Dieu, conserve-moi le calme d'esprit que tu m'accordes en ce moment, afin que, dans cette horrible douleur, je me conduise avec une parfaite modération et toute la sagesse possible!

SAINT-GEORGE.

Oui, mon ami, cette sagesse, et tout ce que vous avez jamais montré de réflexion, je les réclame de vous. Promettez-moi encore une fois, mon très-cher, que vous songerez où vous êtes : dans un royaume étranger, où tous vos protecteurs, tout votre argent, ne sont pas en état de vous défendre contre les secrètes machinations de lâches ennemis.

BEAUMARCHAIS.

Soyez tranquille. Jouez bien votre rôle : il ne saura pas auquel de nous deux il a affaire. Je veux le torturer. Oh! je suis d'assez bonne humeur pour rôtir le drôle à petit feu. (*Entre Clavijo.*)

CLAVIJO.

Messieurs, c'est une joie pour moi de voir dans ma maison des hommes d'une nation que j'ai toujours estimée.

BEAUMARCHAIS.

Monsieur, je souhaite que nous puissions être dignes aussi de l'honneur qu'il vous plaît de faire à nos compatriotes.

SAINT-GEORGE.

Le désir de faire votre connaissance a surmonté chez nous la crainte de vous déranger peut-être.

CLAVIJO.

Des personnes que recommande le premier abord ne devraient pas porter si loin la modestie.

BEAUMARCHAIS.

Sans doute ce ne peut être pour vous, monsieur, une chose inaccoutumée que des inconnus vous visitent, car vous ne vous êtes pas moins illustré dans les pays étrangers par l'excellence de vos écrits, que vous êtes distingué dans votre patrie par les emplois considérables dont la confiance de votre souverain vous a revêtu.

CLAVIJO.

Le roi montre beaucoup de bonté pour mes faibles services, et le public beaucoup d'indulgence pour les insignifiants essais de ma plume. Je souhaite de pouvoir contribuer en quelque chose au perfectionnement du goût dans mon pays et au développement des sciences; car ce sont elles seulement qui nous lient avec les autres nations; ce sont elles qui nous valent l'amitié des hommes les plus éloignés, et entretiennent l'union la plus agréable entre ceux même qui, malheureusement, sont souvent divisés par les intérêts politiques.

BEAUMARCHAIS.

C'est ravissant d'entendre parler ainsi un homme qui exerce une influence égale sur l'État et sur les sciences. Aussi dois-je avouer que vous avez exprimé ma pensée, et que vous m'amenez justement à l'objet pour lequel vous me voyez ici [1]. « Une « société d'hommes honorables et savants m'a chargé d'établir « dans toutes les villes où je passerais, et où j'en trouverais « l'occasion, une correspondance entre eux et les meilleures « têtes du royaume. Et, comme aucun Espagnol n'écrit mieux « que l'auteur des feuilles si connues sous le nom du PENSEUR, « à qui j'ai l'honneur de parler, (*Clavijo remercie par une incli-* « *nation*) et qui est la gloire des savants, pour avoir su joindre « à ses talents une si grande habileté dans les affaires; qui ne « peut manquer de s'élever aux postes brillants dont il est digne « par son caractère et ses connaissances : je crois ne pouvoir « rendre à mes amis un service plus agréable que de les lier « avec un homme de ce mérite. »

CLAVIJO.

Messieurs, aucune proposition ne pouvait me charmer davantage je vois par là remplies les plus flatteuses espérances dont mon cœur s'occupa souvent sans perspective d'une heureuse réussite. Non que je présumasse de pouvoir satisfaire par ma correspondance les vœux de vos doctes amis : ma vanité ne va pas si loin. Mais, comme j'ai le bonheur d'être en rapport avec les meilleures têtes d'Espagne; comme rien ne peut me rester inconnu de ce qui se fait pour les sciences et les arts, dans notre vaste royaume, par des hommes isolés, souvent ignorés, je me suis regardé jusqu'à présent comme un colporteur, qui a le petit mérite de faire tourner à l'utilité générale les inventions des autres; mais à présent, grâce à votre entremise, je serai le

---

[1]. Nous avons placé entre guillemets les passages tirés des Mémoires de Beaumarchais; mais le texte en paraîtra quelquefois modifié dans notre travail, qui est, comme il doit l'être toujours, la traduction de Gœthe. La comparaison avec les Mémoires pourra faire juger exactement de ce que l'auteur allemand doit à Beaumarchais.

commerçant, qui a le bonheur d'étendre la gloire de sa patrie par l'échange des produits indigènes, et de l'enrichir encore de trésors étrangers. Permettez-moi donc, monsieur, de ne pas traiter comme un inconnu un homme qui m'apporte, avec tant de franchise, une si agréable nouvelle, permettez-moi de vous demander quelle affaire, quel intérêt, vous a fait entreprendre ce long voyage? Ce n'est pas que je veuille, par cette indiscrétion, satisfaire une vaine curiosité; non, croyez plutôt que je parle avec l'intention la plus pure d'employer pour vous tous les moyens, toute l'influence que je puis avoir; car, je vous en préviens, vous êtes arrivé dans un pays où un étranger rencontre, surtout à la cour, des difficultés sans nombre pour l'expédition de ses affaires.

BEAUMARCHAIS.

« J'accepte avec une vive reconnaissance des offres si flat-
« teuses. Je n'aurai point de secret pour vous, monsieur, et cet
« ami ne sera pas de trop dans cette communication : il est suf-
« fisamment instruit de ce que j'ai à vous dire. (*Clavijo observe
« Saint-George avec attention.*) Un négociant français, qui avait
« une nombreuse famille et peu de fortune, avait beaucoup de
« correspondants en Espagne. Un des plus riches vint à Paris, il
« y a quinze ans, et lui fit cette proposition : « Donnez-moi deux
« de vos filles : je les emmènerai à Madrid et les établirai. Je
« suis garçon, âgé, sans parents; elles feront le bonheur de
« mes vieux jours, et, après ma mort, je leur laisserai une des
« maisons de commerce les plus considérables d'Espagne. » On
« lui confia l'aînée et une des plus jeunes sœurs. Le père se char-
« gea de fournir la maison de toutes les marchandises françaises
« que l'on demanderait; et tout avait bonne apparence, lorsque
« le correspondant vint à mourir, sans songer le moins du
« monde aux Françaises, qui se virent dans la situation difficile
« d'avoir à diriger seules un nouveau commerce. Dans l'inter-
« valle, l'aînée s'était mariée, et, malgré leur peu d'aisance,
« elles conservèrent, par une bonne conduite et par les grâces
« de leur esprit, une foule d'amis, qui s'empressèrent à l'envi
« d'augmenter leur crédit et leurs affaires. (*Clavijo devient tou-
« jours plus attentif.*) A peu près dans ce même temps, un jeune
« homme, natif des îles Canaries, s'était fait présenter dans la

« maison. (*Toute la gaieté de Clavijo disparaît, et son air sérieux*
« *se change par degrés en un embarras toujours plus visible.*) Tout
« humble que fût sa condition, comme sa fortune, on l'ac-
« cueillit avec obligeance. Les dames, lui voyant une grande
« ardeur pour l'étude de la langue française, lui facilitèrent
« tous les moyens d'y faire en peu de temps de grands progrès.
« Plein du désir de se faire un nom, il forme le projet de don-
« ner à la ville de Madrid le plaisir, encore nouveau pour sa
« nation, d'une feuille périodique dans le genre du *Spectateur*
« *anglais.* Ses amies ne manquent pas de le seconder de toute
« manière; on ne doute point qu'une pareille entreprise n'ob-
« tienne un grand succès ; bref, animé par l'espérance de pou-
« voir bientôt devenir un homme de quelque considération, il
« ose faire à la plus jeune des propositions de mariage. On lui
« donne des espérances. « Cherchez à réussir, lui dit l'aînée,
« et, lorsqu'un emploi, la faveur de la cour ou quelque autre
« moyen de subsister vous aura donné le droit de songer à ma
« sœur, si elle vous préfère à d'autres prétendants, je ne vous
« refuserai pas mon consentement. » (*Clavijo, dans le plus grand*
« *embarras, s'agite sur son siége.*) La plus jeune refuse divers
« partis considérables; son inclination pour l'homme s'aug-
« mente, et lui aide à supporter le souci d'une attente incer-
« taine; elle s'intéresse au succès du jeune homme comme au
« sien propre, et l'encourage à donner la première feuille de son
« journal, qui paraît sous un titre imposant. (*Clavijo est dans le*
« *plus affreux embarras. Beaumarchais poursuit avec un froid gla-*
« *cial.*) L'ouvrage eut un succès prodigieux ; le roi même, amusé
« de cette charmante production, donna à l'auteur des marques
« publiques de sa bienveillance. On lui promit le premier em-
« ploi honorable qui vaquerait. Dès ce moment il écarte tous les
« prétendants à sa maîtresse par une recherche absolument
« publique. Le mariage ne se retardait que par l'attente de l'em-
« ploi promis.... Enfin, au bout de six ans d'attente, d'amitié
« fidèle, de support et d'amour, du côté de la jeune fille; après
« six ans de dévouement, de reconnaissance, de soins, de pro-
« messes sacrées, du côté de l'amant, l'emploi paraît.... et
« l'homme s'enfuit.... (*Clavijo laisse échapper un profond soupir,*
« *qu'il s'efforce de cacher; il est tout à fait hors de lui.*) L'affaire

« avait trop éclaté pour qu'on pût en voir le dénoûment avec
« indifférence. On avait loué une maison pour deux ménages.
« Toute la ville en parlait. Tous les amis étaient indignés au
« dernier point et demandaient vengeance. On s'adresse à de
« puissants protecteurs; mais le misérable, déjà initié dans les
« cabales de la cour, sait rendre tous les efforts inutiles, et porte
« si loin son insolence, qu'il ose menacer les infortunées; qu'il
« ose dire en face à leurs amis, qui se rendent chez lui, que les
« Françaises devaient prendre garde; qu'il les défiait de lui
« nuire, et que, si elles se permettaient d'entreprendre quelque
« chose contre lui, il lui serait facile de les perdre, dans un pays
« étranger, où elles étaient sans appui et sans secours. A cette
« nouvelle, la pauvre jeune fille tomba dans des convulsions qui
« firent craindre pour sa vie. Au fort de leur désolation, l'aînée
« écrit en France l'outrage public qui leur a été fait. Cette nou-
« velle émeut leur frère de la manière la plus horrible; il de-
« mande un congé, pour venir donner ses conseils et ses secours
« dans une affaire si embrouillée; il ne fait qu'un saut de Paris
« à Madrid, et ce frère.... c'est moi!... qui ai tout quitté, patrie,
« devoirs, famille, état, plaisirs, pour venir venger en Espagne
« une sœur innocente et malheureuse. Je viens, armé du bon
« droit et de la fermeté, démasquer un traître, écrire en traits
« de sang son âme sur son visage, et ce traître.... c'est toi! »

CLAVIJO.

Écoutez-moi, monsieur!... Je suis.... j'ai.... Je ne doute pas....

BEAUMARCHAIS.

« Ne m'interrompez pas. Vous n'avez rien à me dire et beau-
« coup à entendre de moi. Pour commencer, ayez la bonté de
« déclarer devant monsieur, qui est exprès venu de France
« avec moi, si, par quelque manque de foi, légèreté, faiblesse,
« aigreur ou par quelque autre tort, ma sœur a mérité de vous
« cet outrage public. »

CLAVIJO.

« Non, monsieur. Votre sœur, doña Maria, est une demoi-
« selle pleine d'esprit, de grâces et de vertu. »

BEAUMARCHAIS.

« Vous a-t-elle jamais, depuis que vous la connaissez, donné
« sujet de vous plaindre d'elle ou de la moins estimer? »

CLAVIJO.

« Jamais, jamais. »

BEAUMARCHAIS, *se levant.*

« Et pourquoi, monstre que tu es, avais-tu la barbarie de
« traîner à la mort cette jeune fille? Uniquement parce que son
« cœur te préférait à dix autres, tous plus honnêtes et plus
« riches que toi. »

CLAVIJO.

« Ah! monsieur, si vous saviez quelles instigations!... comme
« les donneurs de conseils, les circonstances!... »

BEAUMARCHAIS.

« Cela suffit. (*A Saint-George.*) Vous avez entendu la justifica-
« tion de ma sœur : allez la publier. Ce qui me reste à dire à
« monsieur n'exige pas de témoins (*Saint-George sort. Clavijo se
« lève.*) Restez! Restez! (*Tous deux se rasseyent.*) Puisque nous en
« sommes venus là, je veux vous faire une proposition, et j'es-
« père que vous l'approuverez. Il convient à vos arrangements
« comme aux miens, que vous n'épousiez pas Marie, et vous
« sentez bien que je ne suis pas venu faire le personnage d'un
« frère de comédie, qui veut dénouer le roman et procurer à sa
« sœur un mari. Vous avez outragé de sang-froid une femme
« d'honneur, parce que vous l'avez crue sans soutien et sans
« vengeur en pays étranger : ce procédé est celui d'un malhon-
« nête homme et d'un lâche. Vous allez donc commencer par
« reconnaître de votre main, librement, toutes vos portes ou-
« vertes, en présence de vos gens, que vous êtes un homme
« abominable, qui avez trompé, trahi, outragé ma sœur sans
« le moindre sujet; et, avec cette déclaration, je pars pour
« Aranjuez, où est notre ambassadeur; je la montre, je la fais
« imprimer, et après-demain la cour et la ville en sont inondées.
« J'ai ici de puissants amis; j'ai du temps et de l'argent, et j'em-
« ploierai tout cela à vous poursuivre de toute manière, impitoya-
« blement, jusqu'à ce que le ressentiment de ma sœur s'apaise,
« qu'elle soit satisfaite et me dise elle-même de m'arrêter »

CLAVIJO.

« Je ne ferai pas cette déclaration. »

BEAUMARCHAIS.

« Je le crois, car peut-être, à votre place, ne la ferais-je pas

« non plus. Mais voici le revers de la médaille : si vous n'écri-
« vez pas, dès ce moment je reste avec vous, je ne vous quitte
« plus, je vous suis partout, jusqu'à ce que, impatienté d'un
« pareil voisinage, vous soyez venu vous délivrer de moi der-
« rière Buenretiro[1]. Si je suis plus heureux que vous, sans voir
« l'ambassadeur, sans parler à personne ici, je prends ma sœur
« mourante entre mes bras, je la mets dans ma voiture et re-
« tourne en France avec elle. Si le sort vous favorise, j'ai fait
« mon devoir : permis à vous de rire à nos dépens. Faites mon-
« ter le déjeuner. » (*Beaumarchais tire le cordon de la sonnette. Un laquais apporte le chocolat. Beaumarchais prend sa tasse, et se promène dans la galerie voisine en regardant les tableaux.*)

CLAVIJO.

J'étouffe ! j'étouffe !... On t'a surpris, joué comme un enfant !... Où es-tu, Clavijo ? Comment finiras-tu cela ?... Horrible situation, dans laquelle ta folie, ta trahison, t'ont précipité ! (*Il saisit son épée, qui est sur la table.*) Ha ! Finissons-en !... (*Il pose l'épée.*) Et n'y aurait-il d'autre issue, d'autre moyen que la mort.... ou le meurtre ? un meurtre abominable !... Arracher à l'infortunée jeune fille sa dernière consolation, son unique soutien, son frère !... Voir couler le sang de cet homme brave et généreux !... Appeler ainsi sur toi la double, l'insupportable malédiction d'une famille anéantie ! Ah ! ce n'était pas là ton attente, quand tu fus attiré par tant de charmes vers cette aimable personne, dans les premières heures de votre liaison ! Et, lorsque tu l'abandonnas, tu ne prévoyais pas les affreuses suites de ton infamie !... Quelle félicité t'attendait dans ses bras ! dans l'amitié d'un tel frère !... Marie ! Marie !... Oh ! si tu pouvais pardonner ! Si j'osais déplorer à tes pieds tous mes torts !... Et pourquoi non ? Mon cœur déborde, mon âme s'élève à l'espérance !... Monsieur !

BEAUMARCHAIS.

« Que décidez-vous ? »

CLAVIJO.

« Écoutez-moi. Rien ne peut excuser ma conduite envers ma-
« demoiselle votre sœur. La vanité m'a séduit. Je craignais de

---

[1]. Ancien palais des rois d'Espagne à Madrid.

« ruiner par ce mariage mes plans et mes perspectives d'une vie
« glorieuse. Si j'avais pu savoir qu'elle eût un frère comme
« vous, elle n'aurait pas été à mes yeux une étrangère sans
« conséquence; j'aurais espéré de cette union les plus grands
« avantages. Vous me pénétrez, monsieur, de la plus haute
« estime pour vous; et, en me faisant de la sorte sentir vive-
« ment mon injustice, vous m'inspirez le désir, la force, de tout
« réparer. Je me jette à vos pieds! Aidez-moi, aidez-moi, s'il
« est possible, à effacer ma faute et à faire oublier ce malheur.
« Rendez-moi votre sœur, monsieur; rendez-moi à elle! Que je
« serais heureux, si je recevais de votre main une épouse et le
« pardon de toutes mes fautes! »

BEAUMARCHAIS.

« Il est trop tard. Ma sœur ne vous aime plus, et je vous dé-
« teste. Écrivez la déclaration demandée : c'est tout ce que j'exige
« de vous, et laissez-moi le soin et le choix de la vengeance. »

CLAVIJO.

Votre obstination n'est ni juste ni sage. Je vous accorde que ma volonté ne suffit pas à réparer une affaire en si fâcheux état.... Puis-je la réparer?... C'est au cœur de votre excellente sœur à décider si elle veut encore jeter les yeux sur un misérable, qui ne mérite pas de voir la lumière du jour. Mais votre devoir, monsieur, est de peser la chose et d'agir en conséquence, si vous voulez que votre démarche ne semble pas l'emportement inconsidéré d'un jeune homme. Si dona Maria est inflexible.... Ah! je connais son cœur!... Sa bonté, son âme céleste, me sont vivement présentes!... Si elle est inexorable, alors il sera temps, monsieur.

BEAUMARCHAIS.

Il me faut votre déclaration.

CLAVIJO, *s'approchant de la table.*

Et si je prends l'épée?

BEAUMARCHAIS, *le suivant.*

Bien, monsieur! Parfaitement, monsieur!

CLAVIJO, *l'arrêtant.*

Encore un mot. Vous avez la bonne cause : souffrez que j'aie pour vous la prudence. Songez à ce que vous faites. Dans l'un et l'autre cas, nous sommes tous perdus irrévocablement. Ne devrais-je pas mourir de douleur et de désespoir, si votre sang allait teindre mon épée? si, après tous ses malheurs, je ravissais encore à Marie son frère? Et quant à vous.... le meurtrier de Clavijo ne repasserait point les Pyrénées.

BEAUMARCHAIS.

La déclaration, monsieur! la déclaration!

CLAVIJO.

Eh bien, soit! Je veux tout faire pour vous persuader du sentiment sincère que votre présence m'inspire. Je veux écrire la déclaration, je veux l'écrire sous votre dictée. Promettez-moi seulement de n'en pas faire usage avant que je me sois vu en état de persuader à dona Maria que mon cœur est changé et plein de repentir; avant que j'aie parlé à votre sœur aînée; avant qu'elle ait employé sa bienveillante intercession auprès de mon amante. Jusque-là, monsieur!

BEAUMARCHAIS.

Je pars pour Aranjuez.

CLAVIJO.

Soit! Jusqu'à votre retour, la déclaration restera dans votre portefeuille. Si je n'ai pas obtenu ma grâce, donnez pleine carrière à votre vengeance. Cette proposition est juste, convenable et sage : si vous ne l'acceptez pas, qu'il y ait entre nous deux guerre à mort! Et qui sera victime de sa précipitation? Ce sera toujours vous et votre pauvre sœur.

BEAUMARCHAIS.

Il vous sied bien de plaindre celle que vous avez rendue malheureuse.

CLAVIJO, *s'asseyant*.

Acceptez-vous?

BEAUMARCHAIS.

Soit! Je cède. Mais pas un moment de plus! Je reviens d'Aranjuez, j'interroge, j'écoute, et, si, comme je l'espère, comme je le désire, on ne vous a point pardonné, à l'instant même, la déclaration chez l'imprimeur!

CLAVIJO, *prenant du papier*.

Comment la voulez-vous?

BEAUMARCHAIS.

Monsieur, en présence de vos domestiques.

CLAVIJO.

A quoi bon?

BEAUMARCHAIS.

Ordonnez seulement qu'ils se tiennent dans la galerie voisine. Il ne faut pas qu'on dise que je vous ai contraint.

CLAVIJO.

Quels scrupules!

BEAUMARCHAIS.

Je suis en Espagne et j'ai affaire à vous.

CLAVIJO.

Soit! (*Il sonne : un domestique paraît.*) Appelez tous mes gens, et tenez-vous ici dans la galerie. (*Le domestique exécute cet ordre; tous les serviteurs se rendent dans la galerie.*) Vous me laissez le soin de rédiger la déclaration?...

BEAUMARCHAIS.

Non, monsieur. Écrivez, je vous prie, écrivez ce que je vous dicterai. (*Clavijo écrit.*) « Je soussigné, Joseph Clavijo, archi-
« viste du roi.... »

CLAVIJO.

Du roi.

BEAUMARCHAIS.

« Reconnais qu'après avoir été reçu avec bonté dans la mai-
« son de madame Guilbert.... »

CLAVIJO.

Madame Guilbert.

BEAUMARCHAIS.

« J'ai trompé mademoiselle de Beaumarchais, sa sœur, par
« la promesse mille fois réitérée de l'épouser. » Avez-vous écrit?

CLAVIJO.

Monsieur!

BEAUMARCHAIS.

Avez-vous un autre mot pour cela?

CLAVIJO.

Je croirais....

BEAUMARCHAIS.

« J'ai trompé! » ce que vous avez fait, vous pouvez bien plus aisément l'écrire. « Je l'ai abandonnée, sans qu'aucune faute

« ou faiblesse de sa part ait pu servir de prétexte ou d'excuse à
« mon manque de foi. »
CLAVIJO.
Ensuite?
BEAUMARCHAIS.
« Au contraire, la conduite de cette demoiselle a toujours été
« pure, irréprochable et digne de tout respect. »
CLAVIJO.
De tout respect.
BEAUMARCHAIS.
« Je reconnais que, par ma conduite, la légèreté de mes
« discours, par l'interprétation qu'on a pu y donner, j'ai ouver-
« tement outragé cette vertueuse demoiselle : de quoi je lui de-
« mande pardon, quoique je me reconnaisse indigne de l'obtenir. »
(*Clavijo s'arrête.*) Écrivez! écrivez! « Laquelle déclaration j'ai
« faite librement et de ma pleine volonté, avec promesse spéciale
« que, si cette satisfaction n'est pas suffisante, au gré de l'offen-
« sée, je suis prêt à la lui donner de toute autre manière qu'elle
« pourra désirer. Madrid.... »
CLAVIJO. *Il se lève.*
« J'ai affaire à un homme offensé, mais à un homme d'hon-
« neur. Vous tiendrez votre parole, et vous suspendrez votre ven-
« geance. C'est par cette seule considération, dans cet espoir, que
« j'ai donné ce honteux écrit; autrement rien n'aurait pu m'y
« contraindre. Mais, avant que j'ose me présenter devant doña
« Maria, j'ai résolu de charger quelqu'un de plaider ma cause
« auprès d'elle, de parler pour moi, et ce quelqu'un.... c'est
« vous. »
BEAUMARCHAIS.
« Ne vous en flattez pas. »
CLAVIJO.
« Au moins dites-lui le repentir amer et sincère que vous avez
« aperçu en moi. C'est là, oui, c'est là toute ma prière. Ne me
« refusez pas. Je serais obligé de choisir quelque autre médiateur
« moins puissant. » D'ailleurs vous lui devez un récit fidèle.
Dites-lui dans quelles dispositions vous m'avez trouvé.
BEAUMARCHAIS.
Bien! cela je le puis, je le veux. Et maintenant, adieu.

CLAVIJO.

Adieu! (*Il veut lui prendre la main, Beaumarchais la refuse.*)

CLAVIJO, seul.

Quel soudain changement dans mon sort! On est ivre, on rêve!... Cette déclaration, je n'aurais pas dû la donner. Cela s'est fait si vite! si brusquement! Comme un coup de tonnerre! (*Entre Carlos.*)

CARLOS.

Quelle visite as-tu reçue? Toute la maison est en mouvement. Qu'y a-t-il de nouveau?

CLAVIJO.

C'est le frère de Marie.

CARLOS.

Je m'en doutais. Ce chien de vieux domestique, qui était autrefois au service de Guilbert, et que je fais jaser à présent, sait déjà depuis hier qu'on l'attendait, et ne m'a rencontré qu'en cet instant.... Il est venu?

CLAVIJO.

L'excellent jeune homme!

CARLOS.

Nous en serons bientôt délivrés. J'ai déjà préparé les voies.... Que nous a-t-il donc proposé? Un duel? une réparation d'honneur?... Était-il bien vif, le jeune drôle?

CLAVIJO.

Il m'a demandé une déclaration, portant que sa sœur ne m'avait donné aucun sujet de la quitter.

CARLOS.

Et tu l'as écrite?

CLAVIJO.

J'ai cru que c'était pour le mieux.

CARLOS.

Bien, très-bien! N'y a-t-il rien de plus?

CLAVIJO.

Il insistait pour le duel ou la déclaration.

CARLOS.

Le dernier parti était le plus sage. Qui risquerait sa vie contre cet aventurier ridicule? Et a-t-il demandé le papier violemment?

ACTE II.

CLAVIJO.

Il me l'a dicté lui-même, et j'ai dû appeler mes gens dans cette galerie.

CARLOS.

J'entends! Ah! je vous tiens, mon petit monsieur. Ceci lui casse le cou. Qu'on m'appelle un sot, si je ne tiens le drôle en prison dans deux jours, et s'il ne part pour les Indes avec le premier transport.

CLAVIJO.

Non, Carlos; l'affaire n'en est plus où tu penses.

CARLOS.

Comment?

CLAVIJO.

J'espère, par son entremise, par mes ardentes sollicitations, obtenir mon pardon de l'infortunée.

CARLOS.

Clavijo!

CLAVIJO.

J'espère abolir tout le passé, relever ces ruines, et, par là, aux yeux du monde et aux miens, redevenir un honnête homme.

CARLOS.

Que diable! Es-tu tombé en enfance? On s'aperçoit toujours que tu es un savant.... Te laisser duper ainsi! Ne vois-tu pas que c'est un plan grossièrement arrangé pour te faire tomber dans le panneau?

CLAVIJO.

Non, Carlos, il ne veut pas du mariage; ils y sont opposés; elle ne veut plus entendre parler de moi.

CARLOS.

C'est très-bien calculé. Non, mon ami, ne le prends pas en mauvaise part, mais j'ai vu quelquefois, dans les comédies, berner de la sorte un gentilhomme de campagne.

CLAVIJO.

Tu m'offenses. Je t'en prie, réserve ton esprit pour mes noces. Je suis résolu à épouser Marie, librement, par inclination. Toute mon espérance, toute ma félicité, repose sur l'idée d'obtenir qu'elle me pardonne. Et alors, adieu l'orgueil! Comme autrefois, je retrouverai le ciel aux genoux de ma bien-aimée;

toute la gloire que j'obtiendrai, toute la grandeur à laquelle je m'élèverai, me remplira d'une double jouissance; car elle sera partagée avec moi par la jeune fille qui doublera mon être. Adieu! Il me faut courir.... il faut du moins que je parle à sa sœur.

CARLOS.

Attends seulement jusqu'après dîner.

CLAVIJO.

Pas un instant. (*Il sort.*)

CARLOS. *Il le suit des yeux et garde un moment le silence.*

Encore un qui va faire une sottise! (*Il sort.*)

ACTE TROISIÈME.

L'appartement de Guilbert.

SOPHIE, MARIE.

MARIE.

Tu l'as vu? Je tremble de tout mon corps. Tu l'as vu? J'ai failli me trouver mal, quand j'ai appris qu'il venait, et tu l'as vu? Non, je ne puis, je ne saurais.... Non, je ne pourrai jamais le revoir.

SOPHIE.

J'étais hors de moi lorsqu'il entra; car, hélas! ne l'aimais-je pas, comme toi, du plus parfait, du plus pur amour fraternel? Son éloignement ne m'a-t-il pas affligée, déchirée?... Et je le vois repentant, de retour à mes pieds!... Ma sœur, il y a quelque chose de magique dans son regard, dans le son de sa voix.... Il....

MARIE.

Jamais, jamais!

SOPHIE.

Il est toujours le même; toujours ce cœur sensible, doux et bon; toujours cette ardeur passionnée; toujours ce même désir d'être aimé, et ce sentiment de douleur et d'angoisse, lorsqu'on lui refuse l'affection. J'ai tout retrouvé. Et il parle de toi, Marie, comme dans les jours heureux de son plus ardent amour. C'est comme si ton bon génie avait ménagé lui-même cet intervalle d'éloignement et d'infidélité, pour interrompre la monotonie et la langueur d'une longue liaison et donner au sentiment une vivacité nouvelle.

MARIE.

Tu plaides sa cause.

SOPHIE.

Non, ma sœur; aussi ne l'ai-je point promis. Seulement, ma

chère, je vois les choses comme elles sont. Notre frère et toi, vous les voyez sous un jour trop romanesque. Tu as cela de commun avec mainte et mainte bonne fille, que ton amant fut infidèle et te quitta : et, qu'il soit revenu, qu'il veuille réparer sa faute par son repentir, et renouveler toutes nos premières espérances.... c'est un bonheur qu'une autre ne repousserait pas légèrement.

MARIE.

Mon cœur se briserait.

SOPHIE.

Je te crois. Le premier moment doit produire sur toi un effet sensible.... et pourtant, ma chère, je t'en prie, ne prends pas cette angoisse, ce trouble, qui semble maîtriser tous tes sens, pour un effet de la haine, pour de la répugnance. Ton cœur parle pour lui plus que tu ne crois, et, si tu n'oses le revoir, c'est justement parce que tu désires passionnément son retour.

MARIE.

Sophie, de la pitié !

SOPHIE.

Je veux que tu sois heureuse. Si je sentais que tu le méprisasses, qu'il te fût indifférent, je ne dirais plus un mot; il ne paraîtrait plus devant moi. Mais non, ma chère.... Tu me remercieras de t'avoir aidée à surmonter cette irrésolution pénible, qui est un signe du plus tendre amour. (*Entrent Guilbert et Buenco.*)

SOPHIE.

Venez, Buenco; venez, Guilbert; aidez-moi à rassurer la petite, à la déterminer, à présent que le moment en est venu.

BUENCO.

Je voudrais oser lui dire : « Ne le revoyez pas. »

SOPHIE.

Buenco !

BUENCO.

Mon cœur se soulève, à la pensée qu'il pourrait encore posséder cet ange, qu'il a si outrageusement offensé, qu'il a traîné au bord de la tombe. La posséder?... pourquoi? Comment répare-t-il son crime?... Il revient, il lui plaît tout à coup de revenir et de dire : « A présent j'y suis disposé; à présent je la veux. »

Exactement comme si cette belle âme était une marchandise suspecte, que l'on finit par jeter à l'acheteur, après qu'il vous a blessé jusqu'à la moelle par les offres les plus basses, partant et revenant, comme un juif au marché. Non, il n'aura pas mon suffrage, quand même le cœur de Marie parlerait pour lui.... Revenir! Et pourquoi donc aujourd'hui?... aujourd'hui? Fallait-il attendre l'arrivée d'un frère courageux, dont il doit craindre la vengeance, pour venir comme un écolier et demander humblement pardon?... Ah! il est aussi lâche que méchant!

GUILBERT.

Vous parlez comme un Espagnol, et comme si vous ne connaissiez pas les Espagnols. Nous sommes à cette heure dans un plus grand péril que vous ne croyez tous.

MARIE.

Mon cher Guilbert!

GUILBERT.

J'honore l'esprit entreprenant de notre frère; j'ai observé en silence son courage héroïque, et je souhaite que tout puisse bien finir; je souhaite que Marie se puisse résoudre à donner sa main à Clavijo; car.... (*en souriant*) il a toujours son cœur.

MARIE.

Vous êtes cruel!

SOPHIE.

Écoute-le, je t'en prie, écoute-le!

GUILBERT.

Ton frère lui a arraché une déclaration, qui doit te justifier aux yeux de tout le monde, et qui nous perdra.

BUENCO.

Comment?

MARIE.

Oh! Dieu.

GUILBERT.

Il l'a écrite dans l'espérance de te toucher. S'il n'y parvient pas, il faut qu'il emploie tous les moyens pour anéantir ce papier. Il le peut et il le fera. Ton frère veut l'imprimer et le répandre, dès son retour d'Aranjuez : je crains, si tu t'obstines, qu'il ne revienne pas.

SOPHIE.

Mon cher Guilbert!

MARIE.

Je me meurs!...

GUILBERT.

Clavijo ne peut laisser paraître cet écrit. Si tu refuses ses propositions, et s'il est un homme d'honneur, il court au-devant de ton frère, et l'un des deux succombe. Que ton frère meure ou triomphe, il est perdu. Un étranger en Espagne! le meurtrier de ce courtisan chéri!... Ma sœur, c'est fort bien de penser et d'agir noblement; mais se perdre soi et sa famille!...

MARIE.

Conseille-moi, Sophie! aide-moi!

GUILBERT.

Et vous, Buenco, réfutez-moi.

BUENCO.

Il n'osera pas; il craindra pour sa vie : sans cela il n'aurait pas écrit; il n'offrirait pas sa main à Marie.

GUILBERT.

Tant pis; car il en trouvera cent qui lui prêteront leurs bras; cent misérables, qui égorgeront traîtreusement notre frère sur la route. Ah! Buenco, es-tu si jeune? Un courtisan n'aurait point d'assassins à ses gages?

BUENCO.

Le roi est grand et bon.

GUILBERT.

Courage donc!... A travers tous les murs qui l'environnent, les gardes, le cérémonial, et tout ce que les courtisans ont mis de barrières entre lui et son peuple, faites-vous passage et sauvez-nous.... Qui vient? (*Entre Clavijo.*)

CLAVIJO.

Il faut que je la voie!... Il le faut! (*Marie pousse un cri et tombe dans les bras de Sophie.*)

SOPHIE.

Cruel! Dans quel état nous mettez-vous? (*Guilbert et Buenco s'approchent de Marie.*)

CLAVIJO.

Oui, c'est elle! c'est elle! et je suis Clavijo!... Écoutez-moi, chère amie, si vous ne voulez pas me regarder. Dans le temps où Guilbert me reçut avec amitié dans sa maison; quand j'étais un jeune homme pauvre et obscur; quand je sentis pour vous dans mon cœur une passion irrésistible, était-ce mon mérite, ou n'était-ce pas plutôt convenance intime des caractères, secrète inclination du cœur, si vous éprouvâtes vous-même quelque penchant pour moi, et si, après un temps, je pus me flatter de posséder ce cœur tout entier ? Et maintenant.... ne suis-je pas toujours le même ? Pourquoi n'oserais-je pas espérer ?... pourquoi pas supplier ?... Un ami, un amant, que longtemps vous auriez jugé perdu, après une périlleuse et funeste navigation, voudriez-vous le repousser de votre sein, s'il revenait soudainement et mettait à vos pieds sa vie sauvée ? Et n'ai-je pas aussi flotté sur une mer orageuse ? Nos passions, avec lesquelles nous vivons dans une lutte éternelle, ne sont-elles pas plus affreuses, plus indomptables, que ces flots, qui entraînent le malheureux loin de sa patrie ? Marie ! Marie ! comment pouvez-vous me haïr, moi qui n'ai jamais cessé de vous aimer ? Parmi toute l'ivresse, parmi tous les accents séducteurs de l'orgueil et de la vanité, je me suis rappelé constamment ces jours fortunés, innocents, que je passais à vos pieds dans une heureuse médiocrité, quand nous avions devant nous une suite de brillantes perspectives.... Et maintenant, pourquoi ne voudriez-vous pas réaliser avec moi tout ce que nous avons espéré ? Voulez-vous refuser aujourd'hui de goûter le bonheur de la vie, parce qu'un sombre intervalle était venu au travers de nos espérances ? Non, ma chère amie, croyez-moi, les meilleurs plaisirs de ce monde ne sont pas entièrement purs ; la plus vive joie est encore troublée par nos passions, par la destinée. Nous plaindrons-nous de ce qu'il nous est arrivé comme à tous les autres, et nous rendrons-nous coupables, en repoussant cette occasion de rétablir le passé, de consoler une famille troublée, de récompenser l'action courageuse d'un noble frère et d'affermir à jamais notre bonheur ?... Mes amis, dont je n'ai pas mérité l'affection, mes amis, qui devez l'être, parce que vous êtes les amis de la vertu, à laquelle je reviens, unissez vos prières à la mienne. Marie ! (*Il tombe à genoux.*) Marie ! Ne connais-tu plus ma voix ? As-tu cessé de comprendre l'accent de mon cœur ? Marie ! Marie !

MARIE.

Clavijo !

CLAVIJO. *Il se lève et couvre de baisers la main de Marie.*

Elle me pardonne! elle m'aime! (*Il embrasse Guilbert et Buenco.*) Elle m'aime encore! O Marie, mon cœur me le disait! J'aurais voulu me jeter à tes pieds, et verser en silence les larmes de la douleur, du repentir; tu m'aurais compris sans langage, comme, sans langage, je reçois mon pardon. Non, cette intime parenté de nos âmes n'est pas abolie; non, elles s'entendent toujours, comme autrefois, quand nous n'avions besoin d'aucun signe pour nous communiquer nos plus secrets mouvements. Marie! Marie! Marie! (*Entre Beaumarchais.*)

BEAUMARCHAIS.

Ah!

CLAVIJO, *courant au-devant de lui.*

Mon frère!

BEAUMARCHAIS, *à Marie.*

Tu lui pardonnes?

MARIE.

Laissez, laissez-moi! Je me meurs. (*On l'emmène.*)

BEAUMARCHAIS.

Elle lui a pardonné?

BUENCO.

Il paraît.

BEAUMARCHAIS, *à Clavijo.*

Tu ne mérites pas ton bonheur.

CLAVIJO.

Crois que je le sens.

SOPHIE. *Elle revient.*

Elle lui pardonne. Elle a versé un torrent de larmes. Qu'il s'éloigne, s'est-elle écriée en sanglotant; qu'il s'éloigne, afin que je me reprenne. Je lui pardonne.... Ah! ma sœur, a-t-elle dit, en se jetant à mon cou, comment sait-il donc que je l'aime tant?

CLAVIJO, *baisant la main de Sophie.*

Je suis le plus heureux des hommes. Mon frère!

BEAUMARCHAIS. *Il l'embrasse.*

Soit! de tout mon cœur; mais je dois vous le dire : je ne puis encore vous aimer. Soyez donc de la famille, et que tout soit oublié! L'écrit que vous m'aviez donné, le voilà! (*Il tire le papier de son portefeuille, le déchire et le rend à Clavijo.*)

CLAVIJO.

Je suis à vous, à vous pour toujours.

SOPHIE, *à Clavijo.*

Je vous en prie, éloignez-vous; qu'elle n'entende plus votre voix et qu'elle se calme.

CLAVIJO, *les embrassant tour à tour.*

Adieu! adieu! Mille baisers à cet ange. (*Il sort.*)

BEAUMARCHAIS.

A la bonne heure! quoique j'eusse désiré qu'il en fût autrement. (*Il sourit.*) Quels bons petits cœurs que ces jeunes filles!... Il faut aussi vous le dire, mes amis, c'était tout à fait la pensée, le vœu de notre ambassadeur, que Marie pardonnât, et qu'un heureux mariage pût terminer cette fâcheuse affaire.

GUILBERT.

Moi aussi, je me sens de nouveau tout joyeux.

BUENCO.

Il est votre beau-frère, eh bien, adieu!... Vous ne me verrez plus dans votre maison.

BEAUMARCHAIS.

Monsieur!

GUILBERT.

Buenco!

BUENCO.

Je le haïrai jusqu'au jugement dernier. Et songez bien à quel homme vous avez affaire. (*Il sort.*)

GUILBERT.

C'est un oiseau de mauvais augure. Mais, avec le temps, il se laissera persuader, lorsqu'il verra que tout va bien.

BEAUMARCHAIS.

C'est égal, je me suis trop pressé de lui rendre l'écrit.

GUILBERT.

Laissez! laissez! Point de fantômes. (*Ils sortent.*)

ACTE QUATRIÈME.

L'appartement de Clavijo.

CARLOS, *seul*.

C'est fort bien fait de nommer d'office des curateurs à l'homme qui, par sa prodigalité ou par d'autres extravagances, montre que son esprit est dérangé. Si les magistrats prennent ce soin, eux qui s'inquiètent d'ailleurs assez peu de nous, comment ne le ferions-nous pas pour un ami? Clavijo, tu es dans de fâcheuses circonstances!... J'espère encore! Et, si seulement tu as conservé la moitié de ta docilité d'autrefois, il est temps encore de te préserver d'une folie, qui, avec ton caractère vif et sensible, ferait le malheur de ta vie et te mettrait avant l'âge au tombeau. Il vient. (*Entre Clavijo. Il est rêveur.*)

CLAVIJO.

Bonjour, Carlos.

CARLOS.

Quel triste et douloureux bonjour! Viens-tu avec cette belle humeur de chez ta fiancée?

CLAVIJO.

C'est un ange! Ce sont d'excellentes gens!

CARLOS.

Cependant vous ne vous presserez pas si fort de faire la noce, qu'on n'ait pas le temps de se faire broder un habit?

CLAVIJO.

Raille ou ne raille pas, on ne verra point parader d'habits brodés à notre noce.

CARLOS.

Je le crois bien.

CLAVIJO.

La satisfaction mutuelle, l'harmonie des cœurs, seront tout l'ornement de la fête.

CARLOS.

Vous ferez une tranquille petite noce?

CLAVIJO.

Comme des gens qui sentent que leur bonheur est tout en eux-mêmes.

CARLOS.

Dans la circonstance, c'est fort bien.

CLAVIJO.

La circonstance! Que veux-tu dire avec la circonstance?

CARLOS.

Comme la chose va maintenant et se trouve et se présente.

CLAVIJO.

Écoute, Carlos, je ne puis souffrir dans mes amis le ton de la réserve. Je sais que tu n'es pas pour ce mariage; mais, si tu as à dire, si tu veux dire quelque chose là contre, dis-le sans détour. Comment donc la chose va-t-elle? Comment se présente-t-elle?

CARLOS.

Il arrive à chacun dans la vie bien des choses inattendues, singulières; il serait fâcheux que tout suivît l'ornière : on n'aurait plus de quoi s'étonner, plus de quoi parler à l'oreille, plus de quoi médire en société.

CLAVIJO.

Cela fera sensation.

CARLOS.

Le mariage de Clavijo! Cela s'entend. Combien de jeunes filles à Madrid n'attendent que toi, n'espèrent qu'en toi, et, si tu leur joues un pareil tour!...

CLAVIJO.

C'est pourtant comme cela.

CARLOS.

C'est singulier. J'ai connu peu d'hommes qui fissent sur les femmes une aussi forte, aussi générale impression que toi. Dans toutes les conditions, il y a de bonnes petites personnes qui dressent leurs plans et leurs batteries pour faire ta conquête. L'une compte sur sa beauté, l'autre sur sa richesse ou son rang, son esprit, sa famille. Combien ne me fait-on pas de compliments à cause de toi! Car assurément ce n'est pas mon nez retroussé, ni mes cheveux crépus, ni mon mépris bien connu pour le sexe, qui peuvent me les attirer.

CLAVIJO.

Tu railles.

CARLOS.

Si je n'avais eu déjà dans les mains des propositions, des offres, griffonnées par de douces petites menottes, avec aussi peu d'orthographe que peut en avoir le naïf billet doux d'une jeune fille! Combien de jolies duègnes sont venues, à cette occasion, tomber dans mes filets!

CLAVIJO.

Et tu ne me disais rien de tout cela?

CARLOS.

Parce que je ne voulais pas t'occuper de vaines bagatelles, et ne pouvais, en aucune façon, te conseiller de t'attacher sérieusement à une seule. Ah! Clavijo, ton bonheur m'était aussi cher que le mien! Je n'ai aucun ami que toi; les hommes me sont tous insupportables, et tu commences à m'être insupportable aussi.

CLAVIJO.

Je t'en prie, calme-toi.

CARLOS.

Brûlez la maison qu'un homme a mis dix ans à bâtir, et envoyez à cet homme un confesseur, pour lui recommander la patience chrétienne!... On ne doit s'intéresser à personne qu'à soi-même; les hommes ne méritent pas....

CLAVIJO.

Voilà tes rêveries chagrines qui reviennent!

CARLOS.

Si je m'y replonge tout entier, qui en est coupable, que toi? Je me disais : « De quoi lui servirait à présent le mariage le plus avantageux, à lui, qui aurait fait assez de chemin pour un homme ordinaire?... Mais, avec son esprit, avec ses talents, c'est inexcusable.... c'est impossible, qu'il reste ce qu'il est.... » Je faisais mes plans. « Il y a si peu d'hommes qui soient aussi entreprenants et flexibles, aussi spirituels et appliqués en même temps. Il est propre à tous les emplois. Comme archiviste, il peut acquérir promptement les plus précieuses connaissances;

il se rendra nécessaire, et, vienne quelque changement, le voilà ministre ! »

CLAVIJO.

Je t'avoue que ce furent souvent aussi mes songes.

CARLOS.

Des songes ! Aussi certainement que j'atteindrai et grimperai au sommet d'une tour, si je l'entreprends avec la ferme résolution de ne pas y renoncer que je ne l'aie escaladée, tu aurais aussi vaincu toutes les difficultés. Après cela, je n'aurais pas été inquiet du reste. Tu n'as aucun patrimoine : tant mieux ; cela t'aurait rendu plus ardent pour acquérir, plus attentif à conserver. Et celui qui manie les deniers publics sans faire fortune est un sot. D'ailleurs je ne vois pas pourquoi le pays ne devrait pas aussi bien les impôts au ministre qu'au roi. L'un donne son nom, l'autre ses forces. Quand une fois j'avais réglé tout cela, alors seulement je cherchais un parti pour Clavijo. Je voyais mainte orgueilleuse maison, qui aurait fermé les yeux sur ta naissance ; mainte famille des plus riches, qui aurait volontiers fourni à la dépense de ton train, pour oser seulement prendre part à la gloire du second roi.... et à présent....

CLAVIJO.

Tu es injuste, tu rabaisses trop ma situation présente. Et crois-tu donc que je ne puisse m'avancer davantage, que je ne puisse faire encore de grands pas ?

CARLOS.

Cher ami, coupe la tête d'une plante, elle pourra bien pousser et pousser encore d'innombrables rejetons ; elle formera peut-être un épais buisson, mais la royale et fière croissance du premier jet est à jamais perdue. Et ne crois pas même qu'on voie ce mariage à la cour avec indifférence. As-tu donc oublié quels hommes t'ont déconseillé cette liaison, cette union avec Marie ? As-tu oublié qui t'a donné le sage conseil de la quitter ? Faut-il te les compter par mes doigts ?

CLAVIJO.

J'ai déjà réfléchi avec chagrin que bien peu de personnes approuveront cette démarche.

CARLOS.

Aucune ! Et tes puissants amis n'auront-ils pas sujet de s'indigner, que, sans les consulter, sans demander leur avis, tu te sois tout uniment sacrifié, comme un enfant étourdi court sur la place jeter son argent contre des noix véreuses?

CLAVIJO.

Ce que tu dis, Carlos, est malhonnête et exagéré.

CARLOS.

Pas d'une virgule. Qu'un homme fasse par passion une extravagance, à la bonne heure! Qu'il épouse une femme de chambre, parce qu'elle est belle comme un ange : c'est fort bien. Il sera blâmé, et cependant les gens lui porteront envie!

CLAVIJO.

Les gens! toujours les gens!

CARLOS.

Tu sais que je tiens assez peu à l'approbation d'autrui, et pourtant il sera toujours vrai que celui qui ne fait rien pour les autres ne fait rien pour lui, et que, si les hommes ne t'admirent ou ne t'envient, tu n'es pas non plus heureux.

CLAVIJO.

Le monde juge sur l'apparence. Ah! l'on doit envier celui qui possède le cœur de Marie.

CARLOS.

Telle est la chose, telle est aussi l'apparence. Mais sans doute il faut, me disais-je, qu'il y ait des qualités secrètes, qui rendent ton bonheur digne d'envie; car, pour ce qu'on voit de ses yeux, ce que l'on peut comprendre avec son sens commun....

CLAVIJO.

Tu veux me désespérer!

CARLOS.

Comment cela s'est-il fait? demandera-t-on dans la ville. Comment cela s'est-il fait? demande-t-on à la cour. Pour l'amour du ciel, comment cela s'est-il fait? Elle est pauvre, sans naissance; si Clavijo n'avait eu par hasard une fantaisie pour elle, on ne saurait pas du tout qu'elle est au monde. Elle doit être gentille, agréable, spirituelle.... Qui prendra une femme pour cela? Cela passe si vite dans les premiers temps du mariage! « Ah! dit quelqu'un, elle doit être belle, ravissante, merveilleusement belle.... — Alors on comprend.... » dit un autre.

   CLAVIJO, *troublé, laisse échapper un profond soupir.*

Ah !

     CARLOS.

Belle ? « Oh ! dit l'une, elle est passable. Il y a six ans que je ne l'ai vue. — Alors il peut y avoir du changement, ajoute une autre. — Il faudra voir ; il nous la présentera bientôt, » dit la troisième. On questionne, on épie, on s'empresse, on attend, on s'impatiente ; on se souvient toujours du fier Clavijo, qui ne se montrait jamais en public sans mener en triomphe une magnifique, une superbe Espagnole, dont les belles épaules, les joues vermeilles, les yeux étincelants, semblaient dire à tout le monde : « Ne suis-je pas digne de mon cavalier ? » et qui, dans son orgueil, laissait derrière elle flotter au gré du vent, aussi loin que possible, sa robe de soie traînante, afin de rendre son apparition plus imposante et plus digne.... Et maintenant monsieur paraît.... et tout le monde reste muet d'étonnement.... Il paraît avec sa Française, petite, sautillante, aux yeux caves ; dont toute la personne atteste la langueur, bien qu'elle dissimule, avec le rouge et le blanc, sa pâleur mortelle. O frère, je deviens furieux, je m'enfuis, quand les gens veulent s'emparer de moi, et m'interroger et me questionner, et ne peuvent comprendre.

   CLAVIJO, *lui prenant la main.*

Mon ami, mon frère, je suis dans une affreuse situation. Je te dis, je t'avoue que j'ai été effrayé quand j'ai revu Marie. Comme elle est changée !... comme elle est pâle, exténuée ! Oh ! c'est ma faute, c'est ma trahison !...

     CARLOS.

Fantômes ! rêveries ! Elle était phthisique, lorsque ton roman allait encore son train. Je te l'ai dit mille fois, et.... Mais, vous autres amants, vous ne voyez, vous ne flairez rien. Clavijo, c'est affreux ! Oublier tout de la sorte !... Une femme malade, qui transmettra un mal incurable à ta postérité ; en sorte que tes enfants et tes petits-enfants s'éteindront à un âge fatal, comme la lampe du pauvre.... Un homme qui pourrait être le chef d'une famille, que plus tard peut-être.... J'en deviens fou ; ma tête se perd.

CLAVIJO.

Carlos, que te dirai-je? Quand je l'ai revue, mon cœur, dans la première ivresse, a volé au-devant d'elle.... hélas! et, quand l'ivresse fut passée, Marie m'inspira.... la compassion.... une tendre et profonde pitié : mais de l'amour?... Écoute, ce fut comme si, dans la plénitude de la joie, la froide main de la mort s'était posée sur mon cou. Je m'efforçai d'être gai, de jouer encore l'homme heureux, devant les personnes qui m'entouraient : tout était fini! Une gêne, une angoisse!... S'ils eussent été moins hors d'eux-mêmes, ils l'auraient remarqué.

CARLOS.

Par l'enfer, par la mort et le diable! et tu veux l'épouser! (*Clavijo entre dans une profonde rêverie, sans répondre.*) Tu es perdu, anéanti pour jamais! Adieu, frère, et laisse-moi tout oublier, laisse-moi dévorer ma vie solitaire, après la fatalité de ton aveuglement. Ah! le bel ouvrage!... se rendre méprisable aux yeux du monde, sans même satisfaire une passion, un désir!... Contracter, de gaieté de cœur, une maladie, qui, en consumant tes forces les plus intimes, te rendra en même temps un objet d'horreur pour les hommes!

CLAVIJO.

Carlos! Carlos!

CARLOS.

Qu'il aurait mieux valu ne jamais monter, pour ne tomber jamais!... De quel œil les gens verront-ils cela? « C'est le frère! diront-ils. Ce doit être un brave champion. C'est lui qui l'a fait saigner du nez. Clavijo n'a pas osé lui tenir tête. — Ah! diront nos hâbleurs de la cour, on voit bien qu'il n'est pas gentilhomme! — Parbleu! le Français aurait dû s'adresser à moi, » s'écrie, en enfonçant son chapeau sur les yeux, et se tapant sur le ventre, un drôle, qui peut-être ne serait pas digne d'être ton valet.

CLAVIJO. *Saisi de la plus violente douleur, il se jette au cou de Carlos en versant un torrent de larmes.*

Sauve-moi, mon ami!... Mon cher Carlos, sauve-moi, sauve-moi d'un double parjure, d'une immense ignominie.... de moi-même! Je meurs!

CARLOS.

Pauvre malheureux! J'espérais qu'ils étaient passés ces emportements de jeunesse, ces orages de pleurs, cette profonde mélancolie; j'espérais te voir un homme désormais inébranlable, désormais affranchi de ces cruelles angoisses, qui t'ont fait répandre autrefois tant de larmes dans mon sein. Clavijo, montre que tu es un homme!

CLAVIJO.

Laisse-moi pleurer. (*Il se jette sur un siége.*)

CARLOS.

Malheur à toi, qui es entré dans une carrière que tu ne fourniras point! Avec ton cœur, avec tes sentiments, qui auraient fait le bonheur d'un tranquille bourgeois, fallait-il associer ce malheureux désir de grandeur? Et qu'est-ce que la grandeur, Clavijo? S'élever au-dessus des autres par le rang et la dignité? Ne crois pas cela! Si ton cœur n'est pas plus grand que le cœur des autres; si tu n'es pas en état de t'élever tranquillement au-dessus des circonstances qui tourmenteraient un homme vulgaire : tu ne seras toi-même, avec tous tes cordons et tes croix, tu ne seras, avec la couronne même, qu'un homme vulgaire. Recueille-toi; calme-toi! (*Clavijo se lève, regarde Carlos et lui tend une main, que Carlos saisit vivement.*) Allons, allons, mon ami! et sache te résoudre. Vois, je veux tout mettre à part, et je dis : Voici deux propositions sur les plateaux de la balance : ou bien tu épouses Marie et tu trouves le bonheur dans une tranquille vie bourgeoise, dans les paisibles joies domestiques; ou bien tu poursuis dans la carrière de la gloire ta course vers le but prochain.... Je veux tout mettre à part, et je dis : La balance est en équilibre; c'est ta résolution qui va décider lequel des deux plateaux l'emportera! Fort bien! Mais décide-toi.... Il n'y a rien de plus misérable au monde qu'un homme irrésolu, qui flotte entre deux sentiments, qui voudrait les unir, et ne comprend pas que rien ne peut les unir, si ce n'est le doute, l'inquiétude qui le tourmentent. Allons, donne ta main à Marie, agis comme un honnête garçon, qui sacrifie à sa parole le bonheur de sa vie; qui regarde comme son devoir de réparer le mal qu'il a fait; qui, par conséquent, n'a jamais étendu le cercle de ses passions et de son activité au delà du point où il se trouve en état de réparer le mal qu'il a fait, et goûte ainsi le bonheur d'une tranquille médiocrité, l'approbation d'une conscience scrupuleuse, et toute la félicité accordée aux hommes qui sont en état de faire leur propre bonheur et la joie de leurs alentours. Décide-toi, et je te dirai que tu es un bon garçon....

CLAVIJO.

Une étincelle, Carlos, de ton ardeur, de ton courage!

CARLOS.

Elle sommeille en toi, et je soufflerai jusqu'à ce qu'elle s'enflamme. Vois, d'un autre côté, la fortune et la grandeur qui t'attendent. Je ne veux pas te peindre ces perspectives avec des couleurs poétiques, éblouissantes; veuille te les figurer toi-même aussi vivement que ton âme les voyait devant elle, en pleine lumière, avant que cette folle tête française eût troublé tes sens. Mais ici encore, Clavijo, sois un garçon résolu, et va directement ton chemin, sans regarder à droite et à gauche. Puisse ton âme s'agrandir, et puisse pénétrer en toi la vérité de cette grande pensée, que les hommes extraordinaires sont précisément aussi des hommes extraordinaires, en ce que leurs devoirs s'écartent des devoirs du commun des hommes; que celui dont la tâche est de surveiller, de diriger, de maintenir un grand ensemble, ne doit se faire aucun reproche d'avoir négligé les petits intérêts, et sacrifié des bagatelles au bien général. Si le Créateur procède ainsi dans la nature, le roi dans ses États, pourquoi ne le ferions-nous pas aussi pour leur ressembler?

CLAVIJO.

Carlos, j'ai l'âme petite.

CARLOS.

Nous ne sommes pas petits quand les circonstances nous traversent, mais seulement quand elles nous accablent. Encore un effort et tu reviens à toi-même. Rejette loin de toi le reste d'une malheureuse passion, qui, à cette heure, est aussi peu faite pour toi que la jaquette grise et la mine modeste avec lesquelles tu es arrivé à Madrid. Tu as payé dès longtemps à la pauvre fille ce qu'elle a fait pour toi et l'accueil amical qu'elle eut le mérite de te faire ici la première.... Ah! pour jouir de ta société, une autre en aurait fait autant et plus encore, sans élever de pareilles prétentions!...Et te viendra-t-il dans la pensée de donner à ton maître d'école la moitié de ton bien, pour t'avoir, il y a trente ans, enseigné l'a, b, c? Eh bien, Clavijo?

CLAVIJO.

Tout cela est bien. En somme, tu peux avoir raison; cela peut être; mais comment nous tirer de l'embarras où nous sommes? Trouve un moyen, un secours, et tu pourras parler!

CARLOS.

Bien! Tu veux donc?

CLAVIJO.

Fais que je puisse, et je voudrai. Je n'ai aucune pensée : pense pour moi.

CARLOS.

Eh bien, tu vas d'abord appeler ce monsieur en lieu tiers, et tu lui redemandes, l'épée à la main, la déclaration que tu as écrite étourdiment et par contrainte.

CLAVIJO.

Je l'ai déjà : il l'a déchirée et me l'a rendue.

CARLOS.

Excellent! excellent! Le pas est déjà fait.... et tu m'as laissé parler si longtemps?... Eh bien, abrégeons! Tu lui écris tout tranquillement que tu ne juges pas à propos d'épouser sa sœur; qu'il en pourra savoir les raisons, s'il veut se trouver, ce soir, à tel ou tel endroit, accompagné d'un ami et pourvu d'armes à son choix.... Et puis ta signature!... Viens, Clavijo, écris cela. Je suis ton second, et.... il faudrait que le diable s'en mêlât.... (*Clavijo s'approche de la table.*) Écoute! un mot!... Quand j'y pense bien, c'est là une sotte idée. Qui sommes-nous pour nous risquer contre un aventurier furieux? Et la conduite de l'homme, sa condition, ne méritent pas que nous le tenions pour notre égal. Écoute-moi donc : si je l'accusais au criminel d'être venu secrètement à Madrid, de s'être fait annoncer chez toi sous un faux nom, avec un homme à lui, d'avoir d'abord gagné ta confiance par des paroles amicales, puis de t'avoir surpris à l'improviste, de t'avoir extorqué une déclaration, et d'être parti pour la répandre.... Cela lui casse le cou, et il apprendra ce qu'il en coûte d'insulter un Espagnol dans la paix de la vie privée.

CLAVIJO.

Tu as raison.

CARLOS.

Mais, en attendant que le procès soit commencé (car jusque-là le monsieur pourrait nous jouer encore bien des tours), si nous allions au plus sûr, et si nous le faisions tout simplement enlever?

CLAVIJO.

Je comprends, et je te sais capable d'en venir à bout.

CARLOS.

Allons donc! Moi qui roule par le monde depuis vingt-cinq ans, moi qui assistais le premier des hommes, quand la sueur de l'angoisse lui couvrait le visage, je ne pourrais venir à bout de cette farce! Ainsi donc tu me laisses les mains libres; tu n'as rien à faire, rien à écrire. Celui qui fait enfermer le frère donne à entendre par gestes qu'il ne veut pas de la sœur.

CLAVIJO.

Non, Carlos, quoi qu'il arrive, je ne puis, je ne veux pas souffrir cela. Beaumarchais est un homme estimable, et ne doit pas, pour sa juste cause, languir dans une honteuse prison. Une autre idée, Carlos! une autre idée!

CARLOS.

Bah! bah! enfantillages! Nous ne voulons pas le dévorer; il sera bien gardé, bien soigné, et ce ne peut être pour longtemps. Car, vois-tu, quand il s'apercevra que c'est tout de bon, son zèle théâtral s'humiliera; il s'en retournera en France tout déconcerté, et remerciera, le plus poliment du monde, si l'on veut bien faire à sa sœur une pension.... C'était peut-être tout ce qu'il voulait.

CLAVIJO.

A la bonne heure! Mais traite-le avec ménagement.

CARLOS.

Sois tranquille.... Encore une précaution! On ne peut savoir si les gens ne babilleront point, s'il n'aura point vent de la chose, et il te prévient et tout est perdu. C'est pourquoi, déloge de ta maison, sans qu'aucun domestique sache où tu es allé. Fais seulement un paquet du plus nécessaire. Je t'envoie quelqu'un pour le porter et te conduire en un lieu où la sainte Hermandad elle-même ne saurait te trouver. J'ai, comme cela, une couple de trous de souris toujours prêts.... Adieu.

ACTE IV.

CLAVIJO.

Adieu.

CARLOS.

Courage! courage! Frère, quand tout sera fini, nous ferons la fête!

L'appartement de Guilbert.

SOPHIE, MARIE, *occupées à des ouvrages d'aiguille.*

MARIE.

Buenco est donc parti si brusquement?

SOPHIE.

C'était naturel. Il t'aime : comment pourrait-il supporter la vue d'un homme qu'il doit haïr doublement?

MARIE.

C'est l'homme le meilleur et le plus vertueux que je connaisse. (*En montrant son ouvrage à Sophie.*) Il me semble que je dois faire ainsi? Je rentre cela ici, et j'arrête le bout par en haut. Cela ira bien.

SOPHIE.

Très-bien. Et je veux prendre pour mon bonnet un ruban paille. C'est ce qui me va le mieux. Tu souris?

MARIE.

Je ris de moi-même. Nous autres jeunes filles, nous sommes un étrange peuple! A peine relevons-nous un peu la tête, que nous voilà occupées de toilette et de rubans.

SOPHIE.

Tu ne peux te faire ce reproche. Dès le moment où Clavijo t'eut quittée, rien ne fut capable de te réjouir. (*Marie tressaille et regarde vers la porte.*) Qu'as-tu donc?

MARIE, *toute saisie.*

J'ai cru entendre venir quelqu'un! Mon pauvre cœur! Oh! il me fera mourir. Sens comme il palpite, pour une vaine frayeur.

SOPHIE.

Calme-toi. Tu es pâle. Je te prie, ma chère!...

MARIE, *la main sur sa poitrine.*

Ici, quelque chose m'oppresse!... Cela me perce.... cela me fera mourir.

SOPHIE.

Ménage-toi.

MARIE.

Je suis une insensée et malheureuse jeune fille. La douleur et la joie ont miné, avec toute leur violence, ma pauvre vie. Crois-moi, je ne goûte qu'à demi la joie de le retrouver. Je jouirai peu du bonheur qui m'attend dans ses bras; point du tout peut-être.

SOPHIE.

Ma sœur, ma chère et unique!... Tu te ronges avec ces rêveries.

MARIE.

Pourquoi devrais-je me faire illusion?

SOPHIE.

Tu es jeune et heureuse, et tu peux tout espérer.

MARIE.

L'espérance! Ah! ce délicieux, cet unique baume de la vie enchante souvent mon âme. Les joyeux songes de la jeunesse flottent devant moi, et accompagnent la figure chérie de l'homme incomparable qui redevient aujourd'hui le mien! O Sophie, qu'il est charmant! Depuis nos dernières entrevues, il a.... je ne sais comment m'exprimer.... Toutes les grandes qualités cachées autrefois sous sa modestie se sont développées. Il est devenu un homme, et ce pur sentiment de lui-même, avec lequel il se présente, si exempt d'orgueil et de vanité, doit lui gagner tous les cœurs.... Et il serait à moi!... Non, ma sœur, je n'étais pas digne de lui.... Et maintenant je le suis bien moins encore!

SOPHIE.

Va, donne-lui ta main et sois heureuse.... J'entends notre frère! (*Entre Beaumarchais.*)

BEAUMARCHAIS.

Où est Guilbert?

SOPHIE.

Il est sorti, il y a déjà quelque temps : il ne peut tarder.

MARIE.

Qu'as-tu, mon frère? (*Elle se lève avec précipitation et se jette dans ses bras.*) Cher frère, qu'as-tu donc?

ACTE IV.

BEAUMARCHAIS.

Rien! Laisse-moi, ma chère Marie.

MARIE.

Si je suis ta chère Marie, dis-moi ce que tu as sur le cœur.

SOPHIE.

Laisse-le. Les hommes font souvent de ces figures, sans avoir pour cela quelque chose sur le cœur.

MARIE.

Non, non! Ah! il y a peu de temps que je connais ton visage, mais déjà il me révèle tous tes sentiments; je lis sur ton front chaque mouvement de cette âme pure et sincère. Quelque chose te saisit. Parle, dis-moi ce que c'est

BEAUMARCHAIS.

Ce n'est rien, mes amies. J'espère au fond que ce n'est rien. Clavijo....

MARIE.

Eh bien?

BEAUMARCHAIS.

Je viens de chez Clavijo : il n'est pas chez lui.

SOPHIE.

Et cela te trouble?

BEAUMARCHAIS.

Son portier dit qu'il est parti, il ne sait pour quel endroit; personne ne sait pour combien de temps. S'il nous fermait sa porte? S'il était réellement parti?... Dans quel dessein? Pourquoi?

MARIE.

Eh bien, attendons.

BEAUMARCHAIS.

Tes lèvres mentent. Ah! la pâleur de tes joues, le tremblement de tes membres, tout parle et témoigne que tu ne peux attendre. Chère sœur! (*Il la prend dans ses bras.*) Par ce cœur palpitant, frémissant d'angoisse, je te jure!... Écoute-moi, Dieu juste!... Anges du ciel, écoutez-moi! Tu seras vengée, s'il.... Mes sens s'égarent à cette pensée.... s'il retombait, s'il se rendait deux fois coupable d'un horrible parjure, se moquait de notre douleur.... Non, c'est... c'est impossible, impossible.... Tu seras vengée.

SOPHIE.

Tout cela est trop prompt, trop précipité. Épargne-la, je t'en prie, mon frère. (*Marie s'assied.*) Qu'as-tu, ma sœur? Tu tombes en faiblesse.

MARIE.

Non, non! Tu es d'abord alarmée.

SOPHIE, *lui présentant un verre d'eau.*

Prends cela.

MARIE.

Laisse! A quoi bon.... Soit! je veux bien : donne.

BEAUMARCHAIS.

Où est Guilbert? Où est Buenco? Envoie-les chercher, je t'en prie. (*Sophie sort.*) Comment te trouves-tu, Marie?

MARIE.

Bien, très-bien! Crois-tu donc, mon frère?...

BEAUMARCHAIS.

Quoi, ma bonne amie?

MARIE.

Ah!

BEAUMARCHAIS.

Ta respiration est pénible?

MARIE.

Ces violentes palpitations m'oppressent.

BEAUMARCHAIS.

N'avez-vous aucun remède? Ne prends-tu rien de calmant?

MARIE.

Je sais un remède, et je le demande à Dieu depuis longtemps.

BEAUMARCHAIS.

Tu l'auras, et, je l'espère, tu l'auras de ma main.

MARIE.

C'est bien. (*Entre Sophie.*)

SOPHIE.

Un courrier vient d'apporter cette lettre. Il arrive d'Aranjuez.

BEAUMARCHAIS.

C'est le cachet et la main de notre ambassadeur.

SOPHIE.

J'ai prié cet homme de mettre pied à terre et de prendre quelques rafraîchissements : il a refusé, parce qu'il avait d'autres dépêches.

ACTE IV.

MARIE.

Voudrais-tu bien, ma chère, envoyer la servante chercher le médecin?

SOPHIE.

Te sens-tu malade? Bon Dieu, es-tu malade?

MARIE.

Tu me tourmenteras au point que je n'oserai plus à la fin demander un verre d'eau. Sophie!... Mon frère!... Que renferme cette lettre? Vois comme il tremble! comme toute sa force l'abandonne!

SOPHIE.

Mon frère! mon frère! (*Beaumarchais, sans dire un mot, se jette sur un siége et laisse tomber la lettre.*) Mon frère! (*Elle ramasse la lettre et lit.*)

MARIE.

Laisse-moi la voir!... Il faut.... (*Elle essaye de se lever.*) Ah! je le sens. C'est la fin. Ma sœur, par pitié, vite, le dernier coup de mort! Il nous trahit.

BEAUMARCHAIS, *se levant soudain*.

Il nous trahit! (*Il se frappe le front et la poitrine.*) Ici! ici! tout est confus, tout est mort dans mon âme, comme si un coup de tonnerre avait paralysé mes sens. Ma sœur, ma sœur, tu es trahie.... et je reste ici! Où aller?... Quoi? Je ne vois rien, rien, aucun moyen, aucun salut! (*Il se rejette sur le siége. Entre Guilbert.*)

SOPHIE.

Guilbert! aide-nous! conseille-nous! Nous sommes perdus!

GUILBERT.

Femme!

SOPHIE.

Tiens, lis! L'ambassadeur annonce à notre frère que Clavijo a intenté contre lui une action criminelle, l'accusant de s'être introduit dans sa maison sous un faux nom; de lui avoir tenu dans le lit le pistolet sur la gorge; de l'avoir forcé de signer une déclaration ignominieuse; et, s'il ne s'éloigne promptement du royaume, ils le traîneront en prison, et peut-être l'ambassadeur lui-même ne sera pas en état de le délivrer.

BEAUMARCHAIS. *Il se lève furieux*.

Oui, qu'ils viennent! qu'ils viennent! qu'ils me traînent en prison! Mais de devant son cadavre, de la place où je me serai repu de son sang.... Ah! l'horrible et furieuse soif de son sang me brûle tout entier. Sois béni, Dieu du ciel, qui envoies à l'homme, au milieu de ses douleurs brûlantes, les plus insupportables, une allégeance, un rafraîchissement! Comme je sens dans mon cœur la soif de la vengeance! Comme ce sentiment délicieux, ce désir de son sang m'arrache à mon abattement, à ma stupide irrésolution, me ravit au-dessus de moi-même! Vengeance! Que je sens de joie! Comme tout en moi brûle de le suivre, pour le saisir, pour l'anéantir!

SOPHIE.

Tu fais frémir, mon frère!

BEAUMARCHAIS.

Tant mieux!... Ah! point d'épée, point d'arme! C'est de ces mains que je veux l'égorger, afin que la joie m'appartienne; qu'il soit tout à moi le sentiment de l'avoir anéanti.

MARIE.

Mon cœur! mon cœur!

BEAUMARCHAIS.

Je n'ai pu te sauver : tu seras vengée. Je flaire sa trace, mes dents convoitent sa chair, mon gosier son sang. Suis-je devenu une bête féroce?... Dans chaque veine je sens brûler, dans chaque nerf, palpiter le désir de l'atteindre.... Je haïrais éternellement celui qui m'en délivrerait par le poison; celui qui me le ferait disparaître par un assassinat. O Guilbert, aide-moi à le chercher! Où est Buenco? Aidez-moi à le trouver!

GUILBERT.

Sauve-toi! sauve-toi! Tu ne te connais plus.

MARIE.

Sauve-toi, mon frère!

SOPHIE.

Emmène-le : il tue sa sœur. (*Entre Buenco.*)

BUENCO.

Allons, monsieur! partez! Je l'avais prévu. J'ai tout observé. Et maintenant on vous poursuit : vous êtes perdu, si vous ne quittez la ville à l'instant.

BEAUMARCHAIS.

Jamais! Où est Clavijo?

ACTE IV.

BUENCO.

Je l'ignore.

BEAUMARCHAIS.

Tu le sais. Je t'en prie à genoux, dis-le moi.

SOPHIE.

Au nom du ciel, Buenco!

MARIE.

Ah! j'étouffe! j'étouffe! (*Elle tombe à la renverse.*) Clavijo!

SOPHIE.

Au secours! Elle meurt!

MARIE.

Ne nous abandonne pas, grand Dieu!... Va-t'en, mon frère, va-t'en!

BEAUMARCHAIS. *Il se prosterne devant Marie, qui, malgré tous les secours, ne revient pas à elle.*

Moi te laisser! t'abandonner!

SOPHIE.

Eh bien, reste, et nous fais tous mourir, comme tu as fait mourir Marie. Tu es morte, ô ma sœur, par l'emportement de ton frère!

BEAUMARCHAIS.

Arrête, ma sœur!

SOPHIE, *avec ironie.*

Sauveur! vengeur!... Songe à toi-même!

BEAUMARCHAIS.

Ai-je mérité?...

SOPHIE.

Rends-la-moi! Et va en prison, va sur l'échafaud, va, verse ton sang et rends-moi ma sœur!

BEAUMARCHAIS.

Sophie!

SOPHIE.

Ah! elle n'est plus, elle est morte.... Eh bien, conserve-toi pour nous! (*Elle se jette dans les bras de son frère.*) Mon frère, conserve-toi pour nous, pour notre père! Hâte-toi! hâte-toi! C'était sa destinée! Elle l'a remplie. Il est un Dieu au ciel : laisse-lui la vengeance.

BUENCO.

Partons, partons, suivez-moi. Je vous cacherai, en attendant le moyen de vous faire sortir du royaume.

BEAUMARCHAIS. *Il se jette sur le corps de Marie et l'embrasse.*

Ma sœur! (*On l'entraîne; il prend la main de Sophie, qui se dégage. On emporte le corps de Marie; Buenco sort avec Beaumarchais. Entrent Guilbert et un médecin.*)

SOPHIE, *sortant de la chambre où l'on a porté Marie.*

C'est trop tard! Elle n'est plus. Elle est morte.

GUILBERT.

Venez, monsieur. Voyez vous-même. Il n'est pas possible.

(*Ils sortent.*)

ACTE CINQUIÈME.

La rue, devant la maison de Guilbert.

Il fait nuit. La maison est ouverte. Devant la porte sont trois hommes en manteau noir et portant des flambeaux. Clavijo, enveloppé d'un manteau, passe, une épée sous le bras. Un domestique le précède avec un flambeau.

CLAVIJO, UN DOMESTIQUE.

CLAVIJO.

Je t'avais dit d'éviter cette rue.

LE DOMESTIQUE.

Nous aurions dû faire un long détour, et vous êtes si pressé! Ce n'est pas loin d'ici que don Carlos vous attend.

CLAVIJO.

Là, des flambeaux?

LE DOMESTIQUE.

Un enterrement. Venez, monsieur.

CLAVIJO.

La demeure de Marie! Un enterrement! Tout mon corps frissonne. Va, demande qui l'on enterre.

LE DOMESTIQUE, *s'approchant des hommes.*

Qui enterrez-vous?

LES HOMMES.

Marie Beaumarchais. (*Clavijo s'assied sur une pierre et s'enveloppe de son manteau.*)

LE DOMESTIQUE. *Il revient.*

Ils enterrent Marie Beaumarchais.

CLAVIJO, *se levant en sursaut.*

Devais-tu le répéter, traître; répéter la parole foudroyante qui m'arrache le cœur?

LE DOMESTIQUE.

Silence, monsieur! Venez. Songez au péril dans lequel vous êtes.

CLAVIJO.

Va dans l'enfer! Je reste.

LE DOMESTIQUE.

Carlos! oh! que je puisse le trouver!... Carlos! Il est hors de lui. (*Le domestique s'éloigne.*)

CLAVIJO, *seul. Les hommes sont dans l'éloignement.*

Elle est morte! Marie est morte! Voilà les flambeaux, son triste cortége!... C'est une illusion, une vision de nuit, qui m'effraye, qui me présente un miroir, dans lequel je dois reconnaître et prévoir l'issue de mes trahisons!... Il est temps encore! encore!... Je frémis.... je sens mon cœur frissonner et se fondre.... Non, non, tu ne dois pas mourir. Me voici! me voici!... Disparaissez, fantômes de la nuit, qui vous présentez sur mon passage avec de douloureuses terreurs! (*Il s'élance vers eux.*) Disparaissez!... Ils restent!... Ils promènent sur moi leurs regards! Malheur! malheur! ce sont des hommes ainsi que moi.... Est-il vrai?... vrai?... Peux-tu le comprendre? Elle est morte. Il me saisit, avec toute l'horreur de la nuit, ce sentiment: elle est morte! elle est gisante, la fleur, à tes pieds!... et toi!... Prends pitié de moi, Dieu du ciel!... Je ne l'ai pas tuée!... Cachez-vous, étoiles, ne regardez pas en terre, vous qui si souvent avez vu le malfaiteur quitter ce seuil, dans le sentiment de la plus douce ivresse, et, par ces mêmes rues, avec la guitare et les chansons, poursuivre ses rêves dorés, et enflammer, par une délicieuse attente, sa bien-aimée, qui le guettait derrière la secrète jalousie.... Et tu remplis maintenant cette maison de douleur et de gémissements! et de chants funèbres ce théâtre de ton bonheur!... Marie, Marie, viens me prendre, viens me prendre avec toi! (*On entend dans la maison quelques sons d'une musique lugubre.*) Ils vont la porter au tombeau.... Arrêtez! arrêtez! Ne fermez pas le cercueil! Laissez-moi la voir encore une fois. (*Il s'élance vers la maison.*) Hélas! à qui donc, à qui oserai-je me présenter? à qui me montrer dans ses affreuses douleurs?... A ses amis? à son frère, dont le cœur est plein d'un furieux désespoir? (*La musique recommence.*) Elle m'appelle! elle m'appelle!

ACTE V.

Me voici!... Quelle angoisse m'environne!... Quel frémissement me retient! (*La musique se fait entendre pour la troisième fois et continue. Les hommes, portant les flambeaux, se mettent en mouvement devant la porte. Trois autres viennent se joindre à eux, et se rangent, pour entourer le cortége, qui sort de la maison. Six hommes portent le brancard, sur lequel est le cercueil couvert. Guilbert et Buenco s'avancent en grand deuil.*)

CLAVIJO, *s'avançant.*

Arrêtez!

GUILBERT.

Quelle voix?

CLAVIJO.

Arrêtez! (*Les porteurs s'arrêtent.*)

BUENCO.

Qui se permet de troubler ce pieux cortége?

CLAVIJO.

Posez le cercueil.

GUILBERT.

Ah!

BUENCO.

Misérable! Tu n'es pas au bout de tes forfaits? Ta victime n'est pas en sûreté contre toi dans le cercueil?

CLAVIJO.

Laissez! Ne provoquez pas ma fureur! Les malheureux sont redoutables. Il faut que je la voie. (*Il enlève le drap mortuaire. Marie, vêtue de blanc, est couchée, les mains jointes, dans le cercueil. Clavijo recule et se cache le visage.*)

BUENCO.

Veux-tu l'éveiller, pour la tuer une seconde fois?

CLAVIJO.

Misérable railleur!... Marie! (*Il se prosterne devant la bière. Beaumarchais paraît.*)

BEAUMARCHAIS.

Buenco m'a quitté. Elle n'est pas morte, disent-ils. Il faut que je la voie, malgré Satan. Il faut que je la voie. Des flambeaux! Un convoi!... (*Il accourt, voit le cercueil, et tombe, muet de douleur: on le relève; il est comme évanoui. Guilbert le soutient.*)

CLAVIJO, *qui est de l'autre côté du cercueil, se lève.*

Marie! Marie!

BEAUMARCHAIS, *avec emportement.*

C'est sa voix! Qui appelle Marie? Comme, au son de sa voix, une brûlante fureur a couru dans mes veines!

CLAVIJO.

C'est moi. (*Beaumarchais lui jette un regard farouche et saisit son épée. Guilbert le retient.*) Je ne crains pas tes yeux ardents, ni la pointe de ton épée. Regarde ici ces yeux fermés, ces mains jointes!

BEAUMARCHAIS.

Tu me les montres? (*Il s'arrache des bras de Buenco et s'élance, l'épée à la main, sur Clavijo, qui tire la sienne. Ils se battent. Beaumarchais plonge son épée dans la poitrine de Clavijo.*)

CLAVIJO, *chancelant.*

Je te remercie, frère! Tu nous unis. (*Il tombe sur le cercueil.*)

BEAUMARCHAIS. *Il l'en arrache.*

Damné, loin de cette sainte!

CLAVIJO.

Ah! (*Les porteurs le soutiennent.*)

BEAUMARCHAIS.

Du sang! Regarde, Marie, regarde ta parure de noces, et ferme les yeux pour jamais. Vois comme j'ai consacré ta couche funèbre par le sang de ton meurtrier! Gloire! Magnificence! (*Arrive Sophie.*)

SOPHIE.

Mon frère! Dieu! Que s'est-il passé?

BEAUMARCHAIS.

Approche, ma chère, et regarde. J'espérais joncher de roses son lit nuptial : vois les roses dont je l'ai parée dans son chemin vers le ciel.

SOPHIE.

Nous sommes perdus.

CLAVIJO.

Sauve-toi, insensé! sauve-toi avant le point du jour! Que le Dieu, qui t'envoya comme vengeur, t'accompagne!... Sophie.... pardonne-moi!... Frère.... amis.... pardonnez-moi!

BEAUMARCHAIS.

Comme son sang répandu apaise dans mon cœur toute ardeur de vengeance! Comme, avec sa vie, qui s'exhale, ma fureur s'évanouit! (*Il court à Clavijo.*) Meurs! Je te pardonne.

ACTE V.

CLAVIJO.

Ta main!... et la tienne, Sophie!... (*A Buenco.*) Et la vôtre....
(*Buenco frémit.*)

SOPHIE.

Donne-lui la main, Buenco.

CLAVIJO, *à Sophie.*

Je te remercie! Tu es toujours la même. Je vous remercie! Et, si tu planes encore autour de cette place, ombre de ma bien-aimée, regarde, vois cette bonté céleste!... Veuille la bénir et me pardonner aussi!... Je vais à toi; je vais.... Sauve-toi, mon frère! Dites-moi, m'a-t-elle pardonné? Comment est-elle morte?

SOPHIE.

Sa dernière parole fut ton malheureux nom. Elle est morte sans nous faire ses adieux.

CLAVIJO.

Je la suis, et lui porterai les vôtres. (*Surviennent Carlos et un domestique.*)

CARLOS.

Clavijo! Des assassins!

CLAVIJO.

Écoute-moi, Carlos : tu vois ici les victimes de ta sagesse.... Et maintenant, au nom du sang avec lequel s'écoule incessamment ma vie, sauve mon frère!...

CARLOS.

Mon ami!... Vous restez là immobiles? Courez au chirurgien! (*Le domestique quitte la scène.*)

CLAVIJO.

C'est inutile. Sauve, sauve mon malheureux frère.... Ta main comme gage! Ils m'ont pardonné et je te pardonne. Accompagne-le jusqu'à la frontière, et.... Ah!

CARLOS, *frappant du pied.*

Clavijo! Clavijo!

CLAVIJO, *s'approchant du cercueil, sur lequel on l'appuie.*

Marie, ta main! (*Il décroise les mains de Marie et prend la main droite.*)

SOPHIE, *à Beaumarchais.*

Va-t'en, malheureux! va-t'en!

CLAVIJO.

Je tiens sa main! sa main glacée par la mort!... Tu es à moi.... Encore ce baiser d'époux!... Ah!

SOPHIE.

Il meurt. Sauve-toi, mon frère. (*Beaumarchais se jette dans les bras de Sophie. Sophie l'embrasse, et lui fait signe de partir.*)

FIN DE CLAVIJO

STELLA

TRAGÉDIE

PERSONNAGES.

STELLA.
CÉCILE, d'abord sous le nom de MADAME SOMMER.
FERNAND.
LUCIE.
L'INTENDANT.
LA MAÎTRESSE DE POSTE
ANNETTE.
CHARLES.
UN POSTILLON.
DOMESTIQUES.

STELLA.

TRAGÉDIE [1].

ACTE PREMIER.

Intérieur d'une maison de poste. — On entend un postillon sonner du cor.

LA MAITRESSE DE POSTE.

Charles! Charles!

CHARLES, *accourant.*

Qu'y a-t-il?

LA MAÎTRESSE DE POSTE.

Où diable te tiens-tu? Va donc! La diligence arrive. Fais entrer les voyageurs; porte leurs paquets; remue-toi! Fais-tu encore la mine? (*Charles sort et la Maîtresse de poste crie après lui.*) Attends! Je te ferai passer cette paresse. Un garçon d'auberge doit être toujours éveillé, toujours alerte. Lorsque ensuite un drôle comme cela devient maître, il se gâte. Si je pensais à me remarier, ce serait uniquement pour cela. Il est beaucoup trop difficile à une femme seule de bien gouverner son monde. (*Entrent Mme Sommer et Lucie, en habits de voyage et suivies de Charles.*)

---

[1]. Gœthe a écrit cette pièce en prose.

LUCIE, *à Charles. Elle porte elle-même une valise.*

Laissez cela, ce n'est pas lourd; mais prenez la boîte de ma mère.

LA MAÎTRESSE DE POSTE.

Votre servante, mesdames! Vous arrivez de bonne heure. La diligence n'arrive jamais sitôt.

LUCIE.

Nous avons eu un jeune, joyeux et joli postillon, avec lequel je voudrais courir le monde; et puis nous ne sommes que deux et peu chargées.

LA MAÎTRESSE DE POSTE.

Si vous désirez vous mettre à table, soyez assez bonnes pour attendre : le dîner n'est pas encore prêt.

MADAME SOMMER.

Puis-je seulement vous demander un peu de soupe?

LUCIE.

Je ne suis point pressée. Veuillez d'abord vous occuper de ma mère.

LA MAÎTRESSE DE POSTE.

Tout de suite.

LUCIE.

Mais de très-bon bouillon.

LA MAÎTRESSE DE POSTE.

Aussi bon que je pourrai. (*Elle sort.*)

MADAME SOMMER.

Ne pourras-tu quitter ce ton de commandement? Tu aurais déjà pu, il me semble, devenir sage en route. Nous avons toujours plus payé que consommé, et, dans notre situation....

LUCIE.

Nous n'avons jamais été dans le besoin.

MADAME SOMMER.

Mais nous en avons été bien près. (*Entre le postillon.*)

LUCIE.

Eh bien, brave postillon, qu'y a-t-il?... N'est-ce pas, ton pourboire?...

LE POSTILLON.

Ne suis-je pas allé comme l'extra-poste?

LUCIE.

Cela veut dire, n'est-ce pas, que tu as aussi mérité quelque

ACTE I.

chose d'extra? Tu serais mon cocher, si seulement j'avais des chevaux.

LE POSTILLON.

Même sans chevaux, je suis à votre service.

LUCIE, *lui donnant un pourboire.*

Tiens!

LE POSTILLON.

Merci, mademoiselle! Vous n'allez pas plus loin?

LUCIE.

Nous restons ici pour cette fois.

LE POSTILLON.

Adieu, mesdames! (*Il sort.*)

MADAME SOMMER.

Je vois à son air que tu lui as trop donné.

LUCIE.

Fallait-il qu'il nous quittât en murmurant? Il a été, tout le temps, si gentil! Vous dites toujours, maman, que je suis capricieuse : du moins je ne suis pas avaricieuse.

MADAME SOMMER.

Je t'en prie, Lucie, ne comprends pas mal ce que je te dis. J'estime ta franchise, comme ton bon caractère et ta libéralité; mais ce ne sont des vertus que lorsqu'elles sont à leur place.

LUCIE.

Maman, ce petit endroit me plaît véritablement. Et la maison de vis-à-vis est sans doute celle de la dame à qui je dois tenir désormais compagnie.

MADAME SOMMER.

Je suis charmée que le lieu de ta destination te soit agréable.

LUCIE.

Il doit être tranquille, je le vois déjà. Cependant c'est comme un dimanche sur la grande place. Mais la dame a un beau jardin, et doit être bonne. Il faudra voir comment nous nous arrangerons. Que regardez-vous de tous côtés, maman!

MADAME SOMMER.

Laisse-moi, Lucie! Heureuse enfant, à qui rien ne retrace des souvenirs!... Hélas! en ce temps-là c'était autrement! Rien ne m'est plus douloureux que d'entrer dans une maison de poste.

LUCIE.

Mais aussi, où ne trouveriez-vous pas matière à vous tourmenter?

MADAME SOMMER.

Et où n'en trouvé-je pas sujet? Ma chère, comme c'était différent, lorsque ton père voyageait encore avec moi; lorsque nous jouissions en liberté du plus beau temps de notre vie, les premières années de notre mariage! Alors tout avait pour moi le charme de la nouveauté. Et, dans ses bras, passer devant mille et mille objets, quand chaque bagatelle me devenait intéressante, par son esprit, par son amour....

LUCIE.

J'aime aussi à voyager.

MADAME SOMMER.

Et lorsqu'après un jour brûlant, après les fatigues du voyage, les mauvais chemins en hiver, nous rencontrions quelque auberge, encore plus mauvaise que celle-ci, et que nous goûtions ensemble le plus simple bien-être; que nous nous asseyions tous deux sur le banc de bois; que nous mangions ensemble notre omelette et nos pommes de terre bouillies.... alors c'était autrement!

LUCIE.

Il est temps enfin de l'oublier.

MADAME SOMMER.

Sais-tu ce que cela veut dire, oublier? Bonne fille, tu n'as encore, Dieu merci! rien perdu qui ne se pût remplacer. Depuis le moment où je fus certaine qu'il m'avait abandonnée, toutes les joies de ma vie s'évanouirent. Un désespoir me saisit. Je ne me retrouvais plus moi-même; je ne trouvais plus mon Dieu. Je puis à peine me souvenir de cette situation.

LUCIE.

Et moi je ne me rappelle rien de plus, sinon que j'étais assise sur votre lit, et que je pleurais parce que vous pleuriez. C'était dans la chambre verte, sur le petit lit. Cette chambre est ce que j'ai le plus regretté, quand nous dûmes vendre la maison.

MADAME SOMMER.

Tu n'avais que sept ans, et ne pouvais sentir ce que tu perdais. (*Entrent la Maîtresse de poste et Charles; Annette apporte la soupe.*)

ANNETTE.

Voici le potage pour madame.

MADAME SOMMER.

Merci, ma chère! (*A la Maîtresse de poste.*) Est-ce votre fille?

LA MAÎTRESSE DE POSTE.

C'est ma belle-fille, madame. Mais elle est si gentille, qu'elle me tient lieu d'enfant.

MADAME SOMMER.

Vous êtes en deuil?

LA MAÎTRESSE DE POSTE.

De mon mari, que j'ai perdu il y a trois mois. Nous avons à peine vécu trois années ensemble.

MADAME SOMMER.

Vous paraissez cependant assez consolée.

LA MAÎTRESSE DE POSTE.

Ah! madame, nous autres, nous avons aussi peu le temps de pleurer, hélas! que de prier. Cela va jours et dimanches. A moins qu'il n'arrive que le pasteur touche à ce texte ou qu'on n'entende un chant de mort.... Charles, deux serviettes! mets donc enfin le couvert ici.

LUCIE.

A qui appartient la maison vis-à-vis?

LA MAÎTRESSE DE POSTE.

A madame la baronne. La plus aimable femme!...

MADAME SOMMER.

Je suis charmée d'entendre confirmer par une voisine ce qu'on nous a certifié fort loin d'ici. Ma fille va demeurer chez elle et lui tenir compagnie.

LA MAÎTRESSE DE POSTE.

Je vous en félicite, mademoiselle.

LUCIE.

Je souhaite qu'elle puisse me plaire.

LA MAÎTRESSE DE POSTE.

Il faudrait que vous eussiez un goût singulier, si la société de cette dame ne vous plaisait pas.

LUCIE.

Tant mieux! Puisque enfin je dois me plier aux volontés de quelqu'un, il faut que ce soit de bon cœur; autrement, cela ne va pas.

LA MAÎTRESSE DE POSTE.

Bon! bon! nous reviendrons bientôt là-dessus, et vous me direz si j'ai parlé vrai. C'est être heureux que de vivre auprès de notre baronne. Quand ma fille sera un peu plus grande, elle servira chez elle, au moins quelques années : cela profitera à la petite pour toute sa vie.

ANNETTE.

Quand vous la verrez seulement!... Elle est si aimable! Vous ne croiriez pas avec quelle impatience elle vous attend. Elle m'aime aussi beaucoup. Ne voulez-vous pas aller auprès d'elle? Je vous conduirai.

LUCIE.

Il faut d'abord m'ajuster, et je veux aussi prendre quelque chose.

ANNETTE.

Je puis du moins y courir, petite maman? J'irai dire à madame que mademoiselle est arrivée.

LA MAÎTRESSE DE POSTE.

Va.

MADAME SOMMER.

Et dis-lui, ma petite, qu'en sortant de table, nous irons lui présenter nos devoirs. (*Annette sort.*)

LA MAÎTRESSE DE POSTE.

Ma fille lui est extraordinairement attachée. Aussi est-elle la meilleure âme du monde, et les enfants sont toute sa joie. Elle se fait servir par des filles de paysans, jusqu'à ce qu'elles soient formées : alors elle leur cherche une bonne condition; et c'est ainsi qu'elle passe le temps, depuis que son mari est absent. C'est inconcevable qu'elle puisse être si malheureuse et en même temps si aimable, si bonne.

MADAME SOMMER.

N'est-elle pas veuve?

LA MAÎTRESSE DE POSTE.

Dieu le sait! Son mari est absent depuis trois ans, et l'on

n'entend et ne voit rien de lui. Et elle l'a aimé par-dessus tout. Mon mari n'en finissait pas, quand il commençait à parler d'eux. Et puis, je le dis moi-même, il n'y a plus au monde de cœur pareil à celui-là. Tous les ans, le jour où elle le vit pour la dernière fois, elle ne reçoit âme qui vive; elle s'enferme, et d'ailleurs, quand elle parle de lui, cela vous perce le cœur.

MADAME SOMMER.

L'infortunée!

LA MAÎTRESSE DE POSTE.

On dit bien des choses là-dessus.

MADAME SOMMER.

Expliquez-vous!

LA MAÎTRESSE DE POSTE.

On ne le dit pas volontiers.

MADAME SOMMER.

Je vous en prie.

LA MAÎTRESSE DE POSTE.

Si vous promettez de ne pas me trahir, je puis vous le confier. Il y a plus de huit ans aujourd'hui qu'ils vinrent ici. Ils achetèrent le fief. Personne ne les connaissait. On les appelait monsieur et madame, et on le tenait pour un officier, qui s'était enrichi au service étranger, et qui voulait se retirer. Elle était alors dans la fleur de la jeunesse, âgée au plus de seize ans, et belle comme un ange.

LUCIE.

Elle n'aurait donc aujourd'hui pas plus de vingt-quatre ans?

LA MAÎTRESSE DE POSTE.

Elle a, pour son âge, éprouvé assez de chagrins. Elle eut un enfant, qui lui mourut bientôt. Son tombeau est dans le jardin, un simple tombeau de gazon, et, depuis que monsieur est parti, elle a établi auprès une retraite solitaire, et a fait préparer son propre tombeau. Feu mon mari était vieux et difficile à émouvoir, mais il ne contait rien avec plus de plaisir que la félicité des deux époux, aussi longtemps qu'ils vécurent ici ensemble. On se sentait tout autre, disait-il, rien qu'à voir comme ils s'aimaient.

MADAME SOMMER.

Mon cœur se porte vers elle.

LA MAÎTRESSE DE POSTE.

Mais vous savez comme les choses vont. On disait que monsieur avait de singuliers principes : du moins il n'allait pas à l'église; et les gens qui n'ont point de religion, n'ont point de Dieu et n'observent aucune règle. Tout à coup on apprend que monsieur est parti. Il était allé en voyage, et dès lors il n'est pas revenu.

MADAME SOMMER, *à part.*

Toute l'image de mon sort!

LA MAÎTRESSE DE POSTE.

On ne parlait que de cela. C'était justement quand je vins ici, nouvelle mariée. Il y aura trois ans à la Saint-Michel. Et chacun savait quelque chose de particulier; on se disait même à l'oreille qu'ils n'avaient jamais été mariés.... Mais ne me trahissez pas. Il doit être un homme de distinction; il doit l'avoir séduite, et tout ce qu'on dit. Oui, quand une jeune fille fait un pareil pas, elle a de quoi pleurer toute sa vie.

ANNETTE, *accourant.*

Madame vous fait prier instamment de vous rendre tout de suite chez elle; elle ne veut que vous parler un moment, que vous voir.

LUCIE.

Je ne puis me présenter ainsi vêtue.

LA MAÎTRESSE DE POSTE.

Allez toujours! Je vous donne ma parole qu'elle n'y prendra pas garde.

LUCIE.

Voulez-vous m'accompagner, ma petite?

ANNETTE.

De bon cœur.

MADAME SOMMER.

Lucie, un mot! (*La Maîtresse de poste s'éloigne.*) Ne va rien trahir, ni notre condition, ni notre sort! Conduis-toi respectueusement.

LUCIE, *à voix basse.*

Laissez-moi faire! Mon père était un marchand; il est allé en Amérique; il est mort, et par là notre situation.... Laissez-moi faire : j'ai conté cette fable assez souvent. (*Haut.*) Ne voudriez-vous pas vous reposer un peu? Vous en avez besoin. Madame l'hôtesse voudra bien vous donner une petite chambre et un lit.

LA MAÎTRESSE DE POSTE.

J'ai justement une jolie et tranquille chambrette sur le jardin. (*A Lucie.*) Je souhaite que Mme la baronne puisse vous plaire.

(*Lucie et Annette sortent.*)

MADAME SOMMER.

Ma fille est encore un tant soit peu vaine.

LA MAÎTRESSE DE POSTE.

C'est l'effet de la jeunesse. Ces bouffées d'orgueil s'apaiseront bientôt.

MADAME SOMMER.

J'en serais fâchée.

LA MAÎTRESSE DE POSTE.

Venez, madame, s'il vous plaît. (*Elles sortent. On entend un postillon. Entre Fernand, en habit d'officier, suivi d'un Domestique.*)

LE DOMESTIQUE.

Dois-je faire atteler tout de suite et recharger vos effets?

FERNAND.

Il faut les entrer ici, te dis-je, ici! Nous n'allons pas plus loin, entends-tu?

LE DOMESTIQUE.

Pas plus loin? Vous disiez....

FERNAND.

Je te dis de retenir une chambre et d'apporter ici mes effets. (*Le Domestique sort. Fernand s'approche de la fenêtre.*) Ainsi donc je te revois, céleste séjour!... Je te revois, théâtre de ma félicité! Comme toute la maison est tranquille! Aucune fenêtre ouverte! Comme elle est déserte, la galerie où nous venions si souvent nous asseoir ensemble! Remarque, Fernand, l'aspect monastique de sa demeure! Comme il flatte tes espérances! Et, dans sa solitude, Fernand devait-il être sa pensée et son occupation? L'a-t-il mérité? Il me semble qu'après un long et lugubre sommeil de mort, je me réveille à la vie, tant chaque chose est pour moi nouvelle et saisissante! Les arbres, la fontaine, tout encore, tout! L'eau s'élançait ainsi des mêmes canaux, lorsque, mille fois, hélas! le cœur plein de pensées, je regardais avec elle de notre fenêtre, et que chacun, recueilli en soi-même, contemplait en silence le cours de l'eau! Son murmure est pour moi une mélodie, une mélodie pleine de souvenirs. Et elle? Elle sera comme elle était. Oui, Stella, tu n'as point changé : mon cœur me le dit. Comme il s'élance au-devant de toi! Mais je ne veux pas, je n'ose pas! Il faut d'abord me remettre, d'abord me persuader que je suis vraiment ici; que je ne suis pas abusé par un de ces songes qui, si souvent, m'ont conduit ici, dormant ou éveillé, des pays les plus lointains. Stella! Stella! Je viens! Ne sens-tu pas mon approche? Je viens dans tes bras pour tout oublier.... Et, si tu planes autour de moi, chère ombre de ma femme infortunée, pardonne-moi, laisse-moi! Tu n'es plus : laisse-moi donc t'oublier, oublier tout dans les bras de cet ange, mes destinées, toutes mes pertes, mes douleurs et mon repentir.... Je suis si près et si loin d'elle! Et, dans un moment.... Je ne puis! Je ne puis!... Il faut me remettre, ou je suffoque à ses pieds.

LA MAÎTRESSE DE POSTE.

Monsieur veut-il dîner?

FERNAND.

Avez-vous un dîner prêt?

LA MAÎTRESSE DE POSTE.

Oh! oui. Nous attendons une demoiselle, qui est de l'autre côté, chez madame.

FERNAND.

Comment se porte votre dame?

LA MAÎTRESSE DE POSTE.

La connaissez-vous?

FERNAND.

Autrefois j'allais de temps en temps chez elle. Que fait son mari?

LA MAÎTRESSE DE POSTE.

Dieu le sait! Il court le monde.

FERNAND.

Loin?

LA MAÎTRESSE DE POSTE.

Sans doute! Il abandonne cette chère âme. Dieu veuille le lui pardonner!

FERNAND.

Elle saura bien se consoler.

LA MAÎTRESSE DE POSTE.

Vous croyez? Alors vous devez peu la connaître. Elle vit comme une religieuse, tout à fait retirée, depuis le temps que je la connais. Elle ne reçoit presque aucun étranger, aucune visite du voisinage. Elle vit avec ses gens, attire auprès d'elle tous les enfants du village, et, malgré sa douleur secrète, elle est toujours gracieuse, toujours agréable.

FERNAND.

Je veux pourtant aller la voir.

LA MAÎTRESSE DE POSTE.

Faites-le. Elle nous invite quelquefois, la femme du bailli, la femme du ministre et moi. Elle s'entretient avec nous de mille choses. A la vérité, nous évitons de lui parler de monsieur. Cela n'est arrivé qu'une fois. Dieu sait ce que nous sentîmes, quand elle se mit à parler de lui, à le vanter, à pleurer. Monsieur, nous pleurâmes toutes comme des enfants, et nous ne pouvions presque nous remettre.

FERNAND, *à part.*

Voilà ce que tu as mérité d'elle!... (*Haut.*) A-t-on donné une chambre à mon domestique?

LA MAÎTRESSE DE POSTE.

Au premier étage. Charles, fais voir la chambre à monsieur. (*Fernand sort avec Charles. Entrent Lucie et Annette.*) Eh bien, comment la trouvez-vous?

LUCIE.

Une aimable petite femme, dont je m'accommoderai fort bien. Vous n'en avez pas trop dit sur elle. Elle ne voulait pas me laisser partir. J'ai dû lui donner ma parole de revenir, aussitôt après dîner, avec ma mère et nos paquets.

LA MAÎTRESSE DE POSTE.

Je le pensais bien. Vous plaît-il maintenant de vous mettre à table? Il est survenu un grand et bel officier.... Si vous n'en avez pas peur....

LUCIE.

Pas le moins du monde. J'aime mieux la société des soldats que celle des autres hommes. Du moins ils ne se déguisent pas, en sorte qu'on distingue, au premier abord, les bons des méchants. Ma mère dort-elle?

LA MAÎTRESSE DE POSTE.

Je ne sais pas.

LUCIE.

Il faut que je la voie. (*Elle sort.*)

LA MAÎTRESSE DE POSTE.

Charles, voilà encore la salière oubliée! Cela s'appelle-t-il rincé? Regarde un peu ces verres! Je te les casserais sur la tête, si tu valais ce qu'ils coûtent. (*Entre Fernand.*) La demoiselle est revenue. Elle va se mettre à table.

FERNAND.

Qui est-elle?

LA MAÎTRESSE DE POSTE.

Je ne la connais pas. Elle paraît d'honnête condition, mais sans fortune. Elle sera dame de compagnie de la baronne.

FERNAND.

Est-elle jeune?

LA MAÎTRESSE DE POSTE.

Très-jeune et vive. Sa mère est aussi là-haut. (*Entre Lucie.*)

LUCIE.

Votre servante.

FERNAND.

Je suis heureux de trouver à table une si charmante compagnie. (*Lucie fait la révérence.*)

LA MAÎTRESSE DE POSTE.

Ici, mademoiselle, et vous ici, monsieur, s'il vous plaît.

FERNAND.

Nous n'avons pas l'honneur de dîner avec vous, madame l'hôtesse?

LA MAÎTRESSE DE POSTE.

Si une fois je me repose, rien ne va. (*Elle sort.*)

FERNAND.

Ainsi un tête-à-tête!

LUCIE.

La table entre deux, comme je puis bien l'accepter.

FERNAND.

Vous avez résolu de tenir compagnie à Mme la baronne?

LUCIE.

Il le faut bien!

FERNAND.

Il me semble que vous ne pourriez manquer de trouver un compagnon, qui serait encore plus intéressant que Mme la baronne.

LUCIE.

Je ne m'en soucie point.

FERNAND.

Parlez-vous sincèrement ?

LUCIE.

Monsieur, je vois que vous êtes comme tous les hommes.

FERNAND.

C'est-à-dire ?

LUCIE.

Très-présomptueux sur ce point. Vous autres messieurs, vous vous croyez indispensables ; et, je ne sais, je suis pourtant devenue grande sans votre secours.

FERNAND.

Vous n'avez plus de père ?

LUCIE.

Je me souviens à peine que j'en avais un. J'étais enfant, lorsqu'il nous quitta pour faire un voyage en Amérique ; et son vaisseau a péri, nous dit-on.

FERNAND.

Et vous y semblez bien indifférente ?

LUCIE.

Comment pourrais-je ne pas l'être ? Il m'a donné peu de marques d'affection, et, quoique je lui pardonne volontiers de nous avoir abandonnées (car est-il rien qui vaille mieux pour l'homme que sa liberté ?), cependant je ne voudrais pas être ma mère, qui se meurt de chagrin.

FERNAND.

Et vous êtes sans secours, sans protection ?

LUCIE.

Qu'importe ? Notre fortune est devenue tous les jours plus petite, mais moi je suis devenue tous les jours plus grande ; et je ne suis pas en peine pour nourrir ma mère.

FERNAND.

Votre courage m'étonne.

LUCIE.

Oh! monsieur, il vient de lui-même. Lorsqu'on craint si souvent de périr, et qu'on se voit toujours sauvé, cela donne une confiance!...

FERNAND.

Vous ne pouvez en donner une part à votre bonne mère ?

LUCIE.

Malheureusement c'est elle qui perd, et non pas moi. Je rends grâce à mon père de m'avoir mise au monde, car j'aime la vie et je suis contente : mais elle, qui avait fait reposer sur lui toute l'espérance de sa vie, qui lui avait sacrifié la fleur de son âge, et maintenant abandonnée, tout à coup abandonnée!... Ce doit être quelque chose d'horrible de se sentir abandonnée! Je n'ai rien perdu encore : je ne puis en parler.... Vous semblez rêveur!

FERNAND.

Oui, ma chère demoiselle, à vivre on perd.... (*Il se lève.*) mais on gagne aussi. Et Dieu soutienne votre courage! (*Il lui prend la main.*) Vous m'avez étonné. O mon enfant, qu'il serait heureux!... Moi aussi, j'ai vu dans le monde, bien cruellement, bien souvent, mes espérances.... mes joies.... Mais c'est toujours.... Et....

LUCIE.

Que voulez-vous dire ?

FERNAND.

Toute sorte de biens!... les meilleurs, les plus ardents souhaits pour votre bonheur! (*Il sort.*)

LUCIE.

Voilà un homme singulier; mais il semble être bon.

ACTE DEUXIÈME.

Maison de Stella.

STELLA, UN DOMESTIQUE.

STELLA.

Va, va bien vite! Dis-lui que je l'attends.

LE DOMESTIQUE.

Elle a promis de venir tout de suite.

STELLA.

Tu vois pourtant qu'elle ne vient pas. J'aime beaucoup cette jeune fille. Va!... Et que sa mère vienne avec elle! (*Le Domestique sort.*) J'ai à peine la patience de l'attendre. Que de désirs, que d'espérances, en attendant un nouvel habit! Stella! Tu es un enfant. Et pourquoi ne devrais-je pas aimer?... Il me faut beaucoup pour remplir mon cœur! Beaucoup? Pauvre Stella! Beaucoup?... Autrefois, lorsqu'il t'aimait encore, lorsqu'il reposait sur ton sein, son regard remplissait toute ton âme; et.... O Dieu du ciel, ton décret est impénétrable! Lorsque, de ses embrassements, je levais les yeux vers toi ; que mon cœur brûlait sur le sien, et que, de ma bouche tremblante, je respirais sa grande âme; qu'ensuite, avec des larmes de joie, je regardais à toi, et te disais du fond de mon cœur : « Laisse-nous être heureux, mon Père, tu nous as rendus si heureux! » ce n'était pas ta volonté. (*Elle tombe un moment dans la rêverie, tressaille vivement et presse ses mains sur son cœur.*) Non, Fernand, non : ce n'était pas un reproche! (*Entrent Mme Sommer et Lucie.*)

STELLA.

Je les possède! Aimable enfant, tu es à moi maintenant.... Madame, je vous remercie de la confiance avec laquelle vous remettez dans mes mains ce trésor. Petit esprit mutin, âme libre et bonne! Oh! je t'ai déjà comprise, Lucie.

MADAME SOMMER.

Vous sentez, madame, ce que je vous présente et vous abandonne.

STELLA, *après une pause, pendant laquelle elle a observé Mme Sommer.*

Pardonnez-moi! On m'a conté votre histoire; je sais que j'ai devant moi des personnes de bonne famille, mais votre présence m'étonne : je sens pour vous, au premier coup d'œil, confiance et respect.

MADAME SOMMER.

Madame....

STELLA.

N'en parlons pas. Ce que mon cœur avoue, ma bouche le déclare volontiers. J'apprends que vous n'êtes pas bien : qu'avez-vous donc? Asseyez-vous.

MADAME SOMMER.

Laissez, madame! Ce voyage, dans les jours du printemps, ces objets changeants et cet air pur et vivifiant, qui déjà si souvent s'est pénétré pour moi d'une fraîcheur nouvelle, tout a si bien, si doucement agi sur moi, que le souvenir même des joies évanouies devenait pour moi un sentiment agréable, et que je voyais poindre dans mon âme un reflet des beaux temps de la jeunesse et de l'amour.

STELLA.

Oui, le temps, le premier temps de l'amour!... Non, tu n'es pas retourné au ciel, âge d'or! Tu environnes encore tous les cœurs, dans les moments où s'épanouit la fleur de l'amour.

MADAME SOMMER, *lui prenant les mains.*

Quelle noblesse! quel charme!

STELLA.

Votre visage brille comme le visage d'un ange. Vos joues se colorent!

MADAME SOMMER.

Et mon cœur!... Ah! comme il s'élève, comme il se dilate devant vous!

STELLA.

Vous avez aimé! Ah! j'en rends grâce à Dieu! Une âme qui me comprend, qui peut avoir pitié de moi, qui n'observera pas froidement mes douleurs!... Nous n'en pouvons davantage, si nous sommes ainsi.... Que n'ai-je pas fait? Que n'ai-je pas essayé?... Et de quoi cela m'a-t-il servi? C'était là ce que je voulais.... cela uniquement, et non pas un monde, et rien d'autre au monde.... Ah! le bien-aimé est partout, et tout est pour le bien-aimé!

MADAME SOMMER.

Vous portez le ciel dans le cœur.

STELLA.

Avant même que je fusse sur mes gardes, son image revenait.... Voilà comme il se levait dans telle ou telle société, et me cherchait des yeux.... Voilà comme il accourait à travers la campagne, et se jetait dans mes bras, à la porte du jardin.... Je le voyais s'éloigner, s'éloigner.... hélas! et il revenait.... Si je retourne, par la pensée, dans le tumulte du monde.... il est là! Lorsque j'étais assise dans une loge, et que je savais, où qu'il fût caché, soit que je le visse ou ne le visse pas, qu'il observait et qu'il aimait chacun de mes mouvements, ma manière d'être debout, d'être assise.... je sentais que le balancement des plumes de ma coiffure l'attirait plus que tous les brillants regards d'alentour, et que toute musique n'était qu'un accompagnement pour l'éternelle mélodie de son cœur, « Stella! Stella! combien tu m'es chère! »

LUCIE.

Peut-on s'aimer ainsi?

STELLA.

Tu le demandes, ma petite?... Alors je ne puis te répondre.... Mais de quoi vais-je vous entretenir?... Bagatelles!... importantes bagatelles!... En vérité, on est encore un grand enfant, et l'on s'en trouve bien.... Précisément comme les enfants se cachent derrière leur petit tablier, et crient qu'on les cherche!... Comme tout notre cœur est rempli, lorsque étant offensés, nous prenons en nous-mêmes la ferme résolution de quitter l'objet de notre amour! Avec quel déchirement des forces de l'âme nous reparaissons en sa présence! Quels combats dans notre sein! Et comme enfin tout s'évanouit, au premier regard, au premier serrement de main!

MADAME SOMMER.

Que vous êtes heureuse! Vous vivez encore tout entière

dans le sentiment le plus tendre et le plus pur du cœur humain.

STELLA.

Un siècle de douleurs et de larmes ne saurait contrebalancer la félicité des premiers regards, du tremblement, du bégayement, de l'approche, de l'hésitation, de l'oubli de soi-même; le premier baiser, rapide, enflammé, et le premier embrassement calme et paisible.... Madame!... Vous tombez dans la rêverie, ma chère! Où êtes-vous?

MADAME SOMMER.

Les hommes! les hommes!

STELLA.

Ils nous rendent heureuses et misérables. Ils versent dans notre cœur des pressentiments de félicité. Quelles sensations, quelles espérances nouvelles, inconnues, dilatent notre âme, quand leur passion impétueuse se communique à chacune de nos fibres! Que j'ai senti souvent tout frissonner et retentir en moi, lorsqu'il versait dans mon sein, avec des torrents de larmes, les souffrances d'un monde! Je le suppliais, au nom du ciel, de s'épargner, de m'épargner.... Vaine prière!... Il allumait en moi, jusqu'à la dernière moelle, les feux qui le dévoraient. Et c'est ainsi que, dans le fond de son être, la jeune fille devint tout cœur, tout sentiment. Et maintenant où est le climat qui puisse recueillir cette infortunée, pour y respirer, pour y trouver son aliment?

MADAME SOMMER.

Nous croyons les hommes! Dans les moments de la passion, ils se trompent eux-mêmes; pourquoi ne serions-nous pas trompées?

STELLA.

Madame! Une idée me saisit.... Soyons l'une pour l'autre ce qu'ils auraient dû être pour nous. Restons ensemble.... Votre main!... Dès ce moment je ne vous quitte plus.

LUCIE.

Cela ne peut être.

STELLA.

Pourquoi, Lucie?

MADAME SOMMER.

Ma fille sent....

STELLA.

Ce n'est pas un bienfait que je vous offre! Sentez plutôt quel bienfait pour moi, si vous restez! Oh! je ne puis vivre seule. Ma chère, j'ai tout fait; je me suis donné des oiseaux et des chevreuils et des chiens, j'apprends aux petites filles à tricoter et à faire de la dentelle, uniquement pour n'être pas seule, pour voir hors de moi quelque chose qui vive et qui croisse. Et pourtant, lorsque cela me réussit; lorsque, par une belle matinée de printemps, une divinité bienfaisante semble avoir chassé la douleur de mon âme; lorsque je m'éveille tranquille, que le doux soleil brille sur mes arbres fleuris, et que je me sens active, animée pour les affaires du jour : alors j'éprouve du bien-être; alors je vais et je viens quelque temps, j'arrange et j'ordonne, et je dirige mes gens, et, dans la liberté de mon cœur, je remercie à haute voix le ciel de ces heureux moments.

MADAME SOMMER.

Ah! oui, madame, je le sens! L'activité et la bienfaisance sont un don du ciel, une compensation pour les cœurs malheureux par l'amour.

STELLA.

Une compensation? Dites un dédommagement, mais non une compensation. C'est quelque chose à la place de ce qu'on a perdu; ce n'est pas la chose perdue elle-même.... L'amour perdu!... où donc en trouver la compensation?... Oh! si quelquefois je me plonge de pensée en pensée, si je me représente les doux songes du passé; si je rêve un avenir plein d'espérance, et si je parcours ainsi mon jardin, à la clarté de la lune : alors je me sens tout à coup saisie, saisie par cette pensée, que je suis seule; j'étends en vain les bras vers les quatre vents: je prononce en vain l'enchantement de l'amour avec une force, une effusion telle qu'il me semble que je devrais attirer la lune en terre.... et je suis seule; aucune voix ne me répond du bocage, et les étoiles versent de là-haut sur ma souffrance leur douce et froide clarté! Et puis tout à coup le tombeau de mon enfant à mes pieds!...

MADAME SOMMER.

Vous aviez un enfant?

STELLA.

Oui, ma chère! O Dieu! tu ne m'avais non plus donné à goûter ce bonheur qu'afin de me préparer un calice plus amer pour toute ma vie.... Si, à la promenade, un enfant de paysan accourt au-devant de moi, les pieds nus, et, avec ses grands yeux innocents, me jette un baiser, cela me perce jusqu'à la moelle des os! Je me dis : « Mina serait aussi grande! » Je le prends dans mes bras avec une douloureuse tendresse, je le baise cent fois, mon cœur est déchiré, les larmes jaillissent de mes yeux, et je m'enfuis!

LUCIE.

Cependant vous avez aussi beaucoup moins de peine.

STELLA. *Elle sourit et lui frappe doucement sur l'épaule.*

Comment puis-je seulement sentir encore?... Comment ces horribles instants ne m'ont-ils pas tuée?... Il était couché devant moi, séparé de sa tige, ce bouton de fleur!... et j'étais là, pétrifiée jusqu'au fond du cœur.... sans douleur.... sans me connaître.... j'étais là!... Alors la garde prit l'enfant, le pressa contre son cœur, et s'écria soudain : « Elle vit!... » Je me jette à son cou; baignée de larmes, je me jette sur l'enfant.... aux pieds de la garde.... Hélas! elle s'était trompée! L'enfant était là sans vie, et moi à côté d'elle, dans un furieux, un horrible désespoir. (*Elle se laisse tomber sur un siége.*)

MADAME SOMMER.

Détournez vos pensées de ces tristes scènes.

STELLA.

Non! Cela me fait du bien, beaucoup de bien, que mon cœur se puisse rouvrir, que ma bouche puisse exhaler tout ce qui m'oppresse!... Oui, quand je commence une fois à parler de lui, qui était tout pour moi!... qui.... Il faut que vous voyiez son portrait! son portrait!... Oh! il me semble toujours que la figure de l'homme est le texte de tout ce qu'on peut sentir et dire sur lui.

LUCIE.

Je suis curieuse....

STELLA. *Elle ouvre son cabinet et les fait entrer.*

Ici, mes chères amies, ici!

MADAME SOMMER.

Dieu!

STELLA.

Le voilà.... le voilà! Et pourtant ce n'est pas la millième partie de ce qu'il était. Ce front, ces yeux noirs, ces boucles brunes, ce sérieux.... Mais hélas! il n'a pu exprimer cet amour, cette grâce, quand son âme s'épanchait!... O mon cœur, toi seul peux le sentir!

LUCIE.

Madame, je suis étonnée....

STELLA.

C'est là un homme!

LUCIE.

Je dois vous dire que j'ai dîné aujourd'hui à la poste avec un officier qui ressemblait à ce monsieur.... Oh! c'est lui-même! Je gagerais ma vie....

STELLA.

Aujourd'hui! Tu te trompes, tu me trompes!

LUCIE.

Aujourd'hui. Seulement, il était plus âgé, plus brun, brûlé par le soleil. C'est lui! c'est lui!

STELLA. *Elle sonne.*

Lucie, mon cœur se brise! J'y veux aller!

LUCIE.

Ce n'est pas convenable.

STELLA.

Convenable? Oh mon cœur!... (*Entre un Domestique.*) Wilhelm, courez à la poste! courez! Un officier s'y trouve, qui doit.... qui est.... Lucie, dis-lui donc.... Il faut qu'il vienne ici.

LUCIE, *au Domestique.*

Connaissez-vous monsieur?

LE DOMESTIQUE.

Comme moi-même.

LUCIE.

Allez donc à la poste. Il s'y trouve un officier qui lui ressemble extraordinairement. Allez voir si je me trompe. Je jure que c'est lui.

STELLA.

Dis-lui de venir! de venir vite, vite! Que ne suis-je au bout!... L'aurais-je dans ce.... dans.... Tu te trompes! c'est impossible.... Laissez-moi, mes chères amies, laissez-moi seule....

(*Elle ferme le cabinet sur elle.*)

LUCIE.

Qu'avez-vous, ma mère ? Comme vous êtes pâle !

MADAME SOMMER.

C'est le dernier jour de ma vie ! Mon cœur ne peut supporter cette épreuve ! Tout, tout à la fois !

LUCIE.

Grand Dieu !

MADAME SOMMER.

L'époux.... l'image.... celui qu'elle attend.... qu'elle aime.... c'est mon époux ! c'est ton père !

LUCIE.

Mère ! bonne mère !

MADAME SOMMER.

Et il est ici !... Il se jettera dans ses bras, dans quelques instants !... Et nous ?... Lucie, il faut partir.

LUCIE.

J'irai où vous voudrez.

MADAME SOMMER.

Sur-le-champ.

LUCIE.

Venez dans le jardin. J'irai à la poste. Si seulement la voiture n'est pas encore partie, nous pouvons, sans congé, sans bruit.... pendant qu'enivrée de bonheur....

MADAME SOMMER.

Que, dans toute la joie du revoir, elle l'embrasse.... lui ! Et moi, dans le moment où je le retrouve.... pour jamais ! pour jamais ! *(Entrent Fernand et le Domestique.)*

LE DOMESTIQUE.

Ici ! Ne connaissez-vous plus son cabinet ? Elle est hors d'elle-même. Ah ! quel bonheur que vous soyez revenu !

(Fernand passe, en jetant les yeux sur Mme Sommer.)

MADAME SOMMER, *à part.*

C'est lui ! c'est lui ! je suis perdue !

ACTE TROISIÈME.

STELLA, *au comble de la joie, s'avance avec* FERNAND.

STELLA, *s'adressant aux murs.*

Il est de retour! Le voyez-vous? Il est de retour! (*S'approchant d'un tableau qui représente Vénus.*) Le vois-tu, déesse? Il est de retour! Que de fois, hors de moi-même, j'ai promené ici mes pas égarés, et j'ai pleuré et gémi devant toi! Il est de retour! Je n'en crois pas mes sens. Déesse, je t'ai vue si souvent, et il n'était pas là!... Maintenant tu es là, et il est là!... Mon bien-aimé! mon bien-aimé! Tu fus absent longtemps!... Mais tu es là!... (*Elle se jette à son cou.*) Tu es là : je ne veux rien sentir, rien entendre, rien savoir, sinon que tu es là.

FERNAND.

Stella! ma Stella! (*Il l'embrasse.*) Dieu du ciel, tu me rends mes larmes!

STELLA.

O toi, l'unique....

FERNAND.

Stella! Laisse-moi encore boire ta douce haleine, ton haleine, auprès de laquelle tout l'air du ciel était pour moi vide et stérile.

STELLA.

Mon ami!

FERNAND.

Souffle dans mon sein desséché, tourmenté, déchiré, un nouvel amour, une nouvelle ardeur de vie, de l'abondance de ton cœur.... (*Il s'attache à ses lèvres.*)

STELLA

Mon bien-aimé!

FERNAND.

O délices! délices!... Ici, où tu respires, tout nage dans une vie jeune et fortunée. Ici l'amour et la constante fidélité enchaîneraient le vagabond flétri.

STELLA.

Enthousiaste!

FERNAND.

Tu ne sens pas ce que la rosée du ciel est pour l'homme altéré, qui, d'un monde désert et stérile, revient sur ton sein.

STELLA.

Et la joie du pauvre?... Fernand, de presser de nouveau sur son cœur son unique brebis, égarée, perdue!

FERNAND, *aux pieds de Stella.*

Ma Stella!

STELLA.

Lève-toi, mon ami, lève-toi. Je ne puis te voir à genoux.

FERNAND.

Laisse-moi. Je suis toujours à genoux devant toi; mon cœur s'incline toujours devant toi, amour, bonté inépuisable!

STELLA.

Tu m'es rendu!... Je ne me connais pas; je ne me comprends pas!... Au fond, qu'est-ce que cela fait?

FERNAND.

Je me sens comme dans les premiers moments de nos joies. Je te tiens dans mes bras; je recueille sur tes lèvres l'assurance de ton amour, et je suis dans l'ivresse, et je me demande, avec étonnement, si je veille ou si je songe.

STELLA.

Fernand, à ce qu'il me semble, tu n'es pas devenu plus sage.

FERNAND.

Dieu m'en préserve!... Mais ces moments d'ivresse dans tes bras me rendent de nouveau pieux et bon.... Je peux prier, Stella, car je suis heureux.

STELLA.

Que Dieu te pardonne d'être si mauvais sujet et si bon!... Que Dieu te pardonne, lui qui t'a fait.... si volage et si fidèle!... Lorsque j'entends le son de ta voix, aussitôt je crois encore que c'est ce Fernand qui n'aimait rien au monde que moi.

FERNAND.

Et moi, lorsque je pénètre dans cet œil bleu, si doux, et que je me perds à l'observer, je me figure que, dans tout le temps de mon absence, il n'a logé aucune autre image que la mienne.

ACTE III.

STELLA.

Tu ne te trompes pas.

FERNAND.

Non?...

STELLA.

Je te l'avouerais!... Ne t'ai-je pas avoué, dans les premiers temps de mon amour, toutes les petites fantaisies qui avaient jamais effleuré mon cœur? Et ne t'en étais-je pas plus chère?...

FERNAND.

Mon ange!

STELLA.

Pourquoi me regardes-tu ainsi? N'est-il pas vrai que la douleur a terni l'éclat de mes joues?

FERNAND.

Rose, ma douce fleur! Stella!... Pourquoi secouer la tête?

STELLA.

Qu'on puisse autant vous aimer!... Qu'on ne vous impute point le chagrin que vous nous avez causé!

FERNAND, *caressant les boucles de Stella.*

Aurais-tu gagné à cela des cheveux gris?... C'est un bonheur qu'ils soient blonds : sans cela.... A la vérité, il ne semble pas qu'il en soit tombé. (*Il lui ôte son peigne, et les cheveux se déroulent jusqu'aux pieds de Stella.*)

STELLA.

Folâtre!

FERNAND, *enlaçant ses bras dans les cheveux.*

Renaud dans ses premières chaînes!...

UN DOMESTIQUE.

Madame!...

STELLA.

Que veux-tu? Tu fais une triste et froide figure! Tu sais que ces airs chagrins sont ma mort quand je suis contente.

LE DOMESTIQUE.

Mais, madame.... les deux étrangères veulent partir.

STELLA.

Partir!... Ah!...

LE DOMESTIQUE.

Comme je le dis. J'ai vu la fille aller à la poste, revenir

parler à sa mère. Alors je me suis informé de tout vis-à-vis; on m'a dit qu'elles ont commandé l'extra-poste, parce que la diligence est déjà partie. Je leur ai parlé. La mère, les larmes aux yeux, m'a prié de porter secrètement leurs effets vis-à-vis, et de souhaiter à madame mille bénédictions. Elles ne pourraient rester.

FERNAND.

C'est la dame qui est arrivée aujourd'hui avec sa fille?

STELLA.

Je voulais m'attacher la jeune fille et retenir aussi la mère.... Ah! faut-il à présent qu'elles me causent cette contrariété, Fernand!...

FERNAND.

Que leur peut-il être arrivé?

STELLA.

Dieu sait! Je ne puis, je ne veux rien savoir. Je serais fâchée de les perdre.... Mais je te possède, Fernand!... Je pourrais mourir à cette heure!... Parle-leur, Fernand.... A présent même, à présent!... Henri, fais que la mère revienne. (*Le Domestique sort.*) Parle-lui; qu'elle soit libre!... Fernand, je vais dans le bosquet : viens me joindre! viens!... O mes rossignols, vous le saluerez encore!

FERNAND.

Ame de ma vie!

STELLA, *à son cou.*

Et tu viendras bientôt?

FERNAND.

A l'instant! à l'instant! (*Stella sort. Fernand seul.*) Ange du ciel! comme en sa présence tout devient libre et serein!... Fernand, te reconnais-tu toi-même? Tout ce qui oppressait mon cœur s'est dissipé; tout souci, tout souvenir pénible, ce qui était.... et ce qui sera! Déjà revenez-vous?... Et pourtant, quand je te vois, Stella, quand je presse ta main, tout s'enfuit, toute autre image s'efface dans mon cœur. (*Entre l'Intendant.*)

L'INTENDANT, *lui baisant la main.*

Vous voilà de retour!

FERNAND, *retirant sa main.*

C'est moi.

ACTE III.

L'INTENDANT.

Permettez, permettez, ô monsieur!....

FERNAND.

Es-tu heureux?

L'INTENDANT.

Ma femme vit, j'ai deux enfants.... et vous revenez!

FERNAND.

Comment avez-vous administré?

L'INTENDANT.

De telle sorte que je suis prêt à vous rendre compte sur-le-champ.... Vous serez surpris de voir comme nous avons amélioré le domaine.... Oserai-je vous demander quel a été votre succès?

FERNAND.

Silence!... Dois-je te dire tout? Tu le mérites, vieux complice de mes folies!

L'INTENDANT.

Dieu soit loué, que vous ne fussiez pas chef de bohémiens! Sur un mot de vous, j'aurais saccagé et brûlé.

FERNAND.

Écoute.

L'INTENDANT.

Votre femme? votre fille?

FERNAND.

Je ne les ai pas trouvées. Je n'ai pas osé pénétrer moi-même dans la ville, mais je sais, de source certaine, qu'elle s'est confiée à un marchand, un faux ami, qui, sous promesse de plus forts intérêts, lui a soutiré et dérobé les capitaux que je lui avais laissés. Sous prétexte de se retirer à la campagne, elle s'est éloignée du pays et a disparu; il est vraisemblable qu'elle soutient péniblement sa vie par son travail et celui de sa fille. Tu sais qu'elle avait assez de courage et de caractère pour l'entreprendre.

L'INTENDANT.

Et vous voilà revenu! Il faut vous pardonner d'être resté si longtemps.

FERNAND.

J'ai couru beaucoup de pays.

L'INTENDANT.

Si je n'étais au mieux à la maison, avec ma femme et mes deux enfants, je vous envierais le nouveau voyage que vous avez tenté à travers le monde. Nous resterez-vous maintenant?

FERNAND.

Si Dieu le veut.

L'INTENDANT.

Après tout, c'est le plus sûr et le meilleur.

FERNAND.

Oui, pour qui pourrait oublier le passé.

L'INTENDANT.

Qui, avec mainte joie, nous apporta mainte affliction. Je me souviens encore de tout parfaitement : comme nous trouvâmes Cécile aimable, comme nous fûmes pressants avec elle, et ne pouvions assez tôt nous délivrer de notre jeune liberté.

FERNAND.

Va, c'était un beau temps, un heureux temps!

L'INTENDANT.

Comme elle nous donna une joyeuse et vive petite fille, mais perdit en même temps de sa gaieté et de ses charmes.

FERNAND.

Épargne-moi cette biographie.

L'INTENDANT.

Comme nous jetâmes les yeux çà et là, d'un côté puis d'un autre; comme enfin nous rencontrâmes cet ange; comme il ne fut plus question d'aller et de venir, mais comme il fallut nous résoudre à rendre heureuse l'une ou l'autre; comme enfin nous trouvâmes, à point nommé, une occasion de vendre nos biens; comme nous nous sauvâmes avec mainte perte; comme nous enlevâmes l'ange, et reléguâmes ici la belle enfant, qui ne connaissait ni elle-même ni le monde.

FERNAND.

A ce qu'il paraît, tu es toujours aussi sentencieux et aussi bavard qu'autrefois.

L'INTENDANT.

N'ai-je pas eu l'occasion de m'instruire? N'étais-je pas le confident de votre conscience? Et, quand vous désirâtes encore vous éloigner d'ici, sans que je sache si ce fut purement par le

ACTE III.

désir de retrouver votre femme et votre fille, ou peut-être aussi par une inquiétude secrète, et, comme je pouvais vous être utile de plus d'une manière....

FERNAND.

Assez pour cette fois.

L'INTENDANT.

Restez seulement : tout ira bien. (*Il sort. Entre un Domestique.*)

LE DOMESTIQUE.

Mme Sommer !

FERNAND.

Fais entrer. (*Le Domestique sort.*) Cette femme m'attriste. Rien de complet, rien de pur dans le monde! Cette femme!... Le courage de la fille m'a troublé : que fera la douleur de la mère? (*Entre Mme Sommer. Fernand à part.*) O Dieu! et il faut que sa taille même me rappelle ma faute! Notre cœur! Notre cœur! Oh! si c'est dans ta nature de sentir et d'agir de la sorte, pourquoi n'as-tu pas aussi la force de te pardonner ce qui est accompli?... Une ombre de la tournure de ma femme!... Où donc ne la vois-je pas? (*Haut.*) Madame !

MADAME SOMMER.

Que commandez-vous, monsieur?

FERNAND.

Je souhaiterais qu'il vous convînt de tenir compagnie à ma Stella et à moi. Asseyez-vous.

MADAME SOMMER.

La présence des infortunés est un fardeau pour les heureux, hélas! et celle des heureux plus encore pour les infortunés.

FERNAND.

Je ne vous comprends pas. Pourriez-vous avoir méconnu Stella, elle qui est tout aimante, toute divine?

MADAME SOMMER.

Monsieur.... Je souhaitais partir secrètement.... Laissez-moi.... Il faut que je parte. Croyez que j'ai des raisons. Mais, je vous en prie, laissez-moi !

FERNAND, *à part.*

Quelle voix! quelle taille!... Madame! (*Il se détourne.*) Dieu! c'est ma femme! (*Haut.*) Pardonnez!... (*Il s'enfuit.*)

MADAME SOMMER, seule.

Il me reconnaît.... Je te remercie, mon Dieu, de ce qu'en ces moments tu as donné tant de force à mon cœur!... Est-ce bien moi, moi, abattue, déchirée, qui suis, à l'heure décisive, si tranquille, si courageuse! Bonne, éternelle Providence, tu ne ravis donc rien à notre cœur que tu ne lui gardes en réserve, jusqu'à l'heure où il en a le plus besoin. (*Fernand revient.*)

FERNAND, à part.

Me reconnaîtrait-elle? (*Haut.*) Je vous prie, madame, je vous conjure de m'ouvrir votre cœur!

MADAME SOMMER.

Il faudrait vous apprendre mon sort. Et comment seriez-vous disposé aux gémissements et au deuil, le jour où toutes les joies de la vie vous sont rendues; où vous avez rendu toutes les joies de la vie à la femme la plus digne!... Non, souffrez, monsieur, que je parte!

FERNAND.

Je vous en prie.

MADAME SOMMER.

Que je l'épargnerais volontiers à vous et à moi! Le souvenir des plus beaux, des plus heureux jours de ma vie me cause de mortelles douleurs.

FERNAND.

Vous n'avez pas été toujours malheureuse?

MADAME SOMMER.

Sans cela, je ne le serais pas maintenant à ce point. (*Après une pause et d'une voix plus libre.*) Les jours de ma jeunesse furent faciles et joyeux. Je ne sais ce qui m'attachait les hommes, mais un grand nombre souhaitèrent de me plaire. Quelques-uns m'inspirèrent de l'amitié, de l'affection. Toutefois il n'en était aucun avec lequel j'aurais cru pouvoir passer ma vie. Ainsi s'écoulèrent les heureux temps des distractions riantes, où un jour donne gracieusement la main à l'autre. Et cependant il me manquait quelque chose.... Quand je regardais plus avant dans la vie, et prévoyais les joies et les souffrances qui attendent l'homme, alors je souhaitais un époux dont la main m'accompagnât à travers le monde; qui, en récompense de l'amour que mon jeune cœur lui pourrait consacrer, voulût devenir, dans l'âge avancé, mon ami, mon protecteur, et me tenir lieu de mes parents, que je quitterais pour l'amour de lui.

FERNAND.

Eh bien?

MADAME SOMMER.

Cet homme, je le vis! Je vis celui sur lequel, dès les premiers jours de notre liaison, je plaçai toutes mes espérances. La vivacité de son esprit semblait être unie à une telle loyauté de cœur, que le mien s'ouvrit d'abord à lui; que je lui donnai mon amitié, hélas! et, bientôt après, mon amour. Dieu du ciel, quand sa tête reposa sur mon sein, comme il parut te remercier de la place que tu lui avais préparée dans mes bras! Comme il se réfugiait vers moi, loin du tourbillon des affaires et des plaisirs, et, dans les heures de tristesse, comme je m'appuyais sur son cœur!

FERNAND.

Qui put troubler cette douce union?

MADAME SOMMER.

Rien n'est durable.... Ah! il m'aima aussi certainement que je l'aimai. Il fut un temps où il ne connaissait rien, ne savait rien que me voir heureuse, me rendre heureuse. Ce fut, hélas! le temps le plus doux de ma vie, les premières années d'une chaîne, où quelquefois un peu d'humeur, un peu d'ennui, nous affligent plus que si c'étaient de véritables maux. Hélas! il m'accompagnait dans le chemin praticable, pour me laisser seule dans un vaste, un affreux désert.

FERNAND, *toujours plus troublé.*

Eh quoi?... Ses sentiments, son cœur?

MADAME SOMMER.

Pouvons-nous savoir ce qui se passe dans le cœur des hommes?... Je ne remarquai pas que peu à peu tout lui devenait.... comment dois-je m'exprimer?... non pas plus indifférent : je ne puis me le dire. Il m'aimait toujours, toujours! Mais il avait besoin d'autre chose que de mon amour. Je dus partager avec ses désirs, peut-être avec une rivale.... Je ne lui épargnai pas mes reproches, et enfin....

FERNAND.

Il osa?

MADAME SOMMER.

Il m'abandonna. Le sentiment de ma souffrance est inexprimable. Toutes mes espérances anéanties, anéanties, au moment où je croyais recueillir les fruits de mon printemps sacrifié.... Abandonnée!... abandonnée!... Tous les appuis du cœur humain, l'amour, la confiance, l'honneur, la position, une fortune chaque jour croissante, la perspective d'une postérité nombreuse, bien établie : tout croulait devant moi d'un seul coup, et moi.... le malheureux gage qui restait de notre amour.... Une morne tristesse suivit les furieuses douleurs, et mon cœur, noyé de larmes, profondément désespéré, tomba dans l'abattement. Les revers qui frappent la fortune d'une pauvre délaissée, je ne les remarquai point, je ne les sentis point, jusqu'à ce qu'enfin....

FERNAND.

Le coupable!

MADAME SOMMER, *avec une tristesse contenue.*

Il ne l'est pas.... Je plains l'homme qui s'attache à une jeune fille.

FERNAND.

Madame!

MADAME SOMMER, *avec un léger badinage, pour couvrir son émotion.*

Non, certainement! Je le regarde comme un prisonnier. Et puis l'on dit que c'est toujours comme cela. Il est amené de son monde dans le nôtre, avec lequel il n'a, dans le fond, rien de commun; il s'abuse quelque temps, et malheur à nous quand ses yeux s'ouvrent!.. Pour moi, je ne pouvais plus à la fin être pour lui qu'une honnête mère de famille, qui lui était, il est vrai, attachée avec le plus ferme désir d'être pour lui agréable, vigilante; qui vouait tous ses jours au bien de sa maison, de son enfant, et qui devait, j'en conviens, s'attacher à tant de bagatelles, que sa tête et son cœur étaient souvent arides; qu'elle n'était point aimable; qu'il devait nécessairement, avec la vivacité de son esprit, trouver ma société insipide. Il n'est point coupable!...

FERNAND, *à ses pieds.*

Je le suis!

ACTE III.

MADAME SOMMER, *à son cou, avec un torrent de larmes.*

Mon...!

FERNAND.

Cécile!... Ma femme!...

CÉCILE, *se détournant.*

Non! tu n'es pas à moi. Tu m'abandonnes, mon cœur!... (*Elle se jette de nouveau à son cou.*) Fernand!... qui que tu sois.... laisse couler sur ton sein ces larmes d'une infortunée!... Soutiens-moi dans ce seul instant, et puis abandonne-moi pour toujours!... Ce n'est pas ta femme.... Ne me repousse pas!...

FERNAND.

Dieu!... Cécile, tes larmes sur mes joues.... ton cœur palpitant sur le mien!... Épargne-moi! épargne-moi!...

CÉCILE.

Je ne veux rien, Fernand!... rien que ce moment!... Accorde à mon cœur cet épanchement : il sera soulagé, fortifié! Tu seras délivré de moi....

FERNAND.

Que je meure avant que je t'abandonne!

CÉCILE.

Je te reverrai, mais non sur cette terre! Tu appartiens à une autre, à qui je ne peux te ravir.... Ouvre, ouvre-moi le ciel! Un regard dans cet heureux lointain, dans ce séjour éternel.... C'est la seule, oui, la seule consolation dans ce terrible moment.

FERNAND. *Il lui prend la main, la regarde et l'embrasse.*

Rien, rien dans le monde ne doit me séparer de toi. Je t'ai retrouvée.

CÉCILE.

Tu as retrouvé ce que tu ne cherchais pas.

FERNAND.

Laisse! laisse!... Oui, je t'ai cherchée; toi, ma délaissée, ma bien-aimée! Même dans les bras de cet ange, je ne trouvais aucun repos, aucune joie. Tout me faisait souvenir de toi, de ta fille, de ma Lucie. Bon Dieu, que de joie! Cette aimable personne serait-elle ma fille?... Je t'ai cherchée partout. J'ai couru trois ans. Dans le lieu de notre séjour, je trouvai, hélas! notre habitation changée, dans des mains étrangères, et la douloureuse histoire de la perte de ta fortune. Ta disparition me déchira le cœur; je ne pus trouver aucune trace de toi, et, las de moi-même et de la vie, je pris cet habit, j'entrai dans un service étranger; j'aidai à opprimer la liberté mourante des braves Corses; et maintenant, après de longues et surprenantes aventures, tu me revois ici sur ton sein, ma très-chère, mon excellente femme. (*Lucie accourt.*)

FERNAND.

O ma fille!

LUCIE.

Mon cher père, mon bon père, si vous êtes encore mon père!

FERNAND.

Encore et pour toujours.

CÉCILE.

Et Stella?

FERNAND.

Ne perdons pas un moment. L'infortunée! Pourquoi, Lucie, pourquoi, ce matin, n'avons-nous pu nous reconnaître?... Le cœur me battait; tu sais avec quelle émotion je t'ai quittée. Pourquoi? Pourquoi? Nous nous serions épargné tout cela! Stella! Nous lui aurions épargné ces douleurs!... Mais partons. Je lui dirai que vous avez persisté à vous éloigner, que vous n'avez pas voulu l'importuner de vos adieux. Et toi, Lucie, retourne vite à la poste, et fais atteler une chaise pour trois. Le domestique joindra mes effets aux vôtres. Reste encore ici, chère femme. Et toi, ma fille, quand tout sera prêt, reviens; et retirez-vous dans le salon du jardin. Attendez-moi. Je veux me dégager d'elle, lui dire que mon dessein est de vous accompagner jusqu'à la poste, de veiller à votre départ, et de payer pour vous les chevaux.... Pauvre âme, je te trompe avec ta bonté!... Partons!

CÉCILE.

Partir?... Un seul mot de raison!

FERNAND.

Partons! Il le faut.... Oui, mes chères amies, nous partons.... (*Cécile et Lucie sortent.*) Partir!... où fuir? où fuir?... Un coup de poignard mettrait fin à toutes ces douleurs, et me plongerait dans la froide insensibilité, pour laquelle je donnerais tout maintenant.... Es-tu là, malheureux? Rappelle-toi ces jours de parfait bonheur où, dans ta sévère modération, tu blâmais l'infortuné qui voulait rejeter le fardeau de la vie; ce que tu éprouvais dans ces jours heureux, et maintenant!... Oui, les heureux! les heureux!... Un moment plus tôt cette découverte, et j'étais sauvé! Je ne l'aurais jamais revue; elle ne m'aurait pas revu. J'aurais pu me bercer et me dire : « Pendant ces quatre ans elle t'a oublié; elle s'est consolée de ses peines. » Mais à présent! Comment dois-je paraître devant elle? que lui dire?... Oh! ma faute, ma faute m'accable en ces instants.... Abandonner ces deux personnes chéries!... Et moi, dans le moment où je les retrouve, abandonné de moi-même.... désespéré!... O mon cœur!

ACTE QUATRIÈME.

Le jardin de Stella.

STELLA, *seule. Elle se promène dans un lieu solitaire.*

Tu fleuris toujours belle, plus belle que jamais, place chérie, place du repos espéré, du repos éternel!... Mais tu ne m'attires plus.... je frissonne devant toi.... Terre froide et fragile, je frissonne devant toi!... Ah! combien de fois, dans les heures de la rêverie, j'enveloppai déjà ma tête et mon sein du voile de la mort, et m'arrêtai tranquille devant ta profondeur, et descendis chez toi, et cachai mon cœur désolé sous ta voûte vivante! Alors, ô pourriture, tu devais, comme un enfant chéri, épuiser ce sein trop rempli, oppressé, et résoudre tout mon être en un songe propice!... Et maintenant.... soleil des cieux, tu luis dans cet asile!... Que de lumière, que d'espace autour de moi!... Et je m'en réjouis.... Il est de retour.... et, en un clin d'œil, autour de moi, la création sourit.... en moi tout est vie.... Et je veux puiser sur ses lèvres une vie nouvelle, plus chaude, plus brûlante. Pour lui.... près de lui.... avec lui, demeurer dans une ardeur constante.... Fernand!... Il vient!... Écoute!... Non, pas encore!... Je veux qu'il me trouve ici, ici, auprès de mon autel de roses, sous mes rosiers. Je cueillerai pour lui ces boutons.... Ici! ici!... Et puis je le conduirai dans ce berceau. Ce fut bien à propos qu'en le faisant si étroit, je le disposai pour deux.... Là était auparavant mon livre, mon écritoire.... Livre, écritoire, adieu!... S'il venait seulement! Sitôt abandonnée!... L'ai-je donc retrouvé? Est-il bien là?... (*Arrive Fernand.*)

STELLA.

Où t'arrêtes-tu, mon bien-aimé? Où es-tu? Je suis seule, seule depuis longtemps! (*Avec anxiété.*) Qu'as-tu donc?

FERNAND.

Ces femmes m'ont troublé.... La mère est une digne femme, mais elle ne veut pas rester; elle ne veut donner aucune raison; elle veut partir. Laisse-la faire, Stella.

STELLA.

Si l'on ne peut la persuader, je ne la veux pas contre sa volonté.... Et puis, Fernand, j'avais besoin de compagnie.... et à présent, *(elle l'embrasse)* à présent, je te possède!

FERNAND.

Calme-toi.

STELLA.

Laisse-moi pleurer. Je voudrais que le jour fût passé. Je tremble encore de tous mes membres.... La joie.... tout, soudainement, à la fois! Toi, Fernand! Et à peine, à peine!... A tout cela, je succomberai.

FERNAND, *à part.*

Malheureux que je suis! L'abandonner! *(Haut.)* Épargne-moi, Stella.

STELLA.

C'est ta voix, ta voix caressante! Stella! Stella!... Tu sais comme j'aimais à t'entendre prononcer ce nom.... Stella! Nul ne le prononce comme toi. Toute la chaleur de l'amour est dans cet accent.... Qu'il est encore vivant chez moi le souvenir du jour où je t'entendis le prononcer pour la première fois, où tout mon bonheur commença en toi!

FERNAND.

Ton bonheur!

STELLA.

Je crois que tu commences à compter, que tu comptes les tristes heures que j'ai passées à cause de toi. Laisse, Fernand, laisse!... Ah! depuis le moment où je te vis pour la première fois, comme tout fut changé dans mon âme! Te souviens-tu de cette après-midi, dans le jardin, chez mon oncle? Comme tu vins à nous? Nous étions assis sous les grands châtaigniers derrière la maison de plaisance....

FERNAND, *à part.*

Elle veut me déchirer le cœur.... *(Haut.)* Je m'en souviens encore, ma Stella.

STELLA.

Comme tu vins à nous! Je ne sais si tu observas qu'au premier instant tu avais enchaîné mon attention? Moi, du moins, je remarquai bientôt que tes yeux me cherchaient. Ah! Fernand, mon oncle amena des musiciens; tu pris ton violon, et, comme tu jouais, mes yeux s'arrêtèrent tranquillement sur toi; j'observais chaque trait de ton visage, et.... dans une pause inattendue, tu levas les yeux.... sur moi. Ils rencontrèrent les miens. Comme je rougis! comme je détournai la vue! Tu le remarquas, Fernand, car, dès ce moment, je sentis bien que tu regardais plus souvent par-dessus la feuille, que tu manquais souvent la mesure; en sorte que mon oncle se fatiguait à frapper du pied. Chaque faute, Fernand, me traversait le cœur.... C'était la plus douce confusion que j'eusse éprouvée de ma vie. Pour tout l'or du monde, je n'aurais pu te regarder encore en face. Je m'échappai pour respirer.

FERNAND.

Jusqu'à la plus petite circonstance! (*A part.*) Malheureux souvenir!

STELLA.

Moi-même j'admire souvent comme je t'aime; comme, à chaque instant, près de toi je m'oublie tout entière; et que néanmoins tout me soit présent encore, aussi vivement que si ce fût aujourd'hui!... Oui, combien de fois me le suis-je aussi raconté, combien de fois, Fernand!... Comme vous me cherchiez, comme, en donnant la main à mon amie, que tu avais connue avant moi, tu parcourais le bosquet; elle appelait Stella; et tu appelas aussi : Stella! Stella!... Je t'avais à peine entendu parler et je reconnus ta voix. Et comme vous me rencontrâtes, et comme tu me pris la main!... Qui était le plus embarrassé, toi ou moi?... L'un aidait à l'autre.... Et dès ce moment.... Ma bonne Sara sut bien me le dire le soir même.... Tout est accompli.... Et quelle félicité dans tes bras! Si ma Sara pouvait voir ma joie! C'était un bon cœur : elle versa bien des larmes sur moi, quand je fus si malade, si malade d'amour. Je l'aurais volontiers emmenée avec moi, quand j'ai tout abandonné pour te suivre.

FERNAND.

Tout abandonné!

ACTE IV.

STELLA.

Cela te surprend-il? N'est-ce donc pas vrai? J'ai tout abandonné. Où peux-tu, mal à propos, prendre, dans la bouche de Stella, ces mots comme un reproche? Je suis bien loin d'avoir assez fait pour toi.

FERNAND.

Sans doute!... Quitter ton oncle, qui t'aimait comme un père, qui te portait dans son cœur, dont la volonté était la tienne, ce n'était pas beaucoup? Cette fortune, ces biens, qui tous t'appartenaient, qui devaient t'appartenir, ce n'était rien? Le lieu où tu avais vécu dès ton enfance, où tu avais été heureuse.... tes compagnes....

STELLA.

Et tout cela, Fernand, sans toi? Qu'était cela pour moi, au prix de ton amour? Mais c'est seulement lorsqu'il s'éveilla dans mon âme, que le monde fut à moi.... A la vérité, je dois t'avouer que parfois, dans mes heures solitaires, je me suis dit : « Pourquoi ne pouvais-je pas jouir de tout avec lui? Pourquoi avons-nous dû fuir? Pourquoi ne pas rester en possession de tout cela? Mon oncle lui aurait-il refusé ma main? Non! Et pourquoi fuir?... Oh! j'ai trouvé ensuite pour toi assez d'excuses. Pour toi, je n'en ai jamais manqué. Et si c'était une fantaisie, disais-je.... Car vous en avez beaucoup de fantaisies!... Si c'était la fantaisie d'avoir une jeune fille secrètement pour lui, comme une proie.... Et si c'était l'orgueil de l'avoir seule et sans dot! Tu peux croire que le mien n'était pas peu intéressé à se persuader ce qu'il y avait de mieux; et voilà comme tu en vins à bout heureusement.

FERNAND, *à part.*

Je succombe. (*Entre Annette.*)

ANNETTE.

Pardon, madame! Où restez-vous, monsieur le capitaine? Tout est empaqueté, et il ne manque plus que vous. La demoiselle a tant couru, tant commandé aujourd'hui, que c'était insupportable; et à présent vous ne venez pas!

STELLA.

Va, Fernand, mets-les en route; paye la poste pour elles, mais reviens aussitôt.

ANNETTE.

Ne partez-vous donc pas avec elles? La demoiselle a commandé une chaise pour trois; votre domestique a chargé vos effets.

STELLA.

Fernand, c'est une erreur.

FERNAND.

Que peut savoir cette enfant?

ANNETTE.

Ce que je sais? Vraiment ça semble curieux, que M. le capitaine veuille quitter madame et partir avec la demoiselle, depuis qu'elle a fait connaissance à table avec vous. C'était un adieu bien tendre, lorsqu'en la saluant après dîner, vous lui avez serré la main.

STELLA, *interdite*.

Fernand!

FERNAND.

C'est une enfant.

ANNETTE.

Ne le croyez pas, madame! Tous les effets sont chargés. Monsieur s'en va avec elles.

FERNAND.

Où donc? où donc?

STELLA.

Laisse-nous, Annette. (*Annette sort.*) Tire-moi de cette affreuse perplexité! Je ne crains rien, et pourtant le habit de cette enfant m'inquiète. Tu es ému, Fernand! Je suis ta Stella!

FERNAND, *se retournant et prenant Stella par la main*.

Tu es ma Stella!

STELLA.

Tu m'effrayes, Fernand! Tes yeux sont égarés.

FERNAND.

Stella, je suis un méchant et un lâche; et je suis accablé devant toi. Fuir!... Je n'ai pas le courage de t'enfoncer le poignard dans le sein, et je veux t'empoisonner, t'assassiner secrètement! Stella!

STELLA.

Au nom de Dieu!

FERNAND, *avec rage et tremblement.*

Et seulement ne pas voir sa misère, ne pas entendre son désespoir!... Fuir!...

STELLA.

Je ne me soutiens plus. (*Elle chancelle et s'appuie sur Fernand.*)

FERNAND.

Stella, que je tiens dans mes bras! Stella, qui es tout pour moi! Stella!... (*Froidement.*) Je t'abandonne!

STELLA, *avec un rire égaré.*

Moi?

FERNAND, *en frémissant.*

Toi! avec la femme que tu as vue, avec la jeune fille.

STELLA.

Quelle nuit autour de moi!

FERNAND.

Et cette femme est ma femme. (*Stella le regarde fixement et laisse tomber les bras.*) Et cette jeune fille est ma fille. Stella! (*Il s'aperçoit qu'elle est tombée en faiblesse.*) Stella!... Du secours! Du secours! (*Entrent Cécile et Lucie.*) Voyez! Voyez l'ange! Elle n'est plus! Voyez!... Du secours! (*Ils s'empressent autour d'elle.*)

LUCIE.

Elle revient.

FERNAND, *après l'avoir regardée un moment en silence.*

C'est moi! C'est moi! (*Il sort.*)

STELLA.

Qui? Qui? (*Se levant.*) Où est-il? (*Elle retombe, les regarde, comme elles s'empressent autour d'elle.*) Merci! Merci!... Qui êtes-vous?

CÉCILE.

Calmez-vous! C'est nous.

STELLA.

Vous!... N'êtes-vous pas parties? Êtes-vous...? Dieu, qui m'aurait dit? Qui es-tu?... Es-tu?... (*Cécile lui prend les mains.*) Non, je ne puis soutenir....

CÉCILE.

Ma chère, ma tendre amie! Mon ange, je te presse sur mon cœur.

STELLA.

Dis-moi.... C'est là, au fond de mon âme.... Dis-moi.... es-tu?...

CÉCILE.

Je suis.... je suis sa femme!...

STELLA, *se levant tout à coup et se couvrant les yeux avec les mains.*

Et moi! (*Elle court, égarée, en long et en large.*)

CÉCILE.

Venez dans votre chambre.

STELLA.

Que me rappelles-tu? Qu'est-ce qui est à moi?... Affreux! affreux!... Ces arbres, que j'ai plantés, que j'ai élevés, sont-ils à moi? Pourquoi en un instant tout me devient-il étranger?... Repoussée.... perdue.... perdue pour jamais! Fernand! Fernand!

CÉCILE.

Va, Lucie, chercher ton père.

STELLA.

Par pitié! Arrête!... Qu'il fuie! Qu'il ne vienne pas! Éloigne-toi!... Père!... époux!...

CÉCILE.

Chère amie!

STELLA.

Tu m'aimes? Tu me presses sur ton sein?... Non! non!... Laisse-moi.... repousse-moi.... (*A son cou.*) Encore un moment! Bientôt ce sera fait de moi. Mon cœur! mon cœur!

LUCIE.

Reposez-vous.

STELLA.

Je ne soutiens pas votre vue. J'ai empoisonné votre vie. Je vous ai ravi tout votre bien.... Vous dans l'infortune ; et moi.... quelle félicité dans ses bras! (*Elle se jette à genoux.*) Pouvez-vous me pardonner?

CÉCILE.

Laissez! laissez! (*Elles s'efforcent de la relever.*)

STELLA.

Je veux rester ici prosternée, supplier, gémir devant Dieu et devant vous. Pardon! pardon! (*Elle se lève tout à coup.*) Pardon?...

Donnez-moi des consolations! des consolations! Je ne suis pas coupable.... Tu me le donnas, Dieu du ciel! Je le gardais fermement, comme le don le plus cher de ta main.... Laisse-moi!... mon cœur est déchiré....

CÉCILE.

Innocente!... chérie!...

STELLA, *à son cou.*

Je lis dans tes yeux, sur tes lèvres, le langage du ciel. Soutiens-moi!... Porte-moi! Je péris! Elle me pardonne! Elle sent ma misère!

CÉCILE.

Ma sœur, ma sœur, reviens à toi! Un seul moment, reviens à toi! Crois que celui qui plaça dans notre cœur ces sentiments, qui nous rendent souvent si malheureuses, peut nous ménager aussi des consolations et des secours.

STELLA.

Laisse-moi mourir dans tes bras.

CÉCILE.

Venez!

STELLA, *après une pause, en marchant d'un air égaré.*

Laissez-moi tous! Voyez, tout un monde de troubles et de tourments se presse dans mon âme, et la remplit tout entière d'inexprimables douleurs.... C'est impossible.... impossible.... Ainsi tout d'un coup.... Je ne puis le concevoir, le supporter! (*Elle reste un moment immobile, les yeux baissés, concentrée en elle-même, puis elle lève les yeux, regarde Cécile et Lucie, pousse un cri et s'enfuit.*)

CÉCILE.

Suis-la, Lucie. Observe-la. (*Lucie sort.*) O Dieu, regarde tes enfants, leur trouble, leur misère!... La souffrance m'a beaucoup appris. Fortifie-moi.... Et, si le nœud peut être délié, bon Dieu, ne le brise pas!

ACTE CINQUIÈME.

Le cabinet de Stella.

STELLA, *seule. Elle tient le portrait de Fernand, et se dispose à le détacher du châssis.*

Ténèbres de la nuit, environnez-moi, embrassez-moi, conduisez-moi ! Je ne sais où je vais.... Je dois, je veux fuir dans le vaste monde. Où donc ? Hélas, où donc ?... Bannie de ta création ! Ces lieux, où ta clarté, lune sacrée, luit sur les cimes de mes arbres ; où tu environnes d'une ombre douce et funèbre le tombeau de ma chère Mina, ne dois-je plus y porter mes pas ? Loin du lieu où sont recueillis tous les trésors de ma vie, tous mes heureux souvenirs ?... Et toi, devant laquelle je me suis si souvent arrêtée avec recueillement et avec larmes, place de mon tombeau, que je m'étais consacrée ; autour de laquelle brillent, comme un crépuscule, toutes les tristesses, toutes les joies de ma vie ; autour de laquelle, après mon départ suprême, j'espérais planer encore et jouir languissamment du passé : être aussi bannie loin de toi ?... Être bannie ?... Tu es stupide, grâce au ciel ! Ton cerveau est épuisé ; tu ne peux la saisir cette pensée : être bannie !... Tu deviendrais folle.... Maintenant !... Oh ! la tête me tourne.... Adieu !... Adieu ?... Ne jamais revoir ?... Il y a comme un regard sombre de la mort dans ce sentiment : « Ne pas revoir.... » Fuis, Stella ! (*Elle prend le portrait.*) Et je devrais te laisser ! (*Elle prend un couteau et commence à détacher les clous.*) Oh ! si j'étais insensible ! si je pouvais rendre ma vie dans un léthargique sommeil, dans un torrent de larmes ! Cela est et sera.... Tu es misérable !... (*Elle présente le portrait aux rayons de la lune.*) Ah ! Fernand, lorsque tu vins à moi, et que mon âme vola à ta rencontre, est-ce que tu ne sentis pas ma confiance en ta fidélité, en ta bonté ?... Est-ce que tu ne sentis pas quel sanctuaire s'ouvrait pour toi, quand mon cœur s'épanouit devant le tien? Et tu n'as pas reculé devant moi? Tu n'as pas disparu? Tu ne t'es pas enfui? Tu as pu cueillir, pour ton amusement, et déchirer et disperser avec insouciance, au bord du chemin, mon innocence, mon bonheur, ma vie? Noble cœur!... Ah! noble cœur!... Ma jeunesse!..., mes beaux jours!... Et tu portes dans ton sein la profonde perfidie!... Ta femme!... ta fille!... Et moi, mon âme était libre, était pure comme un matin du printemps! Tout, tout, pour moi une seule espérance.... Où es-tu, Stella? (*Elle regarde le portrait.*) Si grand! si flatteur!... C'est ce regard qui m'a perdue.... Je te hais.... Loin de moi! Va-t'en loin de moi!... Si doux! si aimable!... Non! Non!... Séducteur!... Moi!... Lui!... Moi!... (*Elle agite le couteau devant le portrait.*) Fernand!... (*Elle se détourne; le couteau échappe de sa main; elle tombe prosternée devant le fauteuil, dans un accès de pleurs.*) Bien-aimé! bien-aimé!... Impossible!... impossible! (*Entre un Domestique.*)

LE DOMESTIQUE.

Madame, comme vous l'avez ordonné, les chevaux sont à la porte, derrière le jardin. Vos effets sont dans la voiture. N'oubliez pas de l'argent.

STELLA.

Le portrait! (*Le Domestique prend le couteau, détache le portrait du cadre et le roule.*) Voici l'argent.

LE DOMESTIQUE.

Mais pourquoi?...

STELLA. *Elle reste un moment en silence, lève les yeux et regarde autour d'elle.*

Viens! (*Elle sort.*)

Le salon.

FERNAND, seul.

Laissez-moi! laissez-moi!... Cela me saisit de nouveau avec tout l'affreux égarement!... Tout est devant moi aussi froid, aussi horrible.... que si le monde n'était rien.... que si je n'avais commis aucun crime!... Et vous!... Ah! ne suis-je pas plus

misérable que vous ne l'êtes? Qu'avez-vous à me demander?...
Quelle sera la fin de ces réflexions?... Ici et ici!... D'une extrémité à l'autre! Méditer et méditer encore! Et toujours plus douloureux! toujours plus horrible! (*Il se prend le front.*) Où cela aboutira-t-il enfin? Rien devant soi, rien derrière! Ni conseils, ni secours nulle part!... Et ces deux, ces trois femmes, les meilleures de la terre.... malheureuses par moi!... malheureuses sans moi!... hélas! encore plus malheureuses avec moi!... Si je pouvais me plaindre, si je pouvais me désespérer, si je pouvais demander pardon.... si je pouvais seulement passer une heure dans une vague espérance.... me prosterner à leurs pieds et goûter la douceur de partager leur souffrance!... Où sont-elles? Stella, tu es prosternée, la face contre terre; mourante, tu regardes le ciel, et tu lui dis en gémissant: « Quel crime ai-je commis, jeune fleur, pour que ta colère m'écrase ainsi? Quel crime avais-je commis, pauvre infortunée, pour que tu m'aies amené ce méchant homme?... » Cécile! ma femme! ô ma femme!... Malheur! malheur! affreux malheur!... Quelles félicités se réunissent pour me rendre misérable! Époux! père! amant!... Les meilleures, les plus nobles femmes!... A toi!... A toi!... Peux-tu l'embrasser cette inexprimable, cette triple félicité? Et c'est elle justement qui te saisit, qui te déchire.... Chacune me réclame tout entier.... Et moi?... Point d'issue!... un abîme!... insondable!... Elle sera malheureuse!... Stella, tu es malheureuse! Que t'ai-je ravi? Le sentiment de toi-même, ta jeune vie!... Stella!... Et je suis si froid! (*Il tire un pistolet de sa poche.*) Mais en tout cas.... (*Il le charge. Entre Cécile.*)

CÉCILE.

Mon ami! Comment allons-nous?... (*Elle voit les pistolets.*) Il semble qu'on est prêt à partir. (*Fernand pose les pistolets sur la table.*) Mon ami! Tu me parais plus tranquille: peut-on te dire un mot?

FERNAND.

Que veux-tu, Cécile? Que veux-tu, ma femme?

CÉCILE.

Ne m'appelle pas ainsi jusqu'à ce que j'aie fini de parler. Nous sommes à présent dans une grande perplexité: ne pourrions-nous la résoudre? J'ai beaucoup souffert : ainsi, point de résolutions violentes. M'entends-tu, Fernand?

FERNAND.

J'écoute.

CÉCILE.

Que ton cœur me comprenne. Je ne suis qu'une femme, une femme affligée et gémissante ; mais la résolution est dans mon âme.... Fernand.... j'y suis résolue.... je te quitte.

FERNAND, *d'un ton moqueur*.

Sans autre façon?

CÉCILE.

Crois-tu que, pour quitter ce qu'on aime, on doive prendre congé derrière la porte?

FERNAND.

Cécile!

CÉCILE.

Je ne te reproche rien, et ne crois pas que je te fasse un si grand sacrifice. Jusqu'à présent je pleurais ta perte ; je me consumais de chagrin pour ce que je ne pouvais changer. Je te retrouve : ta présence me communique une nouvelle vie, de nouvelles forces. Fernand, je sens que mon amour pour toi n'est pas intéressé ; n'est pas la passion d'une amante, qui sacrifierait tout pour posséder l'objet de ses vœux. Fernand, mon cœur est aimant et plein de toi ; c'est le sentiment d'une épouse, qui, par amour, peut sacrifier son amour même.

FERNAND.

Jamais! jamais!

CÉCILE.

Tu t'emportes!

FERNAND.

Tu me déchires.

CÉCILE.

Je veux que tu sois heureux. J'ai ma fille.... et un ami en toi. Séparons-nous sans être désunis. Je veux vivre éloignée de toi et rester témoin de ton bonheur. Je veux être ta confidente ; tu verseras ta joie et tes peines dans mon sein ; tes lettres seront toute ma vie, et les miennes te paraîtront comme une aimable visite.... Ainsi tu restes à moi ; tu n'es pas relégué avec Stella dans un coin du monde; nous nous aimons, nous nous intéressons les uns aux autres. Et là-dessus, Fernand, donne-moi ta main!

FERNAND.

Comme plaisanterie, ce serait trop cruel; comme proposition sérieuse, c'est inconcevable. Quoi qu'il en soit, ma chère, la froide raison ne délie pas ce nœud. Ce que tu dis sonne bien et la saveur en est douce. Qui ne sentirait pas qu'il y a là-dessous bien plus de choses cachées; que tu te trompes toi-même, en faisant taire, sous une consolation trompeuse et imaginaire, les sentiments les plus douloureux! Non, Cécile, non, ma femme, non!... Tu es à moi.... je demeure à toi.... Que servent ici les paroles? Qu'ai-je besoin de te présenter les pourquoi? Les pourquoi sont autant de mensonges. Je demeure à toi ou bien....

CÉCILE.

Soit!... Et Stella? (*Fernand tressaille; il va et vient d'un air égaré.*) Qui se trompe? Qui étourdit ses tourments par une consolation froide, vaine, irréfléchie, passagère? Oui, c'est à vous, hommes, de vous connaître!

FERNAND.

Ne te vante pas de ta tranquillité!... Stella!... Elle est malheureuse. Elle finira dans les pleurs sa vie loin de toi et de moi.... Laisse-la! Laisse-moi!

CÉCILE.

Je le crois, la solitude ferait du bien à son cœur; il serait doux pour sa tendresse de nous savoir réunis. A présent elle se fait des reproches amers. Si je te quittais, elle me croirait toujours plus malheureuse que je ne serais, car elle me jugerait d'après elle. Elle ne pourrait vivre, elle ne pourrait aimer en paix, cette âme angélique, si elle sentait que son bonheur est un larcin. Il vaut mieux pour elle....

FERNAND.

Laisse-la fuir!... Laisse-la se réfugier dans un couvent!...

CÉCILE.

Mais, quand je viens à me dire : « Pourquoi serait-elle cloîtrée? Quel crime a-t-elle commis, pour passer dans le deuil ses plus florissantes années, les années fécondes où mûrit l'espérance? pour gémir avec désespoir au bord de l'abîme? pour être séparée d'un monde chéri?... de l'homme qu'elle aime si ardemment? de l'homme qui.... » N'est-ce pas, Fernand, que tu l'aimes?

FERNAND.

Ah! que signifie cela? Es-tu un démon sous les traits de ma femme? Pourquoi tourmenter mon cœur? Pourquoi déchirer encore ce qui est déchiré? Ne suis-je pas assez accablé, assez écrasé? Laisse-moi! Abandonne-moi à mon sort!... Et que Dieu ait pitié de vous! (*Il se jette dans un fauteuil.*)

CÉCILE, *s'approchant de lui et lui prenant la main.*

Il y avait une fois un seigneur, (*Fernand veut se lever brusquement: Cécile le contient*) un comte allemand[1]. Un sentiment de piété l'entraîna loin de sa femme et de ses domaines en terre sainte....

FERNAND.

Ah!

CÉCILE.

C'était un brave homme; il aimait sa femme; il prit congé d'elle, lui recommanda sa maison, l'embrassa et partit. Il parcourut beaucoup de pays, fit la guerre et fut fait prisonnier. La fille de son maître eut pitié de son esclavage; elle brisa ses chaînes; ils s'enfuirent. Elle l'accompagna ensuite dans tous les périls de la guerre. Écuyer chéri!... Couronné par la victoire, il prit le chemin du retour.... vers sa noble épouse.... Et son amante?... Il était humain; il croyait à l'humanité, et prit la jeune fille avec lui.... Et voilà sa femme, l'active ménagère, qui accourt au-devant de son époux, qui voit toute sa fidélité, toute sa confiance, toutes ses espérances récompensées; elle le revoit dans ses bras; puis, auprès de lui, ses chevaliers, qui, avec un noble orgueil, s'élancent de leurs coursiers sur le sol paternel; ses valets, qui déchargent le butin, et le mettent aux pieds de la comtesse; et déjà, par la pensée, elle le serre dans ses armoires, elle en décore son château, en fait des présents à ses amis.... O noble et chère épouse, le plus grand trésor est encore en arrière. Quelle est là-bas cette personne voilée, qui s'approche avec la suite? Elle descend doucement de cheval.

---

[1] Le comte de Gleichen, à l'époque des Croisades.

« Ici! » s'écria le comte, en la prenant par la main et la conduisant devant sa femme.... « Ici!... Vois tout cela.... et celle-ci!... Reçois tout de ses mains.... reçois aussi de ses mains ton époux! Elle a détaché les chaînes de mon cou; elle a commandé aux vents, elle m'a sauvé.... elle m'a servi.... elle a veillé sur moi.... Qu'est-ce que je lui dois?... La voilà dans tes mains!... Récompense-la. » (*Fernand sanglote, appuyé sur la table.*) La fidèle épouse se jeta au cou de la jeune fille, et s'écria, baignée de larmes : « Prends tout ce que je puis te donner! Prends la moitié de celui qui t'appartient tout entier! Prends-le tout entier! Laisse-le-moi tout entier! Que chacune le possède, sans rien dérober à l'autre.... Ainsi, s'écria-t-elle, au cou de son mari, à ses pieds, nous sommes à toi.... » Elles lui prirent les mains, elles s'attachèrent à lui.... et le Dieu du ciel prit plaisir à leur amour; et son vicaire sacré y donna sa bénédiction. Et leur bonheur et leur amour eurent pour asile fortuné la même demeure, la même couche, le même tombeau.

FERNAND.

Dieu du ciel, quel rayon d'espérance pénètre dans mon cœur!

CÉCILE.

Elle est là! Elle est à nous! (*Elle court à la porte du cabinet.*) Stella!

FERNAND.

Laisse-la! Laisse-moi!... (*Il est sur le point de sortir.*)

CÉCILE.

Reste! Écoute-moi!

FERNAND.

Assez de paroles. Ce qui peut être sera. Laisse-moi! Dans ce moment, je ne suis pas préparé à me voir en présence de vous deux. (*Il sort.*)

CÉCILE.

Le malheureux! Toujours si laconique! Toujours révolté contre les paroles amicales et conciliantes, et elle, tout de même! Il faut pourtant que je réussisse.... (*Elle s'approche de la porte.*) Stella! Écoute-moi, Stella! (*Entre Lucie.*)

LUCIE.

Ne l'appelle pas! Elle repose; elle se repose un moment d'une cruelle souffrance. Elle souffre beaucoup. Je crains, ma mère, je crains qu'elle ne meure de mort volontaire.

CÉCILE.

Que dis-tu?

LUCIE.

Ce qu'elle a pris, je le crains, n'était pas un remède.

CÉCILE.

Et j'aurais vainement espéré? Oh! puisses-tu te tromper!... Horrible! horrible!

STELLA, *à la porte.*

Qui m'appelle? Pourquoi m'éveillez-vous? Quelle heure est-il? Pourquoi si matin?

LUCIE.

Ce n'est pas le matin, c'est le soir.

STELLA.

Fort bien, très-bien, le soir pour moi.

CÉCILE.

Et c'est ainsi que tu nous trompes?

STELLA.

Qui t'a trompée? Toi-même.

CÉCILE.

Je te ramenais, j'espérais.

STELLA.

Point de halte pour moi.

CÉCILE.

Ah! je t'aurais laissée partir, voyager, courir au bout du monde!

STELLA.

Je suis au bout.

CÉCILE, *à Lucie, qui, dans l'intervalle, est allée et venue avec angoisse.*

Pourquoi balancer? Hâte-toi, appelle du secours.

STELLA. *Elle arrête Lucie.*

Non, demeure. (*Elle s'appuie sur toutes deux et elles avancent.*) A votre bras, j'espérais traverser la vie : menez-moi au tombeau. (*Elles la mènent lentement, et la font asseoir sur un siége à droite.*)

CÉCILE.

Va, Lucie! va! Du secours! du secours! (*Lucie sort.*)

STELLA.

Le secours est venu.

CÉCILE.

Ah! j'attendais bien autre chose! J'espérais bien autre chose!

STELLA.

O toi, bonne, patiente, confiante!...

CÉCILE.

Quel sort affreux!

STELLA.

Le sort fait des blessures profondes, mais souvent guérissables : les blessures que le cœur fait au cœur, que le cœur se fait à lui-même, sont incurables. Ainsi.... laisse-moi mourir! (*Entre Fernand.*)

FERNAND.

Lucie s'est-elle trop hâtée ou la nouvelle est-elle vraie? Qu'elle ne soit pas vraie, Cécile, ou je maudirai ta générosité, ta patience!

CÉCILE.

Mon cœur ne me reproche rien. La bonne volonté est au-dessus de tous les événements. Hâte-toi de la sauver : elle vit encore; elle nous entend.

STELLA. *Elle lève les yeux et prend la main de Fernand.*

Sois le bienvenu! Donne-moi ta main, (*A Cécile*) et toi la tienne. Tout pour l'amour fut la devise de ma vie. Tout pour l'amour, et, même à présent, pour lui la mort! Dans les plus fortunés instants, nous savions nous taire et nous comprendre : (*Elle cherche à unir les mains des deux époux*) et maintenant laissez-moi me taire et me reposer. (*Elle tombe sur son bras droit, qui est étendu sur la table.*)

FERNAND.

Oui, Stella, nous voulons nous taire et nous reposer. (*Il s'avance lentement vers la table à gauche.*)

CÉCILE, *avec impatience.*

Lucie ne vient pas! Il ne vient personne! La maison, le voisinage est-il donc un désert? Courage, Fernand, elle vit encore. Des milliers de personnes se sont relevées du lit de mort, sont ressuscitées du tombeau. Fernand, elle vit encore. Et, si tout nous abandonne, s'il n'est ici ni médecin, ni secours, il est quelqu'un dans le ciel qui nous entend. Écoute-moi, exauce-moi, Dieu! Conserve-la pour nous! Ne la laisse pas mourir! (*Fernand a pris un pistolet et sort lentement. Cécile tient toujours la main de Stella.*) Oui, elle vit encore ; sa main, sa chère main est encore chaude. Je ne la quitte pas ; je te presse, avec toute la force de la foi et de l'amour. Non, ce n'est pas une illusion. Une fervente prière est plus forte qu'un secours terrestre. (*Elle se lève et se retourne.*) Il est parti, le silencieux, le désespéré! Où est-il? Oh! qu'il ne risque pas le coup vers lequel se précipite toute sa vie orageuse. A lui! (*Comme elle veut sortir, elle se retourne vers Stella.*) Et je l'abandonne ici sans secours? Grand Dieu! Et je me vois, dans cet effroyable moment, entre deux cœurs que je ne puis ni séparer ni réunir. (*On entend un coup de feu dans l'éloignement.*) Dieu! (*Elle veut courir au bruit.*)

STELLA, *se levant péniblement.*

Qu'était cela? Cécile, tu es si loin! Approche; ne me quitte pas. Je suis si inquiète! Oh! mon angoisse!... Je vois couler du sang. Est-ce donc mon sang? Ce n'est pas mon sang. Je ne suis pas blessée, mais mortellement malade.... C'est bien mon sang....

LUCIE, *accourant.*

Du secours, ma mère, du secours!... Je cherche du secours, je cherche le médecin, je dépêche des messagers. Mais, hélas! faut-il te le dire? Il faut de tout autres secours! Mon père tombe, frappé de sa propre main ; il gît dans son sang. (*Cécile veut courir ; Lucie la retient.*) Non, pas là, ma mère; le cas est sans remède et provoque le désespoir.

STELLA. *A moitié levée, elle a écouté attentivement. Elle prend la main de Cécile.*

Serait-ce accompli? (*Elle se lève et s'appuie sur Cécile et Lucie.*) Venez, je me sens de nouvelles forces, venez auprès de lui. Là laissez-moi mourir.

CÉCILE.

Tu chancelles, tes genoux ne te soutiennent pas. Nous ne pouvons te porter. Et moi-même je n'ai pas une goutte de sang dans les veines.

STELLA. *Elle retombe sur le fauteuil.*

C'en est donc fait! Mais toi, cours auprès de celui à qui tu appartiens. Recueille son dernier soupir, son dernier râlement.

C'est ton époux. Tu balances? Je t'en prie, je t'en conjure. En restant tu me rends inquiète. (*Avec émotion, mais d'une voix faible.*) Songe qu'il est seul, et va! (*Cécile sort avec agitation.*)

LUCIE.

Je ne t'abandonne pas, je reste auprès de toi.

STELLA.

Non, Lucie, si tu me veux du bien, hâte-toi. Va, cours, laisse-moi en repos. Les ailes de l'amour sont paralysées; elles ne me portent pas jusqu'à lui. Tu as la force et la santé : que le devoir agisse où l'amour est enchaîné. Cours à celui à qui tu appartiens! C'est ton père. Sais-tu la force de ce mot? Va! si tu m'aimes, si tu veux que je sois tranquille. (*Lucie s'éloigne à pas lents; Stella s'affaisse sur elle-même.*) Et je meurs seule.

FIN DE STELLA.

TABLE DES MATIÈRES

	Pages.
LE CAPRICE DE L'AMANT, pastorale en un acte...................	1
LES COMPLICES, comédie en trois actes............	29
PROMÉTHÉE, fragment....................................	85
JERY ET BÆTELY, opéra................................	99
GOETZ DE BERLICHINGEN A LA MAIN DE FER...................	129
EGMONT, tragédie en cinq actes.............................	263
CLAVIJO, tragédie.......................................	375
STELLA, tragédie......................................	433

PARIS. — IMPRIMERIE DE CH. LAHURE ET Cie
Rues de Fleurus, 9 et de l'Ouest, 21

www.ingramcontent.com/pod-product-compliance
Lightning Source LLC
Chambersburg PA
CBHW052336230426

43664CB00041B/1513